DIE VERSCHMELZUNG VON KAPITALGESELLSCHAFTEN IM DEUTSCHEN UND FRANZÖSISCHEN RECHT

von

GISELA KRAUSE

Berlin 1966

WALTER DE GRUYTER & CO.

vormals G. J. Göschen'sche Verlagshandlung · J. Guttentag, Verlagsbuchhandlung
Georg Reimer · Karl J. Trübner · Veit & Comp.

Archiv-Nr. 2 748 661

Satz und Druck: Max Schönherr, Berlin

INHALTSÜBERSICHT

2. Teil

Die Verschmelzung von Kapitalgesellschaften im französischen Recht

3. Teil

LITERATURVERZEICHNIS

I. Kommentare, Lehrbücher, Monographien

Association Nationale des Société par actions (A.N.S.A.)	Fusion et divisions de Sociétés. Apports partiels d'actif Régime fiscal. Brochure 109, Decembre 1956; zitiert: ANSA Broschüre 109. Seite.
Batiffol, Henri	Traité élementaire de Droit international privé, o. Aufl., Paris 1949; 3. Auflage, Paris 1959; zitiert: Batifol, Erscheinungsjahr, Randziffer, Seite.
Baumbach, Adolf	Aktiengesetz. 3. Auflage 1939; zitiert: Baumbach § und Anmerkung (3. Aufl.).
Baumbach, Adolf / Hueck, Alfred	Aktiengesetz. 11. Auflage 1961; zitiert: Baumbach-Hueck, § und Anmerkung.
Bastian, Daniel	Fusion des Sociétés Juris-Classeur des Sociétés — Traité théorique et pratique —. Loseblattausgabe Band VI bis, Abschnitt 164 (1) — 164 (3); zitiert: Bastian, Juris-Classeur Sociétés, Band VI bis, Abschnitt, Randziffer.
	Caractères généraux du contrat de société Juris-Classeur des Sociétés — Traité théorique et pratique —. Loseblattausgabe Band II, Abschnitt 5; zitiert: Bastian, Juris-Classeur Sociétés, Band II, Abschnitt, Randziffer.
	Société à Responsabilité limitée, Transformation, liquidation et partage Juris-Classeur des Sociétés — Traité théorique et pratique —. Loseblattausgabe Band IV, Abschnitt 71 (8); zitiert: Bastian, Juris-Classeur Sociétés, Band IV, Abschnitt, Randziffer.
Böttcher, Conrad / Meilicke, Heinz	Umwandlung und Verschmelzung von Kapitalgesellschaften. 5. Auflage 1958; zitiert: Böttcher-Meilicke § und Anm.
Chesné, Guy	L'établissement des étrangers en France et la Communauté Economique Européenne, o. Aufl. Paris 1962.
Copper-Royer, Jean	Traité des Sociétés anonymes, 5 Bände, 4. Auflage, Paris 1931; zitiert: Copper-Royer, Traité des Sociétés anonymes, Band, Randziffer und Seite.

Copper-Royer, Jean	De la fusion des sociétés. Essai juridique, o. Auflage, Paris 1933; zitiert: Copper-Royer, de la fusion, Seite.
Copper-Royer, Jean und Söhne Eddy, Jacques und Jean	Traité des Sociétés, 1. Band 1938, 2. Band 1939; zitiert: Copper-Royer, Traité des Sociétés, Band, Seite.
Dalloz	Code Civil, annoté d'après la Doctrine et la Jurisprudence, 62. Auflage, Paris 1963; zitiert: Dalloz, Code Civil, Auflage, Jahr, Anm. zu Artikel. Code de Commerce. Suivi des Lois Commerciales et Industrielles. Avec annotation d'après la Doctrine et la Jurisprudence, 59. Auflage, Paris 1963; zitiert: Dalloz, Code de Commerce, Auflage, Jahr, Jahr, Anmerkung zu Artikel.
Dalsace, André	Fusion in Dalloz, Encyclopaedie juridique. Répertoire de Droit Commercial et des Sociétés, Band III; Sociétés, Paris 1958, Stichwort „Fusion"; zitiert: Dalsace bei Dalloz, Stichwort, Randziffer.
Décugis, Henri	Les actions de priorité et les actions d'apport négociables en cas de fusion, Commentaire de la loi du 17 novembre 1903, 2. Auflage, Paris 1904; zitiert: Décugis, les actions, Seite.
Décugis, Henri	Traité pratique des Sociétés par actions, 6. Aufl., Paris 1926; zitiert: Décugis, Traité, Randziffer, Seite.
Deringer, Anred	Kommentar zum EWG-Vertrag, Loseblattausgabe; zitiert: Deringer, WuW EWGV, Artikel EWGV Anm.
Enneccerus, Ludwig Nipperdey, Hans Carl	Allg. Teil des BGB, 15. Aufl. I. Band, 2. Halbband 1960.
Escarra, Jean	Manuel de Droit commercial, o. Auflage, Paris 1948, 2 Bände, Paris 1947—1949, Band II: 1948; zitiert: Escarra, Manuel 1948, Randziffer, Seite.
Escarra, Jean / Escarra, Eduoard / Rault, Jean	Traité Théorique et Pratique de Droit Commercial, o. Aufl., Paris 1950, Band I: Les sociétés commerciales; zitiert: Escarra-Rault, Randziffer, Seite.
Escarra, Jean	Manuel des Sociétés, Band III: Société par actions, zitiert: Escarra, Randziffer, Seite bzw. Annexe, o. Seitenzahl.

Escouboué, Pierre — L'interdiction temporaire de négociation d'actions d'apport, Dissertation Toulouse 1934;
zitiert: Escouboué, Diss. Toulouse 1934, Seite.

Froessel, Daniel — Les scissions in Juris-Classeur des Sociétés, — Traité théorique et pratique — Band VI bis, Abschnitt 164 (4);
zitiert: Froessel, Juris-Classeur Sociétés, Band VI bis, Abschnitt, Randziffer.

Gadow, W. / Heinichen, E. — Akteingesetz. Großkommentar, 1. Auflage 1939;
zitiert: Bearbeiter, GrossK, § und Anm.,
2. Auflage, 1. Band 1961, 2. Band 1962;
zitiert: Bearbeiter, GrossK und Anm.

Gamm, Otto-Friedrich — Das Kartellrecht im EWG-Bereich, Kartellrundschau Heft 3, 1961;
zitiert: von Gamm, Seite.

Gierke, Julius von — Handels- und Schiffahrtsrecht, 8. Aufl. 1958;
zitiert: Gierke, §, Abschnitt und Seite.

Godin, Reinhard Freiherr von / Wilhelmi, Hans — Gesetz über Aktiengesellschaften und Kommanditgesellschaften auf Aktien (Aktiengesetz), 2. Auflage 1950;
zitiert: von Godin-Wilhelmi, § und Anmerkung.

Groeben, Hans von der / Boeckh, Hans von — Kommentar zum EWG-Vertrag, 1. Auflage 1960;
zitiert: Bearbeiter bei von der Groeben und von Boeckh, Artikel EWGV Anm.

Hachenburg — Kommentar zum Gesetz betreffend die Gesellschaften mit beschränkter Haftung, 6. Auflage, 1. Band 1956, 2. Band 1959;
zitiert: Bearbeiter in Hachenburg, § und Anmerkung.

Hamel, Joseph und Lagarde, Gaston — Traité de Droit Commercial, o. Aufl., Band I 1954;
zitiert: Hamel und Lagarde, Randziffer, Seite.

Hémard, Jean — Société à responsabilité limitée in Dalloz, Encyclopaedie juridique Répertoire de Droit Commercial et des Sociétés, Band III, Sociétés, Paris 1958, Stichwort: „Resposabilité limitée, soc. à;
zitiert: Hémard bei Dalloz, Stichwort, Randziffer.

Houpin, C. und und Bosvieux, H. — Traité général théorique et pratique des Sociétés civiles et commerciales et des Associations, 7. Auflage, Band I: Paris 1935, Band II: Paris 1935, Band III: Paris 1935;
zitiert: Houpin und Bosvieux, Randziffer, Seite.

Hueck, Alfred — Gesellschaftsrecht, 10. Auflage 1960;
zitiert: Hueck, § und Seite.

Hueck, Alfred / Nipperdey, Hans-Carl — Lehrbuch des Arbeitsrechts, 1. Band, Bearbeiter: Hueck, 7. Auflage;
zitiert: Hueck-Nipperdey, §, Abschnitt und Seite.

Juris-Classeur des Sociétés Traité théorique et pratique. — Zitiert: Bearbeiter in Juris-Classeur Sociétés, Band, Abschnitt, Randziffer.

Langen, Eugen — Kommentar zum Kartellgesetz, 3. Auflage 1958;
zitiert: Langen, § GWB, Anm.

Lehmann, Heinrich — Allgemeiner Teil des BGB, 14. Aufl. 1963;
zitiert: Lehmann, § und Seite.

Leven, Maurice — De la Nationalité des Sociétés et du régime des sociétés étrangères en France, o. Aufl., Paris 1926;
zitiert: Leven, de la nationalité, Seite.

Lyon-Caen, Ch. / Renault, L. — Traité de Droit Commercial, 5. Auflage, Hrsg. Amiaud, II. Band 1. Teil 1926, II. Band 2. Teil 1929;
zitiert: Lyon-Caen und Renault, Traité, Band, Teil, Randziffer, Seite.

Mestdagh, Henri — La fusion des sociétés commerciales au point de vue juridique et fiscal, Dissertation Lille 1930;
zitiert: Mestdagh, Diss. Lille 1930, Seite.

Moliérac, Jean — Manuel des Sociétés, unter Mitarbeit seiner Söhne Henri und Maurice Moliérac, o. Auflage, Band I: les sociétés en général, Paris 1956, Band II: Société Anonyme, en Commandite par Actions, société à participation ouvrière, société d'investissement, d'assurance et de capitalisation de banque, d'economie, conventionnées — étrangères — valeurs mobilières — régime fiscal — Paris 1959;
zitiert: Moliérac, Band, Randziffer, Seite.

Nikisch, Arthur — Arbeitsrecht, 1. Band, 3. Auflage 1961;
zitiert: Nikisch, §, Abschnitt, Seite.

Noriel, Jean — La société anonyme devant la jurisprudence moderne, o. Aufl., Paris 1958;
zitiert: Noriel, Randziffer, Seite.

Palandt, Otto — Bürgerliches Gesetzbuch, 23. Aufl. 1964;
zitiert: Palandt-Bearbeiter, §, Anmerkung.

Raape, Leo — Internationales Privatrecht, 5. Auflage 1961;
zitiert: Raape, IPR, § und Seite.

Reichsgerichtsräte-kommentar zum BGB	RGR-BGB, 11. Aufl., Band I: 1. Teil; zitiert: Bearbeiter, RGR-BGB, §, Anmerkung.
Ripert, Georges	Traité élementaire de Droit Commercial, unter Mitarbeit von Paul Durand und René Roblot, 4. Aufl., Paris 1959; zitiert: Ripert, Randziffer, Seite.
Ritter, Carl / Ritter, Justus	Aktiengesetz, 2. Auflage, 1939/1940; zitiert: Ritter, § und Anm.
Savatier, Jean	Siège Social in Dalloz, Encyclopaedie juridique, Répertoire de Droit Commercial et des Sociétés, Band III, Sociétés, Paris 1958, Stichwort: „Siège Social"; zitiert: Savatier bei Dalloz, Stichwort, Randziffer.
Schlegelberger, Franz / Quassowski, Leo / Herbig, Gustav / Gessler, Ernst / Hefermehl, Wolfgang	Aktiengesetz, 3. Auflage 1939; zitiert: Schlegelberger-Quassowski, § und Anm.
Scholz, Franz	Kommentar zum GmbH-Gesetz, 4. Auflage 1960; zitiert: Scholz, §, Anm.
Soergel / Siebert	Bürgerliches Gesetzbuch, 9. Aufl. 1959; zitiert: Bearbeiter bei Soergel-Siebert, §, Anm.
Staudinger, J. von	Bürgerliches Gesetzbuch Allgemeiner Teil, I. Band, 11. Auflage 1957; zitiert: Staudinger-Bearbeiter, § und Anmerkung.
Thaller, E.	Traité élémentaire de Droit Commercial, 8. Auflage, Hrsg. Percerou, Paris 1931; zitiert: Thaller, Traité, Randziffer, Seite.
Teichmann, Robert / Koehler, Walter	Aktiengesetz, 3. Auflage 1950; zitiert: Teichmann-Koehler, § und Anmerkung.
Vogel, Hermann	GmbH-Gesetz, Kommentar, 2. Auflage 1956; zitiert: Vogel, § und Anm.
Wahl, Albert	Précis théorique et pratique de Droit commercial, o. Aufl., Paris 1922; zitiert: Wahl, Précis, Randziffer, Seite.
Wohlfarth / Everling / Glaesner / Sprung	Die Europäische Wirtschaftsgemeinschaft, o. Auflage 1960; zitiert: Wohlfarth-Everling-Glaesner-Sprung, Artikel EWGV, Anmerkung.
Würdinger, Hans	Aktienrecht, eine systematische Darstellung, 2. Auflage 1959; zitiert: Würdinger, Aktienrecht, § und Seite.

II. Aufsätze

Arnold, Hans — Die Angleichung des Gesellschaftsrechtes in der EWG, AWD BB 1963, 8, 211 ff.; zitiert: Arnold, AWD BB 1963, 8, Seite.

Auger, Bernard — La fusion, Revue des Sociétés 1925, 49 ff., 89 ff.; zitiert: Auger, Revue des Sociétés 1925, Seite.

Bärmann, Johannes — Ist eine Aktienrechtsreform überhaupt noch zulässig? JZ 1959, 434 ff.; zitiert: Bärmann, JZ 1959, Seite.

Baudouin-Bugnet, Pierre — Zur Auslegung der Bestimmungen der französischen Kartell-VO vom 9. August 1953, WuW 1954, 662 ff.; zitiert: Baudouin-Bugnet, WuW 1954, Seite.

Bote, Hans Peter — Der Eigentumserwerb bei der Ausgabe von Aktienurkunden nach der Verschmelzung zweier Aktiengesellschaften. ZHR 118, 196 ff.; zitiert: Bote, ZHR 118, Seite.

Cantenot, Georges — Travaux des Commissions, troisième Commission: La fusion, Conclusions, Supplément de la Revue du Marché Commun, Juli-August 1960, Seite 56 ff.; zitiert: Cantenot, Suppl. Revue du Marché Commun 1960, Seite.

Charpentier, Jaques — Rapport de Synthèse de Travaux du congrès international pour la Création d'une Société commerciale de type européen. Supplément de la Revue du Marché Commun, Juli-August 1960, Seite 76 ff. = Droit Européen 1961, 86 ff.; zitiert: Charpentier, Suppl. Revue du Marché Commun 1960, Seite.

Catrice, Roger L. — Augenblicklicher Stand der französischen Kartellgesetzgebung, WuW 1958, 285 ff.; zitiert: Catrice, WuW 1958, Seite.

Cerexhe, Etienne — Le Rapprochement des législations dans le cadre de l'Europe des Six, Revue du Marché Commun 1960, Seite 35 ff.; zitinrt: Cerexhe, Revue du Marché Commun 1960, Seite.

Dietrich, Hugo — Die Verschmelzung von Aktiengesellschaften gegen Gewährung von art- oder gattungsmäßig verschiedenen Aktien, DR 1940, 1121 ff.; zitiert: Dietrich, DR 1940, Seite.

Godin, Reinhard Freiherr von — Über die Bedeutung eines Verschmelzungsbeschlusses der Hauptversammlung, JW 1938, 1146 ff.;
zitiert: von Godin, JW 1938, Seite.
Zur Frage der Fusion bei ausstehender Vollzahlung, JW 1933, 2500 f.;
zitiert: von Godin, JW 1933, Seite.
Verschmelzung gegen Gewährung stimmrechtsloser Vorzugsaktien, DJ 1939, 1165 ff.;
zitiert: von Godin, DJ 1939, Seite.

Goldmann, Ludwig — Zur Auslegung des § 23 GWB, WuW 1963, 379 ff.;
zitiert: Goldmann, WuW 1963, Seite.

Houpin, C. — Fusion-actions d'apport-Loi du 1er-8-1893-négociation des actions de l'ancienne Société pendant deux ans, Journal des Sociétés 1898, 49 ff.;
zitiert Houpin, Journal des Sociétés 1898, Seite.

— De l'apport à titre de fusion Journal des Sociétés 1935, 529 ff.;
zitiert: Houpin, Journal des Sociétés 1935, Seite.
Des droits de parts de fondateur en cas de dissolution et de fusion des sociétés, Journal des Sociétés 1934, 641 ff.;
zitiert: Houpin, Journal des Sociétés 1934, Seite.
De la situation des actionnaires et des créanciers, en cas de fusion de Sociétés, en ce qui concerne de règlement du passif de la société absorbée Journal des Sociétés 1933, 449 ff.;
zitiert: Houpin, Jounal des Sociétés 1933, Seite.
De l'application, en cas de fusion de société par actions, des dispositions de la L 17-3-1909 relatives à l'apport et de la vente d'un fonds de commerce. Journal des Sociétés 1934, 321 ff.;
zitiert: Houpin, Journal des Sociétés 1934, Seite.

Kartte, Wolfgang — Zur Auslegung des § 1 GWB: Kartelle — Zusammenschlüsse — Gemeinschaftsunternehmen, WuW 1963, 565 ff.;
zitiert: Kartte, WuW 1963, Seite.

Klausing, Friedrich — „Verschmelzung" von Aktiengesellschaften gegen „Gewährung von Vorzugsaktien ohne Stimmrecht", ZAkDR 1939, 505 ff.;
zitiert: Klausing, ZAkDR 1939, Seite.

Koch, N.	Das Verhältnis der Kartellvorschriften des EWG-Vertrages zum Gesetz gegen Wettbewerbsbeschränkungen, BB 1959, 241 ff.; zitiert: Koch, BB 1959, Seite.
Lacan, Roger-Adolphe	Caractéristiques essentielles des sociétés anonymes dans les six pays de la CEE. Revue des Sociétés 1960, Seite 377 ff.; zitiert: Lacan, Revue des Sociétés 1960, Seite.
—	Conflit entre le droit européen et le droit interne sur le refus de vente. Le Monde, 2. Juli 1963, Seite 14; zitiert: Lacan, Le Monde, 2. 7. 1963, Seite 14.
Leblond, Jean	De la négociabilité des actions d'apport attribuées en cas de fusion à une société par actions ayant moins de deux ans d'existence. Journal des Sociétés 1932, 513 ff.; zitiert: Leblond, Journal des Sociétés 1932, Seite.
Mazeaud, Léon	Coalitions et sociétés. Revue des Sociétés 1924 (147 ff.), 187 ff.; zitiert: Mazeaud, Revue des Sociétéés 1924, Seite.
Plaisant, R. / Lassier, J.	Die neue kartellrechtliche Entwicklung in Frankreich, WuW 1960, 427 ff.; zitiert: Plaisant-Lassier, WuW 1960, Seite.
Sanders, Peter	Vers une Société anonyme européenne? Vortrag vom 22. Oktober 1959 im Institut des Hautes études economiques Rotterdam, Droit Européen 1960, 9 ff. = AWB BB 1960, 1 ff.; zitiert: Sanders, Droit Européen 1960, Seite.
Rault, Jean	Pour la création d'une société commerciale de type européen, Revue Trimestrielle de Droit Commercial 1960, Seite 741 ff.; zitiert: Rault, Revue Tr. Dr. Comm. 1960, Seite.
Rault, Jean	Rapport Général. Compte rendu des Travaux du congrès international pour la Création d'une Société commerciale de type européen. Supplément de la Revue du Marché Commun, Juli-August 1960, Seite 11 ff.; zitiert: Rault, Suppl. Revue du Marché Commun 1960, Seite.
Rétail, L.	Etude de la parité des titres en matierè de fusion. Journal des Sociétés 1954, 257 ff; Etude de parités internes de titres de la société absorbée en matierè de fusion. Journal des Sociétés 1955, 257 ff., 321 ff.; zitiert: Rétail, Journal des Sociétés, Jahr, Seite.

Schilling, W. — Die Rechtsstellung der Aktionäre der übertragenden Gesellschaft in der Verschmelzung. AG 1958, 229 ff.; zitiert: Schilling, AG 1958, Seite.

Schleyer, Rolf — Die unzulässige Anerkennung alter Aktien bei der Verschmelzung von Aktiengesellschaften, AG 1958, 208 ff., 226 ff.

Schlieder, W. — Die Anwendung der Artikel 85 und 86 des EWG-Vertrages nach Erlaß der ersten Durchführungsverordnung BB 1962, 305 ff.;
zitiert: Schlieder, BB 1962, Seite.

Spengler, Albrecht — Einige Betrachtungen zum Tätigkeitsbericht des Bundeskartellamtes für das Jahr 1959, WuW 1960, 755 ff.;
zitiert: Steindorff, WuW 1960, Seite.

Steindorff, Ernst — Alleinverkaufsrecht in Frankreich, WuW 1957, 106 ff.;
zitiert: Steindorff, WuW 1957, Seite.

Tagand, Simone — Les fusions d'entreprises en France.
direction 1963, Seite 168 ff.

Thorp, René-William — A l'actif de Droit Européen Droit Européen 1961, 41 ff.;
zitiert: Thorp, Droit Européen 1961, Seite.

Wahl, Albrecht — Les actions attribuées en cas de fusion à une société qui a augmenté son capital depuis moins de deux ans, sont-elles immédiatement négociables? Journal des Sociétés 1911, 481 ff.;
zitiert: Wahl, Journal des Sociétés 1911, Seite.

Weipert — Verschmelzung und Umwandlung von Kapitalgesellschaften und allgemeine Mitgliedsrechte, ZHR 110, 23 ff.;
zitiert: Weipert, ZHR 110, Seite.

Weiser, Gerard J. — Gemeinschaftsunternehmen in der Europäischen Wirtschaftsgemeinschaft, WuW 1963, 285 ff.;
zitiert: Weiser, WuW 1963, Seite.

Willemetz, Lucy — Une société de type européen, Revue du Marché Commun 1960, Seite 38 ff. = Revue des Sociétés 1960, Seite 364 ff.;
zitiert: Willemetz, Revue du Marché Commun 1960, Seite.

Willemetz, Lucy	Compte rendu de l'enquête effectué dans les milieux économiques au cours des mois de mars, avril, mai et juin 1960. Supplément de la Revue du Marché Commun, Juli-August 1960, Seite 29 ff.; zitiert: Willemetz, Suppl. Revue du Marché Commun 1960, Seite.

III. Zeitschriften

Die Aktiengesellschaft, Zeitschrift für das gesamte Aktienwesen zitiert nach Erscheinungsjahr und Seite	AG
Außenwirtschaftsdienst des Betriebsberaters zitiert nach Heft, Jahr und Seite	AWD BB
Der Betriebsberater zitiert nach Jahr und Seite	BB
Deutsche Justiz zitiert nach Erscheinungsjahr und Seite	DJ
Deutsches Recht zitiert nach Erscheinungsjahr und Seite	DR
Monatszeitschrift zitiert nach Jahr und Seite	*direction*
Droit des Sociétés zitiert nach Jahr, Nummer, Ziffer, Seite	
Gazette du Palais, supplement au journal judiciaire quotidien zitiert: Gazette du Palais, Jahr, Teil und Seite	
Gewerblicher Rechtsschutz und Urheberrecht Zeitschrift der Deutschen Vereinigung für gewerblichen Rechtsschutz und Urheberrecht Auslands- und internationaler Teil zitiert nach Erscheinungsjahr, Seite und Nummer	GRUR Ausl.
Journal des Sociétés civiles et commerciales Revue pratique de Jurisprudence de Doctrine et de Legislation zitiert: Journal des Sociétés nach Erscheinungsjahr und Seite	
Juris-Clausseur périodique, La Sémaine juridique — Doctrine, Jurisprudence, Textes — zitiert: JCP, Teil, Erscheinungsjahr und Spaltennummer	JCP

Juristische Wochenschrift zitiert nach Jahr und Seite	JW
Juristenzeitung zitiert nach Erscheinungsjahr und Seite	JZ
Leipziger Zeitschrift für Deutsches Recht zitiert nach Jahr und Seite	LZ
Le Droit Européen Monatsschrift zitiert nach Jahr und Seite	
Neue Juristische Wochenschrift zitiert nach Jahr und Seite	NJW
Recueil Dalloz de Doctrine, de Jurisprudence et de Legislation (Teil I: Chronique, Teil II: Jurisprudence, Teil III: Legislation) zitiert nach Jahr, Teil und Seite	
Revue du Marché Commun zitiert nach Jahr und Seite	
Revue Trimestrielle de Droit Commercial zitiert nach Jahr und Seite	
Sirey, Receuil Général des Lois et arrêts zitiert: Sirey, Jahr und Seite	
Wirtschaft und Wettbewerb zitiert nach Erscheinungsjahr und Seite	WuW
Zeitschrift der Akademie für Deutsches Recht zitiert nach Erscheinungsjahr und Seite	ZAkDR
Zeitschrift für das Gesamte Handelsrecht und Konkursrecht zitiert nach Band und Seite	ZHR
Revue des Sociétés zitiert: Revue des Sociétés, Jahr und Seite	

IV. Entscheidungssammlungen

Entscheidungen des Bundesgerichtshofes in Zivilsachen zitiert nach Band und Seite	BGHZ
Höchstrichterliche Rechtsprechung Ergänzungsblatt zur „Deutschen Justiz“ und zur Amtlichen Sammlung der Reichsgerichtsentscheidungen zitiert: Erscheinungsjahr und Seite	HRR

Die Rechtsprechung der Oberlandesgerichte auf dem Gebiete des Zivilrechts zitiert nach Band und Seite	OLGR
Amtliche Sammlung der Reichsgerichtsrechtsprechung in Zivilsachen zitiert nach Band und Seite	RGZ

Die im Text gebrauchten Abkürzungen sind entnommen aus: *Kirchner, Hildebert.* Abkürzungsverzeichnis der Rechtssprache auf der Grundlage der für den Bundesgerichtshof geltenden Abkürzungsregeln. Berlin, 1957.

1. TEIL

DIE VERSCHMELZUNG VON KAPITALGESELLSCHAFTEN IM GELTENDEN DEUTSCHEN RECHT

I. Begriff und Wesen der Verschmelzung

Die Verschmelzung von Aktiengesellschaften[1] ist im deutschen Recht in den §§ 233 ff. des Gesetzes über Aktiengesellschaften und Kommanditgesellschaften auf Aktien (Aktiengesetz)[2] geregelt. Begriff und Wesen der Verschmelzung lassen sich aus der Vorschrift des § 233 AktG. entwickeln.

Unter Ausschluß der Abwicklung können Aktiengesellschaften durch zwei voneinander verschiedenen Rechtsvorgänge verschmolzen werden:

1. Verschmelzung durch Aufnahme, das heißt: eine oder mehrere Aktiengesellschaften übertragen ihr Vermögen als Ganzes auf eine bereits bestehende Aktiengesellschaft gegen Gewährung von Aktien der letzteren (§ 233 Ziffer 1, 234 ff. AktG.)[3];

2. Verschmelzung durch Neubildung, das heißt: eine neue Gesellschaft wird geschaffen, auf die das Vermögen mehrerer bereits bestehender Aktiengesellschaften, die sich vereinigen, als Ganzes gegen Gewährung von Aktien der neuen Gesellschaft übergeht[4] (§§ 233 Ziffer 2, 247 AktG.).

Aus diesen aufgezählten Tatbestandsmerkmalen[5] folgen die nachstehenden Elemente einer Verschmelzung:

[1] Die Verschmelzung sonstiger Gesellschaften wird getrennt behandelt, vgl. unten Seite 50 ff.

[2] Nachstehend wird die allgemein gebräuchliche Abkürzung „AktG“ verwendet.

[3] Der Gesetzgeber bezeichnet sie als „übertragende“ und „übernehmende“ Gesellschaft. Diese Bezeichnung wird beibehalten.

[4] Dieser Fall wird entsprechend der Gesetzessystematik getrennt untersucht, vgl. unten Seite 47 ff.

[5] Ähnlich *von Godin-Wilhelmi,* § 233 AktG. Anm. 1; *Schilling,* GrossK, § 233 AktG. Anm. 2; *Baumbach-Hueck,* § 233 AktG. Anm. 1a spricht dagegen von „gesetzlicher Begriffsbestimmung“; ebenso *Böttcher-Meilicke,* § 233 AktG. Anm. 9.

1. Die Vermögensvereinigung

Die Fusion bedeutet nach der Bestimmung des § 233 AktG. die Vereinigung bis dahin getrennter Vermögensmassen zu einer Einheit im Vermögen der übernehmenden oder neu gebildeten Gesellschaft.

Der Gesetzgeber läßt die Vorstellung aufkommen, daß die Vereinigung der Vermögen sich im Rahmen eines Umsatzgeschäftes vollziehe, da von einer „Veräußerung" des Vermögens „gegen Gewährung" von Aktien die Rede ist. Diese Fassung läßt an das Bestehen eines gegenseitig verpflichtenden Vertrages im Sinne der §§ 241, 320 ff. BGB denken. Dies trifft nicht zu, sondern die Verschmelzung ist ein typisch körperschaftlicher, also gesellschaftsrechtlicher Vorgang[6].

Die Vermögensübertragung umfaßt das gesamte Vermögen der übertragenden Gesellschaften mit Einschluß der Verbindlichkeiten (§ 240 Absatz 3 Satz 1 AktG.) und vollzieht sich im Wege der Gesamtrechtsnachfolge[7], wodurch wirtschaftlich eine Unternehmenskonzentration eintritt.

Obwohl es ebenfalls zu einer echten Unternehmenskonzentration kommt, ist vom Begriff der Verschmelzung zunächst die als „unechte Fusion" bezeichnete, in § 255 AktG. geregelte Vermögensübertragung auszuklammern. Diese unterscheidet sich von der echten Verschmelzung im Sinne der §§ 233 ff. AktG. in der Weise, daß die veräußernde Gesellschaft durch ein in rechtsgeschäftliche Einzelverfügungen zerfallendes Umsatzgeschäft ihr Vermögen auf eine andere Gesellschaft überträgt, in Liquidation tritt und in Durchführung ihrer Abwicklung die als Gegenleistung empfangenen Aktien ihren Aktionären im Wege einer Naturalteilung aushändigt[8].

Eine Verschmelzung liegt auch dann nicht vor, wenn eine Gesellschaft alle Aktien einer anderen Gesellschaft in ihrer Hand vereinigt, etwa durch Gesamterwerb vom Einmannaktionär[9] oder durch allmählichen Ankauf in einer Vielzahl von Einzelgeschäften. Im ersterwähnten Fall liegt, selbst wenn sie als Gegenleistung Aktien gewährt, eine Auswechselung in der

[6] Nähere Ausführungen siehe unten Seite 6 ff., 17 ff.; im Ergebnis ebenso: *von Godin-Wilhelmi*, § 233 AktG. Anm. 2,5; *Gierke*, § 48 III A 2 d Seite 383; *Schilling*, GrossK, § 233 AktG. Anm. 2; ders., AG 1958 / 229; *Würdinger*, Aktienrecht, § 42 I Seite 269; § 43 C II Seite 279; *Ritter*, § 235 AktG. Anm. 1; *Bote*, ZHR 118, 196 ff. (205).

[7] *Schilling*, GrossK, § 233 AktG. Anm. 2, unstreitig.

[8] *Baumbach-Hueck*, Übers. vor § 233 AktG. Anm. 3; *Schilling*, GrossK, § 233 AktG. Anm. 3, § 255 AktG. Anm. 1; *Würdinger*, Aktienrecht, § 42 I 2 Seite 270.

[9] *von Godin-Wilhelmi*, § 233 Anm. 3; *Würdinger*, Aktienrecht, § 42 I 3 Seite 271.

Person des Einmannaktionärs verbunden mit einer Kapitalerhöhung seitens der erwerbenden Gesellschaft vor. Die veräußernde Gesellschaft bleibt rechtlich mit ihrem bisherigen Vermögensbestand unverändert bestehen[10]. Insbesondere führt auch die Vereinigung aller Aktien in der Hand der erwerbenden Gesellschaft nicht zur Auflösung der Gesellschaft, deren Aktien sie sämtlich erworben hat.

Auf die vorstehend erwähnten Fälle ist die Vorschrift des § 419 BGB anwendbar[11], wonach die erwerbende Gesellschaft ihre Haftung gegenüber Gläubigern des Veräußerers entsprechend der erbrechtlichen Regelung der §§ 1990, 1991 BGB auf den Bestand des übernommenen Vermögens beschränken kann und die Gläubiger sowohl sie, als auch den Veräußerer zwecks Befriedigung ihrer Forderungen in Anspruch nehmen können.

Bei der Verschmelzung ist die Anwendung der Vorschrift des § 419 BGB und demzufolge eine Haftungsbeschränkung der übernehmenden Gesellschaft ausgeschlossen. Sie haftet mit ihrem Gesamtvermögen[12], die übertragende Gesellschaft erlischt grundsätzlich auch als Schuldnerin[13].

2. Der Ausschluß der Abwicklung

Das zweite Element, das sich aus dem Tatbestand des § 233 AktG. herauslesen läßt, ist der Ausschluß der Abwicklung bei der übertragenden Gesellschaft[14]. Die übertragende Gesellschaft löst sich nicht nach der Bestimmung des § 203 AktG. auf und tritt in das Liquidationsstadium ein, sondern ihr Vermögen wird ohne vorangehende Schuldentilgung und ohne Versilberung von Vermögenswerten als Gesamtheit übertragen.

Der Ausschluß der Abwicklung bei der Verschmelzung besagt allerdings nicht, daß eine Fusion ausgeschlossen ist, wenn sich die übertragende Gesellschaft bereits in Liquidation befindet. Dann ist die weitere Verwertung des Vermögens einzustellen, die Abwicklung wird angehalten, an die Aktionäre wird kein Erlös verteilt. Voraussetzung für eine Verschmelzung nach Eintritt

[10] *von Godin-Wilhelmi,* § 233 Anm. 3; *Würdinger,* Aktienrecht, § 42 I 3 Seite 271.

[11] *Schilling,* GrossK, § 233 AktG. Anm. 2.

[12] *von Godin-Wilhelmi,* § 240 AktG. Anm. 8, unstreitig; *Schliling,* GrossK, § 240 AktG. Anm. 36; *Würdinger,* Aktienrecht, § 42 I 1 Seite 270.

[13] Der Ausnahmefall des § 243 Abs. 2 Satz 1 AktG. wird unabhängig hiervon gesondert behandelt, siehe unten Seite 39.
Im übrigen wird der Fortbestand der übertragenden Gesellschaft auch nach dieser Vorschrift nur fingiert, diese lebt nicht etwa wieder auf.

[14] Der Einfachheit halber wird — soweit dies nicht sinnentstellend ist — nachstehend nur von einer übertragenden Gesellschaft gesprochen.

in die Liquidation ist allerdings, daß die übertragende Gesellschaft überhaupt noch Sachvermögen besitzt[15], welches auf die übernehmende Gesellschaft übergehen kann.

Sogar die übernehmende Gesellschaft kann bereits aufgelöst sein. Dann setzt die Verschmelzung voraus, daß zunächst gemäß der Vorschrift des § 215 AktG. vor Beginn der Vermögensverteilung an die Aktionäre von diesen ein Hauptversammlungsbeschluß über die Fortsetzung der Gesellschaft gefaßt worden und dieser in das Handelsregister der übernehmenden Gesellschaft eingetragen worden ist[16]. Dagegen ist eine Verschmelzung unzulässig, wenn sich die eine oder andere Gesellschaft bereits im Konkursverfahren befindet[17].

3. Die Gewährung von Mitgliedschaftsrechten

Die übernehmende und auch die neu gebildete Gesellschaft haben Aktien, das heißt eine gesellschaftsrechtliche Beteiligung an ihrem Gesamtvermögen, zu gewähren.

Eine Verschmelzung liegt dann nicht vor, wenn sie Wertpapiere gewährt, die nur eine Gläubigerstellung verbriefen[18]. Auch die Hingabe von Geld oder anderen Vermögenswerten[19] macht einen Rechtsvorgang, mag er auch die äußeren Merkmale einer Fusion aufweisen, nicht zu einer Verschmelzung.

Für gewisse Geldzahlungen gilt eine abweichende Gesetzesregelung. Aus der Notwendigkeit heraus, gewisse Spitzen auszugleichen, die in Aktien nicht ausgeglichen werden können, weil eine unzulässige Stückelung die Folge wäre, folgt aus dem Gesetz die Möglichkeit einer Barzuzahlung. Dieser sind enge Grenzen gezogen. Nach der zwingenden Vorschrift des § 238 Abs. 2 AktG. dürfen bare Zuzahlungen nicht den zehnten Teil des Gesamtnennbetrages der gewährten Aktien übersteigen. Alles, was hierüber hinausgeht,

[15] *Baumbach-Hueck,* § 233 AktG. Anm. 1, B; *von Godin-Wilhelmi,* § 233 AktG. Anm. 1, 2; *Würdinger,* Aktienrecht, § 42 I 2 Seite 270; RG, Urteil vom 13. 5. 1929, RGZ 124, 279 ff. (288); *Schilling,* GrossK, § 233 AktG. Anm. 10; *Schlegelberger-Quassowski,* § 233 AktG. Anm. 3.

[16] *von Godin-Wilhelmi,* § 233 AktG. Anm. 2; *Schilling,* GrossK, § 233 AktG. Anm. 11; *Würdinger,* § 42 I 2 Seite 270; RG, Urteil vom 13. 5. 1929, RGZ 124, 279 ff. (300).

[17] *Schilling,* GrossK, § 233 AktG. Anm. 12; *Schlegelberger-Quassowski,* § 233 AktG. Anm. 4.

[18] Hierunter fallen insbesondere Schuld- und Wandelschuldverschreibungen; vgl. *Böttcher-Meilicke,* § 233 AktG. Anm. 19; *von Godin-Wilhelmi,* § 233 AktG. Anm. 5.

[19] *Baumbach-Hueck,* § 233 AktG. Anm. 2 B; *von Godin-Wilhelmi,* § 233 AktG. Anm. 3; *Böttcher-Meilicke,* § 233 AktG. Anm. 19.

muß in Aktien gewährt werden, weil es dem Wesen der Verschmelzung, die gerade eine Fortsetzung der Mitgliedschaftsrechte der Aktionäre vorsieht[20], widersprechen würde, wenn nur teils Aktien, teils Geldzahlungen gewährt würden.

Soweit Aktien der übertragenden Gesellschaft, die sich im Besitz der übernehmenden Gesellschaft befinden, an erstere gewährt werden, rechnen diese bei der Berechnung des zehnten Teiles nicht mit[21]. Wird gegen die Vorschrift des § 238 Abs. 2 AktG. verstoßen, besteht ein Hindernis für die Eintragung der Verschmelzung[22]. Erfolgt diese dennoch, ist fraglich, ob eine wirksame Vermögensübertragung gemäß § 255 AktG. vorliegt[23] oder nicht[24].

Es dürfte wohl dem Gesetzeszweck entsprechen, hier nicht ohne weiteres eine Umdeutung einer nichtigen Verschmelzung in eine wirksame Vermögensübertragung in anderer Weise gemäß § 255 AktG. vorzunehmen, was nicht nur für die übertragende Gesellschaft die Auflösung und den Eintritt in das Liquidationsstadium mit sich bringt, sondern sie darüber hinaus verpflichtet, in einer Fülle von Einzelübertragungen ihr Vermögen durch echtes Umsatzgeschäft an die übernehmende Gesellschaft zu veräußern. Auch tritt keine Schuldübernahme ein, beide Gesellschaften anstelle nur der übernehmenden Gesellschaft haften den Gläubigern, die übertragende aus dem von ihr abgeschlossenen Rechtsgeschäft, die übernehmende nach der Vorschrift des § 419 BGB. Der körperschaftsrechtliche Vorgang wird weitgehend von bürgerlich-rechtlichen Bestimmungen verdrängt. Aus dieser Wesensverschiedenheit heraus verbietet sich die Anwendung des § 255 AktG., wenn nicht, nachdem sich die Nichtigkeit herausgestellt hat, ein erneuter Beschluß der Aktionäre der übertragenden Gesellschaft erfolgt, wonach die Vermögensübertragung entsprechend der Vorschrift des § 255 AktG. erfolgen soll.

Die gewährten Aktien müssen solche der übernehmenden, nicht einer dritten Gesellschaft sein.

Insoweit besteht in der Lehre eine einhellige Auffassung[25], an der angesichts

[20] Über die Streitfrage, wie der Erwerb erfolgt, siehe unten Seite 6 ff., 7 ff.

[21] *Baumbach-Hueck,* § 238 AktG. Anm. 2.

[22] *Baumbach-Hueck,* § 238 AktG. Anm. 2; *Weipert,* GrossK, § 238 Anm. 12.

[23] *Baumbach-Hueck,* § 238 AktG. Anm. 2; *Schlegelberger-Quassowski,* § 238 Anm. 18; *Würdinger,* § 42 I 2 Seite 271.

[24] zweifelnd *von Godin-Wilhelmi,* § 238 Anm. 5, der strenge Nichtigkeit annimmt.

[25] *Baumbach-Hueck,* § 233 AktG. Anm. 2 B, § 238 AktG. Anm. 1; *von Godin-Wilhelmi,* § 233 AktG. Anm. 5; *Würdinger,* § 42 I 2 Seite 271; *Böttcher-Meilicke,* § 233 AktG. Anm. 19; *Schlegelberger-Quassowski,* § 233 AktG. Anm. 8, unstreitig.

der klaren Gesetzesbestimmungen der §§ 233 ff. AktG. auch nicht zu zweifeln ist. Streit herrscht jedoch darüber, ob sich die Mitgliedschaft der Aktionäre der übertragenden Gesellschaft ipso iure in der übernehmenden Gesellschaft fortsetzt[26] oder ob die Fortsetzung erst auf Grund einer Willensbetätigung des einzelnen Aktionärs der übertragenden Gesellschaft erfolgt[27]. Kernpunkt der Streitfrage ist also: wie und wann entstehen die Mitgliedschaftsrechte der Aktionäre an der übernehmenden Gesellschaft und auf welche Weise werden sie erworben?

Von Godin-Wilhelmi stehen auf dem Standpunkt, daß der Erwerb der Mitgliedschaftsrechte keinesfalls ipso iure erfolgt[28] und begründen ihre Ansicht im wesentlichen mit den Vorschriften über die Kapitalerhöhung[29], die Ausgabe der Aktien und die Rechtsstellung des Treuhänders[30].

Sie vertreten zusammenfassend folgende Ansicht:

Nach geltendem Aktienrecht stehe fest, daß die Eintragung der Durchführung der Kapitalerhöhung zeitlich vor der Eintragung der Verschmelzung erfolgen müsse. Mit Eintragung der Kapitalerhöhung entstehe die neue Aktie. Dem Treuhänder, der Empfangsorgan der übertragenden Aktiengesellschaft sei, seien diese auszuhändigen. In dieser Aushändigung liege die Ausgabe der neuen Aktien, der Treuhänder werde Aktionär. Dies sei erforderlich, weil die übernehmende Aktiengesellschaft unmöglich ursprünglich eigene Aktien erwerben könne. Der Aktionär könne nicht gegen seinen Willen Mitgliedschaftsrechte an der übernehmenden Gesellschaft erwerben. Sei erst die vom Treuhänder zu vollziehende Aushändigung der Aktie die Ausgabe des Wertpapiers, so ergebe sich aus dem Gesetz, daß für die Zwischenzeit Aktien ohne Aktionär vorhanden seien. Dies sei nicht haltbar. Vielmehr sei der Treuhänder in dieser Zeit treuhänderischer Aktionär. Erst durch eine auf den Umtausch gerichtete Willensbetätigung würden die Aktionäre der übertragenden solche der übernehmenden Aktiengesellschaft.

Eine Zeitlang bestünden zwei Rechte nebeneinander, über eines sei der Treu-

[26] *Würdinger,* Aktienrecht, § 42 I 2 Seite 271, § 43 C II 3 Seite 282; m. Eintrag. d. Verschm.; *Baumbach-Hueck,* § 240 Anm. 3C; *Schlegelberger-Quassowski,* § 237 AktG. Anm. 8; RG, Urteil vom 7. 10. 1932, JW 1933, 1012 ff. (1013); *Böttcher-Meilicke,* § 240 AktG. Anm. 38; wohl auch BayObLG, Beschl. vom 22. 6. 1910, LZ 1911, 73 ff. (74); ebenso *Schilling,* § 233 AktG. Anm. 2; § 240 Anm. 46, 18; § 235 Anm. 2; ders., AG 1958, 229.

[27] *von Godin-Wilhelmi,* § 233 AktG. Anm. 5.

[28] *von Godin-Wilhelmi,* § 233 AktG. Anm. 5 a. E., Anm. 7, 8, § 240 Anm. 4, 6, 15.

[29] Siehe unten Seite 18/19.

[30] Siehe unten Seite 29 ff.

händer, über das andere (nämlich die alte Aktie) der Aktionär verfügungsberechtigt. Nach *von Godin-Wilhelmi* findet gleichwohl kein abgeleiteter Erwerb der Aktionäre statt, sondern ein ursprünglicher. Das Recht des Treuhänders sei auflösend bedingt, und zwar durch den Willen des einzelnen Aktionärs, den Umtausch vorzunehmen. Man könne auch ohne das Hilfsmittel der auflösenden Bedingung auskommen und das Vollrecht des Treuhänders als mit der Anwartschaft des letztlich Berechtigten belastet ansehen.

Auch dann liege ursprünglicher, nicht abgeleiteter Erwerb vor, wenn es sich um bereits bestehende, nicht um neugeschaffene Aktien handele.

Gegen diese Ansicht läßt sich folgendes ausführen:

Es ist fraglich, ob die dem Treuhänder ausgehändigten Papiere bereits ein Vollrecht verbriefen. Bei der gewöhnlichen Kapitalerhöhung ist das Grundkapital erhöht, sobald die Durchführung der Kapitalerhöhung in das Handelsregister eingetragen ist (§ 156 AktG.). Bei der bedingten Kapitalerhöhung ist dies der Fall, wenn die Bezugsaktien ausgegeben sind (§ 167 AktG.), bei genehmigtem Kapital entscheidet wiederum die Eintragung (§§ 170, 156 AktG.). Soll die Kontinuität der Berechtigung der Aktionäre der übertragenden Gesellschaft gewahrt bleiben, darf sich kein Erwerb eines Dritten, der einen glatten Rechtsübergang der Mitgliedsrechte unterbrechen würde, dazwischenschieben.

Soweit mit der Eintragung der durchgeführten Kapitalerhöhung das Grundkapital erhöht ist, die Aktienbriefe also ein Recht an diesem verbriefen, muß vermieden werden, daß der Treuhänder Aktionär der übernehmenden Gesellschaft wird. Das kann nur in der Weise geschehen, daß sichergestellt ist, daß er die Urkunden vor der Eintragung erhält, diese also unbegebene Aktienbriefe sind. Eine verbotene Ausgabe im Sinne des § 158 AktG. liegt hierin nicht, denn § 158 AktG. verbietet lediglich, daß Personen durch die Ausgabe der Urkunden eine Legitimation in Händen haben, der mangels durchgeführter Kapitalerhöhung noch kein Recht entspricht. Nach dem Gesetzeszweck der Verschmelzungsvorschriften soll gerade nicht der Treuhänder im eigenen Namen Rechte am erhöhten Grundkapital der übernehmenden Gesellschaft erwerben, sondern diese sollen den Aktionären der übertragenden Gesellschaft zufallen. Aber auch wenn die Aushändigung der Urkunden an den Treuhänder erst nach Eintragung des Kapitalerhöhungsbeschlusses und vor Eintragung der Verschmelzung erfolgt, wird dieser nicht Aktionär. Die Kapitalerhöhung zum Zwecke der Verschmelzung kann nicht vom gesamten Verschmelzungsvorgang isoliert werden. Es handelt sich um eine zweckgebundene Erhöhung, die bereits im Verschmelzungsvertrag organisationsrechtlich festgelegt ist. Solange die Verschmelzung nicht verwirklicht ist, besteht auch hinsichtlich der Aktien ein Schwebezustand, denn erst mit Vollzug der Fusion fallen den Aktionären der übertragenden Gesellschaft die Mitgliedschaftsrechte zu. Wäre in der Zwischenzeit der Treuhänder Aktionär, könnte nur ein von diesem abgeleiteter Erwerb stattfinden, abgesehen von den praktischen Schwierigkeiten, die entstehen würden, wenn er in Konkurs geriete oder als Vollrechtsinhaber über die empfangenen Aktien verfügen würde. In der Stellung als Aktionär wäre er zwar gegenüber der übertragenden Gesellschaft verpflichtet, die erhaltenen Aktien nur an die Aktionäre der übertragenden Gesellschaft auszuhändigen. Jeder Dritte könnte aber von ihm das Aktienrecht erwerben, ohne daß es auch nur auf seinen guten Glauben ankäme (§§ 932 BGB, 366 HGB); denn man könnte die so verwendeten Aktien nicht einmal als abhanden gekommen ansehen (§ 935 BGB), abgesehen davon, daß der Erwerb von Inhaberaktien auch nach dieser Vorschrift nicht gehindert würde. Soweit Namensaktien ausgegeben werden, würde der Treuhänder durch seine Eintragung im Aktienbuch eine Legitimation erwerben, die ihm nicht zukommen kann.

Auch soweit Rechte mit der Ausgabe entstehen, ist die Ausfolgung der Urkunden an den Treuhänder keine Ausgabe der Aktien im Sinne des § 167 AktG. Den Treuhänder als Aktionär anzusehen, birgt die nicht auszuschließende Gefahr in sich, daß er durch eine seinen Verpflichtungen widersprechende Handlungsweise die Verschmelzung überhaupt vereitelt. Und das liegt gerade vor, wenn die Aktionäre der übertragenden Gesellschaft keine Aktien erhalten, die ihnen auf Grund des im Verschmelzungsvertrag festgelegten Umtauschverhältnisses zustehen und die übernehmende Gesellschaft für ihre Aktien gar nichts erhält, sondern sich bloß das Vermögen des Treuhänders vergrößert hat.

Die Wirksamkeit der Kapitalerhöhung kann also erst eintreten, wenn auch die Verschmelzung wirksam geworden ist. Die Aktionärsrechte bei der übertragenden Gesellschaft sind untrennbar mit derem Vermögen verbunden, sie setzen sich am Gesamtvermögen fort. Scheitert die Verschmelzung, wird auch die Kapitalerhöhung gegenstandslos, was nicht der Fall wäre, wenn der Treuhänder Rechte erworben oder gar über diese verfügt hätte.

Obwohl dies nicht klar aus dem geltenden Aktiengesetz hervorgeht, ist daran festzuhalten, daß der Treuhänder nicht Aktionär wird[31], die Mitgliedsrechte der Aktionäre nicht mit dem Erlöschen der übertragenden Ge-

[31] *Baumbach-Hueck,* § 240 AktG. Anm. 2 A; *Böttcher-Meilicke,* § 240 Anm. 10 „gesetzliche Treuhand"; *Gierke,* § 48 III B 1 bb Seite 385; *Schilling,* GrossK, § 240 AktG. Anm. 17; *Würdinger,* § 43 C II 4 Seite 282.

sellschaft untergehen und neu begründet werden müssen, sondern den Aktionären, die durch ihre alten Aktien noch legitimiert sind, kraft Gesetzes ipso iure zufallen[32]. Bis zum Umtausch sind die Urkunden in der Hand des Treuhänders nichts anderes als unbegebene Aktienbriefe[33], erst mit ihrer Aushändigung durch ihn sind die Aktien ausgegeben[34]. Dagegen läßt sich nicht einwenden, daß Aktionäre gegen ihren Willen gezwungen würden, einer Aktiengesellschaft anzugehören, die ihnen aus irgendwelchen Gründen nicht zusagt. Haben sie gegen die Verschmelzung gestimmt, müssen sie sich zwar der Entscheidung der Mehrheit beugen. Sie sind aber nicht gehindert, ihre Aktien zu veräußern und noch vor Eintritt der Wirksamkeit der Verschmelzung ihre Mitgliedschaftsrechte an der übertragenden Gesellschaft aufzugeben.

4. Geltung für deutsche Gesellschaften und internationale Verschmelzung

Die Verschmelzungsvorschriften setzen voraus, daß es sich um deutsche Kapitalgesellschaften[35] handelt, deren Sitz sich gemäß § 5 AktG. im Inland befindet[36], die also dem deutschen Recht unterworfen sind[37]. Das heißt, daß

[32] *Baumbach-Hueck,* § 240 AktG. Anm. 3 C; Bote, ZHR 118, 196 ff. (203); *Böttcher-Meilicke,* § 240 AktG. Anm. 38; *Schilling,* GrossK, § 233 AktG. Anm. 16, § 240 AktG. Anm. 13, 17, 18; *Würdinger,* § 43 C II 1 Seite 280, C II 2a Seite 280, C II 3 Seite 282; RG, Urteil vom 7. 10. 1932, JW 1933, 1012 ff. (1013); RG, Urteil vom 27. 5. 1932, RGZ 136, 313 ff. (316, 317), ähnlich BayObLG, Beschluß vom 22. 6. 1910, LZ 1911, 73 ff. (74).

[33] *Würdinger,* § 42 B II 3 Seite 277; § 43 C II 4 Seite 282.

[34] *Baumbach-Hueck,* § 240 AktG. Anm. 2 B; *Bote,* ZHR 118, 196 ff. (213); *Böttcher-Meilicke,* § 240 AktG. Anm. 17; *Ritter,* § 240 AktG. Anm. 3; *Schilling,* GrossK, § 240 AktG Anm. 12; *Schilling,* AG 1958, 229; *Schlegelberger-Quassowski,* § 240 AktG. Anm. 15; *Teichmann-Koehler,* § 240 AktG. Anm. 3 b; *Würdinger,* § 43 C II 4 Seite 282, § 43 C II 5 Seite 283.

[35] Einzelfälle siehe unten Seite 50 ff.

[36] *Würdinger,* § 3 I 1 b Seite 15; § 3 II Seite 18; insoweit gilt die sogenannte „Sitztheorie", während völkerrechtlich nach der sogenannten „Kontrolltheorie" sich die Staatsangehörigkeit der Gesellschaft nach derjenigen der Mehrheit ihrer Mitglieder oder Organe richtet (vgl. Artikel 74 Abs. 1, 279 b Versailler Vertrag, § 1 Abs. 2 Flaggenrechtegesetz vom 8. 2. 1951, BGBl. 1951 I Seite 79, II Seite 6); *Schlegelberger-Quassowski,* § 233 AktG. Anm. 2; *Schilling,* § 233 AktG. Anm. 5; RG, Urteil vom 23. 6. 1919, RGZ 99, 217 f, 218, 219; RG, Urteil vom 3. 6. 1927, RGZ 117, 215 f (217); BGH, Beschluß vom 21. 11. 1955, BGHZ 19/105 f. (106); RG, Urteil vom 29. 10. 1938, RGZ 159, 33 ff. (42); OLG Nürnberg, Beschluß vom 7. 9. 1951, NJW 1952/109; *Raape,* IPR, § 25 I Seite 196, 198; *Schmidt-Meyer-Landrut,* GrossK, § 5 Anm. 2 a; *Gadow-Heinichen-Fischer,* § 37 AktG. Anm. 1.

[37] *Würdinger,* Aktienrecht, § 3 I 2 a Seite 16. Von Staatsangehörigkeit ist nur im übertragenen Sinne die Rede, *Raape,* IPR, § 25 VII Seite 205.

sie nach den Bestimmungen deutscher Gesetze errichtet sind und hiernach ihre Tätigkeit ausüben.

In diesem Zusammenhang ergibt sich die Frage, ob und gegebenenenfalls wie sich eine deutsche Gesellschaft mit einer ausländischen Gesellschaft verschmelzen kann.

a) Die deutsche Gesellschaft ist die übernehmende Gesellschaft

Eine ausländische Gesellschaft erfüllt dann die Voraussetzungen der „Ausländerin“, wenn sie nach fremdem Recht gegründet ist und – in der Regel – ihren Sitz im Ausland hat.

Vorausgesetzt, daß das ausländische Recht das Institut der Verschmelzung in jedenfalls weitgehend übereinstimmendem Sinne kennt, wäre eine Verschmelzung überhaupt nur dann denkbar, wenn entweder eine ausländische Gesellschaft als solche ihren Sitz im deutschen Inland haben kann und dort dieselben Rechte genießt wie eine inländische Gesellschaft oder aber ohne Verlust ihrer Eigenschaft als Ausländerin ihren Sitz hierhin verlegen und ihre Rechte ohne Beeinträchtigung in Deutschland ausüben kann, der Sitz also insoweit kein Kriterium für die Nationalität[38] der betreffenden Gesellschaft wäre.

Die Bestimmung des § 38 AktG. betrifft ausschließlich Zweigniederlassungen ausländischer Gesellschaften. Der Anwendungsbereich des Artikels 10 EGBGB beschränkt sich auf nach ausländischem Recht rechtsfähige Vereine. Beide Vorschriften sind auf Handelsgesellschaften selbst nicht anwendbar.

Im allgemeinen werden nach deutscher Rechtsauffasung die nach ausländischem Recht gültig errichteten Handelsgesellschaften auch in Deutschland als juristische Personen anerkannt[39]. Vor allem Staatsverträge können eine Rechtsgrundlage für die Anerkennung sein[40].

[38] Nationalität oder Staatsangehörigkeit bei Gesellschaften ist nicht etwa im Sinne des Reichs- und Staatsangehörigkeitsgesetzes zu verstehen, sondern bedeutet, daß die Gesellschaft den Gesetzen eines bestimmten Staates unterliegt.

[39] *Palandt-Lauterbach*, BGB, 23. Aufl., Artikel 10 EGBGB Anm. 4a, 5; *Würdinger*, Aktienrecht, § 3 I 2 b Seite 16: jedenfalls, soweit nicht ordre public oder Vergeltungsmaßnahmen entgegenstehen, Artikel 30, 31 EGBGB; vgl. auch RG, 16. 12. 1913, RGZ 83, 367 ff. (369, 370); RG, Urteil vom 3. 6. 1927, RGZ 117, 215 ff. (217); RG, Urteil vom 29. 10. 1938, RGZ 159, 33 ff. (42, 46, 48). Siehe auch Artikel 58 EWGV (Einzelheiten siehe unten Seite 223) RG, Urteil vom 19. 1. 1918, RGZ 92, 73 ff. (76) *Palandt-Lauterbach*, BGB, 23. Aufl., Artikel 10 EGBGB Anm. 5; *Schmidt-Meyer-Landrut*, GrossK, § 5 AktG. Anm. 7.

[40] Von den einzelnen Staatsverträgen sind beispielsweise aufzuführen:
Finnland, RGBl. 1934, II 140 ff. vom 24. 3. 1934 (Artikel 3),
Frankreich, RGBl. 1934, II 421 ff. vom 30. 7. 1934, Art. 2 und BGBl. 1957 II 1661.

Diese Anerkennung bedeutet aber nicht, daß damit ohne weiteres für die ausländische Gesellschaft das Recht verbrieft ist, im Inland eine geschäftliche Tätigkeit zu entfalten. Nur wenn sie als Ausländerin mit Sitz im Inland hier tätig ist – was ihre Gründung nach deutschen Vorschriften voraussetzt[41], wobei mehr als zweifelhaft ist, ob sie überhaupt noch als „Ausländerin" bezeichnet werden kann –, können die Voraussetzungen für eine Verschmelzung überhaupt gegeben sein.

Soweit nämlich eine Vermögensübernahme im Sinne einer Verschmelzung mit einer im Ausland domizilierenden Gesellschaft in Erwägung gezogen werden soll, ergeben sich wegen des gleichzeitigen Überganges der Schulden – und diese werden aus Forderungen ausländischer Gläubiger herrühren – für beide Seiten rechtlich schwer lösbare Schwierigkeiten. Fraglich ist, nach welchem Recht hierfür gehaftet werden soll. Nach deutschem internationalem Privatrecht entscheidet bei schuldrechtlichen Forderungen Parteiwille, Schwerpunkt des Schuldverhältnisses und Erfüllungsort, welches Recht anzuwenden ist[42]. Für ausländische Forderungen, die gegen die übertragende, mit Sitz im Ausland befindliche Gesellschaft geltend gemacht werden, müßte dann nach ausländischem Recht gehaftet werden, selbst wenn nach deutschem Recht keine Forderung bestehen würde.

Für ausländische Gläubiger der übertragenden Gesellschaft würde aus einer derartigen Verschmelzung folgen, daß sie in Zukunft einen schwer erreichbaren Schuldner und erschwerte Vollstreckungsmöglichkeiten haben würden. Abgesehen hiervon ergibt sich das Problem der Sicherung der Mitgliedsrechte an der ausländischen Gesellschaft, die grundsätzlich in ihrem Bestand nicht angetastet werden dürfen. Das läßt sich bei einer möglicherweise bestehenden abweichenden Regelung der Aktiengesetze der an der Verschmelzung beteiligten Gesellschaften nicht völlig ausschließen.

Ferner ergibt sich aus der Vorschrift des § 240 AktG. ein weiteres Bedenken gegen die Zulässigkeit einer derartigen Verschmelzung. Die übertragende

BGBl. 1959 II 929 Art. VI,
Irland, RGBl. 1931, II, 115ff. vom 27. 3. 1931 (Artikel 13),
Italien, RGBl. 1925, II 1020 f. vom 6. 12. 1925 (Artikel 8),
Schweden, RGBl. 1926, II 383 f. vom 10. 7. 1926 (Artikel 5),
Schweiz, RGBl. 1926, II, 675 f. vom 27. 11. 1926 (Artikel 3),
Türkei, RGBl. 1927 II, 76 f vom 15. 3. 1927, (Niederlassungsabk. Artikel 5).

41 *Gadow-Heinichen-Fischer*, GrossK, § 38 AktG. Anm. 9; *Schlegelberger-Quassowski*, § 38 Anm. 8; *Teichmann-Koehler*, § 1 Anm. 7; *von Godin-Wilhelmi*, § 38 Anm. a.E.

42 *Palandt-Lauterbach*, BGB, 23. Aufl., Vorbem. vor Art. 10 EGBGB Anm. 2a, 2b mit Nachweisen.

Gesellschaft erlischt mit der Eintragung der Verschmelzung in ihrem Handelsregister, hiermit geht gleichzeitig ihr Vermögen im Wege der Gesamtrechtsnachfolge auf die übernehmende Gesellschaft über. Derartige Rechtswirkungen kann das inländische Recht für eine ausländische Gesellschaft nicht anordnen. Ferner kann auch eine Regelung der Vorschriften über die Durchführung der Schadensersatzansprüche, Schadensersatzpflicht der Organe, Anfechtung des Verschmelzungsbeschlusses und Sicherung der Gläubiger nicht durch das deutsche Gesetz mit Wirkung für die ausländische Gesellschaft erfolgen[43]. Aus diesem Grunde muß eine Verschmelzung einer deutschen mit einer im Ausland domizilierenden Gesellschaft als unzulässig angesehen werden[44]. Auch eine Anwendung des § 255 AktG. ist nicht ohne weiteres möglich. Das inländische Recht kann zwar bestimmen, was zum Vermögenserwerb der übernehmenden inländischen Gesellschaft erforderlich und ausreichend ist, dagegen nicht, daß die Vermögensübertragung auch für die ausländische übertragende Gesellschaft wirksam ist, wenn das ausländische Gesetz weitergehende Erfordernisse aufstellt als § 255 AktG. Zur Rechtswirksamkeit der Vermögensübertragung müssen sowohl die inländischen als auch die ausländischen Gesetze eingehalten werden. Auch die Befugnisse der Abwickler kann das deutsche Recht nicht bestimmen[45].

Soweit dagegen die ausländische Gesellschaft im Inland ihren Sitz hat oder etwa befugt ist, die deutsche Nationalität zu erwerben, stößt eine Vereinigung der Vermögen nicht auf die genannten Schwierigkeiten. Die deutschen Vorschriften über die Gründung, die dem Gläubiger- und Publikumsschutz dienen, müssen von ihr erfüllt werden. Sie muß in Deutschland im Handelsregister eingetragen werden[46]. Damit entfallen auch die Bedenken gegen eine Verschmelzung. Allerdings ist dabei fraglich, ob man einer nach deutschem Recht gegründeten oder neu gegründeten Gesellschaft überhaupt noch die

[43] *Schilling*, GrossK, § 233 AktG. Anm. 5; ähnlich *Baumbach-Hueck*, § 233 AktG. Anm. 1B.

[44] *Schilling*, GrossK, § 233 AktG. Anm. 5 mit Nachweisen; BayObLG, Beschluß vom 20. 10. 1906, OLGR 14, 338; a. A. Obergericht Danzig, Beschluß vom 18. 10. 1929, LZ 1929, 62 ff. (63, 64), wenn für die ausländische Gesellschaft die gleichen gesetzlichen Vorschriften wie in Deutschland bestehen. Die Entscheidung ist aus dem Grunde abzulehnen, weil wiederum das ausländische Recht nicht mit Wirkung für die deutsche Rechtsordnung die Gesamtrechtsnachfolge anordnen kann.

[45] *Schilling*, GrossK, § 233 AktG. Anm. 5.

[46] *Barz*, GrossK, § 203 AktG. Anm. 47; *Gadow-Heinichen-Fischer*, GrossK, § 38 AktG. Anm. 8; *von Godin-Wilhelmi*, § 38 AktG. a.E.; *Schlegelberger-Quassowski*, § 38 Anm. 8; *Teichmann-Koehler*, § 1 Anm. 7; *Würdinger*, Aktienrecht, § 3 I 1 d Seite 16.

Ausländereigenschaft zusprechen kann. Im übrigen müßten, selbst wenn dies zu bejahen sein sollte, die verschiedenen Rechtsordnungen eine übereinstimmende Regelung aufweisen, damit man eine Vermögensübertragung als Verschmelzung qualifizieren kann. Sonst liegt vom Standpunkt der deutschen Gesellschaft aus eine Kapitalerhöhung unter Sacheinlage vor, die ausländische Gesellschaft übernimmt allein die Aktien[47].

b) Die deutsche Gesellschaft ist die übertragende Gesellschaft

Bei dieser Sachlage ist zu unterscheiden, ob im Zuge der Vermögensübertragung eine Sitzverlegung stattfindet oder nicht.

Will sich die deutsche Gesellschaft mit einer ausländischen Gesellschaft mit Sitz im Ausland verschmelzen, kann sie dies nicht verwirklichen. Die Sitzverlegung führt zwingend zu ihrer Auflösung[48].

Sie kann also nur entsprechend der Vorschrift des § 203 AktG. ihre Auflösung beschließen und nach Befriedigung ihrer Gläubiger ihr Restvermögen in das Ausland übertragen[49]. Das setzt voraus, daß mit den Aktionären ein Ausschluß der Vermögensverteilung an diese vereinbart wurde, weil andernfalls kein Vermögen mehr besteht (§ 212 AktG.). Ob die ausländische Gesellschaft Aktien gewährt und ihr Kapital erhöht, bestimmt sich nach ausländischem Recht.

Wird das Vermögen auf eine im Inland bestehende ausländische Gesellschaft übertragen, liegt ebenfalls keine Verschmelzung, sondern eine Vermögensübertragung nach § 255 AktG. vor. Die Art der zu gewährenden Aktien sowie eine eventuelle Kapitalerhöhung richten sich nach ausländischem Recht[50].

[47] *Würdinger*, Aktienrecht, § 42 I 4 Seite 272.

[48] *Barz*, GrossK, § 203 AktG. Anm. 45 mit Nachweisen; *Gadow-Heinichen-Fischer*, GrossK, § 38 AktG. Anm. 8; *Raape*, IPR, § 25 VI Seite 203; *Schilling*, GrossK, § 233 AktG. Anm. 5; *Schmidt-Meyer-Landrut*, GrossK, § 5 AktG. Anm. 6; *Würdinger*, Aktienrecht, § 3 I 1c Seite 15; OLG Hamburg, Urteil vom 16. 5. 1907, LZ 1908, 253; BayObLG, Beschluß vom 15. 12. 1921, OLGR 42, 226 f., 227; RG, Urteil vom 5. 6. 1882, RGZ 7, 68 f. (69, 70); RG, Urteil vom 22. 1. 1916, RGZ 88, 53 ff. (54, 55); RG, Urteil vom 29. 6. 1923, RGZ 107, 94 ff. (95, 97).

[49] Das gilt selbstverständlich nur insoweit, als andere deutsche Bestimmungen, etwa devisenrechtlicher Natur, dem Transfer des Vermögens in das Ausland nicht entgegenstehen. Eine eingehende Untersuchung, ob und welche Bestimmungen bestehen, die eine Vermögensübertragung zulassen oder ausschließen, würde im Rahmen der vorliegenden Arbeit zu weit führen. Vgl. *Schilling*, GrossK, § 233 Anm. 5.

[50] *Würdinger*, Aktienrecht, § 42 I 4 Seite 272.

II. Die Verschmelzung durch Aufnahme

1. Gang des Verschmelzungsverfahrens

Die Verschmelzung durch Aufnahme findet in mehreren voneinander getrennten Abschnitten statt, nämlich:

1. Abschluß des Verschmelzungsvertrages zwischen den Vorständen der beteiligten Gesellschaften (§ 235 AktG.).
2. Beschlußfassung der Hauptversammlungen der beteiligten Gesellschaften (§§ 234 Abs. 1, 237 AktG.).
3. Anmeldungen der Beschlüsse zum Handelsregister (§§ 151 Abs. 1, 155 Abs. 5 i.V. mit § 237, § 239).
4. Bestellung des Treuhänders (§ 240 Abs. 2 AktG.)
5. Anmeldung der Durchführung der Kapitalerhöhung (§§ 240 Abs. 1, 155 Abs. 5 AktG.).
6. Eintragungen im Handelsregister (§§ 156, 240 Abs. 1, 241 Abs. 1).
7. Eintritt der Wirkung der Eintragung (§ 240 Abs. 3, 4 AktG.).
8. Aktienumtausch durch den Treuhänder (§ 240 Abs. 7).

In vorstehender Reihenfolge wird der Gang der Verschmelzung untersucht.

2. Der Verschmelzungsvertrag

Der Verschmelzungsvertrag ist der in gerichtlicher oder notarieller Urkunde zwischen den Vorständen der übertragenden und der übernehmenden Gesellschaft zu schließende Vertrag über die Verschmelzungsbedingungen (§ 235 AktG.). Er bedarf zu seiner Wirksamkeit grundsätzlich der Genehmigung beider Gesellschaften. Diese kommt im Verschmelzungsbeschluß der Hauptversammlungen[51] der beteiligten Gesellschaften zum Ausdruck. Soweit der Verschmelzungsvertrag innerhalb der ersten zwei Jahre nach Errichtung der übernehmenden Gesellschaft geschlossen wird, müssen die Nachgründungsvorschriften (§§ 236, 45 AktG.) eingehalten werden.

Der Verschmelzungsvertrag hat die Bestimmung zu enthalten, daß die Vermögensübertragung unter Ausschluß der Abwicklung gegen Gewährung von Aktien erfolgt. Das Umtauschverhältnis, der Ausgabekurs und etwaige Sonderbestimmungen sind in ihm aufzuführen.

[51] Vgl. Seite 27 ff.

Läßt sich bei Vertragsabschluß das Umtauschverhältnis, das sich nicht nach dem Kurswert, sondern dem Wertverhältnis der Aktien der beteiligten Gesellschaften zueinander bestimmt[52], noch nicht übersehen, kann zunächst nur ein Vorvertrag abgeschlossen werden. Dieser unterliegt ebenfalls der Vorschrift des § 235 AktG.[53].

Es ist zulässig, einen betagten[54] oder bedingten[55] Verschmelzungsvertrag zu schließen. Die allgemeine Regel des § 310 BGB, wonach eine Verpflichtung zur Übertragung künftigen Vermögens unzulässig ist, ist kraft ausdrücklicher Bestimmung des § 235 Absatz 1 2. Halbsatz AktG. ausgeschlossen, so daß sich Schwierigkeiten aus der Vereinbarung eines späteren Verschmelzungszeitpunktes nicht ergeben[56]. Auch eine Option auf den Abschluß eines Verschmelzungsvertrages ist zulässig[57]. Soll die Wirkung des Verschmelzungsvertrages erst nach mehr als zehn Jahren eintreten, steht beiden Gesellschaften nach Ablauf der Zehnjahresfrist ein Kündigungsrecht zu. Gleiches gilt, wenn eine vereinbarte Bedingung nicht innerhalb von zehn Jahren eingetreten ist (§ 235 Absatz 2 AktG.). Ein während des Laufes der Zehnjahresfrist gefaßter Hauptversammlungsbeschluß, der auf die Aufhebung des Verschmelzungsvertrages gerichtet ist, ist der anderen Gesellschaft gegenüber unwirksam (§ 235 Absatz 3 AktG.).

Insoweit besteht in der Lehre Einhelligkeit. Probleme ergeben sich daraus, ob gerade bei laufender Zehnjahresfrist eine vorzeitige Kündigung und aus welchen Gründen möglich ist und durch wen sie zu erklären ist.

Die Vorschrift des § 235 Absatz 3 AktG. scheint dafür zu sprechen, daß zehn Jahre lang eine untrennbare Verbindung zwischen den Gesellschaften in dem

[52] *Baumbach-Hueck*, § 235 AktG. Anm. 1 A; *Schilling*, GrossK, § 235 AktG. Anm. 2; *Böttcher-Meilicke*, § 235 AktG. Anm. 17; *von Godin-Wilhelmi*, § 235 AktG. Anm. 1; *Würdinger*, Aktienrecht, § 43 C I 2 Seite 279 mit Nachweisen; BayObLG, Beschluß vom 22. 6. 1910, OLGR 22/31 ff. (32).

[53] *Würdinger*, Aktienrecht, § 43 C I 2 Seite 279.

[54] *Baumbach-Hueck*, § 235 AktG. Anm. 1 C; *Böttcher-Meilicke*, § 235 AktG. Anm. 57; *von Godin-Wilhelmi*, § 235 AktG. Anm. 2; *Schilling*, GrossK, § 235 AktG. Anm. 12; *Würdinger*, Aktienrecht, § 43 C I 2 Seite 279.

[55] *Würdinger*, Aktienrecht, § 43 C I 2 Seite 279; *Schilling*, GrossK, § 235 AktG. Anm. 12: aber auflösende Bedingung nur, soweit sie vor Vollzug der Verschmelzung eintritt, da die einmal erloschene Gesellschaft nicht wieder aufleben kann. Ebenso *Baumbach-Hueck*, § 235 AktG. Anm. 1 C und *Böttcher-Meilicke*, § 235 AktG. Anm. 58 a.E.; *von Godin-Wilhelmi*, § 235 AktG. Anm. 2, ganz abl. für auflösende Bedingung.

[56] *Würdinger*, Aktienrecht, § 43 C I 2 Seite 279.

[57] *Baumbach-Hueck*, § 235 AktG. Anm. 2 C; *Böttcher-Meilicke*, § 235 AktG. Anm. 59.

Sinne bestehen soll, daß keine der Gesellschaften sich vorzeitig von dem in Aussicht genommenen Fusionspartner lösen könne.

Es erscheint sinnlos, den Ablauf der zehn Jahre abzuwarten, bis sich die eine Gesellschaft von der anderen lösen kann. Deshalb kann jeder der Vorstände der beteiligten Gesellschaften in vertretungsberechtigter Zusammensetzung ohne Zustimmung der Hauptversammlung[58] aus wichtigem Grunde in entsprechender Anwendung des § 723 BGB kündigen[59]. Ferner kommt eine Aufhebung wegen Fortfalls der Geschäftsgrundlage[60], unter Umständen auch ein Rücktritt gemäß §§ 323, 326 BGB in Betracht[61]. Allerdings bestehen gegen die Anwendung der Rücktrittsvorschriften des bürgerlichen Rechts, die auf Leistungsaustauschverträge zugeschnitten sind, deswegen Bedenken, weil der Verschmelzungsvertrag kein Leistungsaustauschvertrag ist[62]. Zwar kann er auch schuldrechtliche Regelungen enthalten[63], wird aber dadurch seines gesellschaftsrechtlichen Charakters nicht entkleidet. Somit kann eine Anwendung der Rücktrittsvorschriften nur dann in Betracht kommen, wenn diese zu Gunsten beider Gesellschaften im Vertrag ausdrücklich vorbehalten sind.

Streit herrscht über die Rechtsnatur des Verschmelzungsvertrages. Es stehen sich eine bürgerlich-rechtliche und eine gesellschaftsrechtliche Auffassung gegenüber, die sich insbesondere im Hinblick auf etwaige Mängel des Verschmelzungsvertrages verschieden auswirken.

[58] *Baumbach-Hueck*, § 235 AktG. Anm. 3; *Böttcher-Meilicke*, § 235 AktG. Anm. 64; *von Godin-Wilhelmi*, § 235 AktG. Anm. 3; *von Godin*, JW 1938/1146 ff. (1148, 1149; *Ritter*, § 235 AktG. Anm. 4 b; a.A. *Schlegelberger-Quassowski*, § 235 AktG. Anm. 10 V: nur mit Zustimmung der HV.

[59] *Baumbach-Hueck*, § 235 AktG. Anm. 3; *Böttcher-Meilicke*, § 235 AktG. Anm. 68 bei gleichzeitigem Vorliegen eines Interessengemeinschaftsvertrages; nach § 139 BGB wird dann auch der Verschmelzungsvertrag hinfällig; bei reinem Verschmelzungsvertrag ebenfalls aus wichtigem Grund, a.a.O. Anm. 69; *von Godin-Wilhelmi*, § 233 AktG. Anm. 3; *Schlegelberger-Quassowski*, § 235 AktG. Anm. 12 bei gleichzeitigem Gewinngemeinschaftsvertrag; *Weipert*, GrossK, § 235 AktG. Anm. 14; *Schilling*, GrossK, § 235 AktG. Anm. 14.

[60] *Baumbach-Hueck*, § 235 AktG. Anm. 3; *Böttcher-Meilicke*, § 235 AktG. Anm. 70; *von Godin-Wilhelmi*, § 235 AktG. Anm. 3; *Schlegelberger-Quassowski*, § 235 AktG. Anm. 12; *Weipert*, § 235 AktG. Anm. 14; *Schilling*, GrossK, § 235 AktG. Anm. 14; a.A. *Ritter*, § 235 AktG. Anm. 4, wohl aber bei Wegfall der Geschäftsgrundlage.

[61] *Baumbach-Hueck*, § 235 AktG. Anm. 3; *Böttcher-Meilicke*, § 235 AktG. Anm. 70 außer bei positiver Forderungsverletzung; *von Godin-Wilhelmi*, § 235 AktG. Anm. 3 und die in Anm. 60 Genannten. Grundsätzlich a.A. Ritter, § 235 AktG. Anm. 4.

[62] Siehe oben Seite 2 und unten Seite 17/18.

[63] *Würdinger*, Aktienrecht, § 43 C II 1 Seite 280.

Nach bürgerlich-rechtlicher Auffassung ist der Verschmelzungsvertrag ein gegenseitig verpflichtender Vertrag[64], der den Vorschriften des bürgerlichen Rechts über Willensmängel, insbesondere den §§ 119 ff. BGB, zu unterstellen ist[65].

Sämtliche Autoren messen ihm aber – entsprechend der Regelung des § 234 AktG. – erst Wirksamkeit zu, wenn die beteiligten Hauptversammlungen hierüber abgestimmt haben. Aber auch ohne die Abstimmung würde diese Ansicht – konsequent weiterentwickelt – dazu führen, daß eine während des Schwebezustandes von einer der Gesellschaften mit einer dritten beschlossene und ausgeführte Verschmelzung zu Schadensersatzansprüchen (§ 162 BGB) gegenüber der anderen Gesellschaft, mit deren Vorstand der Verschmelzungsvertrag zunächst abgeschlossen wurde, führt. Oder nach der Beschlußfassung seitens einer Gesellschaft weigern sich die Aktionäre der anderen, der Verschmelzung zuzustimmen: soll nach § 325 BGB verfahren werden? Wer ist überhaupt Gläubiger, wer Schuldner? Welches Bedürfnis bestünde dann noch für eine Vorschrift wie die des § 240 AktG.?

Alle diese Fragen bleiben unbeantwortet.

Nach der gesellschaftsrechtlichen Auffassung ist der Verschmelzungsvertrag kein Leistungsaustauschgeschäft im Sinne der §§ 320 ff. BGB, sondern

> „ein ‚Organisationsvertrag', der die internen gesellschaftsrechtlichen Verhältnisse der beteiligten Gesellschaften mit Vollzug der Verschmelzung unmittelbar insoweit gestaltet, als das Gesetz ihm diese Wirkung beilegt" [66].

[64] *Böttcher-Meilicke,* § 235 AktG. Anm. 10, 11: „Der Verschmelzungsvertrag ist ein Vertrag mit schuldrechtlichen und körperschaftsrechtlichen Bestandteilen und Wirkungen ... Seinem Wesen gemäß ist der Verschmelzungsvertrag ein gegenseitiger Vertrag i. S. der §§ 320 ff. BGB; denn er begründet beiderseitige Leistungspflichten." Anm. 12: „Der Verschmelzungsvertrag ist ein Vertrag zugunsten Dritter."
Schilling, GrossK, § 235 AktG. Anm. 1, 4, 22, der die Qualifizierung als gegenseitigen Vertrag der Vorschrift des § 233 AktG. entnehmen will; *Schlegelberger-Quassowski,* § 233 AktG. Anm. 15, § 246 AktG. Anm. 3: „Die Verschmelzung ist ein gesellschaftsrechtlicher Vorgang mit schuldrechtlichem Einschlag." „Der Verschmelzungsvertrag ist ein schuldrechtlicher Vertrag wie jeder andere Vertrag." *Teichmann-Koehler,* § 233 AktG. Anm. 3 b.

[65] *Baumbach-Hueck,* § 235 AktG. Anm. 1 B: „Der (Verschmelzungs-)Vertrag läßt sich mit dem Gesellschaftsvertrag nicht auf eine Stufe stellen. Er richtet sich nicht an die Öffentlichkeit ..., schafft nicht aus dem Nichts heraus etwas Neues, sondern gießt Bestehendes in eine neue Form. Deshalb unterliegt er den bürgerlich-rechtlichen Vorschriften über Willensmängel ...". Ähnlich *Schilling,* GrossK, § 235 AktG. Anm. 9.

[66] *Würdinger,* Aktienrecht, § 43 C II 1 Seite 279.

Nach § 240 Absatz 3 AktG. ist das in bezug auf die Vermögensübertragung und damit auch in bezug auf die Fortsetzung der an diesem Vermögen bestehenden Beteiligungen, auch in einigen anderen Beziehungen, der Fall. Insoweit werden durch den Verschmelzungsvertrag nicht schuldrechtliche Verpflichtungen zwischen den Gesellschaften als juristischen Personen erzeugt. Er bildet, ähnlich der Satzung, die gesellschaftsinterne Rechtsgrundlage des Verschmelzungsvorganges, der ein körperschaftslicher Akt ist[67]. Durch den Verschmelzungsvertrag wird nicht ein gegenseitiges Schuldverhältnis im Sinne der §§ 241, 320 ff. BGB begründet, kraft dessen die Gesellschaften einander zu Leistungen verpflichtet sind und Erfüllungsansprüche besitzen, sondern der Verschmelzungsvertrag stellt vielmehr objektive Normen auf, welche ergänzend zum Gesetz die Verschmelzung regeln[68].

Diese Regelung bestimmt den Umfang des zu übertragenden Vermögens. Einzelne Gegenstände können von dem Übergang ausgenommen werden[69]. Es wird aber zu fordern sein, daß sich diese bei Eintragung der Verschmelzung nicht mehr im Besitz der übertragenden Gesellschaft befinden, da die Gesamtrechtsnachfolge das gesamte Vermögen umfaßt[70].

Der Verschmelzungsvertrag legt ferner fest, in welchem Verhältnis sich die Mitgliedschaftsrechte am Vermögen der übertragenden Gesellschaft am Gesamtvermögen der übernehmenden Gesellschaft fortsetzen. Aus diesem Grunde ist die Verschmelzung kein entgeltlicher Vertrag, selbst wenn bare Ausgleichszahlungen gewährt werden. Wie auch der Beitritt eine gesellschaftsrechtliche Handlung ist, so handelt es sich auch beim Erwerb der Mitgliedschaft um einen organisationsrechtlichen Vorgang, den der Verschmelzungsvertrag, ähnlich wie die Satzung, regelt und wonach sich der Eintritt in die übernehmende Gesellschaft – im Gegensatz zu der von *Godin-Wilhelmi* vertretenen Auffassung[71] – ipso iure vollzieht[72]. Daher kann auch

[67] *Würdinger,* Aktienrecht, § 43 C II 1 Seite 279; § 42 I Seite 269; *von Godin-Wilhelmi,* § 233 Anm. 5 a.E.; ähnlich *Gierke,* § 48 III A 2d Seite 383.

[68] *Würdinger,* a.a.O., § 43 C II 1 Seite 279/280; ähnlich *von Godin-Wilhelmi,* § 233 AktG. Anm. 5.

[69] *Baumbach-Hueck,* § 233 AktG. Anm. 2 A; *Böttcher-Meilicke,* § 233 AktG. Anm. 16, §§ 1, 2 UmwG Anm. 8; *von Godin-Wilhelmi,* § 240 AktG. Anm. 7; *Würdinger,* Aktienrecht, § 43 C II 1 Seite 280.

[70] *Baumbach-Hueck,* § 233 AktG. Anm. 2 A; *Böttcher-Meilicke,* § 233 AktG. Anm. 16, §§ 1 2 UmwG Anm. 8; *von Godin-Wilhelmi,* § 240 AktG. Anm. 7; *Schilling,* GrossK, § 240 AktG. Anm. 21; RG, Urteil vom 13. 5. 1929, RGZ 124, 279 ff. (294, 295).

[71] *von Godin-Wilhelmi,* § 233 AktG. Anm. 7.

[72] *Baumbach-Hueck,* § 240 AktG. Anm. 3 C; *Böttcher-Meilicke,* § 240 AktG. Anm.

nicht eine Gesellschaft gegen die andere auf Erfüllung des Gesellschaftsvertrages, auch nicht auf Anmeldung des Hauptversammlungsbeschlusses, klagen. Die Vorstände sind hierzu nur gesellschaftsintern verpflichtet.

Selbst wenn der Verschmelzungsvertrag insoweit wechselseitige Verpflichtungen, ja sogar sonstige rein obligatorische Verpflichtungen enthält – dem steht nichts entgegen –, wird der Verschmelzungsvertrag dennoch nicht zu einem gegenseitig verpflichtenden Vertrag.

3. Die Beschlußfassung der Hauptversammlungen

A. Notwendigkeit einer Kapitalerhöhung

Vom Standpunkt der übernehmenden Gesellschaft aus gesehen bedeutet die Vermögensübertragung einen der Sacheinlage entsprechenden Vorgang[73]. Im Regelfall hat die übernehmende Gesellschaft ihr Kapital zu erhöhen[74]. Gegenüber den sonstigen Fällen der Kapitalerhöhung treten bei der Verschmelzung in einigen Punkten Abweichungen auf:

Die Aktien der übernehmenden Gesellschaft werden von den Aktionären nicht im Wege der Zeichnung übernommen. Die Aktienrechte fallen ihnen ipso iure zu[75]. Die Aktien gelten durch den gesetzlichen Vermögensübergang (§ 240 Absatz 3 Satz 1 AktG.) als einbezahlt.

Die Aktionäre der übertragenden Gesellschaft trifft aus dieser Kapitalerhöhung keine persönliche Einlagepflicht. Die an die Stelle der alten Aktien tretenden neuen Aktien sind für sie in gleicher Weise voll einbezahlt, wie es die alten Aktien waren. Eine persönliche Zahlungspflicht kommt nur soweit in Frage, als auf die alten Aktien noch Einlagen rückständig sind. Mit dem Vermögen der übertragenden Gesellschaft gehen auch die Forderungen über, die auf die Einforderung eines Einlagerestes hinzielen, und können von der übernehmenden Gesellschaft geltend gemacht werden[76]; und zwar als gewöhnliche Schulden.

33, 37, 38; *Gierke*, § 48 III B 1b Seite 385; *Schilling*, GrossK, § 240 AktG. Anm. 18; *Würdinger*, Aktienrecht, § 43 C II 2a Seite 280, § 43 C II 3 Seite 282; RG, Urteil vom 7. 10. 1932, JW 1933, 1012 f. (1013) mit zust. Anm. von *Flechtheim;* RG, Urteil vom 27. 5. 1932, RGZ 136, 313 ff. (316); BayObLG, Beschluß vom 22. 6. 1910, LZ 1911, 73 ff. (74).

73 *Würdinger*, Aktienrecht, § 43 B II 2 Seite 280, § 43 B I Seite 275; RG, Urteil vom 13. 5. 1929, RGZ 124, 279 ff. (300).

74 *Würdinger*, a.aO., § 43 B III 2 Seite 280.

75 *Würdinger*, a.a.O., § 43 B III 2a Seite 280, streitig. Vgl. zu der Streifrage oben Seite 6 ff.

76 *Böttcher-Meilicke*, § 240 AktG. Anm. 40 (mit dem Vorschlag, solchenfalls nicht

Diese Frage ist allerdings streitig: Teilweise wird mit der Vorschrift des § 60 AktG. argumentiert, wonach die Gesellschaft ihre Aktionäre nicht von den Leistungspflichten befreien kann. Probleme ergeben sich aus dieser Vorschrift hinsichtlich der Haftung der Vormänner, die meist unerwähnt bleiben. Richtig ist vielmehr, infolge der Verschmelzung eine Umgestaltung dieser rein gesellschaftsrechtlichen Forderung in eine den Regeln des bürgerlichen Rechtes entsprechende Schuld der Aktionäre anzunehmen[77].

Streitig ist, wann die neuen Mitgliedschaftsrechte bei einer mit einer Kapitalerhöhung verbundenen Verschmelzung entstehen.

Das Aktiengesetz kennt

1. die gewöhnliche Kapitalerhöhung,
2. das genehmigte Kapital,
3. die bedingte Kapitalerhöhung.

Soweit die gewöhnliche oder die auf Grund genehmigten Kapitals durchgeführte Kapitalerhöhung in Frage kommt, wird ihre Anwendung im Zuge einer Verschmelzung einhellig bejaht[78]. Streit besteht nur hinsichtlich der bedingten Kapitalerhöhung als Mittel zur Beschaffung der zu gewährenden Aktien[79].

a) Die gewöhnliche Kapitalerhöhung

Voraussetzung einer gewöhnlichen Kapitalerhöhung ist, daß die Summe der zu gewährenden Aktien feststeht. Der Betrag der Erhöhung ist wenigstens als Mindest- oder Höchstbetrag durch Beschluß festzulegen. § 237 AktG. stellt für die im Zuge der Verschmelzung durchzuführende Kapitalerhöhung einige Sonderregeln auf:

Hier ist die Kapitalerhöhung ohne Rücksicht auf etwaige Einlagerückstände zulässig. Dies rechtfertigt sich aus der Übernahme des Vermögens, durch die die Aktionäre der übernehmenden Gesellschaft nicht berührt werden. Die Sachlage bei der Verschmelzung ist verschieden von der Notwendigkeit des Beschaffens weiterer Barmittel, wenn die Gesellschaft mit unverändertem Mitgliederbestand einer Erhöhung des Kapitals bedarf. Folgerichtig ist daher auch bei der Verschmelzung das im Normalfall der Kapitalerhöhung zu beachtende Bezugsrecht der Aktionäre der übernehmenden

voll bezahlte Aktien zu gewähren); *Würdinger,* Aktienrecht, § 43 C II 2a Seite 280; § 43 D I 3d Seite 284/285; RG, Urteil vom 27. 5. 1932, RGZ 136, 313 ff. (316).

[77] Einzelheiten vgl. unten Seite 33.

[78] *Würdinger,* Aktienrecht, § 43 B II 1 Seite 276; § 43 B III 2c Seite 281.

[79] abl. *von Godin-Wilhelmi,* § 234 AktG. Anm. II 1b.

Gesellschaft (§ 154 Absatz 1 AktG.) durch § 237 Absatz 1 AktG. ausgeschlossen. Die Zeichnung der neuen Aktien mittels Zeichnungsscheines entfällt[80]. Der Umtausch der Papiere der übertragenden Gesellschaft wird im Verschmelzungsbeschluß festgelegt. Da die Verschmelzung eine Sacheinlage bedeutet, entfällt das Erfordernis der Mindesteinzahlung des Nennwertes der neuen Aktien (§§ 8, 9 AktG.), selbst dann, wenn bare Zuzahlungen erfolgen. Außer im Falle des § 236 AktG. findet eine Prüfung durch besondere Gründungsprüfer nicht statt.

Die neuen Mitgliedschaftsrechte entstehen bei der gewöhnlichen Kapitalerhöhung mit Eintragung der durchgeführten Kapitalerhöhung im Handelsregister der übernehmenden Gesellschaft (§§ 156, 158 AktG.). Die genannte Eintragung hat vor der Eintragung der Verschmelzung zu erfolgen. Vor Eintragung der Verschmelzung sind die Aktienbriefe aber dem Treuhänder auszufolgen, der sie erst nach Eintritt des Wirksamwerdens der Verschmelzung an die Aktionäre der übertragenden Gesellschaft aushändigen darf.

An dieser Stelle ergibt sich das Problem, ob zunächst der Treuhänder Aktionär der übernehmenden Gesellschaft geworden ist oder ob das durch die Aktie verbriefte Mitgliedschaftsrecht etwa schon zu diesem Zeitpunkt den Aktionären der übertragenden Gesellschaft zufällt. Diese sind noch im Besitz der Aktien der noch bestehenden übertragenden Aktiengesellschaft. Hieraus würde sich eine vom Gesetz nicht gewollte Doppelberechtigung der Aktionäre ergeben.

So nehmen *von Godin* und *Wilhelmi* an, daß in Anwendung der §§ 156, 158 AktG. zunächst der Treuhänder Aktionär der übernehmenden Gesellschaft werde[81]. Dies ist aber wegen des untrennbaren Zusammenhanges von Verschmelzung und Kapitalerhöhung und auch wegen der Stellung des Treuhänders abzulehnen[82].

b) Das genehmigte Kapital

Die auf Grund des genehmigten Kapitals durchgeführte Kapitalerhöhung ist bei einer Verschmelzung nur in den von den §§ 169 ff. AktG. gezogenen Schranken möglich, auch wenn dies in der Vorschrift des § 237 Absatz 1 AktG. nicht in aller Deutlichkeit zum Ausdruck kommt. Es ist demnach zu beachten, daß die Fünfjahresfrist, binnen der der Vorstand das Kapital zu erhöhen ermächtigt ist (§ 169 Absatz 1 AktG.), noch nicht abgelaufen

[80] *Würdinger*, Aktienrecht, § 43 B II 1 Seite 276.

[81] *von Godin-Wilhelmi*, § 233 AktG. Anm. 7, § 240 AktG. Anm. 34.

[82] Vgl. unten Seite 29 ff.

sein darf. Außerdem muß die Ermächtigung ausdrücklich vorgesehen haben, daß Aktien gegen Sacheinlagen ausgegeben werden dürfen (§ 172 AktG.), da ja vom Standpunkt der übernehmenden Gesellschaft her eine Sacheinlage eingebracht wird. Nur wenn diese Vorausetzungen erfüllt sind, steht es dem Vorstand der übernehmenden Aktiengesellschaft zu, von der ihm erteilten Ermächtigung auch zum Zwecke der Verschmelzung Gebrauch zu machen, auch wenn die Ermächtigung gemäß § 172 AktG. die Fusion nicht ausdrücklich vorgesehen hat[83].

Die neuen Mitgliedschaftsrechte entstehen auch hier mit der Eintragung der Durchführung der Kapitalerhöhung (§ 170 AktG. in Verbdg. mit §§ 156 ff. AktG.). Ebenso wie bei der gewöhnlichen Kapitalerhöhung entfällt der Zeichnungsschein. Das Problem, wer vor Eintragung der Verschmelzung Aktionär der betreffenden Aktien ist, weicht von den bei der gewöhnlichen Kapitalerhöhung bestehenden Fragen[84] nicht ab und ist in der gleichen Weise zu lösen[85].

c) *Die bedingte Kapitalerhöhung*

Ein weiteres Finanzierungsmittel von Aktiengesellschaften ist die bedingte Kapitalerhöhung, die nur zum Zweck der Gewährung von Umtausch- oder Bezugsrechten an Gläubiger von Wandelschuldverschreibungen oder „zur Vorbereitung des Zusammenschlusses mehrerer Unternehmen" (§ 159 Absatz 2 AktG.) beschlossen werden soll.

Zusammenschluß von Unternehmen ist nun nicht der Verschmelzung gleichzusetzen, jedoch kann sich aus einer nicht in die Form einer Verschmelzung gekleideten Unternehmenskonzentration[86] später eine Fusion entwickeln.

Eine spätere Verschmelzung kann durch Zusicherung des Bezugsrechtes bereits sichergestellt werden (§ 159 Absatz 4 AktG.). Allerdings kann von der bedingten Kapitalerhöhung nur Gebrauch gemacht werden, wenn eine wirtschaftlich schwächere Gesellschaft übernommen wird, weil § 159 Absatz 3 AktG. zwingend den Nennbetrag des bedingten Kapitals auf die Hälfte des bei der Beschlußfassung vorhandenen Grundkapitals der ihr Kapital erhöhenden Aktiengesellschaft festsetzt. Das Umtauschverhältnis dürfte dann nicht geringer als 2 : 1 sein, sofern es sich nicht etwa durch Ge-

[83] Die Notwendigkeit eines Hauptversammlungsbeschlusses, § 234 Absatz 1 AktG., wird gesondert untersucht, vgl. unten Seite 27/28.

[84] Siehe oben Seite 21.

[85] Siehe oben Seite 21 und unten Seite 35.

[86] Zu denken wäre etwa an den Abschluß eines Interessengemeinschaftsvertrages.

währung des Bezugsrechtes auf Aktien zugunsten der bei der übertragenden Gesellschaft vorhandenen Gläubiger von Obligationen noch verringert.

Wie schon angedeutet, besteht bezüglich der Anwendung von Vorschriften über die bedingte Kapitalerhöhung im Rahmen einer Verschmelzung Streit.

Nach der Auffassung von *Godin-Wilhelmis*[87] kann die bedingte Kapitalerhöhung trotz der Vorschrift des § 159 Absatz 2 AktG. nicht anzuwenden sein, weil gemäß § 166 AktG. die neuen Aktien nicht vor der vollen Leistung des Gegenwertes ausgegeben werden dürfen, nach § 240 Abs. 2 und 3 AktG. gehe das Vermögen aber erst auf die übernehmende Gesellschaft über, nachdem die Aktien auf den Treuhänder übertragen worden sind. Da *von Godin-Wilhelmi* den Treuhänder in jedem Fall der Kapitalerhöhung als Aktionär der übernehmenden Gesellschaft[88] und die Ausfolgung der Aktien an ihn als Ausgabe im Sinne der §§ 158, 166 AktG. auffassen[89], träfe ihre Ansicht nur zu, wenn die dem Treuhänder übergebenen Papiere bereits die Mitgliedschaft verbriefende Aktienurkunden wären. Dies ist aus nachstehenden Gründen nicht der Fall:

Der Treuhänder hat die Stellung eines besonderen gesetzlichen Vertreters[90]. Als solcher erwirbt er die Aktien nie zu eigenem Recht, sei dies treuhänderisch, sei es ein Vollrecht. In jedem Fall besorgt er die eigentliche Ausgabe der Aktien, weil die Rechte der Aktionäre der übertragenden Gesellschaft sich ipso iure in der übernehmenden Gesellschaft fortsetzen[91]. Würde der Treuhänder in die Stellung eines Aktionärs einrücken, könnten die Aktionäre nur durch abgeleiteten Erwerb Mitgliedschaftsrechte erwerben. Soll aber der ursprüngliche Erwerb stattfinden, muß erst der Treuhänder die Ausgabe der Urkunden besorgen. Die volle Leistung liegt vielmehr in dem Eintritt der Gesamtrechtsnachfolge, die bedingte Kapitalerhöhung ist also zulässig.

Die Urkunden in den Händen des Treuhänders sind nur unbegebene Aktienbriefe[92], die ebensowenig Mitgliedschaftsrechte verbriefen können wie von der Druckerei fertiggestellte, aber noch nicht gezeichnete und ausgegebene Aktienbriefe.

[87] *von Godin-Wilhelmi,* § 234 AktG. Anm. II 1b.

[88] *von Godin-Wilhelmi,* § 233 AktG. Anm. 7, § 234 AktG. Anm. II 2b, § 240 AktG. Anm. 4.

[89] *von Godin-Wilhelmi,* § 240 AktG. Anm. 4.

[90] Vgl. unten Seite 30/31.

[91] Vgl. oben Seite 6 ff.; unten Seite 35.

[92] *Würdinger,* Aktienrecht, § 43 B II 3 Seite 277; § 43 C II 3, 4 Seite 277, vgl. auch oben Seite 21.

B. Entbehrlichkeit einer Kapitalerhöhung

Es ist durchaus denkbar, daß die übernehmende Gesellschaft eigenen Aktienbesitz hat, der dann zulässig ist, wenn die Voraussetzungen des § 65 Abs. 1 und 2 AktG. vorliegen. Andernfalls ist ihr der Besitz eigener Aktien nicht gestattet (§ 65 Absatz 3 AktG.). Die Verschmelzung bietet auch keinen Rechtfertigungsgrund zum Erwerb eigener Aktien[93].

Die übernehmende Gesellschaft kann, soweit ihr Besitz an eigenen Aktien ausreicht, von einer Kapitalerhöhung absehen. Hierbei ist gleichgültig, ob sie die Aktien erlaubterweise erworben hat oder nicht[94]. Sie ist aber nicht gezwungen, eigene Aktien zum Zwecke der Verschmelzung zu verwenden. Trotzdem ist sie zur Durchführung einer Kapitalerhöhung berechtigt.

Die übernehmende Gesellschaft kann Aktionärin der übertragenden Gesellschaft sein. Insoweit entfällt die Notwendigkeit einer Kapitalerhöhung, weil sich die übernehmende Gesellschaft in Widerspruch zu der Vorschrift des § 65 AktG. eigene Aktien zuteilen müßte. § 238 Absatz 1 AktG. sieht demgemäß das Unterbleiben einer Kapitalerhöhung ausdrücklich vor. Vielmehr erlischt hier die Berechtigung der übernehmenden Gesellschaft gemeinsam mit dem Untergang der übertragenden Gesellschaft. Sind Drittaktionäre vorhanden, muß natürlich insoweit eine Kapitalerhöhung erfolgen, als es für die Erhaltung ihrer Mitgliedschaftsrechte erforderlich ist.

Ist die übernehmende Gesellschaft Alleinaktionär der übertragenden, sind die Vermögen noch nicht im Rechtssinne verschmolzen[95], wenn auch die übernehmende Gesellschaft wirtschaftlich gesehen bereits Eigentümerin des Vermögens der übertragenden Gesellschaft geworden ist[96]. Hier findet weder eine Kapitalerhöhung noch eine sonstige Gewährung von Aktien durch die übernehmende Gesellschaft statt. Vielmehr werden die bis dahin getrennten Vermögen[97] durch die Verschmelzung auch rechtlich eine Einheit.

Endlich kann auch die übertragende Gesellschaft im Besitz eigener Aktien sein. § 238 Absatz 1 AktG. erwähnt diese Möglichkeit zwar nicht, gleichwohl braucht die übernehmende Gesellschaft in Höhe des Betrages dieser Aktien keine Kapitalerhöhung durchzuführen. Der Umtausch dieser Aktien würde auch hier zu einer Zuteilung eigener Aktien der übernehmenden Gesellschaft an sich führen.

[93] *Würdinger,* Aktienrecht, § 43 B I 1 Seite 275.

[94] *Würdinger,* Aktienrecht, § 43 B I 2 Seite 275.

[95] Vgl. oben Seite 2.

[96] *Würdinger,* Aktienrecht, § 43 B I 2 Seite 275.

[97] Diese Fallgestaltung gleicht vollkommen der Rechtslage in bezug auf die Vermögensmassen eines Einmanngesellschafters (Privatvermögen/Gesellschaftsvermögen).

Mit dem Vermögensübergang erlischt die übertragende Gesellschaft, die in ihrem Vermögen befindlichen Mitgliedschaften gehen mit ihr unter[98].

Schließlich ist es möglich, daß die übertragende Gesellschaft als Aktionärin an der übernehmenden Gesellschaft beteiligt ist. Mit dem Vermögen gehen nach § 240 AktG. im Wege der Gesamtrechtsnachfolge auch die Aktien auf die übernehmende Gesellschaft über. Fraglich könnte sein, ob das in § 65 AktG. ausgesprochene Verbot des Erwerbes eigener Aktien auch diesem Erwerb entgegensteht.

Von Godin-Wilhelmi und *Schilling* vertreten diesen Standpunkt[99] mit der Begründung, daß es auf die Gesamtrechtsnachfolge nicht ankomme, sondern daß entweder die Aktien vor der Verschmelzung veräußert oder unter Minderung der Kapitalerhöhung an den Treuhänder zu übergeben und beim Umtausch mit verwendet werden sollen.

Einer Veräußerung der Aktien vor der Verschmelzung steht selbstverständlich nichts im Wege, obwohl es zweifelhaft sein kann, ob eine Vergrößerung des Mitgliederbestandes im Interesse der übernehmenden Gesellschaft liegt. Für eine Aushändigung der genannten Aktien vor Eintragung der Verschmelzung an den Treuhänder besteht dagegen keine Rechtsgrundlage.

Die herrschende Lehre vertritt den gegenteiligen Standpunkt[100]. Das Verbot des § 65 AktG. will die Gesamtrechtsnachfolge nicht verhindern. Es würde dem Wesen der Verschmelzung widersprechen, wenn einzelne Gegenstände von der Gesamtrechtsnachfolge ausgeschlossen würden.

Dieser Auffassung ist zu folgen. Die Gesamtrechtsnachfolge ist eine Sonderart des Erwerbes und schließt grundsätzlich nicht aus, daß Rechte übergehen oder zusammenfallen, die in den übrigen Erwerbsfällen vom Übergang ausgenommen sind. Aus der Vorschrift des § 65 AktG. ist zu entnehmen, daß allein der rechtsgeschäftliche Erwerb unzulässig sein soll. Die Vorschrift des § 65 AktG. kann also, da es sich bei der Verschmelzung nicht um einen rechtsgeschäftlichen Erwerb handelt, nicht zur Anwendung kommen.

C. Arten der zu gewährenden Aktien

Ist zum Zwecke der Verschmelzung eine Kapitalerhöhung der übernehmen-

[98] *Würdinger,* Aktienrecht, § 43 B II 3 Seite 275.

[99] *von Godin-Wilhelmi,* § 238 Anm. 4, § 65 Anm. 17; *Schilling,* GrossK, § 238 AktG. Anm. 6 mit Nachweisen.

[100] *Schlegelberger-Quassowski,* § 238 AktG. Anm. 7, 15; *Weipert,* GrossK, § 238 AktG. Anm. 9; *Würdinger,* Aktienrecht, § 43 B II 4 Seite 276.

den Gesellschaft erforderlich, können Aktienrechte beliebiger Art geschaffen werden. Sie kann Stamm- und Vorzugsaktien, auch stimmrechtslose Vorzugsaktien gewähren[101].

Die Aktien können Inhaber- oder Namenspapiere sein[102], auch wenn die Aktien der übertragenden Gesellschaft Inhaberpapiere waren.

Aus dem Wesen der Verschmelzung und dem Grundsatz der Gleichbehandlung der Aktionäre folgt übrigens nicht, daß die Mitglieder der übertragenden Gesellschaft in allen Punkten den Aktionären der übernehmenden Gesellschaft gleichzustellen wären. In jedem Fall haben die Aktionäre der übertragenden Gesellschaft bei der Beschlußfassung über die Verschmelzung[103] Gelegenheit, ihre Rechte zu wahren und eine Verschmelzung abzulehnen, wenn sie der Auffassung sind, die Fusion führe zu einer für sie nicht tragbaren Beeinträchtigung ihrer Rechte[104].

Das Verbot einer Unterpari-Emission (§ 9 Absatz 1 AktG.) gilt auch bei der Verschmelzung, ist aber dahin aufzufassen, daß der tatsächliche Wert der Vermögenseinlage nicht dem Nennbetrag der gewährten Aktien entsprechen müßte, sondern daß der Buchwert der Sacheinlagen den Nennbetrag dieser Aktien nicht unterschreiten darf.

Fraglich könnte sein, ob die übertragende Gesellschaft Aktien gewähren darf, die der Zwangseinziehung unterliegen, wenn die Satzung der übertragenden Gesellschaft diese weder angeordnet noch gestattet hat. Weipert[105] spricht sich dagegen aus und meint, dies sei selbst mit Zustimmung der Aktionäre nicht möglich, wenn die Satzung der übertragenden Gesellschaft diese Möglichkeit nicht vorgesehen habe. Hingegen halten *von Godin-Wilhelmi*[106] die Gewährung derartiger Aktien für zulässig, weil es sich um neugeschaffene Aktien der übernehmenden Aktiengesellschaft handele — die die Satzung der übertragenden Aktiengesellschaft ohnehin nicht regeln kann — und halten wegen des von den Aktionären zu fassenden Beschlusses nach § 234

[101] *Dietrich,* DR 1940, 1121 ff. (1124); *von Godin,* DR 1939, 1165 ff. (1166, 1168); *von Godin-Wilhelmi,* § 233 AktG. Anm. 5; *Klausing,* ZAkDR 1939, 505 ff. (506): *Würdinger,* § 42 B II zu 1—3 Seite 277; a.A. *Schilling,* GrossK, § 233 AktG. Anm. 15 (einschränkend: wohl zustimmend, wenn Zustimmung jedes einzelnen Betroffenen vorliegt); *Schlegelberger-Quassowski,* § 233 AktG. Anm. 9; *Weipert,* ZHR 110. 23 ff. (37).

[102] *von Godin-Wilhelmi,* § 233 AktG. Anm. 5; § 240 AktG. Anm. 18.

[103] Vgl. unten Seite 27 ff.

[104] Ebenso *von Godin-Wilhelmi,* § 233 AktG. Anm. 5.

[105] *Weipert,* ZGHR 110, 23 ff. (34 ff.), 37, 43, 46

[106] *von Godin-Wilhelmi,* § 233 Anm. 5.

AktG. die Einzelzustimmung auch nicht für notwendig. Dieser Ansicht ist beizutreten, weil ja den Aktionären bei der Beschlußfassung bekannt ist, was für Aktien sie erhalten werden und sie sich zu diesem Zeitpunkt weigern können, der Verschmelzung ihre Zustimmung zu erteilen. Soweit die Satzung der übertragenden Gesellschaft jedoch die Zwangseinziehung der Aktien vorsah, kann die übernehmende Gesellschaft nicht bloß deswegen eine Zwangseinziehung durchführen.

Unzulässig ist dagegen, daß nicht voll bezahlte Aktien gewährt werden[107].

D. Beschlußfassung über den Verschmelzungsvertrag

Vom Beschluß über die Kapitalerhöhung seitens der Aktionäre der übertragenden Gesellschaft ist die Beschlußfassung über den Verschmelzungsvertrag streng zu unterscheiden.

Nach der Vorschrift des § 234 Absatz 1 hat jede der Hauptversammlungen der beteiligten Gesellschaften über die Verschmelzung zu beschließen. Hierbei ist zu beachten:

Die Aktionäre der übertragenden Gesellschaft haben stets über die Verschmelzung zu beschließen. Dies ist deshalb erforderlich, weil sie Gelegenheit zur Wahrung ihrer Interessen haben müssen. Ihre Interessen können namentlich dann berührt werden, wenn die Aktien, die ihnen im Zuge der Verschmelzung zugeteilt werden, nicht gleicher Gattung sind[108].

Für die Aktionäre der übernehmenden Gesellschaft ist der Beschluß erforderlich, weil durch eine Verschiebung der bestehenden Mehrheitsverhältnisse auch ihre Stellung beeinflußt werden kann. Von der grundsätzlich vorgeschriebenen Beschlußfassung macht allerdings § 234 Absatz 1 Satz 2 eine Ausnahme: Übersteigt der Gesamtnennbetrag der zu gewährenden Aktien den zehnten Teil des Grundkapitals der übernehmenden Gesellschaft nicht, so ist die Beschlußfassung entbehrlich. Findet zur Durchführung der Verschmelzung eine Kapitalerhöhung statt, ist zur Berechnung des zehnten Teiles nicht die ursprüngliche Höhe des Grundkapitals vor der Erhöhung zugrundezulegen, vielmehr erfolgt die Berechnung auf Grund des erhöhten Grundkapitals.

Sowohl bei der übertragenden als auch bei der übernehmenden Gesellschaft muß die Verschmelzung mit einer Mehrheit von mindestens drei Vierteln des bei der Beschlußfassung vertretenen Grundkapitals beschlossen werden.

[107] *von Godin-Wilhelmi*, § 240 AktG. Anm. 11; siehe auch unten Seite 32/33.
[108] Siehe oben Seite 25/26.

Diese Mehrheit kann durch Satzungsbestimmungen heraufgesetzt werden. Die Satzung kann auch zusätzliche Erfordernisse aufstellen.

Die Aktionäre der übernehmenden Gesellschaft können den Beschluß statt in der beschriebenen Weise auch nach den Satzungsvorschriften über die Erhöhung des Grundkapitals fassen, wobei dann die Vorschriften der §§ 149 Absatz 1, 160, 169 Absatz 2 AktG. zu beachten sind.

Bei der übernehmenden Gesellschaft sind also folgende Fälle denkbar:

Sowohl der Kapitalerhöhungs- als auch der Verschmelzungsbeschluß entfallen. Das kommt namentlich in Betracht, wenn genügend Aktien vorhanden sind, so daß eine Kapitalerhöhung deshalb entfällt oder wenn genehmigtes Kapital vorhanden ist, und der Gesamtnennbetrag die erwähnten zehn von Hundert nicht übersteigt.

Nur der Verschmelzungsbeschluß wird zu fassen sein, wenn zwar mehr als zehn Prozent Aktien zu gewähren sind, aber genügend eigene Aktien vorhanden sind. Sind weniger als zehn Prozent Aktien zu gewähren, die der übernehmenden Gesellschaft aber nicht zur Verfügung stehen, ist allein die Kapitalerhöhung zu beschließen[109].

4. Anmeldungen und Eintragung der Beschlüsse zum Handelsregister

1. Zunächst wird der Kapitalerhöhungsbeschluß durch den Vorstand der übernehmenden Gesellschaft gemäß §§ 237, 151 Absatz 1, 155 Absatz 5 AktG. beim Registergericht der übernehmenden Gesellschaft angemeldet. Außerdem sind der Verschmelzungsvertrag und die Niederschriften der Verschmelzungsbeschlüsse entweder in Ausfertigung oder in öffentlich beglaubigter Abschrift zum Handelsregister einzureichen. Es ist auch bei der Verschmelzung zulässig, Kapitalerhöhungsbeschluß und dessen Durchführung gemeinsam anzumelden, ebenso die unter 2) genannte Anmeldung.
2. Hierauf meldet der Vorstand der übernehmenden Gesellschaft unter Beifügung der in § 239 Absatz 2 genannten Schriftstücke die Verschmelzung zum Handelsregister der übernehmenden Gesellschaft an, § 239 AktG.
3. Sodann meldet der Vorstand der übertragenden Gesellschaft die Verschmelzung unter Beifügung der in § 239 Absatz 2 angeführten Schriftstücke und der Schlußbilanz nach § 239 Absatz 3 AktG. ebenfalls zum Handelsregister der übertragenden Gesellschaft an.

[109] *Würdinger*, Aktienrecht, § 43 B III Seite 277/278, unstr.

4. Auf die genannten Anmeldungen folgt diejenige über die Durchführung der Kapitalerhöhung, §§ 240 Absatz 1, 155 Absatz 5 AktG., die zusammen mit den unter Ziffer 1 und 2 genannten Anmeldungen erfolgen kann.
5. Sodann werden die Kapitalerhöhung und ihre Durchführung in das Handelsregister der übernehmenden Gesellschaft eingetragen (§ 156 AktG.), hierauf die Verschmelzung, § 240 Absatz 1 AktG. Wenn auch die Eintragung der Verschmelzung in das Handelsregister der übernehmenden Gesellschaft nur deklaratorische Bedeutung hat, ist die Reihenfolge der Eintragungen dennoch einzuhalten.
6. Nach erfolgter Anzeige des Treuhänders, daß er im Besitz der Aktien ist, wird die Verschmelzung in das Handelsregister der übertragenden Gesellschaft eingetragen.

5. Die Bestellung des Treuhänders und seine Funktionen

Die übertragende Gesellschaft hat vor Eintragung der Verschmelzung einen Treuhänder zur Empfangnahme der an ihre Aktionäre auszugebenden Aktien der übernehmenden Gesellschaft zu bestellen (§ 240 Absatz 2 AktG.). Seine Aufgaben und seine Stellung sind vom Gesetz nicht näher umschrieben. Mit Hinblick auf den Wortlaut des § 240 AktG. steht jedenfalls fest, daß dieser in bürgerlich-rechtliche Rechtsbeziehungen zu der übertragenden Gesellschaft tritt[110].

Der Charakter der Treuhänderschaft ist umstritten. Von *Godin-Wilhelmi* sehen den Treuhänder im Einklang mit der bürgerlich-rechtlichen Auffassung als eine Person an, die ein fremdes Recht zu eigenem Recht vom Treugeber erwirbt, um dieses im eigenen Namen, aber im fremden Interesse zweckgebunden zu verwalten und auszuüben[111].

Nach *Teichmann-Koehler*[112] wird der Treuhänder entsprechend der Regelung des § 164 Absatz 1 Satz 2 BGB als offener Stellvertreter für die übertragende Gesellschaft tätig. Als solcher wird er jedoch nicht Aktionär der übernehmenden Gesellschaft.

Schlegelberger-Quassowski begnügen sich mit der Feststellung, daß der Treuhänder von der übertragenden Gesellschaft bestellt und auf Grund eines

[110] Die Ausgestaltung ist insoweit den Parteien überlassen; es können Dienstvertrag (§§ 611 ff. BGB), Geschäftsbesorgungsvertrag (§§ 675, 611 BGB) oder Auftrag (§ 662 BGB) vorliegen. *Böttcher-Meilicke*, § 240 AktG. Anm. 6.

[111] *von Godin-Wilhelmi*, § 240 AktG. Anm. 4.

[112] *Teichmann-Koehler*, § 240 AktG. Anm. 3b.

Geschäftsbesorgungsvertrages für diese tätig wird[113]. Auch sie sehen ihn unter keinen Umständen als Aktionär – auch nicht für eine Durchgangszeit – der übernehmenden Gesellschaft an[114].

Nach *Weipert*[115] hat der Treuhänder wie ein Abwickler die Rechte und Pflichten des Vorstandes und haftet der übernehmenden Gesellschaft für einen durch unzulässige Herausgabe der Aktienurkunden entstandenen Schaden.

Alle diese Ansichten werden der Stellung des Treuhänders bei der Verschmelzung nicht gerecht. Richtig ist vielmehr, ihn als gesetzlichen und nicht als rechtsgeschäftlichen Treuhänder anzusehen[116]. Er ist ein besonders gearteter Vertreter der umtauschberechtigten Aktionäre und wird als solcher nicht Aktionär der übernehmenden Gesellschaft. Ihm steht nicht die Befugnis zu, auf Aushändigung der Aktienurkunden an sich zu klagen. Dies obliegt der übertragenden Gesellschaft[117], die vor Eintragung der Verschmelzung ja fortbesteht. Einem Vermögensübergang ohne Aushändigung der Urkunden schiebt § 240 Absatz 2 Satz 2 AktG. einen Riegel vor.

Aufgabe des Treuhänders ist es, die Urkunden in Empfang zu nehmen. Üblicherweise werden ihm auch bare Zuzahlungen ausgehändigt[118], obwohl das Gesetz dies nicht vorschreibt. Nach Empfangnahme der Urkunden zeigt der Treuhänder dem Gericht an, daß er in ihrem Besitz ist. Erst hierauf darf die Verschmelzung eingetragen werden.

Der Umtausch der Aktien fällt – obwohl dies im Gesetz nicht zum Ausdruck kommt – ebenfalls in seinen Aufgabenbereich[119].

Seine Aufgabe ist beendet, wenn die Aktien umgetauscht sind und die

[113] *Schlegelberger-Quassowski,* § 240 AktG. Anm. 4, 5 ähnlich *Ritter,* § 240 AktG. Anm. 3.

[114] *Schlegelberger-Quassowski,* § 240 AktG. Anm. 6, 7.

[115] *Weipert,* GrossK, § 240 AktG. Anm. 10.

[116] *Böttcher-Meilicke,* § 240 AktG. Anm. 10 mit Hinweisen u. a. auf den Treuhänder und Sequester nach §§ 847 a, 848 Absatz 1, 855, 855 a ZPO und die gesetzlichen Verwalter wie Testamentsvollstrecker, Nachlaßverwalter, Konkursverwalter, Zwangsverwalter, Pfleger für ein Sammelvermögen, die sämtlich im Rahmen ihrer Tätigkeit keine Vollrechte erwerben. Die Treuhänder sind Parteien kraft Amtes; ähnlich Bote, ZHR 118, 196 ff., 201.

[117] *Böttcher-Meilicke,* § 240 AktG. Anm. 16, § 235 AktG. Anm. 49.

[118] Nach *Baumbach-Hueck,* § 240 AktG. Anm. 2; *Böttcher-Meilicke,* § 240, AktG. Anm. 13 wohl zwingend; a.A. *von Godin-Wilhelmi,* § 240 AktG. Anm. 4, *Ritter,* § 240 AktG. Anm. 39.

[119] *Baumbach-Hueck,* § 240 AktG. Anm. 2 B; *Böttcher-Meilicke,* § 240 AktG. Anm. 22; a.A. *von Godin-Wilhelmi,* § 240 AktG. Anm. 5.

Aktionäre der übertragenden Gesellschaft als Legitimation für das auf sie bereits übergegangene Mitgliedschaftsrecht die Aktien erhalten. Erst hierin liegt deren Ausgabe[120].

6. Die Wirkung der Eintragung der Verschmelzung

Mit der Eintragung der Verschmelzung in das Handelsregister des Sitzes der übertragenden Gesellschaft geht das Vermögen dieser Gesellschaft mit Einschluß der Schulden im Wege der Gesamtrechtsnachfolge auf die übernehmende Gesellschaft über. Der Löschung der übertragenden Gesellschaft kommt nur deklaratorische Bedeutung zu, § 240 Abs. 3 und 4 AktG.

Für die übernehmende Gesellschaft bedeutet dies: Mit der erwähnten Eintragung erwirbt sie die gesamten Anlagen, Immobilien, Hypotheken, Rechte aus indossierten Papieren und alle Forderungen, die bis zu diesem Zeitpunkt der übertragenden Gesellschaft zustanden. Soweit ein Recht aus dem Grundbuch hervorgeht, kommt unter Vorlage des Registerauszuges ausschließlich eine Grundbuchberichtigung gemäß § 894 BGB in Betracht, da nach Vollzug der Verschmelzung das Grundbuch unrichtig geworden ist[121].

Auch Ansprüche der übertragenden Gesellschaft auf Nebenleistungen gehen mit der Verschmelzung auf die übernehmende Gesellschaft über[122].
Streit herrscht bei der Beurteilung der Frage, ob und wie Forderungen der übertragenden Gesellschaft gegen ihre Aktionäre auf Vollzahlung ihrer Einlagen auf die übernehmende Gesellschaft übergehen und wie diese durchzusetzen sind.

Die herrschende Lehre geht davon aus, daß die Ansprüche der übertragenden Gesellschaft auf Einzahlung des Restbetrages der Einlageschuld mit dem Vermögen der übertragenden Gesellschaft auf die übernehmende Gesellschaft übergehen und beruft sich auf § 60 AktG., wonach die Gesellschaft die Aktionäre und ihre Vormänner nicht von ihren Leistungspflichten (§§ 49,

[120] Siehe oben Seite 9, 23.

[121] Vgl. die eingehende Aufzählung der übergehenden Rechte bei *Baumbach-Hueck,* § 240 AktG. Anm. 3 B, 3 D, 3 E; *Böttcher-Meilicke,* § 5 UmwG Anm. 17 mit Nachweisen, § 240 AktG. Anm. 46 ff.; *von Godin-Wilhelmi,* § 240 AktG. Anm. 7; *Schilling,* GrossK, § 240 AktG. Anm. 19—26; *Würdinger,* Aktienrecht, § 43 D 3a Seite 284.

[122] *Baumbach-Hueck,* § 240 AktG. Anm. 3 C; *Würdinger,* Aktienrecht, § 43 D I 3a Seite 284; *Schilling,* GrossK, § 240 AktG. Anm. 27; RG, Urteil vom 27. 5. 1932, RGZ 136, 313 ff. (316, 317); *von Godin-Wilhelmi,* § 240 AktG. Anm. 12: nur, wenn der Aktionär der übertragenden Gesellschaft die neue Aktie abholt, da hierin seine Zustimmung liege.

59 AktG.) befreien dürfe[123]. Nach dieser Ansicht bildet die Verschmelzung keinen Grund, der die Aktionäre von der Zahlungspflicht auf ihre Aktien freistellt. Offen bleibt dabei, ob die Verpflichtung sich auch weiterhin auf die Vormänner erstreckt[124] und ob die Schuld noch als Einlageschuld oder als gewöhnliche Forderung weiterbesteht sowie die Frage, ob die übernehmende Gesellschaft nur nicht voll einbezahlte Aktien[125] oder auch vollbezahlte Aktien gewähren könne.

Würdinger[126] erhebt gegen die Anwendung des § 60 AktG. Bedenken und steht auf dem Standpunkt, die rückständige Einlageschuld verwandele sich bei der übernehmenden Gesellschaft in eine einfache Forderung, da die Deckung der Einlage auf die neu gewährten Aktien in der Vermögensübertragung als solcher liege. Demnach ist es nur folgerichtig, daß die übernehmende Gesellschaft keine nicht voll einbezahlten Aktien gewähren darf[127]. Andererseits darf auch die Forderung als solche nicht untergehen. Denn sie hat ja zum Vermögen der übertragenden Gesellschaft gehört und dieses würde dem im Umtauschverhältnis festgelegten Wert nicht mehr

[123] *Schilling*, GrossK, § 240 AktG. Anm. 47, 48; § 233 AktG. Anm. 17; *Schlegelberger-Quassowski*, § 240 AktG. Anm. 18 ff. (unveränderter Übergang); *Weipert*, GrossK, § 240 AktG. Anm. 47 ff.; RG, Urteil vom 27. 5. 1932, RGZ 136, 313 ff. (316); zweifelnd wegen konstruktiver Schwierigkeiten: *von Godin-Wilhelmi*, § 240 AktG. Anm. 9—11; abl. *von Godin*, JW 1933, 2500.

[124] Abl. *von Godin-Wilhelmi*, § 240 AktG. Anm. 10.

[125] Offen bei *Baumbach-Hueck*, § 240 AktG. Anm. 3 C: Ansprüche auf Resteinlage gehen über, nicht voll bezahlte Aktien brauchen die Aktionäre der Übertragerin nur zu nehmen, wenn sie entsprechend nicht voll bezahlt haben; ebenso *Schlegelberger-Quassowski*, § 240 AktG. Anm. 16; RG, Urteil vom 7. 10. 1932, JW 1933, 1012 hält bei nicht vollbezahlter Einlage die Hingabe nur teilweise eingezahlter Aktien für zulässig. Dagegen *von Godin*, § 240 AktG. Anm. 9 b, weniger, weil für Sacheinlagen grundsätzlich nur vollbezahlte Aktien gewährt werden dürfen, sondern weil der Aktionär verpflichtet sei, für andere als die Gläubiger der übertragenden Gesellschaft auf Vollzahlung zu haften. Dieses Argument ist schon deswegen nicht stichhaltig, weil zugunsten der Gläubiger und der Aktionäre keine separatio bonorum eintritt, sondern in jedem Falle das Gesamtvermögen der übernehmenden Gesellschaft haftet. Im übrigen steht die Höhe der Forderung fest, so daß man auch nicht von einer Belastung des Aktionärs mit einem höheren Risiko (*von Godin-Wilhelmi*, a.a.O.) sprechen kann. Für die Gewährung nicht voll bezahlter Aktien bei Einlagerückständen auch *Schilling*, GrossK, § 240 AktG. Anm. 47, 48; § 233 AktG. Anm. 17, ebenso *Schlegelberger-Quassowski*, § 240 AktG. Anm. 19; *Teichmann-Koehler*, § 240 AktG. Anm. 6.

[126] *Würdinger*, § 43 D I 3 d Seite 285, § 43 C II 2a Seite 280/281.

[127] Im Ergebnis gleichlautend von *Godin-Wilhelmi*, § 240 AktG. Anm. 11.

entsprechen, wenn diese Forderungen aus dem Gesellschaftsverhältnis kraft Verschmelzung untergehen würden.

Würde man dagegen die Ansicht vertreten, die Forderung bliebe als gesellschaftsrechtliche bestehen, so bestünde kein Grund, zwar die Aktionäre, nicht aber die Vormänner weiter haften zu lassen, die von der Mehrzahl der Autoren mit Stillschweigen übergangen werden[128].

Folglich besteht eine restliche Einlageforderung als gewöhnliche Schuld weiter.

Problematisch könnte sein, ob alle Rechtsverhältnisse, die beim Tode einer natürlichen Person erlöschen würden, von dem Rechtsübergang auf die übernehmende Gesellschaft erfaßt werden und zu ihren Gunsten fortbestehen. In der Regel werden sie ihres höchstpersönlichen Charakters dadurch entkleidet sein, daß sie bereits zugunsten einer juristischen Person bestanden haben und deshalb übergehen[129]. So ist der Übergang der Beteiligung an einer Personengesellschaft[130] anzunehmen. Auch für Mitgliedschaften an einem Kartell[131] wird der Übergang bejaht. Probleme, die sich aus der Anwendung des Gesetzes über Wettbewerbsbeschränkungen und des Vertrages über die Gründung der Europäischen Wirtschaftsgemeinschaft ergeben können, werden gesondert behandelt[132].

Auf öffentlich-rechtlicher Grundlage bestehende Befugnisse werden vom Übergang erfaßt[133].

Außer den Aktiva gehen auch die gegen die übertragende Gesellschaft bestehenden Forderungen auf die übernehmende Gesellschaft über, ohne

[128] Unerwähnt beispielsweise bei *Baumbach-Hueck, Schilling, Teichmann.*

[129] *Baumbach-Hueck,* § 240 AktG Anm. 3 für Vermögensverwalter, Treuhänder, Testamentsvollstrecker, Bevollmächtigte; *von Godin-Wilhelmi,* § 240 AktG Anm. 7; *Ritter,* § 240 AktG Anm. 4c; *Schilling,* GroßK, § 240 AktG Anm. 31; *Schlegelberger-Quassowski,* § 240 AktG Anm. 13; *Weipert,* GroßK, § 240 AktG Anm. 31; *Würdinger,* Aktienrecht, § 43 D I 3a Seite 284. RG, Beschluß vom 19. 2. 1936, RGZ 150, 289 f. (291, 292: Grundbuchvertretung) gegen RG, Urteil vom 12. 2. 1929, RGZ 123, 289 ff. (294, 295); a.A. für Testamentsvollstrecker noch OLG Hamburg, Urteil vom 5. 10. 1932, HRR 1932 Nr. 942.

[130] *Schilling,* GroßK, § 240 AktG; *Würdinger,* Aktienrecht, § 43 D I 3a Seite 284.

[131] *Schilling,* GroßK, § 240 AktG Anm. 29; *Würdinger,* Aktienrecht, § 43 D I 3a Seite 284.

[132] Vgl. unten Seite 55 ff.

[133] *Baumbach-Hueck,* § 240 AktG Anm. 3; *von Godin-Wilhelmi,* § 240 AktG Anm. 7; *Schlegelberger-Quassowski,* § 240 AktG Anm. 10 (jedenfalls soweit es sich nicht um höchstpersönliche Erlaubnisse handelt).

daß sie die Möglichkeit einer Haftungsbeschränkung gemäß § 419 BGB besitzt[134]. Hierunter fallen auch Ansprüche aus Arbeits- und Angestelltenverhältnissen[135]. Für die Vorstandsmitglieder der übertragenden Gesellschaft gilt jedoch, daß sie zwar wie die Mitglieder des Aufsichtsrates ihre Stellung als Organ, nicht aber ihren Status als Angestellte verlieren und die Verschmelzung nicht zu vorzeitiger Kündigung berechtigt[136].

Dividendengarantien zugunsten der Aktionäre der übertragenden Gesellschaft erlöschen hingegen, weil sie mit den §§ 52, 54 AktG unvereinbar sind[137].

Soweit genehmigtes Kapital vorhanden war, setzt es sich nicht in der übernehmenden Gesellschaft fort[138], da mit Erlöschen der übertragenden Gesellschaft auch deren Satzung gegenstandslos wird. Die Möglichkeit einer Einziehung von Aktien, die in der Satzung der übertragenden Gesellschaft vorgesehen war, fällt weg[139]. Hat die übertragende Gesellschaft bei einer bedingten Kapitalerhöhung die Begründung von Bezugs- oder Umtauschrechten für die Inhaber von Wandelschuldverschreibungen beschlossen, muß die übernehmende Gesellschaft durch bedingte Kapitalerhöhung die Bezugsrechte gegen sich begründen oder die Umtauschberechtigten wie Aktionäre stellen[140]. Soweit Genußscheine bestehen, werden sie von der Verschmelzung nicht betroffen, da sie Gläubigerrechte verbriefen[141].

Eine Sonderstellung nehmen dagegen gegenseitige Verträge ein, die zum

[134] *Baumbach-Hueck,* § 240 AktG Anm. 3 A; *Böttcher-Meilicke,* § 240 AktG Anm. 46, § 5 UmwG Anm. 10, Anm. 33; *von Godin-Wilhelmi,* § 240 AktG Anm. 7, § 233 AktG Anm. 2; *Schilling,* GroßK, § 233 AktG Anm. 9, § 240 AktG Anm. 36; *Würdinger,* § 43 D I 3b Seite 284, § 42 I 1b Seite 270.

[135] *Baumbach-Hueck,* § 240 AktG Anm. 3 E; *Böttcher-Meilicke,* § 240 AktG Anm. 48, § 5 UmwG Anm. 28 mit Nachweisen; *Schilling,* GroßK, § 240 AktG Anm. 38 mit Nachweisen; *Würdinger,* Aktienrecht, § 43 D I 3b Seite 284.

[136] *Baumbach-Hueck,* § 240 AktG Anm. 3 E; *Böttcher-Meilicke,* § 5 UmwG Anm. 28; *Schilling,* § 240 AktG Anm. 38; *Schlegelberger-Quassowski,* § 240 AktG Anm. 14; *Würdinger,* Aktienrecht, § 43 D I 3b Seite 284, § 43 D I 3c Seite 284.

[137] *Würdinger,* Aktienrecht, § 43 D I 3b Seite 284.

[138] *Würdinger,* Aktienrecht, § 43 D I 3e Seite 285.

[139] *Würdinger,* Aktienrecht, § 43 D I 3e Seite 285.

[140] *Würdinger,* Aktienrecht, § 43 D I 3e Seite 285; BGH, Urteil vom 23. 5. 1957, BGHZ 24/279 ff. (288).

[141] *Böttcher-Meilicke,* § 5 UmwG Anm. 17, Anm. 36: Erlöschen tritt nur insoweit durch Vereinigung von Schuld und Forderung ein, als sie für die Übernehmerin an der Übertragerin bestanden haben; *von Godin-Wilhelmi,* § 240 AktG Anm. 13, § 8 AktG Anm. 12, § 174 AktG Anm. 9 a.E.

Zeitpunkt der Verschmelzung von keiner Seite voll erfüllt sind und die zu einer Interessenkollision führen können. Hier schafft die Vorschrift des § 240 Absatz 3 Satz 2 AktG für Abnahme-, Lieferungs- und ähnliche Verpflichtungen, die miteinander unvereinbar sind oder die beide zu erfüllen eine schwere Unbilligkeit für die übernehmende Gesellschaft bedeuten würde, Abhilfe. Der Umfang der Verpflichtungen bestimmt sich, unter Würdigung der vertraglichen Rechte aller Beteiligten, nach der Billigkeit.

An Beispielen sind hier insbesondere Alleinbezugs- und -lieferungsverträge, aber auch Angehörigkeit zu verschiedenen Interessengemeinschaften und kollidierende Verpflichtungen aus Kartellverträgen zu nennen[142].

Bloßes Unzweckmäßigwerden reicht nicht aus, um die Billigkeitsklausel der genannten Vorschrift zur Wirkung zu bringen[143].

Vorstehende Ausführungen beziehen sich auf das Verhältnis der beteiligten Gesellschaften zueinander und zu Dritten. Soweit die Aktionäre der übertragenden Gesellschaft von der Verschmelzung betroffen sind, bewirkt die Eintragung der Fusion im Handelsregister den Übergang ihrer Mitgliedsrechte auf die übernehmende Gesellschaft, ohne daß es hierzu einer irgendwie gearteten Willensbetätigung von ihrer Seite bedürfte[144].

7. Gläubigerschutzvorschriften und Schadensersatzansprüche gegen die Verwaltungsträger der beteiligten Gesellschaften

a) Gläubiger der übertragenden und übernehmenden Gesellschaft

Der Schutz der Gläubiger der übertragenden Gesellschaft, deren Forderungen sich wegen der Gesamtrechtsnachfolge in Zukunft gegen die übernehmende Gesellschaft richten, ist in § 241 AktG geregelt. Eine Vermögenstrennung tritt zu ihren Gunsten nicht ein[145]. Ihre Gläubigerrechte werden nicht berührt, die Schuld ist so zu erfüllen, als ob die Verschmelzung nicht

[142] *Würdinger*, § 43 D I 3b Seite 284; *Schilling*, GroßK, § 240 AktG Anm. 41, ähnlich *Baumbach-Hueck*, § 240 AktG Anm. 4, der — wie *Schlegelberger-Quassowski*, § 240 Anm. 23 — die Vorschrift auch auf einseitige Verpflichtungen ausdehnen will. Letzteres ist angesichts der eindeutigen Regelung des Gesetzes abzulehnen; wie *Baumbach-Hueck* auch *Schilling*, a.a.O., § 240 AktG, Anm. 42; vgl. auch Anm. 43, 44.

[143] *von Godin-Wilhelmi*, § 240 AktG Anm. 14 gegen *Weipert*, § 240 AktG Anm. 42.

[144] Siehe oben — insbesondere auch zu der Streitfrage — Seite 6 ff. mit Nachweisen, auf die Bezug genommen wird.

[145] *Baumbach-Hueck*, § 241 AktG Anm. 1; *Böttcher-Meilicke*, Anm. zu § 241 AktG, § 7 UmwG Anm. 4; *von Godin-Wilhelmi*, Anm. zu § 241 AktG; *Schilling*, GroßK, § 241 AktG Anm. 1b.

erfolgt wäre[146]. Soweit die Gläubiger fälliger Forderungen berührt werden, können sie sofortige Zahlung verlangen[147]. Die übrigen Gläubiger können von der übernehmenden Gesellschaft Sicherheitsleistung verlangen.

Ihr Anspruch gegen die übertragende Gesellschaft muß im Zeitpunkt des Vermögensüberganges bereits entstanden sein. Befristete und auflösend bedingte Ansprüche fallen ohne weiteres hierunter[148]. Gegen die herrschende Meinung[149] schließt *Schilling* hingegen aufschiebend bedingte Forderungen aus, weil es gerade an der entscheidenden Entstehungsursache, dem Bedingungseintritt, fehle[150].

Hier liegt eine Verkennung des Wesens der aufschiebend bedingten Forderung vor. Diese ist gegeben, ohne Bedingungseintritt aber noch nicht realisierbar. So bestimmen §§ 66, 67, 154, 168 KO und §§ 14, 48, 119, 120 ZVG ausdrücklich, daß die aufschiebend bedingte Forderung zu berücksichtigen ist.

Der Ansicht *Schillings* ist die gesamte zivilrechtliche Lehre zur Bedingung entgegenzuhalten. Das Gesetz faßt bedingte Rechte nicht als bloße Aussicht, sondern als bereits erworbenes Vermögensrecht auf. Nur die Wirkung des Rechtsgeschäftes wird von der Bedingung betroffen, das Rechtsgeschäft selbst ist sofort wirksam. So ist auch die unbedingte Abtretung einer aufschiebend bedingten Forderung sofort wirksam, nicht erst mit Bedingungseintritt[151].

Offen bleibt bei *Schilling*, ob er nur das Sicherungsbedürfnis verneint oder überhaupt einen Rechtsübergang. Letzteres wäre unhaltbar und würde zu einem dem bürgerlichen Recht unbekannten Erlöschensgrund einer Forderung, der Verschmelzung, führen. Soweit eine Sicherung aufschiebend bedingter Forderungen in Betracht kommt, ist der bedingt Berechtigte während

[146] *Schilling*, GroßK, § 241 AktG Anm. 7.

[147] *Böttcher-Meilicke*, § 7 UmwG Anm. 12; *Schilling*, GroßK, § 241 Akt Anm. 2; *Würdinger*, Aktienrecht, § 43 D II Seite 285.

[148] *Böttcher-Meilicke*, § 7 UmwG Anm. 6, 7; *Schilling*, GroßK, § 241 AktG Anm. 4.

[149] *Baumbach-Hueck*, § 178 AktG Anm. 2 B; *Böttcher-Meilicke*, § 7 UmwG Anm. 7; *von Godin-Wilhelmi*, § 178 AktG Anm. 1; *Schlegelberger-Quassowski*, § 241 AktG Anm. 7, § 178 AktG Anm. 1; *Teichmann-Koehler*, § 178 AktG Anm. 1.

[150] *Schilling*, GroßK, § 241 AktG. Anm. 4.

[151] Vgl. zu Vorstehendem *Kuhn*, RGR-BGB, vor § 158 BGB Anm. 19; § 158 BGB Anm. 1; Anm. 3; *Seydel* bei *Soergel-Siebert*, § 158 BGB Anm. 1, 14; *Lehmann*, § 35 A I Seite 263; insbes. § 35 A 4 Seite 264; *Enneccerus-Nipperdey*, Allg. Teil I. Band 2. Halbband, § 197 I Seite 1198, II 1 Seite 1198/1199, II 4 mit weiteren Nachweisen; *Palandt-Danckelmann*, § 158 BGB Anm. 3; *Staudinger-Coing*, Vorbem. 5 vor § 158 BGB, § 158 BGB Anm. 5, § 160 BGB Anm. 5.

des Schwebezustandes allerdings nicht in der Lage, das von der Bedingung abhängige Recht ausreichend zu schützen.

Prozessual stehen ihm Arrest und einstweilige Verfügung zur Seite, auch ist eine Klage auf künftige Leistung möglich. Als Aequivalent für eine mögliche Rechtsvereitelung gewährt ihm § 160 BGB einen Schadensersatzanspruch[152].

Das Recht auf Sicherheitsleistung gemäß § 232 BGB bleibt ihm dagegen nach bürgerlichem Recht versagt[153].

Dies gilt für den Normalfall der aufschiebenden Bedingung. Sicherheit ist aber zu leisten, wenn das Gesetz dies anordnet[154]. Eine derartige Anordnung ist in § 241 AktG getroffen worden, so daß kein Grund ersichtlich ist, die Gläubiger aufschiebend bedingter Forderungen von dieser Regelung auszunehmen.

Die von *Schilling*[155] im Zusammenhang mit obiger Frage behandelten Pensionsanwartschaften sind allerdings nur bedingt den aufschiebend bedingten Forderungen gleichzustellen. Es hängt von ihrer Ausgestaltung ab, ob ein volles Gläubigerrecht oder nur eine Aussicht auf einen künftigen Rechtserwerb vorliegt[156].

Hier handelt es sich um ein rein arbeitsrechtliches Problem, das unerörtert bleiben kann. Immerhin bedeutet die Ablehnung einer Sicherheitsleistung nicht, daß die Pensionsanwartschaft durch die Verschmelzung in ihrem Rechtsbestand berührt wird, und es ist vertretbar, den Berechtigten, der sich durch Betriebsvereinbarungen unter Umständen eine Beschränkung seiner Anwartschaft gefallen lassen muß[157], aus dem Kreis der sicherungsberechtigten Gläubiger auszunehmen. Im Regelfall werden die betroffenen Arbeitnehmer von der übernehmenden Gesellschaft mit übernommen. Erfüllen sie

[152] *Kuhn*, RGR-BGB, § 158 BGB Anm. 4, § 160 BGB Anm. 1; *Seydel* bei *Soergel-Siebert*, § 158 BGB Anm. 18 mit zahlr. Nachw., § 160 BGB Anm. 1, 4; *Enneccerus-Nipperdey*, § 197 III, IV Seite 1202; *Palandt-Danckelmann*, Anm. zu § 160 BGB; *Staudinger-Coing*, Vorbem. 5 vor § 158 BGB.

[153] *Enneccerus-Nipperdey*, § 197 III Seite 1202; *Seydel* bei *Soergel-Siebert*, § 160 BGB Anm. 4; mangels vertraglicher Vereinbarung, abweichende Regelung zulässig.

[154] *Palandt-Danckelmann*, Überbl. vor § 232 Anm. 2, sog. cautio necessaria.

[155] *Schilling*, GroßK, § 241 AktG Anm. 5 im Anschluß an *Enneccerus-Nipperdey*, § 82 II 4 Seite 310 (schwebendes Anwartschaftsrecht = die bedingte Berechtigung, bei Eintritt eines zur Zeit noch ungewissen Umstandes ein Recht zu erwerben); *Hueck-Nipperdey*, § 52 IV Seite 483, 484.

[156] *Nikisch*, § 41 II 1 Seite 574.

[157] *Nikisch*, § 41 II 1, Seite 577.

dort die Voraussetzungen, die an die spätere Zahlung des Ruhegeldes geknüpft sind, sind sie gerade durch die erfolgte Übernahme hinreichend gesichert, so daß es der zusätzlichen Sicherung nach der Vorschrift des § 241 AktG nicht mehr bedarf.

Soweit Verbindlichkeiten streitig sind, lehnt *Schilling* eine Sicherheitsleistung nach § 241 AktG ab und verweist den Gläubiger, unter Umständen auch die übernehmende Gesellschaft, auf den Prozeßweg[158].

Ausgenommen von dem Recht, Sicherheit zu verlangen, sind Gläubiger dinglicher Ansprüche[159]. Ebenso schließt § 241 Absatz 2 AktG ein derartiges Recht für Gläubiger aus, die im Falle des Konkurses ein Recht auf vorzugsweise Befriedigung haben.

Gegenansprüche, die bei Fälligkeit der Forderung entstehen oder fällig werden, schließen das Recht auf Sicherheitsleistung hingegen nicht aus[160].

Wie Sicherheit zu leisten ist, bestimmt sich nach den Vorschriften des bürgerlichen Rechtes (§§ 232 ff. BGB). Sie ist von der übernehmenden Gesellschaft zu leisten, sobald die Verschmelzung wirksam geworden ist. Die Frist, binnen derer die Gläubiger ihren Anspruch auf Sicherheitsleistung geltend machen müssen, ist eine Ausschlußfrist[161]. Versäumt ein Gläubiger, sich binnen sechs Monaten, nachdem das letzte die Bekanntmachung enthaltene Blatt erschienen ist (§ 10 Absatz 2 HGB), zu melden, verliert er nur den Anspruch auf Sicherheitsleistung. Sein Gläubigerrecht bleibt unberührt[162]. Auch wenn der Hinweis an die Gläubiger nach § 241 AktG unterblieben ist, beginnt die Frist zu laufen[163].

Die Vorschrift des § 241 Absatz 1 AktG ist ein Schutzgesetz im Sinne des § 823 Absatz 2 BGB. Die Organe der übernehmenden Gesellschaft haften den Gläubigern unmittelbar auf Erfüllung der Vorschrift[164].

[158] *Schilling*, GroßK, § 241 AktG Anm. 8.

[159] *Schilling*, GroßK, § 241 AktG Anm. 10; *Schlegelberger-Quassowski*, § 241 AktG Anm. 2.

[160] Schilling, GroßK, § 241 AktG Anm. 14.

[161] *Schilling*, GroßK, § 241 AktG. Anm. 14.

[162] *Schilling*, GroßK, § 241 AktG Anm. 15; RG, Urteil vom 6. 1. 1925, RGZ 109/388 ff., 392.

[163] *Schilling*, GroßK, § 241 AktG Anm. 16; *Schlegelberger-Quassowski*, § 241 AktG Anm. 12 a.E.; *von Godin-Wilhelmi*, § 241 AktG Anm.

[164] *Schilling*, GroßK, § 241 AktG Anm. 17; a.A. *von Godin-Wilhelmi*, § 241 AktG Anm.: wenn der Vorstand schon für die Verletzung von Erfüllungsansprüchen nicht hafte, warum dann wegen Verletzung des Anspruchs auf Sicherheitsleistung?

Die Rechtsstellung der Gläubiger der übernehmenden Gesellschaft wird von der Verschmelzung nicht berührt. Sie haben, auch wenn die wirtschaftliche Lage der übertragenden Gesellschaft schlecht war, keinen Anspruch auf Sicherheitsleistung[165]. Unberührt bleibt aber ihr Recht, bei Vorliegen der gesetzlichen Voraussetzungen Klage – auch auf künftige Leistung – zu erheben oder von den Rechtsbehelfen der §§ 916 ff. ZPO Gebrauch zu machen[166].

b) Haftung der Verwaltungsträger der übertragenden Gesellschaft

§ 243 AktG unterwirft Vorstand und Aufsichtsrat der übertragenden Gesellschaft gegenüber dieser Gesellschaft, ihren Aktionären und Gläubigern für infolge der Verschmelzung eintretende Schäden einer verschärften Haftung. Hiernach haften sie nicht nur bei Vorsatz und grobem Verschulden, sondern auch bei Vorliegen leichter Fahrlässigkeit[167].

Da nach den allgemeinen Vorschriften (§§ 84, 99 AktG) nur eine Schadensersatzpflicht der Organe gegenüber der Gesellschaft besteht, durch die Verschmelzung aber bei ungenügender Sorgfalt der Verwaltungsträger namentlich den Aktionären ein Schaden entstehen kann, erweitert § 243 AktG den Kreis der Anspruchsberechtigten.

Die Haftung nach § 243 AktG greift nur ein, wenn es tatsächlich zur Verschmelzung gekommen ist[168]. Darüber hinaus enthält § 243 AktG keine abschließende Regelung der Haftung aus der Verschmelzung[169]. Die Vorschrift des § 84 Absatz 4 Satz 1 AktG ist im Falle der Verschmelzung unanwendbar[170].

Für die Geltendmachung dieser Ansprüche gilt die übertragende Gesellschaft trotz der inzwischen erfolgten Eintragung der Verschmelzung als fortbestehend, § 243 Absatz 2 Satz 1 AktG. Hier handelt es sich um eine echte Fiktion.

165 von *Godin-Wilhelmi*, Anm. zu § 241 AktG; *Schilling*, GroßK, § 241 AktG Anm. 3.

166 *Schilling*, GroßK, § 241 AktG Anm.3.

167 *Baumbach-Hueck*, § 243 AktG Anm. 2; *von Godin-Wilhelmi*, § 243 AktG Anm. 2: erforderlich ist Vertretenmüssen; *Würdinger*, Aktienrecht, § 43 D III Seite 285.

168 *Baumbach-Hueck*, § 243 AktG Anm. 1; *Böttcher-Meilicke*, § 243 AktG Anm. 3; *von Godin-Wilhelmi*, § 243 AktG Anm. 1; *Schilling*, GroßK, § 243 AktG Anm. 3.

169 *Baumbach-Hueck*, § 243 AktG Anm. 1; *Schlegelberger-Quassowski*, § 243 AktG Anm. 1.

170 *von Godin-Wilhelmi*, § 243 AktG Anm. 1; str., a.A. *Baumbach-Hueck*, § 243 AktG Anm. 2 unter Berufung auf *Weipert*, § 243 AktG Anm. 11; ebenso *Schilling*, § 243 AktG Anm. 11; *Böttcher-Meielicke*, § 243 AktG Anm. 54 mit Einschränkungen.

Die Durchführung des Schadensersatzanspruches richtet sich nach der Bestimmung des § 244 AktG.

c) Haftung der Verwaltungsträger der übernehmenden Gesellschaft

Die Haftung des Vorstandes und Aufsichtsrates der übernehmenden Gesellschaft ist in § 245 AktG geregelt. Die Ersatzpflicht regelt sich nach §§ 84, 99 AktG, soweit Gläubiger und die übernehmende Gesellschaft geschädigt sind. Der übertragenden Gesellschaft, ihren Aktionären und Gläubigern, die zu den Verwaltungsträgern der übernehmenden Gesellschaft nicht in unmittelbarer Rechtsbeziehung stehen, wird gemäß §§ 823, 826 BGB auf Schadensersatz gehaftet[171].

§ 101 AktG findet auch bei der Verschmelzung Anwendung[172].

8. Nichtigkeit der Verschmelzung

a) Nichtigkeit des Verschmelzungsbeschlusses

§ 246 AktG läßt die Nichtigkeits- und Anfechtungsklage durch die Aktionäre, den Vorstand und den Aufsichtsrat der übertragenden Gesellschaft gegen den bei dieser gefaßten Verschmelzungsbeschluß zu, auch wenn die Kapitalerhöhung der übernehmenden Gesellschaft und die Verschmelzung bereits im Handelsregister eingetragen sind. Diese innergesellschaftliche Anfechtung hat mit den unmittelbaren oder mittelbaren Folgen des Kapitalerhöhungsbeschlusses oder der Verschmelzung nach außen nichts zu tun[173]. Selbst wenn es beim Vermögensübergang verbleibt, kann die Klage doch noch für eventuelle Schadensersatzansprüche von Bedeutung bleiben. Soweit der Beschluß gegen die guten Sitten verstoßen sollte (§ 195 Ziffer 4 AktG), ist er nichtig[174]. Ist er auf Grund politischen Machtmißbrauches zustande gekommen, kann er nur gemäß §§ 197 ff. AktG angefochten werden[175]. Leidet ein Beschluß unter einem Mangel, entfällt das Rechtsschutzbedürfnis für eine Anfechtung, wenn er durch mangelfreien Hauptversammlungs-

[171] *Baumbach-Hueck,* § 245 AktG Anm. 1; *Böttcher-Meilicke,* § 245 AktG Anm. 3, 4; *von Godin-Wilhelmi,* Anm. zu § 245 AktG.

[172] *Baumbach-Hueck,* § 245 AktG Anm. 1; *Böttcher-Meilicke,* § 245 AktG Anm. 1; *von Godin-Wilhelmi,* Anm. zu § 245 AktG.

[173] *von Godin-Wilhelmi,* § 246 AktG Anm. 1; RG, Urteil vom 13. 5. 1929, RGZ 124, 279 ff. (290, 291).

[174] *Würdinger,* Aktienrecht, § 25 V 3 Seite 166; BGH, Urteil vom 8. 12. 1954, BGHZ 15, 382 ff. (385).

[175] BGH, Urteil vom 16. 12. 1953, BGHZ 11, 231 ff. (247).

beschluß geheilt wurde. Ist auch der zweite Beschluß mit demselben Mangel behaftet, ist er dann nichtig, wenn die Anfechtungsklage gegen den ersten Beschluß durchgreift[176].

Wegen des Unterganges der übertragenden Gesellschaft ist die Klage aus § 246 AktG gegen die übernehmende Gesellschaft zu richten. Diese wird im Prozeß vom Vorstand allein vertreten. Eine Mitwirkung des Aufsichtsrates, wie sie in § 199 Absatz 2 Satz 2 AktG vorgesehen ist, entfällt, weil es sich nicht um einen Beschluß der übernehmenden Gesellschaft handelt[177].

Das Reichsgericht hat in seiner Entscheidung vom 11. Januar 1927[178] die Anfechtungs- und Nichtigkeitsklage auch gegen frühere Hauptversammlungsbeschlüsse der übertragenden Gesellschaft zugelassen. In der Entscheidung vom 29. Januar 1937[179] lehnt das Reichsgericht hingegen grundsätzlich die Erstreckung einer Klage auf andere Beschlüsse als den Verschmelzungsbeschluß als unzulässig ab. Jedenfalls muß dieser mit angefochten sein, weil andernfalls keine Mitgliedsrechte mehr bestehen, die das Anfechtungsrecht gewähren.

Mit *von Godin-Wilhelmi*[180] ist daran festzuhalten, daß nur in dem vom Reichsgericht in der letztgenannten Entscheidung behandelten Sonderfall[181] und nur bei Mitanfechtung die Anfechtung eines Beschlusses zulässig ist, dessen Rechtsbestand für Abschichtungsansprüche der Minderheitsaktionäre bei einer Umwandlung durch Vermögensübertragung auf den Hauptbeteiligten erheblich war.

Nach Eintragung der Verschmelzung kann eine Anfechtung des Kapitalerhöhungsbeschlusses der übernehmenden Gesellschaft nicht mehr stattfinden[182].

[176] BGH, Urteil vom 27. 9. 1956, BGHZ 21, 354 ff. (Leitsätze).

[177] *Baumbach-Hueck*, § 246 AktG Anm. 1; *Böttcher-Meilicke*, § 246 AktG Anm. 19; *Schilling*, GroßK, § 246 Anm. 2; *Schlegelberger-Quassowski*, § 246 AktG Anm. 20, 21; *Weipert*, GroßK, § 246 AktG Anm. 2; RG, Urteil vom 29. 1. 1937, HRR 1937, 648 = JW 1937, 2273; BGH, Urteil vom 10. 3. 1960, BGHZ 32, 114 ff. (115, 118); a.A. Ritter, § 246 AktG Anm. 3.

[178] RG, Urteil vom 11. 1. 1927, RGZ 115, 378 f. (382).

[179] RG, Urteil vom 29. 1. 1937, HRR 1937, 648 = JW 1937, 2273.

[180] *von Godin-Wilhelmi*, § 246 AktG Anm. 1; streng ablehnend für alle anderen Beschlüsse: *Baumbach-Hueck*, § 246 AktG Anm. 1; *Schlegelberger-Quassowski*, § 246 AktG Anm. 21; *Ritter*, § 246 AktG Anm. 3; teilweise abweichend RG, Urteil vom 29. 1. 1937, HRR 1937, 648; KG, Beschluß vom 3. 9. 1936, JW 1936, 3202; *Böttcher-Meilicke*, § 246 AktG Anm. 13, 14; ebenso *Schilling*, GroßK, § 246 AktG Anm. 9.

[181] Dieser betrifft übrigens eine Umwandlung.

[182] *Würdinger*, Aktienrecht, § 43 C II 6 Seite 283.

b) Nichtigkeit des Verschmelzungsvertrages

Bei der Würdigung von Mängeln des Verschmelzungsvertrages ergibt sich aus den verschiedenen Auffassungen über die Rechtsnatur des Verschmelzungsvertrages[183] eine Divergenz bezüglich der Anfechtungsmöglichkeiten.

Aus dem Gesetz ergibt sich unmittelbar, daß der Verschmelzungsvertrag wegen Formmangels unwirksam sein kann (§§ 234, 240 Absatz 5 AktG); dieser Mangel wird jedoch durch die Eintragung der Verschmelzung geheilt.

Über andere Mängel und Rechtsbehelfe gegen diese ist aus dem Gesetz nichts ersichtlich.

Von Godin-Wilhelmi[184] lassen die Anfechtung des Verschmelzungsvertrages durch einen der Vorstände der beteiligten Aktiengesellschaften nach den Regeln des bürgerlichen Rechtes zu, nach Eintragung der durchgeführten Kapitalerhöhung aber nur, wenn nicht neue Aktien gebildet, sondern ausschließlich bereits bestehende gewährt werden. Hierin liegt ein Widerspruch in sich, weil dann gerade die Kapitalerhöhung entbehrlich ist[185].

In jedem Fall halten sie es für zulässig, die Nichtigkeit wegen Geschäftsunfähigkeit der beteiligten Personen geltend zu machen. Nach Eintragung der Verschmelzung lassen sie aktienrechtliche Mängel (Hinfälligkeit des Verschmelzungsbeschlusses) durchgreifen, bürgerlich-rechtliche Mängel außer bei Geschäftsunfähigkeit und fehlender Form (also Wucher, Anfechtung wegen Irrtums, Täuschung, Drohung) hingegen nicht. Richtig wäre nur, bei einer durchgeführten Kapitalerhöhung die Anfechtung auszuschließen[186].

Die Kapitalerhöhung ist aber dann überhaupt gegenstandslos, wenn das Vermögen der übertragenden Gesellschaft nicht übergegangen ist[187].

Baumbach-Hueck lassen hingegen auch die Anfechtung wegen Irrtums, Täuschung und Drohung zu[188]. Ebenso lehnt *Schilling*[189] mit der herrschen-

[183] Vgl. oben Seite 16 ff.

[184] *von Godin-Wilhelmi,* § 246 AktG Anm. 3.

[185] Vgl. oben Seite 24.

[186] *Baumbach-Hueck,* § 246 AktG Anm. 3; *von Godin-Wilhelmi,* § 238 AktG Anm. II 2; *Ritter,* § 246 AktG Anm. 1; RG, Urteil vom 13. 5. 1929, RGZ 124, 279 ff. (288); die §§ 117, 119, 122, 138 BGB haben im Interesse der Verkehrssicherheit zurückzutreten.

[187] *Schilling,* GroßK, § 246 AktG Anm. 13; *Schlegelberger-Quassowski,* § 246 AktG Anm. 5; *Teichmann-Koehler,* § 246 AktG Anm. 3; *Würdinger,* Aktienrecht, § 43 D IV Seite 286.

[188] *Baumbach-Hueck,* § 246 AktG Anm. 3.

[189] *Schilling,* GroßK, § 246 AktG Anm. 11; § 235 AktG Anm. 9.

den Meinung ab, daß die Eintragung der Verschmelzung die Anfechtung des Verschmelzungsvertrages hindere und läßt die allgemeinen bürgerlich-rechtlichen Vorschriften eingreifen[190].

Hier ergibt sich aus der Natur des Verschmelzungsvertrages das Problem, ob diese Ansichten wirklich zutreffend sind.

Für die Aktionäre der übertragenden Gesellschaft ist der Vertrag nicht nur ein Ersatz für den Zeichnungsschein[191], sondern regelt ihre gesellschaftliche Stellung innerhalb der übernehmenden Gesellschaft wie die Satzung. Die Grundsätze, die für die Anfechtbarkeit von Zeichnungsschein und Satzung aufgestellt worden sind, könnten auch hier gelten. Ein Zeichnungsschein kann nach der Eintragung der Aktiengesellschaft in das Handelsregister nicht mehr wegen Irrtums, Täuschung oder Drohung angefochten werden. Die Berufung auf eine Schein- und Scherzerklärung versagt[192]. Die Satzung ist nur nach § 216 AktG auch von ihnen anfechtbar, wenn der durch § 16 AktG vorgeschriebene Mindestinhalt fehlt. Andere Mängel außer Geschäftsunfähigkeit und Fälschung können nicht geltend gemacht werden[193].

Anders als beim Zeichnungsschein geben aber die Aktionäre beim Abschluß des Verschmelzungsvertrages überhaupt keine Willenserklärung ab. Selbst wenn man sich die Konstruktion eines Vertrages zugunsten Dritter zu eigen machen würde, könnte ihnen kein Anfechtungsrecht bezüglich des Verschmelzungsvertrages zustehen, weil der Vertrag nur zwischen den Parteien Rechtswirkungen äußert. Weder entsteht zwischen dem Gläubiger und dem Dritten, noch zwischen dem Schuldner und ihm ein Vertragsverhältnis[194]. Es ist nicht ersichtlich, wie bei dieser Sachlage überhaupt noch für ein Anfechtungsrecht der Aktionäre Raum sein soll.

Hiergegen läßt sich nicht einwenden, daß den Aktionären hiermit der Rechtsschutz versagt wird. Die ihnen nach Aktienrecht zustehenden Rechte reichen völlig aus, um diesen zu gewährleisten. Im übrigen lehnen auch die Ver-

[190] *Böttcher-Meilicke*, § 246 AktG Anm. 2, § 235 AktG Anm. 44; *von Godin-Wilhelmi*, § 246 AktG Anm. 3; *Ritter*, § 246 AktG Anm. 1; *Schlegelberger-Quassowski*, § 246 AktG Anm. 6; *Scholz*, §§ 80, 81 GmbHG Anh. I Anm. 38; *Teichmann-Koehler*, § 246 AktG Anm. 3; a.A. *Gierke*, § 48 III B 2b Seite 388.

[191] so RG, Urteil vom 13. 5. 1929, RGZ 124, 279 ff. (288).

[192] *Hueck*, Gesellschaftsrecht, § 23 IV 2 Seite 123/124.

[193] *Hueck*, Gesellschaftsrecht, § 23 IV 1 Seite 123; *Würdinger*, Aktienrecht, § 17 B IV 3 Seite 116; RG, Urteil vom 11. 6. 1926, RGZ 114, 77 ff. (79, 80); RG, Urteil vom 7. 2. 1930, RGZ 128, 1 ff. (5).

[194] Statt vieler *Palandt-Danckelmann*, BGB, 23. Aufl. Einf. vor § 328 BGB Anm. 2b, c.

fechter der bürgerlich-rechtlichen Auffassung ein Anfechtungsrecht der Aktionäre ab[195].

Daher braucht nicht untersucht zu werden, ob die Eintragung der Verschmelzung das Anfechtungsrecht beseitigt und ob nach diesem Zeitpunkt eine Anfechtung nur noch Schadensersatzansprüche auslösen kann.

Soweit die an der Festlegung des Verschmelzungsvertrages beteiligten Personen, also die Vorstände, in Frage kommen, sind Willensmängel, auch Täuschung, Drohung, Betrug, Wucher, Sittenverstoß, Fälschung und auch Geschäftsunfähigkeit eines der Beteiligten durchaus denkbar. Für die Satzung ist anerkannt, daß die entsprechenden Vorschriften des bürgerlichen Rechtes bezüglich der Person, zu deren Nachteil ein derartiger Tatbestand vorliegt, solange gelten, bis die Gesellschaft durch Eintragung entstanden ist, diese Gründe aber hinterher nicht mehr zu einer Beseitigung der Aktiengesellschaft führen können[196]. Ausgenommen sind Fälschung, Geschäftsunfähigkeit[197] und Sittenverstoß[198].

Die Satzung wird durch die Gründer festgestellt (§§ 21, 16 AktG). Insoweit besteht zwischen Abschluß des Verschmelzungsvertrages und Feststellung der Satzung große Ähnlichkeit. Bei der Verschmelzung kommen jedoch noch die Beschlüsse der Hauptversammlungen der beteiligten Gesellschaften hinzu. Ohne diese Beschlußfassung erzeugt der Verschmelzungsvertrag keine gegenseitigen Rechte und Pflichten.

Mithin bietet auch hier die aktienrechtliche Anfechtung ausreichenden Schutz.

Der Verschmelzungsvertrag ist in den körperschaftlichen Vorgang der Verschmelzung eingebettet. Eine Fälschung dürfte in aller Regel bei der Beschlußfassung über den Vertrag offenkundig werden. Im übrigen wird nicht der Verschmelzungsvertrag, sondern der Beschluß in das Handelsregister eingetragen, so daß kaum ein Fall denkbar ist, daß ein gefälschter Vertrag beschlossen und eingetragen wird. Die Geschäftsunfähigkeit eines Vorstandsmitgliedes schützt in erster Linie dieses, aber auch die Allgemeinheit, weil seine Willenserklärung keine Rechtswirksamkeit erlangt. Aber die eigentliche Erklärung geht von der Hauptversammlung durch den Beschluß aus,

[195] so *Schlegelberger-Quassowski*, § 246 AktG Anm. 3; *Teichmann-Koehler*, § 246 AktG Anm. 3; RG, Urteil vom 11. 1. 1927, RGZ 115, 378 f. (384).

[196] *von Godin-Wilhelmi*, vor § 16 AktG Anm. II 2.

[197] *von-Godin-Wilhelmi*, vor § 16 AktG Anm. II 3; *Würdinger*, Aktienrecht, § 17 B IV 3a Seite 116.

[198] *Würdinger*, Aktienrecht, § 25 V 3 Seite 166.

so daß ein derartiger Grund eigentlich nur bei einer Einmanngesellschaft zum Tragen kommen kann. Ein Sittenverstoß kann sich auch in einem Hauptversammlungsbeschluß „fortsetzen". Dann verstößt aber der Beschluß gegen das Gesetz und ist als solcher anfechtbar.

c) Rechtsfolgen der Mängel

Es ist streitig, welche Bedeutung einem Mangel eines der beiden Verschmelzungsbeschlüsse oder des Verschmelzungsvertrages beizumessen ist, wenn die Verschmelzung ohne Rücksicht auf diesen eingetragen worden ist. In der Hauptsache werden drei Ansichten vertreten:

1. Heilung des Mangels durch Eintragung[199]: Dagegen spricht, daß durch § 246 AktG ausdrücklich die Anfechtung des Verschmelzungsbeschlusses nach der Eintragung zulässig wird, was bei einer Heilung des Mangels jeglichen Sinn verlieren würde. Für einen schuldrechtlichen Anspruch auf Schadensersatz bei Verschulden, wie ihn früher Baumbach gewährt hat[200], bedürfte es, wie in der Neuauflage richtig ausgeführt wird, keiner Anfechtung[201]. Ferner spricht auch der Wortlaut des § 240 Absatz 5 AktG dagegen, in dem ausdrücklich von Heilung und Formmängeln die Rede ist.
2. Gültigkeit der Übertragung nach außen, aber Nichtigkeit der Auflösung der übertragenden Gesellschaft, die dann gegen ihre Aktionäre einen Anspruch auf Aushändigung der ihnen gewährten Aktien hat[202].

   Diese Auffassung, die ausdrücklich auf die Anfechtbarkeit beschränkt wird, findet im Gesetz keine Stütze. Gegen sie ist ferner geltend zu machen, daß die gewährten Aktien solche der übernehmenden Gesellschaft bleiben und sich bei einem „Wiederaufleben" der übertragenden Aktiengesellschaft die Situation ergibt, daß diese ausschließlich Aktien einer fremden Gesellschaft besitzt, also praktisch als Gesellschaft unter Ausschluß ihrer Aktionäre als Aktionär der übernehmenden Gesellschaft weiterbesteht.
3. Nichtigkeit der Verschmelzung wegen Fehlens einer wesentlichen Vor-

[199] früher *Baumbach-Hueck,* § 246 AktG Anm. 1 (3. Aufl.); *Weipert,* GroßK, § 246 AktG Anm. 17; *Gierke,* § 38 III B 1 Seite 387; *Schilling* in *Hachenburg,* §§ 80, 81 AktG Anh. I Anm. 7.

[200] *Baumbach,* § 246 AktG Anm. 1 (3. Aufl.).

[201] *Baumbach-Hueck,* § 246 AktG Anm. 2a.

[202] *Flechtheim,* Festschrift für *Zitelmann,* Seite 26, zitiert bei *Baumbach-Hueck,* § 246 AktG Anm. 2b.

aussetzung, so daß die übertragende Gesellschaft als fortbestehend anzusehen ist und ihr Vermögen nicht auf die andere Gesellschaft übergegangen ist[203]. Diese Ansicht ist allein haltbar und entspricht den Vorschriften der §§ 246, 240 Abs. 5 AktG. Die übernehmende Gesellschaft hat bereits erhaltene Gegenstände zurückzugeben und haftet unter Umständen aus §§ 812 ff. BGB. Eine von ihr durchgeführte Kapitalerhöhung wird vom Fortfall des Verschmelzungsbeschlusses wegen des untrennbaren Zusammenhanges mit erfaßt und wird gegenstandslos[204]. Die ausgegebenen Aktien sind nichtig[205].

9. Die Schlußbilanz

§ 239 Absatz 3 AktG schreibt vor, daß die übertragende Gesellschaft nach den Grundsätzen der Jahres- oder Ertragsbilanz für einen höchstens sechs Monate vor der Anmeldung der Verschmelzung liegenden Zeitpunkt eine Schlußbilanz aufzustellen hat. Die in ihr eingesetzten Werte gelten nach § 242 AktG für die Jahresbilanz der übernehmenden Gesellschaft als Anschaffungskosten im Sinne des § 133 Ziffer 1—3 AktG. Ist der Gesamtnennbetrag der gewährten Aktien höher, kann der Wertunterschied als gesonderter Posten eingesetzt werden und ist durch angemessene jährliche Abschreibungen wieder zu tilgen, § 242 Absatz 2 AktG.

Im Regelfall wird von der übertragenden Gesellschaft zur Ermittlung des Wertverhältnisses der beiden Vermögen und der Aktien eine besondere

[203] *Baumbach-Hueck*, § 246 AktG Anm. 2c mit weiteren Nachweisen; *Böttcher-Meilicke*, § 243 AktG Anm. 17; *von Godin-Wilhelmi*, § 246 AktG Anm. 2; *Ritter*, § 246 AktG Anm. 3, 4; *Schilling*, GroßK, § 246 AktG Anm. 10, 12 unter ausdrücklicher Aufgabe der mit der Vorauflage vertretenen Auffassung, die Eintragung heile alle Mängel; *Schlegelberger-Quassowski*, § 246 AktG Anm. 6, 14, 15; *Würdinger*, Aktienrecht, § 43 D IV Seite 286; RG, Urteil vom 29. 1. 1937, HRR 1937, 648; für Nichtigkeit des Vertrages auch RG, Urteil vom 13. 5. 1929, RGZ 124, 279 ff. (290).

[204] *Schilling*, GroßK, § 246 AktG Anm. 13; *Schlegelberger-Quassowski*, § 246 AktG Anm. 5; *Teichmann-Koehler*, § 246 AktG Anm. 3; *Würdinger*, Aktienrecht, § 43 C II 2b Seite 281, § 43 D IV Seite 286; zweifelnd *von Godin-Wllhelmi*, § 246 AktG Anm 4; a.A. *Baumbach-Hueck*, § 246 AktG Anm. 2c, der die Kapitalerhöhung bestehen läßt, die Aktionäre der übertragenden Gesellschaft für verpflichtet hält, die Aktien bzw. das empfangene Entgelt nach § 812 BGB zurückzugeben und gutgläubige Dritte auch nach § 15 HGB schützen will; ebenso *Ritter*, § 246 AktG Anm. 1; RG, Urteil vom 13. 5. 1929, RGZ 124, 279 ff. (290).

[205] *Schilling*, GroßK, § 246 AktG Anm. 13; a.A. *Böttcher-Meilicke*, § 243 AktG Anm. 13; *Schlegelberger-Quassowski*, § 246 AktG Anm. 15 ff., § 149 AktG Anm. 10 und die vorstehend Zitierten.

Verschmelzungsbilanz aufgestellt. Die Werte werden dort zum freien Schätzwert eingesetzt. Diese Bilanz hat nur für die Verschmelzungsverhandlungen Bedeutung und ist rein intern. Aus diesem Grunde gelten für sie die gesetzlichen Vorschriften nicht[206].

III. Die Verschmelzung durch Neubildung

Auf die Verschmelzung durch Neubildung (§ 247 AktG) finden weitgehend die Vorschriften über die Verschmelzung durch Aufnahme sinngemäß Anwendung. Im Gegensatz zu den hierfür bestehenden Vorschriften ist eine Fusion erst zulässig, wenn die übertragenden Gesellschaften seit mindestens zwei Jahren bestanden haben, das heißt: in ihrem jeweiligen Handelsregister eingetragen waren. Hierdurch soll vermieden werden, daß die gesetzlichen Gründungsgarantien umgangen werden[207]. Wird die Vorschrift des § 247 Absatz 2 AktG verletzt, wird der Bestand der neugegründeten Gesellschaft hiervon nicht berührt, insbesondere liegt kein Nichtigkeitsgrund nach § 216 AktG vor[208]. Allerdings wird ein Verstoß gegen § 247 Absatz 2 AktG wohl selten erfolgen, weil der Registerrichter bei der Anmeldung der neuen Gesellschaft anhand der Registerauszüge der übertragenden Gesellschaften überprüft, ob die Sperrfrist abgelaufen ist und unter Umständen die Eintragung zurückweist.

Es ist nicht ausgeschlossen, die Verschmelzung durch Neubildung durch vollkommen neue Sacheinlagen, Übernahme anderer Vermögensgegenstände und Bareinlagen neuer Aktionäre zu erweitern[209]. In derartigen Fällen sind

[206] *Würdinger*, Aktienrecht, § 43 B IV Seite 278.

[207] So auch *Böttcher-Meilicke*, § 247 AktG Anm. 6; *Würdinger*, Aktienrecht, § 44 I 2 Seite 286.

[208] *von Godin-Wilhelmi*, § 247 AktG Anm. 1; *Schilling*, GroßK, § 247 AktG Anm. 12; *Schlegelberger-Quassowski*, § 247 AktG Anm. 5 a.E.; *Teichmann-Koehler*, § 247 AktG Anm. 2; *Weipert*, GroßK, § 247 AktG Anm. 12; *Würdinger*, Aktienrecht, § 44 I 2 Seite 286; a.A.: *Ritter*, § 247 AktG Anm. 3.

[209] *von Godin-Wilhelmi*, § 247 AktG Anm. 5; *Schilling*, GroßK, § 247 AktG Anm. 10; *Weipert*, GroßK, § 247 AktG Anm. 10; *Würdinger*, Aktienrecht, § 44 I 3 Seite 286. a.A. *Baumbach-Hueck*, § 247 AktG Anm. 3 B, der erst nach Ablauf der Frist des § 44 AktG gemäß § 145 Absatz 3 AktG neue Sacheinlagen zulassen will. Es ist aber kein Grund ersichtlich, in der Satzung der neuen Gesellschaft von vornherein Bestimmungen gemäß § 20 AktG zu treffen. Es spricht nichts dafür, daß die neue Satzung das

die normalen Gründungsvorschriften zu beachten, von denen § 247 AktG nur für den Fall der Fusion entbindet[210]. Im Hinblick auf die von den sich vereinigenden Gesellschaften erfolgende Vermögensübertragung behalten die Vorschriften über den gesetzlichen Vermögensübergang ihre Wirksamkeit[211].

Die Verschmelzung durch Neubildung hat folgenden Verlauf:

Die Vorstände der beteiligten Gesellschaften schließen den Gründungsvertrag der neuen Gesellschaft[212], wozu Feststellung der Satzung und Verschmelzungsvertrag – die materiell-rechtlich in Zusammenhang stehen[213] – gehören, in einem einheitlichen Akt ab. Das hat schon deshalb zu erfolgen, weil die Satzung der neuen Gesellschaft ohne die Vereinbarung des Vermögensüberganges und des Ausschlusses der Abwicklung unvollständig wäre.

Hinsichtlich des Verschmelzungsvertrages gilt nichts von der Verschmelzung durch Aufnahme Abweichendes[214]. Auf die dort gemachten Ausführungen wird Bezug genommen.

Die Satzung der neuen Gesellschaft muß kraft ausdrücklicher Vorschrift des § 247 Absatz 4 AktG den in § 16 Absatz 3 AktG vorgeschriebenen Inhalt haben. Darüber hinaus muß sie Festsetzungen über Sondervorteile, Gründungsaufwand, Sacheinlagen und Sachübernahmen (§§ 19, 20 AktG), die bereits in den Satzungen der übertragenden Gesellschaften enthalten waren, übernehmen, es sei denn, daß seit Gründung der übertragenden Gesellschaft mehr als fünf Jahre verstrichen sind (§§ 247 Absatz 4 Satz 3, 145 Absatz 3, 44 AktG). Neue Sondervorteile oder Bestimmungen über neuen Gründungsaufwand sind unabhängig hiervon aufzunehmen[215]. Die

genaue Spiegelbild der Satzungen der übertragenden Gesellschaften sein müsse. Auch daß die Gründer, nämlich die übertragenden Gesellschaften, erlöschen, spricht nicht dagegen. Einer regulären Neugründung mit Auflösung und Abwicklung — so *Teichmann-Koehler*, § 247 AktG Anm. 4b, *Schlegelberger-Quassowski*, § 247 AktG Anm. 6, *Böttcher-Meilicke*, § 247 AktG Anm. 12 — bedarf es nicht.

[210] *von Godin-Wilhemi*, § 247 AktG Anm. 5; *Schilling*, GroßK, § 247 AktG Anm. 10; *Würdinger*, § 44 I 3 Seite 286.

[211] *Böttcher-Meilicke*, § 247 AktG Anm. 33; *Würdinger*, § 44 I 3 Seite 286.

[212] Auch der Gründungsvertrag ist ein Organisationsvertrag, vgl. *Würdinger*, § 44 II 1 Seite 286, § 43 C II 1 Seite 279, § 17 I 1a Seite 103.

[213] *Würdinger*, § 44 II 1 Seite 286.

[214] Vgl. oben Seite 14 ff.

[215] *Böttcher-Meilicke*, § 247 AktG Anm. 10 a.E.; *Würdinger*, Aktienrecht, § 44 II 1a Seite 287.

Vereinbarung von Sacheinlagen ist im Verschmelzungsvertrag[216] geregelt, soweit jedenfalls das Vermögen der übertragenden Gesellschaften in Betracht kommt. Soweit Dritte Sacheinlagen machen, ist die Vorschrift des § 20 AktG einzuhalten.

Die Festsetzung des Grundkapitals der neuen Gesellschaft entspricht der Zahl der für den Umtausch erforderlichen (und gegebenenfalls neuer) Mitgliedschaften. Die Höhe des Grundkapitals richtet sich nicht nach der Summe des Grundkapitals der beteiligten übertragenden Gesellschaften, sondern nach dem tatsächlichen Wert dieser Vermögen[217]. Mit der Festlegung der Satzung erfolgt zugleich die Übernahme der neuen Aktien durch die an der Gründung beteiligten übertragenden Gesellschaften (§§ 247 Absatz 4, 22 AktG).

Auf die Festlegung der Satzung folgt die Bestellung der Mitglieder des Aufsichtsrates der neuen Gesellschaft durch die Vorstände der sich vereinigenden Gesellschaften. Die Hauptversammlungen der übertragenden Gesellschaften haben diese Bestellung durch Beschluß zu genehmigen. Erst hiernach wählt der neue Aufsichtsrat den neuen Vorstand (§ 247 Abs. 3 und 4 AktG).

Hiermit ist die neue Gesellschaft aber noch nicht errichtet. Erst wenn die Aktionäre sämtlicher übertragenden Gesellschaften mit qualifizierter Mehrheit (§§ 247 Absatz 1, 234 Absatz 2 AktG) durch Hauptversammlungsbeschluß der Verschmelzung, der Satzung der neuen Gesellschaft und der Bestellung ihres ersten Aufsichtsrates zugestimmt haben, erlangen die von den Vorständen getroffenen Vereinbarungen ihre Wirksamkeit und ist die neue Gesellschaft im Sinne der §§ 22, 34 Absatz 1 AktG errichtet[218].

Bereits jetzt können die unbegebenen Aktienbriefe[219] den von jeder der übertragenden Gesellschaften für sich zu bestellenden Treuhändern (§§ 247 Absatz 1, § 240 Absatz 2 AktG) ausgehändigt werden.

Bei der Verschmelzung durch Neubildung sind zum Handelsregister anzumelden:

[216] Zu der Streitfrage betreffend die Rechtsnatur des Verschmelzungsvertrages siehe oben Seite 16 ff. Auch hier ist der Abschluß eines bedingten oder betagten Vertrages möglich; *Böttcher-Meilicke*, § 247 AktG Anm. 9; *von Godin-Wilhelmi*, § 247 AktG Anm. 7.

[217] *Würdinger*, Aktienrecht, § 44 II 1a Seite 287.

[218] *Würdinger*, Aktienrecht, § 44 II 2 Seite 287/288.

[219] Siehe oben Seite 21, 23, 35.

1. Die Errichtung der neuen Gesellschaft, § 247 Absatz 5 Satz 1 AktG. Der Inhalt der Anmeldung entspricht sinngemäß der Anmeldung einer – ohne Fusion – errichteten Gesellschaft, § 29 Absatz 2 Nr. 1–3 AktG.

2. Die Verschmelzung bei den für die übertragenden Gesellschaften zuständigen Registergerichten, der die in § 239 Abs. 2 und 3 AktG genannten Urkunden beizufügen sind. Die Eintragung dieser Anmeldung darf gemäß § 247 Absatz 5 Satz 2 AktG erst nach der Eintragung der Errichtung der neuen Gesellschaft erfolgen.

Mit Eintragung der Errichtung der neuen Gesellschaft ist die Verschmelzung vollzogen. Die übertragenden Gesellschaften erlöschen, ihr Vermögen geht als Ganzes im Wege der Gesamtrechtsnachfolge auf das neue Rechtssubjekt über. Mit diesem Zeitpunkt fallen die Mitgliedschaftsrechte den Aktionären der übertragenden Gesellschaften ipso iure zu[220]. Die Löschung der übertragenden Gesellschaften hat nur noch berichtigende Wirkung[221].

Mit der Bekanntmachung der Verschmelzung wird der Aufruf an die Gläubiger verbunden, die nach Maßgabe der §§ 247 Absatz 1, 241 AktG von der neuen Gesellschaft Sicherheit verlangen können[222].

Im Gegensatz zu der Verschmelzung durch Aufnahme beurteilen sich Mängel des Verschmelzungsverfahrens nach den §§ 216 ff. AktG. Hinsichtlich der Anfechtung des Verschmelzungsvertrages und der Verschmelzungsbeschlüsse gelten die bereits für die Anfechtung der Verschmelzung durch Aufnahme dargelegten Grundsätze[223] entsprechend.

IV. Kreis der Gesellschaften, deren Verschmelzung untereinander möglich ist

Das geltende deutsche Aktienrecht enthält eine erschöpfende Aufzählung derjenigen Gesellschaften, deren Verschmelzung miteinander rechtlich zu-

220 Siehe oben Seite 6 ff., 35.

221 *Würdinger*, Aktienrecht, § 44 II 4 Seite 288.

222 Siehe oben Seite 35 ff.

223 Siehe oben Seite 40 ff., 42 ff., so *Würdinger*, Aktienrecht, § 44 II 7 Seite 288; *Weipert*, § 247 AktG Anm. 34; a.A. *Schlegelberger-Quassowski*, § 247 Anm. 8; *von Godin-Wilhelmi*, § 247 AktG Anm. 23; *Böttcher-Meilicke*, § 247 AktG Anm. 44, § 243 AktG Anm. 22, § 246 AktG Anm. 6.

lässig ist. Dabei sind noch Unterschiede zu machen, in welchen Verschmelzungsarten – durch Aufnahme oder Neubildung – eine Verschmelzung möglich ist.

1. Kommanditgesellschaften auf Aktien können sich gemäß § 248 AktG sowohl durch Aufnahme als auch durch Neubildung verschmelzen[224]. Gleiches ist möglich für eine Verschmelzung einer Kommanditgesellschaft auf Aktien mit einer Aktiengesellschaft und umgekehrt. Für sämtliche Fälle gilt, daß der Verschmelzungsbeschluß der Zustimmung des persönlich haftenden Gesellschafters der Kommanditgesellschaft auf Aktien bedarf, § 227 Absatz 2 AktG.

Hinsichtlich des durch persönliche Einlagen des persönlich haftenden Gesellschafters geblideten freien Vermögens gilt, daß dieses vom Vermögensübergang erfaßt wird. Ihm sind in entsprechender Höhe Aktien zu gewähren. Soll dagegen das freie Vermögen durch den Übergang nicht zu gebundenem Aktienkapital der neugebildeten oder übernehmenden Gesellschaft werden, kann eine Verschmelzung nur durchgeführt werden, wenn das Kapitalguthaben vor Eintragung der Verschmelzung an den persönlich haftenden Gesellschafter zurückgezahlt oder in eine Darlehensforderung umgewandelt worden ist.

Das Erlöschen der übertragenden Kommanditgesellschaft auf Aktien führt zum Ausscheiden des persönlich haftenden Gesellschafters[225], er setzt seine Rolle in der übernehmenden Gesellschaft auch dann nicht fort, wenn die übernehmende Gesellschaft eine Kommanditgesellschaft auf Aktien ist. Vom Zeitpunkt der Eintragung der Verschmelzung im Handelsregister der übertragenden Gesellschaft an beginnt für ihn die Verjährungsfrist des § 159 HGB zu laufen[226]. Treten dagegen Beteiligte der übertragenden Gesellschaft als persönlich haftende Gesellschafter in eine übernehmende Kommanditgesellschaft auf Aktien ein, haften sie entsprechend der Vorschrift des § 130 HGB auch für bereits bestehende Verbindlichkeiten unbeschränkt persönlich[227].

[224] *Baumbach-Hueck*, § 248 AktG Anm. 1; *Böttcher-Meilicke*, Einf. Seite 45 Anm. 10, 11; *von Godin-Wilhelmi*, § 248 AktG Übers.; *Schilling*, GroßK, § 233 AktG Anm. 4; § 248 AktG Anm. 1, 2; *Würdinger*, § 42 I 4 Seite 272, § 50 C 1, 2 Seite 305, 306.

[225] *Baumbach-Hueck*, § 248 AktG Anm. 1; *von Godin-Wilhelmi*, § 248 AktG Anm. 1; *Würdinger*, Aktienrecht, § 50 C 2 Seite 305.

[226] *von Godin-Wilhelmi*, § 248 AktG Anm. 2; *Schilling*, GroßK, § 248 AktG Anm. 4; *Würdinger*, Aktienrecht, § 50 C 2 Seite 305.

[227] *Würdinger*, Aktienrecht, § 50 C 2 Seite 305/306.

Im übrigen gelten obige Ausführungen zur Verschmelzung durch Aufnahme und durch Neubildung entsprechend. Der Treuhänder ist, soweit die Kommanditgesellschaft auf Aktien in der Rolle der Übertragerin ist, von den persönlich haftenden Gesellschaftern zu bestellen[228].

2. Gesellschaften mit beschränkter Haftung können sich nicht miteinander verschmelzen[229]. Eine Gesellschaft mit beschränkter Haftung kann ihr Vermögen ausschließlich im Wege der Verschmelzung durch Aufnahme auf eine Aktiengesellschaft oder Kommanditgesellschaft auf Aktien übertragen (§§ 249, 250 AktG)[230]. Die Übertragung des Vermögens einer Aktiengesellschaft oder Kommanditgesellschaft auf Aktien auf eine Gesellschaft mit beschränkter Haftung, gleichgültig ob durch Aufnahme oder Neubildung, ist ausgeschlossen[231].

Die Abweichungen zu der Verschmelzung von Aktiengesellschaften ergeben sich unmittelbar aus dem Gesetzestext. Ein Umtauschverfahren entfällt, auch wenn die Gesellschafter der übertragenden Gesellschaft mit beschränkter Haftung durch Anteilsscheine legitimiert sind[232].

Ist die übernehmende Aktiengesellschaft bereits als Gesellschafterin bei der übertragenden Gesellschaft mit beschränkter Haftung beteiligt, ist sie berechtigt, bei der Beschlußfassung über den Verschmelzungsvertrag mitzustimmen[233]. Die abweichende Ansicht der herrschenden Lehre[234] nimmt nach

[228] *Baumbach-Hueck*, § 248 AktG Anm. 1; *Schilling*, GroßK, § 248 AktG Anm 3.

[229] *von Godin-Wilhelmi*, Vorbem. vor § 249 AktG; *Böttcher-Meilicke*, Einf. Seite 45, Anm. 10, 12 (mit der Einschränkung, daß die übernehmende Gesellschaft ihr Kapital erhöht und dann das Vermögen nach den Bestimmungen des Umwandlungsgesetzes übertragen wird); ähnlich *Schilling*, GroßK, § 249 AktG Anm. 2; rechtlich liegt dann aber keine Verschmelzung vor; *Scholz*, §§ 80, 81 GmbHG Anm. 40a; *Vogel*, § 13 GmbHG Anm. 3; RG, Urteil vom 27. 5. 1913, LZ 1913, 674 = RGZ 73, 280; KG, Beschluß vom 12. 11. 1942, DR 1942, 1797.

[230] *Baumbach-Hueck*, § 249 AktG Anm. 1; § 250 AktG Anm. 1; *Böttcher-Meilicke*, Einf. Seite 45, Anm. 10; *von Godin-Wilhelmi*, Vorbem. vor § 248 AktG; *Schilling*, GroßK, § 233 AktG Anm. 4; § 249 AktG Anm. 2; § 250 AktG Anm. 1; *Scholz*, §§ 80, 81 GmbHG Anm. 24, 40; *Würdinger*, Aktienrecht, § 42 I 4 Seite 272; KG, Beschluß vom 12. 12. 1929, JW 1930, 2715; KG, Beschluß vom 12. 11. 1942, DR 1942, 1797.

[231] *Böttcher-Meilicke*, Einf. Seite 45 Anm. 10; *Schilling*, GroßK, § 233 AktG Anm. 4 a.E.; *Würdinger*, Aktienrecht, § 42 I 4 Seite 272.

[232] *von Godin-Wilhelmi*, §§ 249, 250 AktG Anm. 7; *Schilling*, GroßK, § 249 AktG Anm. 9; *Scholz*, §§ 80, 81 GmbHG Anm. 33.

[233] *Schilling*, GroßK, § 249 AktG Anm. 9; *Schilling* in *Hachenburg*, §§ 80, 81 GmbHG Anh. I Anm. 2.

[234] *Böttcher-Meilicke*, § 249 AktG Anm. 9; *von Godin-Wilhelmi*, § 249 AktG Anm. 2; *Schlegelberger-Quassowski*, § 249 AktG Anm. 5.

§ 47 Absatz 4 Satz 2 GmbHG den Ausschluß des Stimmrechtes an, weil die Beschlußfassung die Vornahme eines Rechtsgeschäftes gegenüber einem Gesellschafter betreffe, wobei an den Verschmelzungsvertrag gedacht wird. Dies ist unzutreffend, weil der Verschmelzungsvertrag gerade kein Rechtsgeschäft im Sinne des § 47 Absatz 4 Satz 2 GmbHG ist, sondern Bestandteil der Verschmelzung und als solcher ein Organisationsakt. Er gehört der körperschaftlichen, nicht der schuldrechtlichen Sphäre an. Die übernehmende Gesellschaft steht der übertragenden Gesellschaft nicht als Dritter gegenüber, sondern übt ihre Mitgliedsrechte bei der Beschlußfassung über die gesellschaftsrechtliche Gestaltung aus[235]. Wie bei der Kapitalerhöhung, Umwandlung oder Auflösung muß auch hier jeder Gesellschafter über das Schicksal der Gesellschaft entscheiden können[236].

3. Eine rechtsfähige bergrechtliche Gewerkschaft[237] kann sich ausschließlich durch Übertragung ihres Vermögens auf eine Aktiengesellschaft oder Kommanditgesellschaft auf Aktien verschmelzen[238]. Allein die Verschmelzung durch Aufnahme ist zulässig[239]. Die Übertragung des Vermögens einer Aktiengesellschaft oder Kommanditgesellschaft auf Aktien auf eine bergrechtliche Gewerkschaft ist unzulässig[240].

Ebenso ist eine Verschmelzung einer bergrechtlichen Gewerkschaft mit einer bergrechtlichen Gewerkschaft nicht möglich[241].

235 *Baumbach-Hueck*, § 249 AktG Anm. 5 B; *Schilling*, GroßK, § 249 AktG Anm. 12; *Schmidt-Goerdeler* in *Hachenburg*, § 47 GmbHG Anm. 19, 21; *Scholz*, § 47 GmbHG Anm. 19.

236 *Schilling*, GroßK, § 249 AktG Anm. 12.

237 Mangels bundes- und reichsrechtlicher Regelung entscheidet das Landesrecht, ob eine bergrechtliche Gewerkschaft eigene Rechtspersönlichkeit besitzt. Die Berggesetze der einzelnen Länder sind meist dem Allgemeinen Berggesetz für die Preußischen Staaten vom 24. 6. 1865 (PrABG) angepaßt. Nach diesem Zeitpunkt entstandene Gewerkschaften haben eigene Rechtspersönlichkeit, §§ 94—96 PrABG. Ältere Gewerkschaften können nur durch Einzelübertragung ihr Vermögen übertragen; vgl. statt vieler *Schilling*, § 251 AktG Anm. 2.

238 *Baumbach-Hueck*, § 251 AktG Anm. 1; § 252 AktG Anm. 1; *Böttcher-Meilicke*, Einf. Seite 45 Anm. 10; *Schilling*, GroßK, § 233 AktG Anm. 4, § 251 AktG Anm. 1, Anm. zu § 252; *Würdinger*, Aktienrecht, § 42 I 4 Seite 272.

239 *Baumbach-Hueck*, § 251 AktG Anm. 1; § 252 AktG Anm. 1; *Schilling*, GroßK, § 233 AktG Anm. 4; *Würdinger*, Aktienrecht, § 42 I 4 Seite 272.

240 *Böttcher-Meilicke*, Einf. Seite 45 Anm. 10; *Schilling, Großk*, § 233 AktG Anm. 4 a.E.; *Würdinger*, Aktienrecht, § 42 I 4 Seite 272.

241 *Böttcher-Meilicke*, Einf. Seite 45 Anm. 10, Anm. 12 mit der Einschränkung, daß das Vermögen gegen Abtretung von Kuxen seitens der vorhandenen Gewerken einge-

Die Mehrzahl der Verschmelzungsvorschriften ist entsprechend anwendbar. Abweichungen ergeben sich aus der Rechtsnatur der Gewerkschaft.
Die für die Beschlußfassung erforderliche Dreiviertelmehrheit der Kuxe wird aus der Mehrheit aller Kuxen berechnet, wozu auch diejenigen gerechnet werden, deren Inhaber bei der Gewerkenversammlung nicht erschienen oder vertreten waren. Die Einberufung der Gewerkenversammlung, das Stimmrecht, die Zulässigkeit der Abstimmung richten sich nach §§ 111–114 PrABG und der Satzung. Jeder Kux, nicht jeder Gewerke hat eine Stimme[242]. Solange nicht die Bestätigung seitens der zuständigen Bergbehörde erfolgt ist, sind Verschmelzungsvertrag und -beschluß schwebend unwirksam; bei Verweigerung tritt endgültige Unwirksamkeit ein[243]. Die Bestätigung ist bei der Eintragung nachzuweisen[244]. Die Wirksamkeit der Verschmelzung und ihre Rechtsfolgen richten sich nach § 240 AktG.
Beschlossene Zubußen (§ 102 ABG) gehen auf die Aktiengesellschaft über[245]. Das Abandonrecht des Gewerken, sich nach § 130 PrABG von der Zahlung der Zubuße zu befreien, muß ihm erhalten bleiben und kann durch Zurverfügungstellen seines Aktienbesitzes erfolgen[246].
Als Empfangsberechtigte der Aktien und baren Zuzahlungen kommen die im Gewerkenbuch eingetragenen Gewerken oder diejenigen in Betracht, die den Nachweis erbringen, daß sie Inhaber des Anteilsrechtes geworden sind. Da der Kuxschein kein Wertpapier ist, verbrieft er seinem Inhaber keinen Anspruch auf Aushändigung der Aktie. Jemand, der zuerst ein Anteilsrecht erworben hat, aber nicht eingetragen ist, muß die Aushändigung an einen durch Abtretungsurkunde Legitimierten gegen sich gelten lassen, es sei denn, daß §§ 407, 408 BGB Anwendung finden[247].
Die Anfechtung des Verschmelzungsbeschlusses der bergrechtlichen Gewerkschaft richtet sich nach Bergrecht[248].

bracht und alsdann das Vermögen im Wege der Umwandlungsvorschriften nach dem Umwandlungsgesetz eingebracht wird. Wirtschaftlich mag dies zwar dasselbe Ergebnis herbeiführen, rechtlich liegt keine Verschmelzung vor; *Schilling*, § 233 AktG Anm. 4 a.E.

242 Vgl. statt vieler *Schilling*, GroßK, § 251 AktG Anm. 8.

243 *Schilling*, GroßK, § 251 AktG Anm. 10.

244 *Schilling*, GroßK, § 251 AktG Anm. 10.

245 *Schilling*, GroßK, § 251 AktG Anm. 16a; *Schlegelberger-Quassowski*, § 251 AktG Anm. 5; a.A. *von Godin-Wilhelmi*, § 251 AktG Anm. 10.

246 *Schilling*, GroßK, § 251 AktG Anm. 16a; *Schlegelberger-Quassowski*, § 251 AktG Anm. 5.

247 *Schilling*, GroßK, § 251 AktG Anm. 18.

248 *Schilling*, GroßK, § 251 AktG Anm. 19.

V. Das Gesetz gegen Wettbewerbsbeschränkungen und die Verträge über die Gründung der Europäischen Gemeinschaft für Kohle und Stahl und die Gründung der Europäischen Wirtschaftsgemeinschaft und ihre Auswirkungen auf die Verschmelzung

1. Wegen der durch die Verschmelzung eintretenden Unternehmenskonzentration ist das Gesetz gegen Wettbewerbsbeschränkungen vom 27. Juli 1957[249] (GWB) – Kartellgesetz — zu beachten. In § 23 GWB hat der Gesetzgeber unbeschränkte Fusionsfreiheit gewährt. Auch eine wettbewerbsschädliche Verschmelzung ist nicht nichtig. Mißbräuche lassen sich durch die Rechte der Kartellbehörde aus § 22 Absatz 4 GWB beseitigen, ohne daß die Rechtsbeständigkeit des Unternehmenszusammenschlusses hierdurch in Frage gestellt wird[250].

Einen Zwang zum Zusammenschluß darf kein Unternehmen auf ein anderes ausüben (§ 25 Absatz 2 Nummer 2 GWB). Ein Verstoß hiergegen macht den trotzdem erfolgten Zusammenschluß nicht nach § 134 BGB nichtig. Allenfalls käme Anfechtbarkeit oder Nichtigkeit nach §§ 123, 138 BGB in Betracht. Verstöße können aber die Schadensersatzpflicht nach § 35 GWB auslösen und – bei Vorsatz – nach § 38 Absatz 1 Nr. 8 GWB strafbar sein[251].

Kartellrechtlich bedeutsam ist ein Zusammenschluß nur dann, wenn die Verschmelzung einen Marktanteil von mindestens 20 % für eine bestimmte Art von Waren oder Leistungen ergibt (§ 23 Satz 1 GWB). Diese Regelung steht nicht in Konkurrenz zu § 1 GWB, sondern bildet die Ausnahme. Wesentlich ist der Eintritt der Wirkung der Verschmelzung, Verschmelzungsvertrag und Verschmelzungsbeschlüsse sind kartellrechtlich unbeachtlich[252].

Nach Eintragung der Verschmelzung besteht die Anzeigepflicht an das Bundeskartellamt (§ 44 Absatz 1 Nr. 1c GWB). Mit dieser Anzeige ist das

249 BGBl 1957 I 1081.

250 *Böttcher-Meilicke,* § 2 UmwG Anm. 50.

251 *Böttcher-Meilicke,* § 2 UmwG Anm. 52.

252 *Böttcher-Meilicke,* § 2 UmwG Anm. 53—55; *von Gamm,* Seite 70; ähnlich *Kartte,* WUW 1963, 565 ff. (566); *Weiser,* WUW 1963, 285 ff. (289): wenn ... erwirbt; vgl. auch BGH, Urteil vom 26. 10. 1959, WuW 1959 E/BGH 359 (364); a.A. *Langen,* § 23 GWB Anm. II: schon der Vertrag ist meldepflichtig.

Kontrollverfahren der Kartellbehörde bei Verschmelzungen grundsätzlich beendet. Nur wenn zu erwarten ist, daß die übernehmende Gesellschaft die Stellung als marktbeherrschendes Unternehmen erlangt oder ihre Stellung als solches verstärkt wird, kann das Bundeskartellamt nach seinem Ermessen die Beteiligten im Rahmen eines weiteren Kontrollverfahrens zur Äußerung über den Zusammenschluß auffordern. Ergibt sich aus der mündlichen Verhandlung oder der schriftlichen Äußerung, daß das neue Einheitsunternehmen durch den Zusammenschluß marktbeherrschend geworden ist, hat die Kartellbehörde die ihr nach § 22 GWB zustehenden Befugnisse. Sie kann nach vorhergehender Aufforderung, den beanstandeten Mißbrauch abzustellen, ein mißbräuchliches Verhalten untersagen und Verträge für unwirksam erklären[253].

Auf Verschmelzungen durch Neubildung ist § 23 Ziffer 5 GWB anzuwenden[254]. Die Verschmelzung einer Muttergesellschaft mit einer Tochtergesellschaft, an der die Muttergesellschaft mit 100 % beteiligt ist, ist hingegen nicht anzuzeigen, weil es sich nur um eine Verschiebung von Marktanteilen im Rahmen einer Wirtschaftseinheit handelt[255].

Die Anzeigepflicht trifft in erster Linie den Erwerber[256]. Bei wechselseitiger Beteiligung kann auch das erworbene Unternehmen zur Anzeige verpflichtet sein, wenn das erwerbende Unternehmen seinen Sitz nicht im Bundesgebiet hat[257]. Eine Einschränkung dieser unbeschränkten Fusionsfreiheit erfolgt jedoch durch das übernationale Kartellrecht in den europäischen Verträgen[258].

2. Der Vertrag über die Gründung der Europäischen Gemeinschaft für Kohle und Stahl vom 18. April 1951[259] regelt auch die Rechtsbeziehungen von Unternehmen zueinander. Montangesellschaften, die sich miteinander verschmelzen wollen beziehungsweise auf die eine andere Gesellschaft ihr Vermögen im Wege der Verschmelzung übertragen will, müssen die Einhaltung der Vorschriften der Artikel 66, 80 EGKSV beachten. Der vor-

[253] *Böttcher-Meilicke,* § 2 UmwG Anm. 56—59; ähnlich *von Gamm,* Seite 70.

[254] *Goldmann,* WuW 1963, 379 ff. (381).

[255] *Goldmann,* a.a.O., 379 ff. (381/382) mit Nachweisen.

[256] *Goldmann,* a.a.O., 379 ff. (382/383). Str., a.A. *Langen,* Kartellgesetz, (3. Aufl.), § 23 Anm. III 7—9; *Müller-Gries,* § 23 GWB Anm. IV: die beteiligten Unternehmen.

[257] *Goldmann,* a.a.O., 379 ff. (383).

[258] *Böttcher-Meilicke,* § 2 UmwG Anm. 50.

[259] BGBl 1952 II 447, 445.

herigen Genehmigung[260] der Hohen Behörde unterliegt jedes Vorgehen, das unmittelbar oder mittelbar zu einem Zusammenschluß zwischen Unternehmen führt, von denen mindestens eines eine Produktionstätigkeit auf dem Gebiete von Kohle und Stahl ausübt. Ist das beabsichtigte Vorgehen nicht wettbewerbsschädlich, wird die Genehmigung erteilt.

Fällt ein Zusammenschluß unter Artikel 66, 80 EGKSV, ist das deutsche Kartellrecht unanwendbar[261]. Dies geht aus der Fassung des § 101 Absatz 3 GWB unmittelbar hervor, wonach das Gesetz keine Anwendung findet, soweit der EGKS-Vertrag besondere Bestimmungen enthält.

Zusammenschluß in diesem Sinne ist — neben anderen Tatbeständen — auch die Verschmelzung[262]. Erfolgt ein derartiger Zusammenschluß ohne die erforderliche Genehmigung, ist der Zusammenschluß privatrechtlich unwirksam[263]. Ohne Genehmigung den Zusammenschluß durchzuführen und nachträglich die Genehmigung einzuholen, ist unzulässig[264].

3. Auch der Vertrag über die Gründung der Europäischen Wirtschaftsgemeinschaft vom 25. März 1957 (EWGV)[265] enthält in Artikeln 85 ff. Wettbewerbsvorschriften. Eine dem § 101 Absatz 3 GWB entsprechende Vorschrift über das Verhältnis des EWG-Vertrages und des Gesetzes gegen Wettbewerbsbeschränkungen ist bisher nicht ergangen. Daher stellt sich das Problem, in welchem Verhältnis GWB und EWGV zueinander stehen. Bis zum Erlaß der in Artikel 87 EWGV vorgesehenen Rechtsvorschriften muß von einer Nebeneinandergeltung der Bestimmungen ausgegangen werden[266]. Die nationalen Rechtsvorschriften sollen den inneren Wettbewerb regeln, der EWG-Vertrag soll Mißbräuche im Wirtschaftsverkehr zwischen den Mitgliedstaaten der Europäischen Wirtschaftsgemeinschaft verhindern[267].

Keine Probleme ergeben sich, sobald eine Handlung ausschließlich unter die Artikel 85, 86 EWGV oder nur unter die nationalen Wettbewerbsvorschriften

[260] *Böttcher-Meilicke* faßt dies als grundsätzliches Verbot des Zusammenschlusses mit Ausnahmevorbehalt auf (§ 2 UmwG Anm. 43, 44). Auf hierzu bestehende Streitfragen kann nicht eingegangen werden.

[261] *Böttcher-Meilicke*, § 2 UmwG Anm. 36; *Deringer*, WuW 1962, 81 ff. (89).

[262] *Böttcher-Meilicke*, § 2 UmwG Anm. 39 mit weiteren Nachweisen, Anm. 51.

[263] *Böttcher-Meilicke*, § 2 UmwG Anm. 45 mit Nachweisen.

[264] *Böttcher-Meilicke*, § 2 UmwG Anm. 48.

[265] BGBl 1957 II 766 ff.

[266] *Wohlfahrt-Everling-Glaesner-Sprung*, Art. 85 EWGV Anm. 13.

[267] *Wohlfahrt-Everling-Glaesner-Sprung*, Art. 85 EWGV Anm. 13; Koch, BB 1959, 241 ff (245).

fällt. Fällt eine Handlung dagegen unter beide, ist sie vor ihrer Vornahme genehmigungsbedürftig[268]. Vereinbarungen und Beschlüsse, die gegen Artikel 85 Absatz 1 EWGV verstoßen, sind nichtig[269]. Soweit das deutsche Kartellrecht in Widerspruch zu den Bestimmungen des EWG-Vertrages steht, wird es von diesem verdrängt[270]. Worauf die verbotene marktbeherrschende Stellung beruht, ist gleichgültig. Sie kann die Folge eines Zusammenschlusses — also auch einer Verschmelzung — sein[271].

Aus den Artikeln 85 ff. EWGV läßt sich wohl ein Verbot der Bildung und Ausnutzung wirtschaftlicher Machtpositionen, nicht aber ein Verschmelzungsverbot schlechthin herleiten. Denn nicht jede Verschmelzung führt zu einem Kartell. Im übrigen enthält der EWG-Vertrag in Artikel 220 Unterabsatz 3 eine verschmelzungsfreundliche Bestimmung, die sogar eine Fusion von Gesellschaften, die dem Recht verschiedener Länder unterstehen, als möglich erachtet[272].

VI. Die Reform des deutschen Aktienrechtes und ihre Regelung betreffend die Verschmelzung von Kapitalgesellschaften

Seit längerer Zeit bestehen in der Bundesrepublik Bestrebungen, eine Reform des deutschen Aktienrechtes durchzuführen. Im Jahre 1958 wurde der Referentenentwurf eines Aktiengesetzes veröffentlicht. Hierauf folgte der Regierungsentwurf eines Aktiengesetzes aus dem Jahre 1960[273], der während der dritten Wahlperiode nicht verabschiedet wurde. Zur Zeit liegen die von der Bundesregierung beschlossenen Entwürfe eines Aktiengesetzes und eines Einführungsgesetzes zum Aktiengesetz (REAktG und REEinfAktG) dem Bundestag erneut zur Beschlußfassung vor[274]. Ob die Reform während der laufenden Wahlperiode verabschiedet werden wird, ist noch offen.

[268] *Wohlfahrt-Everling-Glaesner-Sprung*, Art. 85 EWGV Anm. 13; Koch, BB 1959, 241 ff. (245).

[269] *Schlieder*, BB 1962, 305 ff. (307); *Wohlfahrt-Everling-Glaesner-Sprung*, Art. 85 EWGV Anm. 14.

[270] *Wohlfahrt-Everling-Glaesner-Sprung*, Art. 87 EWGV Anm. 7 mit zahlr. Nachweisen; Baruch, WuW 1963, 14 ff. (22).

[271] *Deringer*, WuW EWGV, Art. 86 Anm. 23.

[272] Vgl. unten Seite 223.

[273] Deutscher Bundestag, 3. Wahlperiode, Drucksache 1915 vom 13. Juni 1960.

[274] Deutscher Bundestag, 4. Wahlperiode, Drucksache IV 171 vom 3. Februar 1962.

Die Verschmelzung ist im ersten Teil des vierten Buches über Verschmelzung, Vermögensübertragung und Umwandlung (§§ 327–346 REAktG) geregelt. Beide Arten der Verschmelzung: durch Aufnahme (§ 327 Absatz 1 Ziffer 1, §§ 328 bis 340 REAktG) und durch Neubildung (§ 341 AktG) sind bestehen geblieben. Eine Erweiterung des Kreises der Gesellschaften, deren Verschmelzung untereinander möglich ist[275], ist im Entwurf nicht vorgesehen. Nach den Erläuterungen sieht der Entwurf von grundlegenden Änderungen bezüglich des Rechtes der Verschmelzung ab und beschränkt sich darauf, einige Streitfragen zu klären, die sich zum geltenden Recht ergeben haben[276].

A. Begriff und Wesen der Verschmelzung

§ 327 REAktG wandelt den Wortlaut des bisherigen § 233 AktG geringfügig ab. Neu ist die Bestimmung des § 327 Absatz 2 REAktG, wonach die aufgelöste übertragende Gesellschaft nach Beschlußfassung über ihre Fortsetzung sich verschmelzen kann. Diese Regelung befindet sich im Einklang mit der in der Literatur überwiegend vertretenen Ansicht[277]. Eine entsprechende Regelung für die übernehmende Gesellschaft ist nicht getroffen worden. Die Erläuterungen zum Entwurf[278] gehen ersichtlich davon aus, daß die übernehmende Gesellschaft bereits aufgelöst gewesen sein kann, aber vor der Verschmelzung ihre Fortsetzung beschließen muß. Insoweit hat sich im Verhältnis zum geltenden Aktiengesetz nichts geändert. Es wäre verfehlt, aus dem Wortlaut des § 327 Absatz 2 REAktG schließen zu wollen, daß bei der übernehmenden Gesellschaft noch keine Auflösung stattgefunden haben dürfe.

Die Vermögensvereinigung (Übertragung als Ganzes im Wege der Gesamtrechtsnachfolge) folgt den bisher geltenden Regeln der §§ 233, 240 AktG (§§ 327, 334 REAktG). Bezüglich der Gewährung der Mitgliedschaftsrechte im Zuge der Verschmelzung ist in § 334 Absatz 4 Satz 3 REAktG eine Klarstellung erfolgt, daß die Aktionäre der übertragenden Gesellschaft mit Eintragung der Verschmelzung im Handelsregister der übertragenden Gesellschaft Aktionäre der übernehmenden Gesellschaft werden. Hiermit tritt der Gesetzgeber ausdrücklich der – insbesondere von *von Godin-Wilhelmi*[279]

[275] Vgl. oben Seite 50 ff.

[276] Bundestagsdrucksache IV/171 Seite 249.

[277] Vgl. oben Seite 3/4.

[278] a.a.O. Seite 249: „Nur bei der Verschmelzung durch Aufnahme darf die übernehmende Gesellschaft nicht aufgelöst sein. Sie muß zuvor ihre Fortsetzung beschließen."

[279] Vgl. oben Seite 6.

vertretenen — Auffassung entgegen, das neue Mitgliedschaftsrecht entstünde erst mit der Aushändigung der Aktien durch den Treuhänder[280].

Soweit eine „internationale“ Verschmelzung in Betracht kommt, enthalten weder die Verschmelzungsvorschriften noch die allgemeinen Vorschriften über die Sitzverlegung (§ 42 REAktG) eine Regelung. Hinsichtlich der Zweigniederlassungen ausländischer Gesellschaften (§ 41 REAktG) sprechen die Motive[281] nur von sprachlichen Änderungen. Tatsächlich geht der Entwurf hierüber nicht hinaus. Folglich ist daran festzuhalten, daß auch nach dem Entwurf des Aktiengesetzes vom Sitzprinzip ausgegangen wird. Über die Niederlassung ausländischer Gesellschaften und Probleme der Sitzverlegung einer deutschen Gesellschaft in das Ausland schweigt der Gesetzgeber. Insoweit wird in Durchführung der Artikel 220, 54 Absatz 3g, 58 Absatz 2 EWGV eine Änderung des Entwurfes erforderlich werden, sobald innerhalb der Europäischen Wirtschaftsgemeinschaft ein brauchbarer Lösungsvorschlag für eine Verschmelzung von Kapitalgesellschaften verschiedener Nationalität erarbeitet worden ist.

Auch vom Blickwinkel des Regierungsentwurfes aus betrachtet sind keine Möglichkeiten einer für eine „internationale“ Verschmelzung erforderlichen Rechtsannäherung und deren konstruktive Lösungsmöglichkeiten vorhanden. Auf die Ausführungen zum geltenden Recht[282] wird daher Bezug genommen.

B. Die Verschmelzung durch Aufnahme

Gegenüber dem geltenden Recht hat der Gang des Verschmelzungsverfahrens keine Abweichungen erfahren. Nach wie vor muß ein Verschmelzungsvertrag abgeschlossen werden, der nach den Bestimmungen des § 329 REAktG nicht der Vorschrift des § 310 BGB unterliegt. Ganz deutlich wird jetzt in § 328 Absatz 1 REAktG zum Ausdruck gebracht, daß der Verschmelzungsvertrag erst wirksam wird, wenn die Hauptversammlung jeder Gesellschaft ihm zustimmt. Im Gegensatz zum geltenden Recht müssen alle beteiligten Gesellschaften über den Verschmelzungsvertrag beschließen. Hierin kommt unter anderem auch der vom Gesetzgeber stärker als bisher gestaltete Schutz der Minderheitsaktionäre zum Ausdruck. Neu — und im Sinne des Schutzes und der besseren Information der Aktionäre — sind die Bestimmungen, daß

280 Bundestagsdrucksache IV/171 Seite 271; der Bundesrat hat gegen die Verschmelzungsvorschriften des Regierungsentwurfes keine Bedenken geltend gemacht, vgl. Anlage 2 zur Drucksache IV/171, Seite 326 ff.

281 Bundestagsdrucksache IV/171 Seite 111.

282 Vgl. oben Seite 9 ff.

der Verschmelzungsvertrag auszulegen ist, den Aktionären auf Verlangen eine Abschrift zu erteilen ist und daß sich das Auskunftsrecht der Aktionäre auch auf „alle für die Verschmelzung wesentlichen Angelegenheiten der Gesellschaft ..., mit welcher der Verschmelzungsvertrag geschlossen werden soll" (§ 328 Absatz 4 REAktG) erstreckt. Die §§ 125, 126 REAktG sind auf das Auskunftsrecht anwendbar[283], das heißt: der Vorstand muß, von den in § 125 Absatz 3 Ziffer 1–4 REAktG vorgesehenen Ausnahmen abgesehen, Auskünfte erteilen. Ist einem Aktionär außerhalb der Hauptversammlung bereits eine Auskunft erteilt worden, ist sie wegen des Grundsatzes der Gleichbehandlung der Aktionäre auch jedem anderen Aktionär auf dessen Verlangen in der Hauptversammlung zu erteilen, selbst wenn die Auskunft mit der Tagesordnung nicht in Zusammenhang steht. Notfalls kann eine gerichtliche Entscheidung über das Auskunftsrecht herbeigeführt werden. Auf die Bedeutung dieser Vorschriften im Rahmen der Untersuchung über die Verschmelzung einzugehen erübrigt sich. Immerhin sei betont, daß der einzelne Aktionär stärker als bisher einen genauen Einblick in Angelegenheiten der Gesellschaft haben soll, den § 328 Absatz 4 REAktG – allerdings in beschränktem Rahmen – auf die übernehmende Gesellschaft erstreckt. –

Nach wie vor ist der Abschluß eines bedingten oder betagten Verschmelzungsvertrages zulässig (§ 329 Absatz 2 REAktG). § 329 REAktG entspricht im übrigen § 235 AktG. Dessen Absatz 3 ist nicht übernommen, da er selbstverständlich ist[284].

Der Entwurf enthält keine Klärung der Streitfrage nach der Rechtsnatur des Verschmelzungsvertrages[285]. Stärker als bisher ist dieser Vertrag in die körperschaftsrechtliche Regelung einbezogen worden. Die Fassung „gegen Gewährung von Aktien" ist auch im Entwurf beibehalten worden, so daß auch die Verfechter der Ansicht, es handele sich um einen gegenseitig verpflichtenden Vertrag[286], auf Grund des Wortlautes des § 327 REAktG an ihrer bisherigen Auffassung festhalten werden. Es wäre begrüßenswert gewesen, wenn der Gesetzgeber die körperschaftsrechtliche Natur auch des Verschmelzungsvertrages hervorgehoben hätte. Es bleibt daher der Rechtsprechung und Lehre überlassen, die Streitfrage endgültig zu klären. Auch für die Neufassung des Regierungsentwurfes ist aber daran festzuhalten,

[283] Bundestagsdrucksache IV/171 Seite 250.

[284] Bundestagsdrucksache IV/171 Seite 250.

[285] Vgl. oben Seite 16 ff.

[286] Vgl. oben Seite 17.

daß der Verschmelzungsvertrag kein gegenseitig verpflichtender Vertrag im Sinne der §§ 320 ff. BGB ist.

Die Anwendbarkeit der Vorschriften über die Nachgründung, wenn die übernehmende Gesellschaft seit weniger als zwei Jahren im Handelsregister eingetragen ist (§ 330 REAktG), entspricht der Vorschrift des § 236 AktG[287]. Im Gegensatz zum geltenden Recht ergeben sich insoweit Abweichungen, als § 45 AktG durch die Vorschrift des § 49 REAktG Änderungen erfährt. Für Nachgründungsverträge ist die Schriftform vorgesehen, wenn nicht nach anderen Vorschriften gerichtliche oder notarielle Beurkundung (etwa nach § 313 BGB) vorgesehen ist. Ferner erfährt die Rechtsstellung der Aktionäre insoweit eine Stärkung, als der Vertrag über die Nachgründung in der Hauptversammlung auszulegen und zu verlesen ist und mit der Niederschrift zum Handelsregister einzureichen ist. In dieser Beziehung bedürfte es der Verweisung auf § 49 REAktG aber nicht, da § 328 Absatz 3 REAktG insoweit denselben Zweck erfüllt. Beibehalten ist die Prüfung durch Gründungsprüfer (§§ 30 Absatz 3–5, 31, 32 REAktG = §§ 25–27 AktG). Das geltende Recht erfährt – abgesehen von einer genaueren Regelung der Kenntnisse der Gründungsprüfer – keine wesentlichen Abweichungen[288].

Die Beschlußfassung der Hauptversammlungen ist erweitert worden. In Zukunft muß auch bei der übernehmenden Gesellschaft in jedem Fall über die Verschmelzung abgestimmt werden (§ 328 Absatz 1 REAktG). Bei der übernehmenden Gesellschaft ist ferner ein Kapitalerhöhungsbeschluß erforderlich (§ 331 REAktG), sofern nicht die übernehmende Gesellschaft eigene Aktien oder solche der übertragenden Gesellschaft besitzt (§ 332 Absatz 1 REAktG). Diese Ausnahme ist unverändert aus dem geltenden Recht (§ 238 AktG) übernommen worden.

Die zur Vorschrift der §§ 238, 65 AktG bestehende Streitfrage, ob die übernehmende Gesellschaft durch Gesamtrechtsnachfolge eine Beteiligung der übertragenden Gesellschaft an sich selbst erwerben darf, ist durch § 68 Absatz 1 Ziffer 5 REAktG im Sinne der herrschenden Lehre dahin entschieden worden, daß die Gesamtrechtsnachfolge dem Erwerb eigener Aktien nicht entgegensteht. Auch die Vorschrift des § 331 REAktG entspricht weitgehend dem geltenden Recht[289]. Ausgeschlossen sind auch hier einige Vorschriften, die sich auf die gewöhnliche Kapitalerhöhung (§§ 170 Absatz 4, 172 Absatz 2, 173, 174, 175 Absatz 1, 176 Absatz 2, 3 Nr. 1) und das genehmigte

[287] Bundestagsdrucksache IV/171 Seite 250.

[288] Bundestagsdrucksache IV/171 Seite 109/110.

[289] Bundestagsdrucksache IV/171 Seite 250.

Kapital (§ 191 Absatz 3 REAktG) beziehen. Über die Zulässigkeit einer bedingten Kapitalerhöhung im Zuge der Verschmelzung ist weder in den Vorschriften der §§ 180—189 REAktG noch in den §§ 327 ff. REAktG etwas gesagt. Dennoch wird diese wie im geltenden Recht[290] als zulässig angesehen werden müssen. Abgesehen von den rein sprachlichen Änderungen des Entwurfes ist § 180 Absatz 2 Nr. 3 REAktG gegenüber dem geltenden Recht insoweit eine Erweiterung, als den Arbeitnehmern der Gesellschaft ein Bezugsrecht auf Aktien eingeräumt werden kann. Auch dieses Bezugsrecht müßte im Fall der Verschmelzung ausgeschlossen werden, was zu Komplikationen innerhalb der Belegschaft der übernehmenden Gesellschaft führen könnte. Allein aus diesem Grunde erscheint es angebracht, bei einer Verschmelzung von einer bedingten Kapitalerhöhung nur spärlich Gebrauch zu machen.

Hinsichtlich der Anmeldung der Verschmelzung zur Eintragung im Handelsregister jeder Gesellschaft ist durch § 333 Absatz 2 REAktG eine bedeutsame Neuerung dadurch eingeführt worden, daß die Vorstände der beteiligten Gesellschaften die Erklärung abzugeben haben, daß die Verschmelzungsbeschlüsse innerhalb der Anfechtungsfrist (§ 236 Absatz 2 REAktG: innerhalb eines Monats) nicht angefochten worden sind beziehungsweise daß eine Anfechtung rechtskräftig zurückgewiesen worden ist. Wenn auch die Verschmelzung durch eine laufende Anfechtungsklage verzögert werden kann, ist die Einfügung dieser Vorschrift doch im Interesse der Rechtssicherheit zu begrüßen, weil die Wirkungen der Eintragung der Verschmelzung nur unter erheblichen Schwierigkeiten wieder beseitigt werden können. Im übrigen werden durch diese Vorschrift eine Reihe von bestehenden Unklarheiten[291] endgültig beseitigt.

Wie nach geltendem Recht hat die übertragende Gesellschaft einen Treuhänder für den Empfang der zu gewährenden Aktien — und in Erweiterung seiner bisherigen Funktion — auch der baren Zuzahlungen (§ 334 Absatz 2 REAktG) zu bestellen. Seine Stellung und seine Aufgaben werden auch im Entwurf nicht genau umschrieben. Die Streitfrage, ob der Treuhänder für eine Übergangszeit Aktionär wird[292], wird durch die Vorschrift des § 334 Absatz 4 Satz 3 REAktG dahin gelöst, daß die Aktionäre der übertragenden Gesellschaft mit der Eintragung der Verschmelzung in das Handelsregister der übertragenden Gesellschaft ipso iure Mitgliedschaftsrechte innerhalb der

[290] Vgl. oben Seite 22 ff.

[291] Vgl. oben Seite 42 ff.

[292] Vgl. oben Seite 6/7.

übernehmenden Gesellschaft erwerben. Hieraus folgt, daß der Treuhänder als gesetzlicher Treuhänder[293] anzusehen ist, der auch in der Zwischenzeit von der Inbesitznahme der Aktien bis zur Eintragung der Verschmelzung kein Vollrecht erwirbt.

Die Eintragung der Verschmelzung in das Handelsregister der übertragenden Gesellschaft hat keine vom geltenden Recht abweichenden Wirkungen (§ 334 Absatz 3 bis 5 REAktG). Auf die Ausführungen zum geltenden Recht kann daher verwiesen werden[294].

Gläubigerschutzvorschriften (§ 335 REAktG) und die Schadensersatzpflicht der Verwaltungsträger der an der Verschmelzung beteiligten Gesellschaften (§§ 337, 339 REAktG) und deren Durchführung (§ 338 REAktG) sind im wesentlichen unverändert beibehalten worden. Die Schadensersatzpflicht der Organe der übernehmenden Gesellschaft (§ 339 REAktG = § 245 AktG) hat allerdings einige Änderungen erfahren. Nicht übernommen wurde die Vorschrift des § 245 Absatz 1 AktG, daß die Schadensersatzpflicht sich nach den allgemeinen Vorschriften richtet. Dies gesondert zu bestimmen, erschien der Bundesregierung überflüssig[295]. Die Ersatzansprüche sind über die Vorschriften der §§ 90, 112, 113 REAktG (die nicht voll den Vorschriften der §§ 84, 99, 101 AktG entsprechen)[296] hinaus auch auf die bei Beherrschungsverträgen möglichen Pflichtverletzungen (§§ 298, 299 REAktG) und die bei Fehlen eines Beherrschungsvertrages eventuell vorliegenden schädigenden Handlungen (§§ 306, 307 REAktG) ausgedehnt worden. Diese Bestimmungen sind neu und regeln das Abhängigkeitsverhältnis von einem Unternehmen zum anderen, das unter Umständen mit einer Verschmelzung enden kann. Die Verjährungsfrist ist auf drei Jahre (anstatt fünf Jahre) heruntergesetzt und läuft von dem Tage an, an dem das letzte der Registerblätter erscheint, in dem das Gericht die Eintragung in das Handelsregister der übertragenden Gesellschaft bekanntgemacht hat (§ 10 Absatz 2 HGB). Zweifelsfälle, wie sie sich aus einer vorherigen Eintragung der Verschmelzung in das Handelsregister der übernehmenden Gesellschaft im Hinblick auf Ansprüche gegen diese haben ergeben können, sind durch die Vorschrift des § 334 Absatz 1 Satz 1 REAktG, daß die Verschmelzung zuerst in das Handelsregister der übertragenden Gesellschaft einzutragen sei, beseitigt worden.

[293] So für das geltende Recht *Böttcher-Meilicke*, § 240 AktG Anm. 10, 19.

[294] Vgl. oben Seite 31 ff.

[295] Bundestagsdrucksache IV/171 Seite 251.

[296] Bundestagsdrucksache IV/171 Seite 131/132, 146, 147.

Die Nichtigkeit des Verschmelzungsbeschlusses der übertragenden Gesellschaft ist in § 340 REAktG geregelt. Während Probleme, die sich aus Erhebung der Anfechtungsklage ergeben können, dadurch gegenstandslos geworden sind, daß die Verschmelzung erst eingetragen werden darf, wenn Anfechtungsprozesse rechtskräftig erledigt worden sind (§ 333 Absatz 2 REAktG), läßt der Entwurf die Klage auf Feststellung der Nichtigkeit des Verschmelzungsbeschlusses (§§ 231, 232 REAktG, 239 REAktG) auch nach Eintragung der Verschmelzung zu. Die Nichtigkeit kann wie nach geltendem Recht durch einen ordnungsmäßigen Hauptversammlungsbeschluß geheilt werden (§ 232 REAktG). Dagegen ist für die Erhebung der Nichtigkeitsklage keine Frist vorgeschrieben, sie kann lediglich drei Jahre nach Eintragung des Beschlusses in das Handelsregister nicht mehr erhoben werden. Aus diesem Grunde war die Möglichkeit beizubehalten, die Nichtigkeit des Verschmelzungsbeschlusses auch nach der Eintragung geltend machen zu können, da eine schnelle Klärung wie bei einer Anfechtung nicht in Betracht kommt.

Der Katalog der Nichtigkeitsgründe ist in § 231 REAktG nicht erschöpfend geregelt[297]. Allerdings werden die anderen Gründe (§ 240 Absatz 1 REAktG: Wahl von Aufsichtsratsmitgliedern, § 243 Absatz 1 REAktG: Feststellung des Jahresabschlusses, § 245 Absatz 1 REAktG: Gewinnverwendungsbeschluß) bei einer Verschmelzung wohl kaum praktische Bedeutung erlangen. Fälle, daß ein Beschluß der Hauptversammlung dem Beschluß über eine bedingte Kapitalerhöhung entgegensteht (§ 180 Absatz 4 REAktG), daß bei einer Kapitalerhöhung aus Gesellschaftsmitteln gegen die Vorschrift des § 200 REAktG verstoßen wird, das Grundkapital unter den Mindestnennbetrag herabgesetzt und nicht wieder durch eine Erhöhung erreicht und sie nicht binnen sechs Monaten nach der Beschlußfassung in das Handelsregister eingetragen worden sind (§ 217 REAktG), sind, soweit die übertragende Gesellschaft betroffen ist, bei einer Verschmelzung kaum denkbar. Verstöße bei einer Kapitalherabsetzung (§ 224, 225 REAktG) sind allerdings möglich, wenn die übertragende Gesellschaft hiervon vor der Verschmelzung Gebrauch gemacht hat. Die in § 231 Ziffer 1 und 2 REAktG beschriebenen Einberufungs- und Beurkundungsmängel werden bei der Verschmelzung ohne praktische Bedeutung sein, weil dem Registerrichter diese Mängel bei der Anmeldung der Verschmelzung offenkundig werden und er die Eintragung ablehnen wird. Die Ziffern 4 und 5 des § 231 REAktG entfallen wegen der Vorschrift des § 333 Absatz 2 Satz 1 REAktG. Folglich

[297] Bundestagsdrucksache IV/171 Seite 200, 201.

wird eine Nichtigkeitsklage nur auf § 231 Ziffer 3 und 4 REAktG gestützt werden können. Insoweit besteht zum geltenden Recht (§ 195 AktG) keine Abweichung[298].

Die Schlußbilanz (§ 333 Absatz 3, 336 REAktG) folgt im wesentlichen den Bestimmungen des geltenden Rechtes. Sie ist nach neuem Recht wie eine Jahresbilanz zu prüfen[299].

C. Die Verschmelzung durch Neubildung

§ 341 REAktG ist ohne erhebliche Änderungen aus dem geltenden Recht übernommen worden. Neu ist die Bestimmung in Absatz 2, daß die Verschmelzung erst beschlossen werden darf, wenn jede der sich vereinigenden Gesellschaften bereits zwei Jahre im Handelsregister eingetragen war. Selbst die Beschlußfassung während der ersten zwei Jahre ist somit ausgeschlossen.

Die Information der Aktionäre wird auch bei der Verschmelzung durch Neubildung verstärkt (§ 341 Absatz 3 REAktG). Die Satzung und die Bestellung der Aufsichtsratsmitglieder der neuen Gesellschaft bedürfen der Zustimmung der Hauptversammlungen der sich vereinigenden Gesellschaften ebenso wie im geltenden Recht.

Gemäß § 341 Absatz 4 REAktG sind gewisse Gründungsvorschriften auch weiterhin sinngemäß anwendbar. Soweit ihre Anwendbarkeit im Zuge der Verschmelzung in Betracht kommt, sind die Bestimmungen unverändert übernommen, so daß die durch den Regierungsentwurf vorgesehenen Änderungen hier nicht untersucht zu werden brauchen.

Eine Klarstellung ist auch bei der Verschmelzung durch Neubildung dahin erfolgt, daß die Aktionäre mit der Eintragung der neuen Gesellschaft ihre Mitgliedschaftsrechte erwerben (§ 341 Absatz 6 Satz 3 REAktG)[300]. Die übrigen Bestimmungen des § 247 AktG sind ohne materielle Änderungen übernommen worden.

D.

Hinsichtlich des Kreises der Gesellschaften, deren Verschmelzung miteinander möglich ist, enthält der Regierungsentwurf keine Änderungen. Ihr Kreis ist weder eingeschränkt noch erweitert worden. Insbesondere ist auch nach den Bestimmungen des Entwurfes eine Verschmelzung zweier Gesellschaften mit beschränkter Haftung nach wie vor nicht zulässig.

298 Vgl. oben Seite 40.
299 Bundestagsdrucksache IV/171 Seite 250.
300 Vgl. oben Seite 5 ff., 6/7, 35.

E.

Die Ausführungen hinsichtlich der Anwendung des Gesetzes gegen Wettbewerbsbeschränkungen, des Montanvertrages und des EWG-Vertrages gelten auch für den Regierungsentwurf. In diesem Zusammenhang ist jedoch hervorzuheben, daß entgegen der Ansicht von *Bärmann*[301], der aus den Bestimmungen der Artikel 100, 3 h, 220, 54 Absatz 3 g, 58 Absatz 2 EWGV Bedenken gegen die Zulässigkeit einer Aktienrechtsreform erhebt, diese nicht durchgreifen. Die in Artikel 100 EWGV vorgesehenen Richtlinien können die nationale Gesetzgebung nicht ersetzen. Dies folgt aus Artikel 189 Absatz 3 EWGV. Die Richtlinien sodann durch die gesetzliche Ordnung auszufüllen, obliegt jedem Mitgliedstaat. Abgesehen hiervon ist es nicht durchführbar, ohne Berücksichtigung der nationalen Gegebenheiten, die zur Entwicklung eines auf innerstaatliche Bedürfnisse zugeschnittenen Gesellschaftsrechts geführt haben, gewissermaßen eine neue Ordnung „aufzupfropfen". Auch die in Zukunft auf Grund von Richtlinien erlassenen innerstaatlichen Gesetze müssen sich in der Praxis bewähren. Zudem wird eine Richtlinie auch keinen endgültigen Charakter haben, sondern ihrerseits unter Berücksichtigung der Rechtsentwicklung ebenfalls Änderungen unterliegen.

301 *Bärmann,* JZ 1959, 434 ff. (436).

2. TEIL

DIE VERSCHMELZUNG VON KAPITALGESELLSCHAFTEN IM FRANZÖSISCHEN RECHT

I. Der Begriff der Verschmelzung

Das geltende französische Handelsrecht enthält keine Begriffsbestimmung der Verschmelzung. Aus einzelnen verstreuten Regelungen über die Auswirkungen der Verschmelzung folgt lediglich, daß sie ein zulässiges Rechtsinstitut ist. Lehre und Rechtsprechung blieb es überlassen, den Begriff der Verschmelzung herauszuarbeiten. Übereinstimmung herrscht nur insoweit, daß es zwei Arten der Verschmelzung, nämlich durch Aufnahme und durch Neugründung[302], gibt. Diese Auffassung folgt unmittelbar aus Artikel 3 Absatz 6 des Gesetzes über Aktiengesellschaften vom 24. Juli 1867 in der Fassung des Dekretes Nr. 54—1226 vom 7. Dezember 1954, in dem beide Möglichkeiten ausdrücklich genannt sind.

Für die Untersuchung, was im französischen Recht als Verschmelzung anzusehen ist, kann die vom Kassationsgerichtshof im arrêt vom 28. Januar 1946[303] aufgestellte Begriffsbestimmung dienen:

> „Der Begriff ‚Verschmelzung' setzt die Vereinigung von mindestens zwei bereits bestehenden Gesellschaften voraus, sei es, daß die eine die andere aufnimmt, sei es, daß sich die eine und die andere vereinen, um eine einzige Gesellschaft zu errichten."

Diese allgemeine Formulierung besagt nichts über die notwendigen Erfordernisse der Verschmelzung.

[302] Die Verschmelzung durch Aufnahme wird als „fusion par annexion" oder „absorption" bezeichnet, während der Fall der Verschmelzung durch Neugründung „fusion par création d'une société nouvelle", häufig auch schlechthin als „fusion" umrissen wird. Für beide Verschmelzungsarten ist auch von „apport-fusion" die Rede.

[303] *Dalloz*, 1946 Seite 168: „Le terme „fusion" suppose la réunion d'au moins deux sociétés préexistantes, soit que l'une absorbe l'autre, soit que l'une et l'autre se confondent pour constituer une société unique."

Vier Elemente müssen vorliegen, damit eine Verschmelzung durchgeführt werden kann:

1. Bereits bestehende Gesellschaften müssen sich vereinigen und entweder eine neue Gesellschaft errichten, oder aber mindestens eine bestehende Gesellschaft muß von einer anderen bereits bestehenden Gesellschaft übernommen werden[304].

2. Es muß ein Verschmelzungsvertrag abgeschlossen werden[305].

3. Die übertragenden Gesellschaften müssen aufgelöst werden[306].

4. Die Mitgliedschaftsrechte der Gesellschafter der übertragenden Gesellschaften müssen unangetastet übernommen werden[307].

Zu 1

Bereits das Erfordernis, daß an dem Verschmelzungsvorgang mindestens zwei bereits bestehende Gesellschaften beteiligt sein müssen, wird nicht allgemein anerkannt. *Thaller* faßt den Begriff der Verschmelzung folgendermaßen auf:

> „Unter Verschmelzung versteht man die Tatsache, daß sich eine Gesellschaft von einer anderen Aktiengesellschaft aufnehmen läßt, sei es, daß letztere bereits seit längerer Zeit besteht, sei es, daß sie im Hinblick auf

[304] *Bastian*, Juris-Classeur Sociétés, Band VI bis Abschnitt 164 (1) Ziffer 7, *Copper-Royer*, De la fusion, Seite 6; ders., Band III Randziffer 576 Seite 682; *Escarra*, Manuel Band II 1948, Randziffer 920 Seite 529; *Lyon-Caen* und *Renault*, 5. Auflage Band II, 1. Teil Randziffer 337 Seite 340; Band II, 2. Teil Randziffer 912 Seite 504; *Moliérac*, Band II Randziffer 1364 Seiten 350/351; Randziffer 1367 Seite 353; *Houpin* und *Bosvieux*, Band II Randziffer 945 Seite 114, Cour de Cass., 28. 1. 1946, *Dalloz* 1946 Seite 168; ähnlich *Wahl*, Randziffer 1175 Seite 386.

[305] *Auger*, Revue des Sociétés 1925, 49 ff. (51); *Bastian*, a.a.O., Ziffer 9, 10; *Dalsace*, Encyclopaedie juridique, Répertoire de Droit Commercial, Band III, Sociétés, Stichwort „fusion", Seite 390 Ziffer 2; *Mestdagh*, Dissertation Lille 1930 Seite 24/25, Seite 76; ANSA, Broschüre 109 Seite 9; *Houpin* und *Bosvieux*, a.a.O.

[306] ANSA, a.a.O.; *Auger*, a.a.O., *Bastian* a.a.O., Ziffer 11; *Copper-Royer*, a.a.O.; *Dalsace*, a.a.O., *Houpin*, a.a.O., *Lyon-Caen* und *Renault*, Band II 1. Teil Randziffer 338 Seite 341; Band II 2. Teil Randziffer 912 Seite 504, *Mestdagh*, a.a.O., Seite 24/25; *Ripert*, Randziffer 1418 Seite 668.

[307] ANSA, a.a.O. Seite 9; *Auger*, a.a.O.; *Bastian*, a.a.O., Ziffer 14; *Dalsace*, a.a.O.; *Copper-Royer*, a.a.O.; *Houpin* und *Bosvieux*, a.a.O.; *Mestdagh*, Diss. Lille 1930, Seite 40, 41.

das Betreiben der verschmolzenen Gesellschaft und zur Aufnahme ihrer Aktiva gegründet wird[308]."

Auch *Tirlemont* meint in seiner Anmerkung zu der Entscheidung des Kassationsgerichtshofes vom 28. Januar 1946, die vorhergehende Existenz mindestens zweier Gesellschaften sei nicht erforderlich[309], da die französische Steuergesetzgebung unabhängig von der Form der Verschmelzung Steuervorteile gewähre. Es reiche daher aus, wenn eine zum Zweck der Aufnahme einer anderen Gesellschaft gegründete Gesellschaft einen Teil der Aktiva der übertragenden Gesellschaft erhalte.

Unter Berücksichtigung der oben aufgezählten notwendigen Elemente einer Verschmelzung sind die Auffassungen *Thaller*' und *Tirlemont's* abzulehnen. In dem von beiden Autoren gedachten Fall liegt die Umgründung einer bereits bestehenden Gesellschaft vor, die in anderer Form fortbesteht, oder es bestehen zwei Gesellschaften nebeneinander, von der eine gewisse Vermögenswerte der anderen übernommen hat. Auch kann von einer im Zuge der Verschmelzung erfolgten Unternehmenskonzentration, die regelmäßig hierdurch bewirkt wird[310], keine Rede sein. Mit Recht weist daher unter anderem *Moliérac* den Fall der Übertragung der Aktivmasse einer alten Gesellschaft auf eine im Hinblick auf die Übertragung gebildete neue Gesellschaft als Rechtsgeschäft aus, das keine Verschmelzung darstelle[311].

Zu 2

Das Vorliegen eines Verschmelzungsvertrages ist das zweite für das Vorliegen einer Verschmelzung wesentliche Element.

Bereits *Auger*[312] hat herausgestellt, daß bei Fehlen eines Vertrages keine Verschmelzung vorliegen kann. Der stufenweise Erwerb aller Aktien einer Gesellschaft durch eine andere, die auf diese Weise Alleinaktionär der ersten

308 *Thaller,* Traité élementaire de Droit commercial, 8. Auflage, Randziffer 702 Seite 459.

309 P. *Tirlemont,* Anmerkung zu Cass. 28. 1. 1946, *Receuil Sirey* 1949 1. Teil Seite 17/18.

310 *Hamel* und *Lagarde,* Randziffer 765 Seite 889; *Mazeaud,* Coalitions et Sociétés, Revue des Sociétés 1924 Seite 187 ff. (190).

311 *Moliérac,* Manuel, Band I Randziffer 591 Seite 383; Band II, Randziffer 591 Seite 383.

312 *Auger,* Revue des Sociétés 1925, 49 ff. (51).

Gesellschaft wird, ist keine Verschmelzung. Die gegenteilige Ansicht ist allerdings von *Houpin* und *Bosvieux*[313] vertreten worden:

> „Die Verschmelzung durch Aufnahme (fusion par annexion) wird manchmal auch aus dem Einkauf und dem Besitz aller Aktien einer Gesellschaft durch eine andere resultieren. Dieser Ankauf kann sofort die Gesamtheit der Aktien erfassen, häufiger jedoch wird er nach und nach und bezüglich einer geringeren Aktienzahl erfolgen. In diesem Fall führt der Kauf der letzten Aktie zur Verschmelzung durch Aufnahme und zur Auflösung der übertragenden Gesellschaft."

Insbesondere *Mestdagh, Bastian* und *Auger*[314] haben hiergegen geltend gemacht, daß bei dem allmählichen Aktienerwerb eine Vereinbarung zwischen den Gesellschaften fehle.

Mestdagh weist in diesem Zusammenhang darauf hin, daß die erwerbende Gesellschaft ihr verfügbares Kapital zum Ankauf sämtlicher Wertpapiere verwendet habe. Ihre Mittel seien gegen Aktien ausgetauscht worden. Schließlich fehle auch der Kapitalerhöhungsbeschluß der übernehmenden Gesellschaft[315].

Demgegenüber begründen *Auger* und *Bastian*[316] die Ablehnung einer Verschmelzung primär mit dem vertraglosen Zustand, der zu der Vereinigung aller Aktien in der Hand der Käuferin führt, wenden aber im übrigen im Einklang mit der Lehre[317] und der Rechtsprechung[318] ein, daß die Ver-

[313] *Houpin* und *Bosvieux*, 6. Auflage, Band II Randziffer 953 zitiert bei *Mestdagh*, Dissertation Lille 1930, Seite 30/31: „La fusion par annexion résultera aussi parfois de l'achat par une société et du groupement entre ses mains de toutes les actions d'une autre société. Cet achat peut avoir lieu en bloc mais le plus souvent il s'effectuera successivement et en détail. Dans ce dernier cas, c'est l'achat de la dernière action qui comportera virtuellement fusion de deux sociétés par voie d'annexion de l'une et de l'autre et de dissolution de la société absorbée."
Gleichlautend *Houpin* und *Bosvieux*, 1935, Band II Randziffer 946 Seite 115.

[314] *Auger*, Revue des Sociétés 1925, 49 ff. (51); *Bastian*, Juris-Classeur Sociétés, Band VI bis Abschnitt 164 (1) Ziffer 10; *Mestdagh*, Diss. Lille 1930 Seite 31.

[315] *Mestdagh*, a.a.O. Seite 31.

[316] *Auger*, Revue des Sociétés 1925, 49 ff. (51); *Bastian*, a.a.O., Abschnitt 164 (1) Ziffer 10.

[317] *Copper-Royer*, Traité des Sociétés, Band II Seite 726, 727; *Bastian*, a.a.O., Abschnitt 164 (1) Ziffer 10; *Houpin* und *Bosvieux*, Band II Randziffer 1389 Seite 651; *Mestdagh*, Diss. Lille 1930 Seite 27; allgemein herrschende Lehre unstreitig.

[318] Tribunal de la Seine, Urteil vom 20. 1. 1923 (Journal des Societés 1926 Seite 562): „Pour qu'il ait fusion des sociétés, aux termes sensés du mot, il faut avant tout qu'il

einigung sämtlicher Aktien in einer Hand zu der nach französischem Recht unzulässigen Einmanngesellschaft führe und deshalb zwingend die Auflösung eintrete.

Dalsace[319] begründet das Nichtvorliegen einer Verschmelzung damit, daß die Gegenleistung nicht in Aktien der übernehmenden Gesellschaft bestehe, also kein Austausch der Mitgliedschaftsrechte stattfinde.

Zu allen diesen Argumenten, die im Ergebnis zu der richtigen Schlußfolgerung kommen, daß durch den allmählichen Erwerb der Aktien einer Gesellschaft durch eine andere keine Verschmelzung eintrete, ist zusätzlich noch darauf hinzuweisen, daß die Aktionäre der Gesellschaft, deren Vermögen faktisch durch eine andere übernommen wurde, der Vermögensübertragung nicht zugestimmt haben. Auf das Erfordernis der Zustimmung wird in anderem Zusammenhang noch einzugehen sein. Es muß aber bereits an dieser Stelle betont werden, daß ohne Zustimmung der Aktionäre keine Verschmelzung erfolgen kann.

Zu 3

An dritter Stelle ist der Untergang einer oder beider Gesellschaften unerläßliches Element der Verschmelzung. Mindestens eine der übertragenden Gesellschaften — oder im Falle der Neugründung beide — verliert ihre Unabhängigkeit, Individualität, ihr Kapital[320].

y ait en présence deux sociétés véritables, indépendantes vraiment l'une et de l'autre, et non pas ... une societé ayant à tel point déjà atteint l'autre société qu'elle en est le seule et unique actionnaire pouvant en disposer à sa guise et l'ayant déjà fait la sienne."

[319] *Dalsace* bei *Dalloz*, Encyclopaedie juridique, Répertoire de Droit Commercial et des Sociétés, Band III Sociétés, Stichwort „Fusion" Ziffer 6 Seite 391.

[320] *Auger*, Revue des Sociétés 1925, 49 ff. (51); *Bastian*, Juris-Classeur Sociétés, Band VI bis Abschnitt 164 (1) Ziffer 11; *Dalsace* bei *Dalloz*, Encyclopaedie juridique, Répertoire de Droit Commercial et des Sociétés, Band III Sociétés, Stichwort Fusion, Ziffer 2, 11; *Decugis*, Traité, Randziffer 427 Seite 626; *Lyon-Caen* und *Renault*, Band II 1. Teil Randziffer 338 Seite 341; 2. Teil Randziffer 912 Seite 504; *Hamel* und *Lagarde*, Randziffer 766 Seite 890; *Houpin*, Journal des Sociétés 1933, 449 ff (449); 1935, 529 ff. (530); *Houpin* und *Bosvieux*, Band II 1935, Randziffer 945 Seite 114; *Escarra*, Manuel 1948, Randziffer 921 Seite 529; ders., Manuel 1955 Band III Randziffer 1218 Seite 291; *Mazeaud*, Revue des Sociétés 1924, 187 ff. (188); *Mestdagh*, Diss. Lille 1930, Seite 33; *Moliérac*, Band II Randziffer 1362 Seite 350; *Ripert*, Randziffer 1418 Seite 668; *Wahl*, Précis, Randziffer 1175 Seite 386; Tribunal civil de Grenoble, 9. 6. 1928, Journal des Sociétés 1931, 228 ff. (229); Cour de Cassation, Ch. Req. 21. 7. 1932, Journal des Societés 1932, 654 ff. (654, 655); Cour d'appel de Paris, 7. 4. 1933, Gazette du Palais 1933, 2. Teil Seite 141.

Gegen das Erfordernis der Auflösung und den Eintritt in das Liquidationsstadium wendet sich *Rousseau:*

„Die Versicherung, die Aufnahme (absorption) einer Gesellschaft durch eine andere zur Durchführung einer Verschmelzung bedeute die Auflösung der Gesellschaft, ist für denjenigen, der die Folgen der Verschmelzung genau untersuchen will, ungenau. Die übertragende Gesellschaft löst sich nicht auf, die wandelt sich um."

Die Auflösung habe nämlich, führt *Rousseau* fort, als notwendige Folge die Liquidation. Die Aktionäre erhielten ihr Verfügungsrecht über das von ihnen eingezahlte Kapital nach Deckung der Schulden zurück. Sie hörten ebenfalls auf, ein gemeinsames Unternehmen zu betreiben.

Nichts von alledem trete aber bei der Verschmelzung ein. Die Aktionäre nähmen ihr Kapital nicht zurück. Sie erhielten keinen Anteil an den Aktiva der Gesellschaft. Sie blieben Aktionäre eines gemeinsamen Unternehmens, solange sie ihre Aktien nicht veräußert hätten. Im großen und ganzen, meint *Rousseau,* sei ihre Lage nicht anders als wenn die Gesellschaft ohne eine Verschmelzung ihren Namen geändert und ihr Kapital erhöht hätte. Die Liquidation der übertragenden Gesellschaft sei nicht erforderlich. Man könne sie zwar zur genauen Feststellung der Aktiva und Passiva vornehmen. Eine Bedingung für das Vorliegen der Verschmelzung sei dies jedoch nicht.

Aus diesem Grunde kommt *Rousseau* zu dem Ergebnis, daß die alte Gesellschaft unter einer neuen Form fortbestehe. Eine gewisse Einschränkung, die allerdings nicht überzeugend ist, macht *Rousseau* jedoch damit, daß er fortfährt:

„Etwas ist jedoch untergegangen, nämlich die juristische Person der übertragenden Gesellschaft. Aber wenn man sich in's Gedächtnis ruft, daß eine juristische Person nicht eine natürliche Person ist, ein lebendes und wirkliches Wesen, daß sie lediglich in den Beziehungen der Gesellschaft zu Dritten der Ausdruck des gemeinsamen Werkes der Gesellschafter ist, dann erscheint dieser Wechsel der juristischen Person nicht sehr verschieden von einem Namenswechsel einer natürlichen Person. Die übertragende Gesellschaft dauert nach der Verschmelzung ebenso fort, wie sie vor ihr bestanden hat. Aber sie ist anders qualifiziert[321]".

Mit *Auger*[322] ist dieser Ansicht entgegenzuhalten, daß sich die Argumente

[321] *Henri Rousseau,* Anmerkung zu Cass. Req. vom 4. Juli 1934, Sirey 1934, 1. Teil Seite 329 ff. (330).

[322] *Auger,* Revue des Sociétés 1925, 49 ff. (52).

Rousseau's nur auf die übernehmende Gesellschaft, nicht aber auf die übertragende Gesellschaft anwenden lassen.

Außerdem ist die Ansicht *Rousseau's* unhaltbar für den Fall der Verschmelzung durch Neugründung. Im Fall der Verschmelzung durch Aufnahme, auf die sich *Rousseau* bezieht, bleibt allerdings eine Gesellschaft, die übernehmende Gesellschaft, bestehen. Eine Verschmelzung muß die Auflösung mindestens einer Gesellschaft mit sich bringen, weil keine Gesellschaft ohne Mitglieder bestehen kann.

Anlaß zu einem Mißverständnis hat dagegen das von *Copper-Royer* für die Verschmelzung gebrachte Beispiel gegeben, der von der Vereinigung zweier Flüsse, die sich vereinigen und gemeinsam weiterleben, gesprochen hat[323]. Hieraus schließt *Auger*[324], *Copper-Royer* verneine das Erfordernis der Auflösung der übertragenden Gesellschaft. Das ist nicht richtig, weil *Copper-Royer* die Liquidation der Gesellschaft für erforderlich hält[325]. Das von ihm gebrauchte Bild zweier Flüsse bezieht sich vielmehr auf seine Begriffsbestimmung der Verschmelzung, auf die noch einzugehen sein wird[326].

Im Zusammenhang mit dem Erfordernis der Auflösung der übertragenden Gesellschaft ergibt sich die Frage, ob sich auch eine bereits in Liquidation befindliche Gesellschaft noch mit einer anderen Gesellschaft verschmelzen kann. Diese Frage wird unterschiedlich behandelt und ist in der Entscheidung des Cour de Paris vom 24. Juni 1884[327] mit folgender Begründung abgelehnt worden:

> „Eine aufgelöste und in Liquidation befindliche Gesellschaft kann vor Tilgung aller Schulden überhaupt nichts von ihren Aktiva verteilen. Es ist das Wesensmerkmal der Liquidation, das Ende des Gesellschaftslebens anzuzeigen und keinen anderen Zweck zu verfolgen als die Schuldentilgung und die Verteilung des (überschießenden) Vermögens. Es steht den Liquidatoren einer aufgelösten Gesellschaft nicht zu, dadurch Handelsgeschäfte zu betreiben, daß sie Wertpapiere einer neuen Gesell-

[323] *Copper-Royer*, Traité des sociétés anonymes, Band II Randziffer 318 Seite 387, Band III Randziffer 576 S. 682.

[324] *Auger*, Revue des Sociétés 1925, 49 ff. (52).

[325] *Copper-Royer*, a.a.O., Randziffer 576 Seite 684; de la fusion, Seite 6.

[326] Vgl. unten Seite 79/80.

[327] Cour de Paris, 24. 6. 1884, Journal des Sociétés 1885, 719 ff. (720, 728), Brifaut v. Banque française et italienne und Banque d'escompte de Paris.

schaft zeichnen und so für die Zukunft Kapital und Interessen ihrer Auftraggeber für einen neuen Zweck verpflichten."

Das Gericht hatte über folgenden Sachverhalt zu entscheiden:
Am 29. März 1883 wurde zwischen Conseil d'Administration der Banque française et italienne und dem Präsidenten des Conseil d'Administration der Banque d'escompte de Paris ein Vertrag abgeschlossen. Die Parteien vereinbarten, daß die Banque d'escompte ihr Kapital auf 50 Millionen reduzieren und 100 000 Aktien mit dem Nennwert von 500 Francs, auf die jeweils 250 Francs eingezahlt sein sollten, ausgeben sollte. Die betreffende Gesellschaft sollte mit verschiedenen anderen Gesellschaften mehrere Verträge über Einlagen schließen, die ihr Kapital schließlich auf 100 Millionen erhöhen würden. Die Banque française et italienne nahm das Vertragsangebot an und entschloß sich, bei der Banque d'escompte einen Teil ihrer Gesellschaftsaktiva als Einlage einzubringen. Der Conseil d'Administration der Banque française et italienne sollte sodann die Aktionäre der Gesellschaft zu einer außerordentlichen Generalversammlung zum Zwecke der Beschlußfassung über die vorzeitige Auflösung und zur Ermächtigung der Liquidatoren zu folgenden Rechtshandlungen einberufen:

1. Einbringung eines Barbetrages von 3,75 Millionen Francs in Aktien zu je 125 Francs;

2. Einlage der in einem besonderen Anhang aufgeführten Werte bei der Banque d'escompte de Paris. Als Gegenleistung für diese Einlagen sollte die Banque d'escompte den Liquidatoren der Banque française et italienne 30 000 Aktien im Nennwert von je 500 Francs, zu 250 Francs eingezahlt, die einen Bruchteil der neu auszugebenden 100 000 Aktien darstellten, aushändigen. Es bestand Einverständnis darüber, daß die der Banque d'escompte am 31. Dezember 1882 zustehenden Reserven ausschließlich im Aktiv der wiedererrichteten Gesellschaft verbleiben sollten, daß hingegen die Beträge, die der Banque d'escompte als Überschuß für die einzelnen Verträge über Einlagen, die sie mit anderen Gesellschaften abschließen würde, ausschließlich den bereits bestehenden Aktien der betreffenden Banque zukommen sollten.

Ferner waren die Parteien darüber einig, daß die an die Banque française et italienne auszugebenden 30 000 Aktien an der Verteilung der Zinsen und Dividenden für das gesamte Geschäftsjahr 1883 teilhaben sollten. Darüber hinaus war eine Einigung darüber erzielt worden, daß die im Anhang aufgeführten Werte, die die Banque française et italienne als Einlage einbrachte, nur einen Teil der Aktiva der genannten Gesellschaft darstellten und daß die Liquidatoren ermächtigt werden sollten, durch eine Generalversammlung Liquidationsbons zu schaffen, die eine Berechtigung am Anteil des aus der Liquidation herrührenden Erlöses verbriefen sollten. Die betreffenden Verträge sollten erst Rechtswirksamkeit erlangen, wenn die Versammlungen der Aktionäre beider Gesellschaften die für die Durchführung des Vertrages erforderlichen Beschlüsse in Übereinstimmung mit den gesetzlichen Vorschriften gefaßt hatten.

Der Conseil d'Administration der Banque française et italienne berief die Aktionäre zu einer außerordentlichen Generalversammlung für den 27. April 1883 ein. Die Generalversammlung sollte über die auf der Tagesordnung stehende Kapitalherabsetzung und über die vorzeitige Auflösung der Gesellschaft, verbunden mit der völligen oder teilweisen Einlage der Aktiva der Gesellschaft bei einer anderen Gesellschaft, die Ernennung der Liquidatoren und alle Maßnahmen, die als Folge der Auflösung zu erfüllen waren, beraten und beschließen.

Die Generalversammlung der Banque française et italienne vom 27. April 1883 billigte in zehn Einzelbeschlüssen, auf die nicht näher eingegangen zu werden braucht, den Vertrag vom 29. März 1883, lehnte die Kapitalherabsetzung ab und sprach die vorzeitige Auflösung der Gesellschaft sowie ihren Eintritt in die Liquidation aus. Die Liquidatoren wurden ernannt und ermächtigt, die 30 000 Aktien in Empfang zu nehmen, alle zur Vertragsausführung erforderlichen Schritte zu unternehmen und auf Grund umfassender Vollmachten das nicht bei der Banque d'escompte eingebrachte Vermögen zu veräußern sowie als Gegenwert für die nicht übertragenen Aktivbestände 60 000 Inhaberbons, sogenannte Liquidationsbons, zu bilden. Diese sollten im Verhältnis von Wertpapier zu Wertpapier für die Aktien der Banque française et italienne ausgegeben werden und ein anteiliges Recht am Nettoerlös aus der Versilberung des Vermögens verbriefen. Bei einigen Aktionären stießen die Beschlüsse jedoch auf Widerstand. Einer von ihnen, M. Brifaut, erhob gegen die Mitglieder des Conseil d'Administration und gegen die Liquidatoren der Banque française et italienne Klage vor dem Zivilgericht der Seine (Tribunal civil de la Seine). Andere Aktionäre, nämlich MM. Escuyer, Hauser und Michel, haben vor dem Handelsgericht einen Antrag auf Nichtigerklärung des Beschlusses der Generalversammlung, die zu der Verschmelzung ihre Ermächtigung erteilt hatte, eingebracht. Sie machten geltend, die Beschlüsse seien unter Verletzung von Gesetz und Satzung der Banque française et italienne gefaßt worden.

Das Gericht sah in den Beschlüssen der Generalversammlung eine Überschreitung ihrer Rechte sowohl im Hinblick auf die überstimmten Aktionäre als auch gegenüber Dritten, weil der Banque d'escompte de Paris nicht die Verpflichtung auferlegt wurde, die Schulden der Banque française et italienne zu übernehmen. Ferner bemängelte es, daß die als Gegenleistung gewährten 30 000 Aktien im Nennwert von je 500 Francs nur zur Hälfte eingezahlt sein sollten.

Das Gericht erklärte die Beschlüsse für nichtig. Die Rechtsverletzung gegenüber Dritten begründete es damit, daß die aufgelöste Gesellschaft vor Tilgung ihrer Schulden keine Teile der Aktiva verteilen könne, da die gesamte Aktivmasse den Gläubigern hafte. Sie könne auch, da sie zu bestehen aufgehört habe, keine Verpflichtung gegenüber Dritten für die Zukunft eingehen.

Zwar seien die gesamten Vermögenswerte der Gesellschaft zur Deckung der Schulden ausreichend. Die Aktiva würden jedoch zu einem liquidationswidrigen Zweck verwendet, und ihre anderweitige Verwendung könne eine für die Aktionäre schädliche Zahlungspflicht herbeiführen. Die Satzung sehe zwar die Möglichkeit einer vorzeitigen Auflösung der Gesellschaft vor, bestimme aber gleichzeitig, daß nach Deckung der Schulden der Übererlös unter die Aktionäre der in Liquidation befindlichen Gesellschaft zu verteilen sei. Die Verwendung der Aktiva zu einer Subskription von Aktien einer anderen Gesellschaft sei daher auch satzungswidrig.

Auf die Berufungen hin verband die erste Kammer des Cour de Paris beide Verfahren und entschied in seinem arrêt, daß eine Verschmelzung, bei der ein Teil der Aktiva nicht auf die übernehmende Gesellschaft übertragen werde, satzungs- und gesetzwidrig sei[328] und daß auch eine ordnungsgemäße Liquidation nicht beschlossen worden sei. Es liege zwar keine Subskription neuer Wertpapiere, sondern ein Umtausch der Aktien vor. Auch dies sei nicht Aufgabe des Liquidators.

Der Gerichtshof bestätigte das oben genannte Urteil und änderte das zwischen Brifaut und der Banque française et italienne am 24. Juli 1883 vor dem Zivilgericht ergangene Urteil dahin ab, daß zwar die Beschlüsse vom 27. April 1883 der gesetzlich vorgeschriebenen Form entsprochen hätten. Darüber hinaus seien die gefaßten Beschlüsse nichtig.

[328] Cour de Paris, 24. 6. 1884, Journal des Sociétés 1885, 719 ff. (724 ff.).

Dieselbe Ansicht, daß eine im Liquidationsstadium befindliche Gesellschaft sich nicht mehr verschmelzen könne, wird von *Houpin* und *Bosvieux*[329], *Mestdagh*[330] sowie in einer Entscheidung des Gerichtes von *Douai*[331] vertreten.

Houpin und *Bosvieux* bejahen einen Verkauf und verneinen die Verschmelzung für den Fall, daß ein Liquidator einer aufgelösten Gesellschaft die Aktiva an eine Aktiengesellschaft oder eine Kommanditgesellschaft auf Aktien überträgt, sei es mit der Verpflichtung, sei es ohne sie, die Passiva der übertragenden Gesellschaft zu regulieren, und die Gegenleistung entweder in einer Barzahlung oder in Obligationen besteht. Eine nähere Begründung für ihre Ansicht lassen *Houpin* und *Bosvieux* allerdings vermissen. Insbesondere wird nicht ersichtlich, ob sie die Verschmelzung deswegen ablehnen, weil der Liquidator einer aufgelösten Gesellschaft tätig wird oder ob sie daran Anstoß nehmen, daß die Gegenleistung nur in einer Barzahlung oder der Hingabe von Obligationen besteht.

Mestdagh verneint das Tätigwerden des Liquidators im Zusammenhang mit der Frage, wer wirksam über die Verschmelzung beschließen könne und spricht dem Liquidator die Befugnis ab, eine Verschmelzung zu beschließen.

Beiden Autoren ist zuzugeben, daß der Liquidator sicher nicht allein über die Frage einer Verschmelzung entscheiden kann, ebensowenig, wie ein Conseil d'Administration hierzu berechtigt ist[332].

Offen bleibt die Frage bei *Copper-Royer*[333] und in gewissem Sinne bei *Thaller*[334], der die Verschmelzung als Liquidationsvorgang ansieht.

Für die Möglichkeit, daß sich eine im Liquidationsstadium befindliche Gesellschaft mit einer anderen verschmilzt, sofern die Liquidation noch nicht

[329] *Houpin* und *Bosvieux,* Band II Randziffer 945 Seite 115, Randziffer 1401 Seite 673.

[330] *Mestdagh,* Diss. Lille 1930 Seite 72.

[331] *Douai,* 17. 12. 1888, Journal des Sociétés 1891 Seite 511.

[332] Siehe unten Seite 117 ff.

[333] *Copper-Royer,* Traité des s. a., Band IV Randziffer 683 Seite 385/386 für die Gesamtübertragung gegen Gewährung von Aktien. Allerdings darf nach seiner Meinung eine im Liquidationsstadium befindliche Gesellschaft kein neues Risiko eingehen (Randziffer 673 Seite 365).

[334] *Thaller,* Randziffer 703 bis Seite 460.

beendet ist, spricht sich dagegen die Mehrzahl der Autoren[335] sowie der Cour d'Appel de Paris[336] aus.

Es ist allgemein anerkannte Rechtsprechung[337] und Lehre[338], daß eine aufgelöste Gesellschaft jedenfalls noch bis zum Abschluß der endgültigen Abwicklung fortbesteht. Die Übertragung muß auf jeden Fall zur Auflösung der Gesellschaft führen. Sofern die Sicherung der Gläubiger der Gesellschaft gewährleistet wird, kann es keinen Unterschied machen, ob erst die Übertragung und ihr nachfolgend die Auflösung beschlossen wird oder umgekehrt. Allerdings muß auch dann die außerordentliche Generalversammlung der Aktionäre die Verschmelzung beschließen[339].

Zu 4

Viertes unverzichtbares Element der Verschmelzung ist, daß die Gesellschafter der übertragenden Gesellschaft ihre Mitgliedschaftsrechte nicht verlieren[340]. Sie müssen, wenn die übernehmende Gesellschaft eine Aktiengesellschaft oder Kommanditgesellschaft auf Aktien ist, Aktien der neu gegründeten oder der übernehmenden Gesellschaft erhalten. Handelt es sich bei übernehmenden Gesellschaft um eine Gesellschaftt mit beschränkter Haftung, müssen sie Anteile an dieser bekommen.

[335] *Auger,* Revue des Sociétés 1925, Seite 49 ff. (60); *Bastian,* Juris-Classeur Sociétés Band VI bis, Abschnitt 164 (1) Ziffer 11; *Escarra,* Randziffer 217 Seite 291 mit Nachweisen; *Escouboué,* Diss. Toulouse 1934, Seite 39, 41; *Hamel* und *Lagarde,* Randziffer 765 Seite 890; *Houpin,* Journal des Sociétés 1898, 49 ff. (52), *Houpin,* Journal des Sociétés 1933, 449 ff. (450); ders., Journal des Sociétés 1935, Seite 529 ff. (530).

[336] Cour d'Appel de Paris, arrêt, 17. 4. 1933, Gazette du Palais 1933, 2. Teil Seite 141; Journal des Sociétés 1934, Seite 660 ff. (661, 665, 666).

[337] Cour de Cassation, arrêt vom 29. Mai 1865, Sirey 1865 Teil 1 Seite 325; Tribunal civil de Grenoble, 9. 6. 1928, Journal des Sociétés 1931, 228 ff. (229), ständige Rechtsprechung.

[338] *Hamel* und *Lagarde,* Randziffer 486, Seite 592 ff. (593) *Mestdagh,* Diss. Lille 1930 Seite 37/38; unstreitig.

[339] *Escouboué,* Dissertation Toulouse 1934, Seite 41; siehe unten Seite 118 ff.

[340] *Auger,* Revue des Sociétés 1925, 49 ff. (54); *Bastian,* Juris-Classeur Sociétés, Band VI bis Abschnitt 164 (1) Ziffer 4, 14; *Copper-Royer,* de la fusion, Seite 6; *Hamel* und *Lagarde,* Randziffer 765 Seite 890; *Moliérac,* Randziffer 1362 Seite 351; *Ripert,* Randziffer 1423 Seite 670; *Wahl,* Précis, Randziffer 1175 Seite 386. Vgl. auch Tribunal civil de la Seine, Urteil vom 14. 5. 1892, Revue des Sociétés 1893, Seite 34; Cass. Req., arrêt vom 2. 7. 1873, Sirey 1873 1. Teil Seite 306; ständige Rechtsprechung.

5. Aus den beschriebenen Elementen läßt sich der Begriff der Verschmelzung noch nicht endgültig feststellen. Vielmehr muß die Art der Übertragung und ihr Umfang sowie die von der übernehmenden beziehungsweise neu gegründeten Gesellschaft gewährte Gegenleistung untersucht werden, damit alle Merkmale der Verschmelzung ersichtlich werden.

a) Bezüglich der Art der Übertragung wird allgemein anerkannt, daß eine schlichte Vermögensübertragung, das heißt im Wege des Verkaufes oder der Globalzession, nicht ausreicht, um das Vorliegen einer Verschmelzung anzunehmen, da die Mitglieder der übertragenden Gesellschaft in Geld abgefunden werden[341].

b) Über den Umfang der Vermögensübertragung bei der Verschmelzung herrscht Streit. Insbesondere wird die Frage, ob nur eine Gesamtübertragung des Vermögens eine Verschmelzung ist oder ob es auch eine teilweise Fusion (fusion partielle) gibt, verschieden beantwortet.

Für *Lyon-Caen* und *Renault*[342] ist ausschließlich die Verschmelzung durch Aufnahme als Fusion anzusehen. Die von diesen Autoren aufgestellte Begriffsbestimmung der Verschmelzung ist: „die Vereinigung zweier oder mehrerer bis dahin verschiedenen Gesellschaften in der Weise, daß sie in Zukunft nur noch eine einzige Gesellschaft darstellen."

Demgegenüber vertritt *Escarra* die Auffassung, als Fusion im strengen Sinn sei der Fall der Neugründung anzusehen[343], bei der zwei oder mehr Gesellschaften die Gesamtheit ihrer Aktiva auf eine neue Gesellschaft übertragen. Bei der Verschmelzung durch Aufnahme spricht er schlechthin von einer Übertragung der Aktiva[344].

Thaller erkennt hingegen beide Arten der Verschmelzung als gleichberechtigt an[345].

Für *Copper-Royer* ist allein die Gesamtübertragung ein Fall der Verschmelzung, eine Teilfusion gibt es nicht[346]. Er sieht den Verschmelzungsvorgang als eine Art Erbfolge an.

341 *Auger,* Revue des Sociétés 1925, 49 ff. (53, 54).

342 *Lyon-Caen* und *Renault,* Traité, Band II 1. Teil Randziffer 337 Seite 340; Band II 2. Teil Randziffer 912 Seite 504.

343 *Escarra,* Manuel 1948, 2. Band Randziffer 912 Seite 529.

344 *Escarra,* Manuel, o. A., 3. Band 1955, Randziffer 1218 Seite 291.

345 *Thaller,* Traité, Randziffer 702 Seite 459, Begriffsbestimmung siehe oben Seite 69.

346 *Copper-Royer,* de la fusion, Seite 6, 7/8; Traité des Sociétés anonymes, Band II

Gegen diese Ansicht hat sich *Mestdagh*[347] mit der Begründung gewandt, daß die Gesamtübertragung nicht nur die Veräußerung aller Aktiva und die Übertragung sämtlicher Passiva, sondern darüber hinaus den Verlust eines ganzen Vermögens mit sich bringe. Allgemein seien als Vermögen die gesamten geldwerten Rechte und Verpflichtungen einer Person aufzufassen. Das sei aber nicht ganz richtig, weil dem Vermögensbegriff auch die Fähigkeit zum Rechtserwerb innewohne. Anders als beim Erbfall ginge bei der Verschmelzung diese Fähigkeit nicht unter. Den besten Beweis biete die Gegenleistung, die die übertragende Gesellschaft empfange. Wenn sie gleichwohl untergehe, so nicht deshalb, weil sie keine vermögenswerten Güter mehr besitze, sondern weil diese ihr nicht mehr erlauben, den Gesellschaftszweck zu erreichen.

Richtig hieran ist, daß die übertragende Gesellschaft auf keinen Fall als Erwerbsgesellschaft fortbestehen kann. Hinsichtlich der Fähigkeit, Rechte zu erwerben, hat aber eine Differenzierung zu erfolgen: die übertragende Gesellschaft wird zwingend aufgelöst. Im Normalfall einer auf die Auflösung folgenden Liquidation werden die Gesellschafter berechtigt, den Verteilungserlös zu empfangen. Die Gegenleistung, die von der übernehmenden Gesellschaft gewährt wird, muß für die Gesellschafter der übertragenden Gesellschaft zwingend Mitgliedschaftsrechte an der übernehmenden Gesellschaft verbriefen. Diese sind die wahren Berechtigten, und es kann keinem Zweifel unterliegen, daß sie als natürliche Personen grundsätzlich die Fähigkeit haben, Rechte zu erwerben. Aus diesem Grunde zieht die von *Mestdagh* gebrauchte Beweisführung nicht, daß bei der Verschmelzung deswegen keine der Erbfolge gleichende Übertragung stattfinde, weil die übertragende Gesellschaft die Gegenleistung erhalte. Am besten läßt sich seine Ansicht mit der von *Bastian*[348] für die Verschmelzung gebrauchten Begriffsbestimmung widerlegen:

„Verschmelzung ist die Vereinigung zweier oder mehrerer Gesellschaften, die in Zukunft nur noch eine einzige bilden. In Anbetracht der beiden bestehenden Arten der Verschmelzung kann man sagen, daß sie derjenige Vorgang ist, vermittels dessen sich zwei oder mehrere bereits bestehende Gesellschaften vereinigen, sei es, daß eine die andere oder die anderen aufnimmt, sei es, daß sie sich vereinigen, um eine neue Gesellschaft zu errichten,

Randziffer 318 Seite 387; Band III, Randziffer 576 Seite 682, 685; Randziffer 577 bis Seite 692.

347 *Mestdagh*, Dissertation Lille 1930 Seite 79/80.

348 *Bastian*, Juris-Classeur Sociétés, Band VI bis Abschnitt 164 (1) Ziffern 1 und 3.

oder: die Verschmelzung ist ein Vertrag, vermittels dessen zwei oder mehr Gesellschaften ihr Personal und ihr Vermögen vereinen, um in Zukunft nur noch eine einzige Gesellschaft zu bilden, sei es, daß alle beide zugunsten einer neuen juristischen Person untergehen, sei es, daß eine von ihnen fortbesteht und die andere beziehungsweise die anderen aufnimmt."

„Das Wort Verschmelzung bedeutet in diesem Zusammenhang, daß die vertragschließenden Parteien beabsichtigen, die *Gesamtheit* der zu verschmelzenden Aktiva und Passiva zu vereinigen, das heißt: die völlige Aufnahme verbunden mit dem gegenseitigen Eintritt in Rechte und Pflichten[349]. Sie enthält eine Gesamtübertragung[350], denn das Gesamtvermögen der aufgelösten Gesellschaft geht auf die übernehmende beziehungsweise neue Gesellschaft über[351]."

Diese Begriffsbestimmung ist, worauf *Mestdagh*[352] zu Recht hinweist, nicht ganz genau. Vielmehr bezieht sich der Ausdruck „contrat synallagmatique", der in diesem Zusammenhang gebraucht wird, auf die Rechtsnatur des Verschmelzungsvertrages, auf die in anderem Zusammenhang noch einzugehen sein wird[353].

Ebenso fordern *Hamel* und *Lagarde*[354], *Moliérac*[355], *Ripert*[356], *Vavasseur*[357] und *Wahl*[358] die Gesamtübertragung des Vermögens.

Auch die Rechtsprechung bestätigt, daß grundsätzlich eine Gesamtübertragung erforderlich ist. In dem Urteil des Tribunal de commerce de la Seine vom 3. August 1911[359] wird eine Verschmelzung dann verneint, wenn eine seit mehr als zwei Jahren bestehende Aktiengesellschaft – auf diese Frist

349 *Bastian*, a.a.O., Abschnitt 164 (1) Ziffer 5; gleichlautend für die zweite Variante: *Auger*, Revue des Sociétés 1925, 47 ff. (50).

350 Transmission universelle.

351 *Bastian*, Juris-Classeur Sociétés, Band VI bis Abschnitt 164 (1) Ziffern 19, 21, 30.

352 *Mestdagh*, Dissertation Lille 1930, Seite 24.

353 Siehe unten Seite 114.

354 *Hamel* und *Lagarde*, 1. Band Randziffer 767 Seite 894.

355 *Moliérac*, Manuel, Band 1 Randziffer 591 Seite 383; Band II Randziffer 1362 Seite 350/351.

356 *Ripert*, Traité élementaire, Randziffer 1418 Seite 668 „La fusion est la réunion de deux sociétés, entraînant leur disparition, par *l'apport global* de leurs biens à une nouvelle société ou le plus souvent par l'absorption d'une société par une autre."

357 *Vavasseur*, Revue des Sociétés 1892, 259 ff. (262).

358 *Wahl*, Précis, Randziffer 1176 Seiten 387, 388.

359 Tribunal de Commerce de la Seine, 3. August 1911, Journal des Sociétés 1912, 84 ff. (84, 86) mit ablehnender Anmerkung von *Houpin*.

wird in anderem Zusammenhang noch einzugehen sein — die Aktiva (mißverständlich wird von „tout l'ensemble de son actif" gesprochen) mit Ausnahme der Waren, Vorräte des Barbestandes und verschiedener Forderungen auf eine andere Gesellschaft überträgt, selbst wenn sich die übertragende Gesellschaft als Folge der von ihr erbrachten Einlage auflöst. Der Cour de Paris führt in seinem arrêt vom 24. Juni 1884[360] aus:

> „Bei Fehlen einer genauen und restriktiven von den Parteien vereinbarten Bedeutung, setzt das Wort Verschmelzung in den Gedanken der Kontrahenten voraus, daß die Gesamtheit der zu verschmelzenden Aktiva und Passiva gemeinsames Gut werden sollen, das heißt, wenn es sich um Kapitalgesellschaften handelt, die völlige Aufnahme der beiden Gesellschaften, einer in der anderen, mit dem gegenseitigen Eintritt in die betreffenden Rechte und Pflichten."

Ähnlich argumentiert auch *Houpin*[361]:

> „Logisch betrachtet und grundsätzlich bedeutet die Verschmelzung die Vereinigung, die Einlage der Aktiva und Passiva einer oder mehrerer Gesellschaften bei einer anderen Gesellschaft, das heißt ihre völlige Aufnahme in dieser, die in Rechte und Pflichten der sich verschmelzenden Gesellschaften eintritt[362]."

Nach *Houpin* und *Bosvieux*[363] besteht die Verschmelzung „in der Vereinigung oder Durchdringung zweier oder mehrerer Gesellschaften, die bis dahin unterscheidbar und unabhängig waren, durch das Mittel einer Übertragung der Aktiva, die einer von ihnen oder einer zu errichtenden Gesellschaft zugebilligt wird, gegen die Gewährung von Aktien zugunsten der Gesellschaft oder der Gesellschaften, die als Folge des Übereinkommens untergehen.

[360] Cour de Paris, arrêt vom 24. Juni 1884, Journal des Sociétés 1885, Seite 719 ff. (719, 720): „A défaut d'une définition spéciale et restrictive convenue entre les parties, le mot fusion implique dans la pensée des contractants l'intention d'une mise en commun de la totalité des actifs et passifs à fusionner, c'est-à-dire, s'il s'agit des sociétés financières, l'absorption complète, des deux sociétés l'une dans l'autre avec substitution réciproque aux droits et obligations respectifs."

[361] *Houpin*, Journal des Sociétés 1933, 449 ff. (450).

[362] Wörtlich heißt es: „Rationellement et en principe, la fusion implique la mise en commun, l'apport à une société de l'actif et du passif de deux ou plusieurs sociétés, c'est-à-dire l'absorption complète de celles-ci par la première, qui se trouvera subsituée aux droits et obligations des sociétés fusionnées."

[363] *Houpin und Bosvieux*, Band II Randnote 945 Seite 114.

Houpin schränkt die von ihm aufgestellte Begriffsbestimmung allerdings ein und stellt die Behauptung auf, das völlige Eintreten der übernehmenden Gesellschaft in die Rechte und Pflichten der übertragenden Gesellschaft sei der Verschmelzung nicht wesenseigen, mit anderen Worten: er wendet sich gegen die sogenannte „transmission universelle". Nach seiner Ansicht ist es nicht erforderlich, daß die gesamte Aktiva übergingen, es reiche vielmehr aus, daß die übertragende Gesellschaft auf Grund der von ihr erbrachten Einlage ihren Gesellschaftszweck verliere und aufgelöst werde. Leicht veräußerliche Elemente ihrer Aktiva könne sie von dem Übertragungsakt ausnehmen und selbst alle oder einen Teil ihrer Schulden ablösen. Obwohl nur eine Teileinlage (apport partiel) erfolge, liege rechtlich gesehen eine Verschmelzung vor.

Décugis[364] und *Hamel* und *Lagarde*[365] lassen ebenfalls zu, daß die übertragende Gesellschaftt nicht die Gesamtheit ihrer Aktiva und Passiva auf die übernehmende Gesellschaft überträgt. Sie halten es für zulässig, daß der zur Deckung der Schulden der Gesellschaft genügende Teil des Vermögens nicht übergeht, sondern daß die übertragende Gesellschaft die Schulden persönlich im Wege der Liquidation ablöst.

Auch in der Rechtsprechung wird die Auffassung vertreten, daß sich die Verschmelzung nicht auf das Gesamtvermögen der übertragenden Gesellschaft zu beziehen brauche.

So hat das Urteil des Tribunal civil de Grenoble vom 9. Juni 1928 in Sachen Société Ladichère et Cie gegen das Register im Leitsatz ausgesprochen:

> „Wenn eine Aktiengesellschaft mit einem Dritten eine (andere) Aktiengesellschaft errichtet und dieser Gesellschaft ihr Industrieunternehmen und den Überschuß der Aktiva, unter Zurückbehaltung ihrer Barbestände, ihrer Forderungen und eines Teiles der Warenbestände überträgt und sich verpflichtet, kein gleichartiges Unternehmen zu betreiben, besitzt dieser Rechtsvorgang den Charakter einer Verschmelzung, obwohl die erste Gesellschaft noch für die Zwecke der Liquidation eine gewisse Zeit fortbesteht."[366]

[364] *Décugis,* Traité pratique, 6. Auflage 1926, Randziffer 428 Seite 627

[365] *Hamel* und *Lagarde,* Band I, Randziffer 765 Seite 890

[366] Tribunal civil de Grenoble, jugement, 9. Juni 1928, Journal des Sociétés 1931, Seite 228 ff. (229), mit zustimmender Anmerkung von *Houpin,* der Rechtsprechung und Lehre besonders auch gegen die Entscheidung des Tribunal de Commerce de la Seine (siehe oben Seite 82) anführt und mit Grenoble die Verschmelzung bejaht.

Das Gericht hatte über folgenden Sachverhalt zu befinden:

Die Kommanditgesellschaft H. Michal Ladichère & Cie wurde am 30. Juli 1907 mit einem Kapital von zwei Millionen Francs für die Dauer von dreißig Jahren errichtet. Gegenstand des Unternehmens war die mechanische Weberei, Färberei, der Verkauf von Grundstoffen und der Betrieb von in Frankreich und im Ausland befindlichen Handelshäusern. Zur Erreichung des Gesellschaftszweckes konnte sie sich laut Satzung unter anderem auch mit in- und ausländischen Gesellschaften gleicher Zweckrichtung verschmelzen.

Durch notariellen Vertrag vom 24. Februar 1922 wurde die Société Anonyme Michal Ladichère & Cie errichtet. Sie sollte denselben Gesellschaftszweck verfolgen wie die H. Michal Ladichère & Cie und für die Dauer von neunzig Jahren bestehen. Ihren Sitz sollte sie am Orte einer von H. Michal Ladichère & Cie eingebrachten Niederlassung haben. In die neu errichtete Gesellschaft brachte ein gewisser Sieur Antoine eine Fabrik ein. Die H. Michal Ladichère & Cie brachte ihr Handels- und Industrieunternehmen für mechanische Seidenweberei, eine Reihe von Immobilien, ein Verkaufsbureau in Lyon, ihre Kundschaft und das gesamte Material bis zum Betrage von 670 000 Francs in die neue Gesellschaft ein. Der Überschuß verblieb in ihrem Eigentum. Ausdrücklich ausgenommen wurden hingegen alle der H. Michal Ladichère zustehenden Forderungen, alle Bank-, Kassen- und sonstigen Barbestände, alle Rohstoffe und Fertigwaren, soweit sie nicht in dem Betrag von 670 000 Francs enthalten waren. Sieur Antoine brachte nicht näher aufgeführte Einlagen in die Gesellschaft Michal Ladichère & Cie ein. Der Eintritt in die Rechte sollte mit der endgültigen Errichtung der Gesellschaft erfolgen. Die übertragende Gesellschaft verpflichtete sich, kein Wirtschafts- oder Handelsunternehmen zu gründen, zu erwerben oder zu leiten, das dieselben Zwecke verfolgte, wie das von ihr übertragene Unternehmen, sowie sich auf dem Gebiet Kontinentalfrankreichs unmittelbar oder mittelbar während der Dauer von zwölf Jahren nicht zu beteiligen. Sie sollte das Recht haben, zum Zeitpunkt der Errichtung der Michal Ladichère noch in ihrem Besitz befindliche Rohstoffe und Fertigwaren zu veräußern, jedoch nicht, neue Fertigprodukte herzustellen. Sieur Antoine verpflichtete sich für einen kürzeren Zeitraum zu denselben Unterlassungen.

Am 14. März 1922 wurde die Aktiengesellschaft Michal Ladichère & Cie errichtet. Die Liquidation der H. Michal Ladichère & Cie war erst am 1. Januar 1923 abgeschlossen. Hieraus folgerte das Gericht, das über eine steuerrechtliche Frage zu entscheiden hatte, daß aus der zeitweiligen Koexistenz beider Gesellschaften nicht geschlossen werden dürfe, eine Verschmelzung liege nicht vor, da die übertragende Gesellschaft sich wegen der weitgehenden Übertragung und der Unmöglichkeit, ihren Gesellschaftszweck weiter zu verfolgen, trotz des späteren Liquidationszeitpunktes in „latenter Liquidation" befunden habe.

Ebenso hält es das Urteil des Tribunal de commerce de la Seine vom 1. Oktober 1907[367] in Sachen Société des mines de fer des Nefzas gegen Cie des mines de fer de Kroumirie et de Nefzas nicht für erforderlich, daß die übernehmende Gesellschaft das gesamte Vermögen der übertragenden Gesellschaft erhält, sofern nur die übertragende Gesellschaft aufgelöst wird.

Auch *Auger*[368] bejaht eine Verschmelzung, wenn ein Teil der Aktiva von der Übertragung ausgenommen, jedoch nicht zur Fortsetzung des Geschäftsbetriebes zurückbehalten wird.

Nach *Copper-Royer* liegt in diesen Fällen keine Verschmelzung, sondern eine bloße Liquidation der Gesellschaft vor, die bei einer anderen eine Sacheinlage macht[369]. *Bastian* verneint schlechthin eine Verschmelzung bei einer Teileinlage[370].

Dalsace[371] übernimmt die Begriffsbestimmung, die der Kassationsgerichtshof im arrêt vom 28. Januar 1946[372] aufgestellt hat und hebt hervor, daß drei Hauptelemente die Verschmelzung charakterisieren: Einigung, zwingender Untergang mindestens einer der beteiligten Gesellschaften, Umtausch der Wertpapiere. Seit Erlaß des Dekretes Nr. 54—1226 vom 7. Dezember 1954, welches Artikel 3 Absatz 6 des Gesetzes vom 24. Juli 1867 in seine heute geltende Fassung brachte und die Verschmelzung (apport-fusion) der Teileinlage (apport partiel) gleichstelle, sei es auch gerechtfertigt, von einer Teilverschmelzung zu sprechen. Die Mehrheit der Autoren nehme zwar an, daß eine Gesamtübertragung des Vermögens stattfinden müsse. Aber weder die Novation (Artikel 1271 ff. Code Civil) durch Schuldnerauswechselung noch die Delegation (Artikel 1275 Code Civil) seien brauchbare Konstruktionen zur Begründung des Vermögensüberganges. Vielmehr handele es sich um einen der Gesamtübertragung angenäherten Vertrag sui generis.

[367] Tribunal commercial de la Seine, 1. Oktober 1907, Journal des Sociétés 1908, Seite 183 bis 186 (183).

[368] *Auger*, Revue des Sociétés 1925, Seite 49 ff. (55).

[369] *Copper-Royer*, Traité s. a., Band III Randziffer 577 Seite 691.

[370] *Bastian*, Juris-Classeur Sociétés, Band IV bis Abschnitt 164 (1) Ziffer 35.

[371] *Dalsace* bei *Dalloz*, Encyclopaedie juridique, Répertoire de Droit Commercial et des Sociétés, III. Band Sociétés, 1958 Stichwort „Fusion", Ziffer 2, 8.

[372] Cass. civ., 28. Januar 1946, Dalloz 1946, Seite 168, siehe oben Seite 68.

In Wahrheit handelt es sich um folgendes: wird nur ein Teil des Vermögens übertragen und geht die Gesellschaft infolge des Übertragungsaktes nicht unter, liegt ein bloßer Verkauf von Vermögensbestandteilen, der keine Verschmelzung darstellt, vor, unabhängig davon, in welche Form der Vertrag gekleidet wurde. Abgesehen hiervon ist es eine Frage der Schuldenhaftung, auf die gesondert einzugehen ist[373], ob liquide Mittel von der übertragenden Gesellschaft zurückbehalten und unmittelbar zur Gläubigerbefriedigung verwendet werden. Niemals dürfen die vier aufgezeigten wesentliche Elemente einer Verschmelzung fehlen. Das ist dann der Fall, wenn eine Übertragung die Rechte der Gesellschafter antastet, das heißt, wenn sie bei der übernehmenden Gesellschaft nicht dieselbe Rechtsstellung innehaben, wie sie ihnen innerhalb der übertragenden Gesellschaft zugestanden hat. Wird ihre Rechtsstellung verschlechtert, dann liegt ein bloßer Verkauf vor[374].

Bei der Prüfung, ob eine Verschlechterung ihrer Position eingetreten ist, muß die genaue Vermögenslage der Gesellschaft ermittelt werden und anhand dieser der Wert der einzelnen Aktie beziehungsweise des einzelnen Anteils festgestellt werden, mit anderen Worten: welchen Wert würde die Beteiligung des Gesellschafters im Falle einer durchgeführten Liquidation haben. Ist dieser Wert nicht geringer von demjenigen, der für die Beteiligung in der übernehmenden Gesellschaft anzusetzen ist, dann steht nichts entgegen, daß einzelne, leicht veräußerliche Gegenstände von der übertragenden Gesellschaft unmittelbar zur Gläubigerbefriedigung verwendet werden. Allerdings ist es irreführend, überhaupt von einer „fusion partielle" zu sprechen. *Dalsace*[375] ist hingegen nicht zu folgen. Der französische Gesetzgeber hat in Artikel 3 Absatz 6 des Gesetzes vom 24. Juli 1867 in der Fassung des Dekretes Nr. 54—1225 vom 7. Dezember 1954 nur eine Sonderregelung für die sogenannten actions d'apport, die in Zukunft als Stammaktien bezeichnet werden, getroffen, ohne für die Verschmelzung selbst eine Begriffsbestimmung aufgestellt zu haben noch aufstellen zu wollen. Aus den Besonderheiten heraus[376], die für diese Aktien gelten, mag es gerechtfertigt sein, sie von der Sperrfrist von zwei Jahren auszunehmen, wenn eine Teilübertragung folgt.

[373] Siehe unten Seite 147 ff.

[374] Ebenso *Auger*, Revue des Sociétés 1925, 49 ff. (54).

[375] *Dalsace* bei *Dalloz*, Encycl. jurid., Répert. Dr. commercial, Band III, Sociétés, Stichwort „Fusion" Ziffer 2, 8.

[376] Einzelheiten siehe unten Seite 129 ff.

Auch der von *Bastian* als „fusion partielle“ [377] bezeichnete Vorgang, daß die übertragende Gesellschaft ihr Kapital zunächst herabsetze und den Rest übertrage, ist keine Teil-Verschmelzung im eigentlichen Sinn, sondern eine auf die Herabsetzung folgende Gesamtübertragung.

c) Abschließend muß als letztes Element der Verschmelzung die Gegenleistung betrachtet werden. Es ist bereits ausgeführt worden, daß eine Verschmelzung dann nicht vorliegt, wenn kein Austausch der Mitgliedschaftsrechte vorliegt[378].

Für eine übertragende Aktiengesellschaft und Kommanditgesellschaft auf Aktien bedeutet das, daß die Gegenleistung in Aktien beziehungsweise Anteilen bestehen muß. In diesem Zusammenhang erhebt sich die Frage, ob bei einer Gegenleistung, die in der Auszahlung eines Barbetrages oder der Hingabe von Obligationen oder Gründeranteilen (parts de fondateur) besteht, eine Verschmelzung gegeben sein kann.

Bei einer ausschließlichen Geldzahlung liegt auch dann keine Verschmelzung vor, wenn der Vertrag als Verschmelzungsvertrag bezeichnet worden ist und auch sonst das äußere Erscheinungsbild einer Verschmelzung vorliegt. Niemals verbrieft eine Barzahlung Mitgliedschaftsrechte.

Auch die Hingabe von Obligationen reicht nicht aus. Diese verbriefen ausschließlich Gläubigerrechte.

Werden Gründeranteile gewährt, halten *Houpin* und *Bosvieux*[379] es für vertretbar, eine Verschmelzung im engeren Sinne abzulehnen, weil die Gründeranteile, deren Inhaber nach dem Gesetz als Gläubiger der Gesellschaft anzusehen sind, kein Recht am Kapital und an der Verwaltung der übernehmenden Gesellschaft verbriefen. Dennoch vertreten sie die Auffassung, daß die Verschmelzung in der Form einer Einlage gegen Gewährung von Gründeranteilen stattfinden kann. In diesem Falle brauche kein Kauf, sondern könne eine Einlage vorliegen. Wenn nämlich, argumentieren sie, die Inhaber der Gründeranteile Gläubiger seien, so Gläubiger am Gewinn, den die Gesellschaft erziele. Sofern eine Gesellschaft beträchtliche Schulden aufweise, deren Tilgung den verwertbaren Wert ihres Vermögens erschöpfe und ihren Geschäftsbetrieb nicht gewinnbringend fortsetzen könne, sei es eine Verschmelzung, wenn diese Gesellschaft ihre Aktiva mit der Verpflichtung auf eine andere Gesellschaft übertrage, die Schulden mittels Hingabe von

[377] *Bastian*, Juris-Classeur Sociétés, Band VI bis Abschnitt 164 (1) Ziffer 35.

[378] Siehe oben Seite 68, 78/79 mit Nachweisen.

[379] *Houpin* und *Bosvieux*, Band II Randziffer 945 Seite 114.

Gründeranteilen zu tilgen, deren Bestimmung allein sei, am Gewinn der übernehmenden Gesellschaft teilzuhaben.

Diese Auffassung ist unzutreffend und hat mit der Möglichkeit, als Gegenleistung Gründeranteile zu gewähren, nichts zu tun. In dem von *Houpin* und *Bosvieux* gedachten Fall sind die Schulden mindestens ebenso hoch wie der Vermögenswert. Aus diesem Grunde ist mangels Einlage gar keine Verschmelzung gegeben[380].

Zu Unrecht beziehen sich *Houpin* und *Bosvieux*[381] auch auf *Auger*. Dieser lehnt gerade eine Verschmelzung ab und bejaht einen Kauf, wenn ausschließlich Gründeranteile gewährt werden[382]. Er schließt die Hingabe von Gründeranteilen nur nicht schlechthin aus, sondern unterscheidet wie folgt: Wird eine solche Anzahl von Aktien ausgegeben, daß jeder Aktionär der aufgelösten Gesellschaft auch mit proportionell denselben Rechten, die er innehatte, Aktionär der neuen Gesellschaft ist, liegt eine Verschmelzung vor. Wird die Rechtsstellung der Aktionäre dagegen verschlechtert, liegt ein bloßer Verkauf vor[383].

Abschließend ist zu sagen: alle anderen Gegenleistungen als solche, die in der Gewährung von Mitgliedschaftsrechten bestehen, machen eine Übertragung zu einem Kauf[384].

Selbstverständlich können *neben* den die Gesellschaftereigenschaft verbriefenden Wertpapieren auch Barzahlungen erfolgen und andere Papiere hingegeben werden, sofern dies auf Grund der Vermögenslage der übertragenden Gesellschaft möglich ist. Das ist dann eine Frage des Umtauschverhältnisses, die gesondert behandelt wird[385].

Hieraus folgt: Zwischen bereits bestehenden Gesellschaften muß ein Verschmelzungsvertrag geschlossen werden mit dem Ziel, daß entweder eine Gesellschaft ihr gesamtes Vermögen auf eine andere überträgt oder beide gemeinsam eine neue Gesellschaft errichten. Die übertragenden Gesellschaften müssen sich auflösen; die ihnen gewährte Gegenleistung für die erbrachte

380 Cour de Cass., arrêt vom 14. 6. 1887, Sirey 1887 1. Teil Seite 407; *Mestdagh*, Diss. Lille 1930 Seite 93.

381 *Houpin* und *Bosvieux*, Band II Randziffer 945 Seite 114.

382 *Auger*, Revue des Sociétés, 1925, Seite 49 ff. (54).

383 *Auger*, Revue des Sociétés 1925, 49 ff. (54).

384 *Auger*, a.a.O., Seite 54; *Hamel* und *Lagarde*, Randziffer 765 Seite 890; *Bastian*, Juris-Classeur Sociétés, Band VI bis, Abschnitt 164 (1) Ziffer 4, 14; vgl. auch oben Seite 68, 79/80, 86/87 mit weiteren Nachweisen.

385 Siehe unten Seite 126.

Einlage muß in Wertpapieren bestehen, die Mitgliedschaftsrechte verbriefen, damit die Gesellschaftereigenschaft der Gesellschafter der übertragenden Gesellschaft unangetastet erhalten bleibt.

Nachstehende Begriffsbestimmung ist für die Verschmelzung im französischen Recht aufzustellen:

> „Die Fusion ist ein gesellschaftsrechtlicher Vorgang. Zwei oder mehr Gesellschaften vereinigen ihr Vermögen, indem entweder eine bereits bestehende Gesellschaft ihr gesamtes Vermögen auf eine andere bereits bestehende Gesellschaft überträgt (Verschmelzung durch Aufnahme) oder zwei oder mehr Gesellschaften gemeinsam eine neue Gesellschaft gründen und die Gesamtheit ihres Vermögens auf diese übertragen (Verschmelzung durch Neugründung). Die übertragenden Gesellschaften gehen zwingend unter. Ihr jeweiliger Mitgliederstand wird mit denselben Rechten in die übernehmende beziehungsweise neue Gesellschaft übernommen, da die ihnen gewährte Gegenleistung in die Mitgliedschaft verbriefenden Papieren (Aktien beziehungsweise Anteilen) besteht."

II. Kreis der Gesellschaften, deren Verschmelzung untereinander möglich ist

A. Die Verschmelzung französischer Kapitalgesellschaften

Welche Gesellschaften sich nach französischem Recht verschmelzen können, ist an keiner Stelle ausdrücklich geregelt. Generell wird zugelassen, daß sich Gesellschaften aller Rechtsformen, also auch Kapitalgesellschaften und Personengesellschaften sei es miteinander, sei es unter Beteiligung zweier Gesellschaften verschiedener Art, durch Aufnahme und Neugründung verschmelzen können[386]. Abgesehen von der Untersuchung, mit welcher Mehrheit die Gesellschafter die Fusion zu beschließen haben, fehlt eine eingehende Darstellung der einzelnen Fälle, in denen eine echte Verschmelzung, die der oben entwickelten Begriffsbestimmung[387] entspricht, vorliegt. Die Vorschrift

[386] *Auger*, Revue des Sociétés 1925, 49 ff. (56); *Bastian*, Juris-Classeur Sociétés, Band VI bis Abschnitt 164 (1) Randziffer 59, 60; Band IV Abschnitt 71 (8) Randziffer 43; *Dalsace* bei *Dalloz*, Encyclopaedie juridique, Répertoire de Droit Commercial et des Sociétés, Band III Stichwort „Fusion", Randziffer 13—16; *Lyon-Caen* und *Renault*, Traité, 2. Band 2. Teil Randziffer 912 Seite 504; *Mazeaud*, Revue des Sociétés 1924, 187 ff. (189).

[387] Siehe oben.

des Artikels 3 Absatz 6 des Gesetzes vom 24. Juli 1867 in der Fassung des Dekretes Nr. 54—1226 vom 7. Dezember 1954 bietet keine Anhaltspunkte, da sie die Fusion nur im Zusammenhang mit der Ausnahmebestimmung für die wertpapierrechtliche Übertragung von Stammaktien[388] erwähnt.

1. Die Verschmelzung von Aktiengesellschaften

Die Zulässigkeit einer Verschmelzung von Aktiengesellschaften geht aus Artikel 24 Absatz 1 in Verbindung mit Artikel 3 Absatz 6 des Gesetzes vom 24. Juli 1867 in der Fassung des Dekretes Nr. 54—1226 vom 7. Dezember 1954 hervor. Dort sind im Zusammenhang mit der Gewährung von Stammaktien[389] sowohl die Verschmelzung durch Aufnahme als auch die Verschmelzung durch Neugründung genannt. Einzelheiten sind im Gesetz nicht geregelt.

Die Fusion von Aktiengesellschaften ist der Normalfall der Unternehmenskonzentration[390]. Sie erfolgt in der Weise, daß eine Aktiengesellschaft ihr Vermögen als Ganzes gegen Gewährung von Mitgliedschaftsrechten auf eine andere Aktiengesellschaft überträgt. Rechtliche Probleme hinsichtlich des Überganges der Mitgliedschaftsrechte ergeben sich nicht, da es sich um eine Vereinigung von Kapitalgesellschaften gleicher Rechtsform handelt. Hat die übertragende Aktiengesellschaft zudem länger als zwei Jahre bestanden[391], haben die Aktionäre der übertragenden Gesellschaft auch sogleich das volle aktienrechtliche Verfügungsrecht über die als Gegenleistung erhaltenen Stammaktien.

2. Die Verschmelzung von Kommanditgesellschaften auf Aktien

Die Verschmelzung von Kommanditgesellschaften auf Aktien durch Aufnahme und Neugründung ist ebenso zulässig wie die Verschmelzung von Aktiengesellschaften. Zusätzliches Erfordernis ist hier nur, daß der persönlich haftende Gesellschafter ausdrücklich der Verschmelzung zustimmt.

3. Die Verschmelzung von Aktiengesellschaften und Kommanditgesellschaften auf Aktien

Die Aktiengesellschaft kann sowohl übernehmende als übertragende Gesellschaft sein. Darüber hinaus können Aktiengesellschaften sich durch Neu-

[388] Vgl. unten Seite 129 ff.
[389] Vgl. unten Seite 129 ff.
[390] *Hamel* und *Lagarde*, Randziffer 765 Seite 889.
[391] Einzelheiten vgl. unten Seite 129 ff.

gründung einer Kommanditgesellschaft auf Aktien vereinigen. Ferner können Kommanditgesellschaften auf Aktien ihr Vermögen durch Neugründung einer Aktiengesellschaft vereinigen. Endlich können Aktiengesellschaften und Kommanditgesellschaften auf Aktien gemeinsam eine Aktiengesellschaft oder eine Kommanditgesellschaft auf Aktien errichten[392].

Diese Varianten folgen aus der Fassung des Artikels 3 Absatz 6 des Gesetzes vom 24. Juli 1867, in dem schlechthin von „sociétés par actions" die Rede ist. Dieser Oberbegriff deckt die Aktiengesellschaft (société anonyme) und die Kommanditgesellschaft auf Aktien (société en commandite par actions).

4. Die Verschmelzung von Gesellschaften mit beschränkter Haftung

Das Gesetz betreffend die Gesellschaften mit beschränkter Haftung vom 7. März 1925 enthält keine Hinweise auf die Möglichkeit einer Fusion.

Aus dem Schweigen des Gesetzgebers wird allgemein gefolgert, daß eine Verschmelzung zweier Gesellschaften mit beschränkter Haftung rechtlich zulässig ist, und zwar sowohl durch Aufnahme als auch durch Neugründung[393].

Während bei der Aktiengesellschaft und der Kommanditgesellschaft auf Aktien die Mitgliedschaftsrechte durch Aktien verkörpert werden und somit nach außen in Erscheinung treten, darf eine französische Gesellschaft mit beschränkter Haftung keine Wertpapiere ausgeben (Artikel 4 Absatz 4 des Gesetzes vom 7. März 1925). Die Anteile dürfen dementsprechend nicht durch Wertpapiere verbrieft sein (Artikel 21) und können nur durch notariellen oder privatschriftlichen Vertrag (Artikel 23), an einen Dritten nur mit Zustimmung einer Kapitalmehrheit von drei Vierteln (Artikel 22) übertragen werden.

Nach Erfüllung aller gesetzlichen Voraussetzungen ist kein Grund ersichtlich, der einer Verschmelzung von Gesellschaften mit beschränkter Haftung entgegenstehen kann. Die Mitgliedschaftsrechte zugunsten der Gesellschafter der übertragenden Gesellschaft gehen nach der Zuteilung entsprechend den Vorschriften der Artikel 22, 23 des Gesetzes vom 7. März 1925 über. Der Umfang der Rechte und Pflichten des einzelnen Gesellschafters bleibt gleich.

[392] Vgl. Cour de Cass., Ch. Req., 21.7.1932, Journal des Sociétés 1932, 654 ff. (654, 655).

[393] ANSA, Broschüre 109 Seite 12; *Auger*, Revue des Sociétés 1925, 49 ff. (57, 65); *Bastian*, Juris-Classeur Sociétés Band IV Abschnitt 72 (8) Randziffer 43, 45 a) und 45 b); *Dalsace* und *Dalloz*, Encyclopaedie juridique, Répertoire de Droit Commercial et des Sociétés, Band III, Sociétés, Stichwort „Fusion", Randziffer 15; *Mestdagh*, Diss. Lille 1930 Seite 40, 46, 51; *Moliérac*, Band II Formularteil Seite 927 unter VII.

5. Die Verschmelzung von Gesellschaften mit beschränkter Haftung mit Aktiengesellschaften oder Kommanditgesellschaften auf Aktien

Die französische Rechtslehre steht, soweit das Problem überhaupt behandelt wird, auf dem Standpunkt, daß eine Fusion einer Gesellschaft mit beschränkter Haftung mit einer Aktiengesellschaft beziehungsweise Kommanditgesellschaft auf Aktien ohne weiteres möglich ist. Die Verschmelzung soll danach dieselben Begriffsmerkmale aufweisen wie bei der Verschmelzung von Aktiengesellschaften[394].

Demnach hat auch eine Gewährung von Mitgliedschaftsrechten an der jeweils übernehmenden Gesellschaft zu erfolgen.

a) Die Gesellschaft mit beschränkter Haftung ist übertragende Gesellschaft

Die Gesellschafterstellung der Aktionäre geht aus der Aktie, einem Wertpapier, hervor. Der Gesellschaftsanteil des einer Gesellschaft mit beschränkter Haftung angehörenden Gesellschafters darf nach den Vorschriften des Gesetzes vom 7. März 1925 nicht durch ein Wertpapier verbrieft werden.

Überträgt eine Gesellschaft mit beschränkter Haftung ihr Vermögen auf eine Aktiengesellschaft oder Kommanditgesellschaft auf Aktien, erhalten die Gesellschafter Stammaktien. Ihre bisherige Rechtsstellung wird in mehrfacher Hinsicht verändert:

Die Nachschußpflicht im Falle des Konkurs- oder Vergleichsverfahrens (Artikel 25 Absatz 2 des Gesetzes vom 7. März 1925 in der Fassung des Dekretes vom 9. August 1953) entfällt. Anstelle der bisherigen (ideellen) Anteile erhalten sie Wertpapiere, die – abgesehen von der Sperrfrist des Artikels 3 Absatz 5 des Gesetzes vom 24. Juli 1867 in der Fassung des Dekretes vom 7. Dezember 1954 – frei veräußerlich sind. Ihre Gesellschafterstellung wird durch die Verschmelzung verbessert.

Eine Verschmelzung einer Gesellschaft mit beschränkter Haftung durch Übertragung des Vermögens auf eine Aktiengesellschaft oder Kommanditgesellschaft auf Aktien begegnet keinen rechtlichen Bedenken.

b) Die Gesellschaft mit beschränkter Haftung ist übernehmende Gesellschaft

Bastian[395] hält mit der Begründung, daß eine Umwandlung einer Aktiengesellschaft in eine Gesellschaft mit beschränkter Haftung möglich sei, auch

[394] ANSA, Broschüre 109 Seite 12; *Bastian*, Juris-Classeur Sociétés, Band IV Abschnitt 71 (8) Randziffer 43.

[395] *Bastian*, Juris-Classeur Sociétés, Band IV Abschnitt 71 (8) Randziffer 43.

eine Verschmelzung für zulässig. *Dalsace*[396] schränkt die Zulässigkeit einer Fusion ein und lehnt sie ab, wenn die Aktiengesellschaft Gewinn- und Gründeranteile oder Obligationen ausgegeben hat, weil dann das Verbot der Wertpapierausgabe gemäß Artikel 4 des Gesetzes vom 7. März 1925 eingreife. Bisher ist eine Verschmelzung einer Gesellschaft mit beschränkter Haftung mit einer Aktiengesellschaft oder Kommanditgesellschaft auf Aktien durch Übertragung des Vermögens der Aktiengesellschaft (Kommanditgesellschaft auf Aktien) nach einstimmig gefaßtem Beschluß der Generalversammlung auch noch nicht bekanntgeworden[397].

Die Umwandlungsmöglichkeit bietet keinen Grund, die Zulässigkeit einer Verschmelzung zu bejahen. Im Gegensatz zur Fusion geht die übertragende Gesellschaft gerade nicht unter, sondern besteht in veränderter Rechtsform weiter.

Darüber hinaus würde die Rechtsstellung der Aktionäre der übertragenden Gesellschaft verschlechtert. Ihre Haftung, die sich in der Aktiengesellschaft stets auf die Vollzahlung der Aktie beschränkt (Artikel 33 Code de Commerce, Artikel 31 Absatz 1 des Gesetzes vom 24. Juli 1867 in der Fassung der Ordonnance Nr. 59—123 vom 7. Januar 1959), wird für den Fall des Konkurs- oder Vergleichsverfahrens verschärft. Anstelle der frei veräußerlichen Wertpapiere erhalten sie Anteile, die ohne Zustimmung der Kapitalmehrheit von drei Vierteln nicht abtretbar sind. Hinzu kommen die Formvorschriften und die Anzeige an die Gesellschaft.

Die Mitgliedschaftsrechte sind also nicht gleichwertig. Aus diesem Grunde ist entgegen der herrschenden Lehre die Übernahme des Vermögens einer Aktiengesellschaft oder Kommanditgesellschaft auf Aktien als unzulässig abzulehnen.

6. Verschmelzung unter Beteiligung von Personengesellschaften

Die Zulässigkeit einer Verschmelzung von Personengesellschaften untereinander[398] kann unerörtert bleiben. Die Verschmelzung einer Personen-

[396] *Dalsace* bei *Dalloz*, Encyclopaedie juridique, Répertoire de Droit Commercial et des Sociétés, Band III, Sociétés, Stichwort „Fusion" Randziffer 13.

[397] *Dalsace*, a.a.O., Randziffer 13.

[398] Zustimmend allgemein: *Auger*, Revue des Sociétés 1925, 49 ff. (57); *Dalsace* bei *Dalloz*, Encyclopaedie juridique, Répertoire de Droit Commercial et des Sociétés, Band III, Sociétés, Stichwort „Fusion" Randziffer 16; *Lyon-Caen* und *Renault*, 2. Band 1. Teil Randziffer 338 Seite 341 für offene Handelsgesellschaften.

gesellschaft mit einer Aktiengesellschaft, Kommanditgesellschaft auf Aktien[399] oder Gesellschaft mit beschränkter Haftung[400] durch Übertragung des Vermögens der offenen Handelsgesellschaft oder Kommanditgesellschaft auf die Kapitalgesellschaft stößt auf keine Bedenken.

Der umgekehrte Fall der Fusion durch Übertragung des Vermögens der Kapitalgesellschaft auf die Personengesellschaft[401] ist trotz bestehender Umwandlungsmöglichkeit nicht gangbar. Organisation der Gesellschaft und Haftung der Gesellschafter weichen in so erheblichem Maße voneinander ab, daß bei Beteiligung von Aktiengesellschaften im Sinne des Gesetzes von 1867 eine Verschmelzung aus denselben Gründen wie bei Beteiligung einer Gesellschaft mit beschränkter Haftung unzulässig ist.

Wenn eine Gesellschaft mit beschränkter Haftung ihr Vermögen auf eine Personengesellschaft überträgt[402], ergeben sich ebenfalls Bedenken. Gemäß Artikel 1873 Code Civil finden die Vorschriften des bürgerlichen Rechts auf die offene Handelsgesellschaft und Kommanditgesellschaft Anwendung, soweit nicht Bestimmungen des Code de Commerce entgegenstehen. Die gesamtschuldnerische Haftung der Gesellschafter (Artikel 22 Code de Commerce, Artikel 1862 Code Civil) besteht gemäß Artikel 8 Absatz 1 des Gesetzes vom 7. März 1925 nur für die Wertbemessung von Sacheinlagen und kann gemäß Artikel 25 Absatz 2 im Fall des Konkurs- oder Vergleichsverfahrens angeordnet werden. Die Übertragung der im Code de Commerce nicht geregelten Anteile erfolgt allein nach zivilrechtlichen Grundsätzen. Die Höhe der Anteile bemißt sich nach der Einlage. Hinzu kommt das Kündigungsrecht, das an die Stelle des Beschlusses über die Auflösung tritt. Die Position der Gesellschafter wird so tiefgreifend umgestaltet, daß von einem Übergang der Mitgliedschaftsrechte nicht gesprochen werden kann.

[399] *Bastian*, Juris-Classeur Sociétés, Band VI bis, Abschnitt 164 (1) Randziffer 59; *Lyon-Caen* und *Renault*, 2. Band 2. Teil Randziffer 912 Seite 507.

[400] *Bastian*, Juris-Classeur Sociétés, Band IV Abschnitt 71 (8) Randziffer 43, Cour de Cass., Ch. Req., 26. 10. 1930, Journal des Sociétés 1931, 96 ff. (96, 97).

[401] *Bastian*, Juris-Classeur Sociétés, Band VI bis Abschnitt 164 (1) Randziffer 60; Band IV Abschnitt 71 (8) Randziffer 43; *Lyon-Caen* und *Renault*, 2. Band 2. Teil Randziffer 912 Seite 508.

[402] Zust. *Bastian*, a.a.O., Band IV Abschnitt 71 (8) Randziffer 43.

B. Verschmelzung einer französischen Gesellschaft mit einer ausländischen Gesellschaft

In der Literatur wird vielfach vorausgesetzt, daß sich eine französische Gesellschaft mit einer ausländischen Gesellschaft verschmelzen könne[403]. Als Vorfrage ist zu untersuchen, ob man in bezug auf Kapitalgesellschaften von einer Staatsangehörigkeit sprechen kann und, sofern diese Frage zu bejahen ist, welche Begriffsmerkmale sie erfüllen muß. Ferner ist zu untersuchen, ob und unter welchen Voraussetzungen ausländische Gesellschaften sich in Frankreich niederlassen und mit französischen Gesellschaften verschmelzen können.

1. Die Staatsangehörigkeit von Kapitalgesellschaften nach französischem Recht

Weder im Code de Commerce noch in den Einzelgesetzen über die Kapitalgesellschaften findet sich eine Bestimmung, welche Gesellschaften der französischen Rechtsordnung unterliegen und welche Elemente vorliegen müssen, damit von einer „französischen" Gesellschaft die Rede sein kann.

Fraglich könnte sein, ob Artikel 102 Absatz 1 des Code Civil:

> „Für die Ausübung der bürgerlichen Rechte eines Franzosen ist sein Domizil, das heißt: wo sich seine Hauptniederlassung befindet, ausschlaggebend." [404]

sich auf Kapitalgesellschaften anwenden läßt. Die französische Rechtslehre geht davon aus, daß Gesellschaften eine Staatsangehörigkeit haben müssen[405]. Nach gewissen, politisch bedingten Schwankungen während und nach Beendigung des ersten und zweiten Weltkrieges[406] haben sich die Autoren dagegen entschieden, die Staatsangehörigkeit der einzelnen Gesellschafter,

[403] ANSA, Broschüre 109 Seite 13; *Bastian*, Juris-Classeur Sociétés Band VI bis Abschnitt 164 (1) Ziffer 64, 65; Abschnitt 164 (3) Ziffer 14; *Copper-Royer*, de la fusion, Seite 87; *Décugis*, Seiten 53, 54, 56, 57; *Escarra*, Band III Randziffer 1217 Seite 291; *Houpin* und *Bosvieux*, Band I Randziffer 441 Seite 522; Band II Randziffer 941 Seite 121; Randziffer 1261 Seite 476; Band III Randziffer 2155 Seite 280; *Mestdagh*, Dissertation Lille 1930 Seite 68, 69; *Moliérac*, Randziffer 1368 Seite 354; Tribunal comm. de la Seine, 19. 10. 1906, Journal des Sociétés 1907, 226 ff.

[404] „Le domcile de tout Français, quant à l'exercice de ses droits civils, est au lieu où il a son principal établissement."

[405] *Copper-Royer*, Traité, Band II Randziffer 310 Seite 348; *Moliérac*, Band I, Randziffer 71 Seite 59; Tribunal de conflits, 23. 11. 1959, J. C. P. 1960 2. Teil Spalte 11 430.

[406] Nachweise bei *Batiffol*, 3. Aufl. 1959, Randziffer 195 Seite 235; *Houpin* und *Bosvieux*, Band III Randziffer 2155 Seite 284/285; *Leven*, de la nationalité des

der Direktoren oder Mitglieder des Conseil d'Administration oder derjenigen Personen, die das Kapital kontrollieren, über die Staatsangehörigkeit der Gesellschaft bestimmen zu lassen. Vielmehr ist für die Nationalität einer Gesellschaft maßgeblich, wo sich der wahre – nicht etwa fiktive – Sitz der Gesellschaft befindet[407].

Der Sitz der Gesellschaft bestimmt sich nach französischer Auffassung wie folgt:

> „Sitz der Gesellschaft ist der Konzentrationspunkt des Rechtslebens der Gesellschaft, das heißt er befindet sich dort, wo er nach der Satzung festgelegt ist, wo der Conseil d'Administration sich aufhält, die Generalversammlungen zusammentreten, wo Kasse und Bücher geführt werden, an dem Orte, mit dem der Briefverkehr geführt wird und wo der Gerichtsstand begründet ist." [408]

Liegt der Sitz der Gesellschaft auf französischem Staatsgebiet und sind alle obenstehenden Merkmale erfüllt, dann besitzt eine Gesellschaft die französische Staatsangehörigkeit.

Die bloße Tatsache einer Sitzverlegung in das Ausland führt, für sich allein gesehen, keinen Wechsel der Staatsangehörigkeit herbei. Vielmehr entscheiden die tatsächlichen Umstände über die Beibehaltung oder den Verlust der Staatsangehörigkeit. Ferner ist zu berücksichtigen, ob das französische Recht,

sociétés, Seite 117—120; *Mestdagh,* Diss. Lille 1930 Seite 68 gegen Colmar, 29.10.1929 (*Sirey* 1927 2. Teil Seite 33), wonach bei der oHG die Staatsangehörigkeit der Gesellschafter diejenige der Gesellschaft bestimme.

407 *Batiffol* 1949, Randziffer 196 Seite 236; 3. Aufl. Randziffer 194 Seite 233, Conseil d'Etat, arrêt vom 22. 2. 1960, Droit Européen 1961 Seite 37; *Copper-Royer,* Traité, Band II Randziffer 310 Seite 348/349; *Houpin* und *Bosvieux,* Band III Randziffer 2155 Seite 283; *Mestdagh,* Diss. Lille 1930 Seite 68; *Moliérac,* Band I Randziffer 71 Seite 59/60; *Savatier* bei *Dalloz,* Encyclopaedie juridique, Répertoire de Droit commercial et des Sociétés, Band III Sociétés, Stichwort „Siège social", Randziffer 63 Seite 679.

408 *Batiffol,* Traité élementaire de Droit international privé, 1. Auflage 1949 Randziffer 193 Seite 211; 3. Auflage 1959, Randziffer 194 Seite 233, *Houpin* und *Bosvieux,* Randziffer 1020 Seite 188, 189, Band II; Randziffer 2155 Seite 283, Band III, ähnlich *Leven,* de la nationalité des sociétés, 1926, Seite 83; *Savatier* bei *Dalloz,* Encyclopaedie juridique, Répertoire de Droit commercial et des Sociétés, Stichwort „Siège social", Randziffer 63 Seite 679; Cass. civ., Urteil vom 12. Mai 1955, Droit des Sociétés No. 28 bis; *Dalloz* 1959, sommaire Seite 103.

dem bisher das gesamte Rechtsleben der Gesellschaft unterstanden hat, von einer ausländischen Gesetzgebung abgelöst werden soll[409].

Endlich kommt es auch darauf an, ob der ausländische Staat, in den die französische Gesellschaft ihren Sitz verlegen will, es duldet, daß eine der französischen Rechtsordnung unterstehende Gesellschaft ohne Änderung ihrer Satzung und ohne Veränderung der französischen Gesetzesbestimmungen, die über das Verhältnis zu Dritten und das Verhältnis der Gesellschafter zueinander bestimmen, auf seinem Staatsgebiet als französische Gesellschaft am Rechtsleben teilnimmt, mit seinen Staatsangehörigen Geschäfte schließt und wie eine inländische Gesellschaft behandelt wird.

Houpin läßt überhaupt nicht zu, daß eine französische Gesellschaft ihren Sitz im Ausland haben kann[410]. Er fordert, daß sie ihren Sitz ständig im französischen Inland habe und nimmt von diesem Erfordernis lediglich die Zweigniederlassung aus. Verlegt eine französische Gesellschaft ihren Sitz ins Ausland, verliert sie damit nicht nur ihre ursprüngliche Staatsangehörigkeit[411], sondern wird nach seiner Auffassung ohne weiteres aufgelöst. Allerdings schränkt er diese Meinung dahin ein, daß er es für zulässig hält, mit Zustimmung sämtlicher Aktionäre die Staatsangehörigkeit zu wechseln und den Sitz der Gesellschaft in das Ausland zu verlegen.

Hierfür gibt das Gesetz vom 24. Juli 1867 betreffend Aktiengesellschaften in seinem Artikel 31 eine Handhabe. Seit dem durch das Gesetz vom 1. Mai 1930 geschaffenen Rechtszustand, wodurch Artikel 31 des Gesetzes eingeschränkt wurde, war eine Sitzverlegung an einen außerhalb Frankreichs oder der französischen Kolonien liegenden Ort verboten und der Generalversammlung untersagt, die Umwandlung der Gesellschaft in eine einer fremden Rechtsordnung unterliegende Gesellschaft zu beschließen. Durch die

409 *Houpin* und *Bosvieux,* Band III, Randziffer 1020 Seite 189; Amiens, Urteil vom 29. Juni 1895, Journal des Sociétés 1896 Seit 177; Cassation, Entscheidung vom 29. März 1898, Journal des Sociétés 1898, 308; *Leven,* de la nationalité des sociétés, Seite 247 ff.

410 *Houpin* und *Bosvieux,* Band III Randziffer 1020 Seite 190; Randziffer 2155 Seite 286: „Keine Sitzverlegung kann ohne Auflösung stattfinden.“ Ebenso *Molièrac,* Band I, Randziffer 71 Seite 59; Cour de Cassation, arrêt vom 20. 10. 1953, J. C. P. 1954 2. Teil Spalte 7898.

411 *Batiffol,* 1. Auflage 1949, Randziffer 194 Seite 214; ausgenommen von der Rechtsfolge der Auflösung sind solche Gesellschaften, deren Sitz auf Grund völkerrechtlicher Verträge dadurch geändert wird, daß das Territorium, auf dem sie errichtet wurden, an einen anderen Staat fällt (Versailler Friedensvertrag, Artikel 53, Vertrag von St. Germain, Artikel 75).

Ordonnance No. 59–123 vom 7. Januar 1959 ist Artikel 31 Absatz 1 des Gesetzes vom 24. Juli 1867 neu gefaßt worden und bestimmt jetzt folgendes:

> „Die Generalversammlung kann die von den Aktionären eingegangenen Verpflichtungen nicht erhöhen; sie kann die Staatsangehörigkeit der Gesellschaft unter der Bedingung verändern, daß der Staat, dessen Staatsangehörigkeit die Gesellschaft erwerben und in dessen Gebiet sie ihren Sitz verlegen will, mit Frankreich eine besondere Konvention abgeschlossen hat, die derartige Rechtshandlungen zuläßt und die Rechtspersönlichkeit der Gesellschaft bestehen läßt."

Nach dem zur Zeit in Frankreich geltenden Recht kann eine französische Aktiengesellschaft ihren Sitz in das Ausland verlegen, ohne daß sie durch die Sitzverlegung aufgelöst werden muß. Sie kann als Gesellschaft ebenso wie eine natürliche Person eine fremde Staatsangehörigkeit annehmen. In diesem Fall verliert sie die französische Staatsangehörigkeit. Liegen die Voraussetzungen des Artikels 31 in der Fassung der Ordonnance No. 59–123 vom 7. Januar 1959 nicht vor, geht sie nicht nur ihrer Staatsangehörigkeit verlustig, sondern wird aufgelöst.

Die Staatsangehörigkeit der Gesellschaft mit beschränkter Haftung ist ebensowenig wie diejenige der Aktiengesellschaft ausdrücklich geregelt. Der französische Gesetzgeber geht davon aus, daß eine solche Gesellschaft eine Staatsangehörigkeit hat und läßt es – ebenso wie bei der Aktiengesellschaft – zu, daß die Gesellschafter über einen Wechsel in der Staatsangehörigkeit bestimmen können. Artikel 31 des Gesetzes vom 7. März 1925 entspricht Artikel 31 des Gesetzes vom 24. Juli 1867 und hat folgenden Wortlaut:

> „Die Gesellschafter können eine Veränderung der Staatsangehörigkeit der Gesellschaft nur einstimmig beschließen. Alle anderen Satzungsänderungen werden vorbehaltlich abweichender Regelung von einer Gesellschaftermehrheit beschlossen, die drei Viertel des Gesellschaftskapitals vertritt. In keinem Fall kann die Mehrheit einen Gesellschafter verpflichten, seinen Gesellschaftsanteil zu erhöhen." [412]

2. Ausländische Gesellschaften mit Sitz in Frankreich

Die Gesetze des Ursprungslandes bestimmen, ob eine ausländische Gesellschaft wirksam errichtet worden ist oder nicht. Hat eine Gesellschaft, obwohl

[412] „Les associés ne peuvent, si ce n'est pas à l'unanimite, changer la nationalité de la société. Toutes autres modifications dans les statuts, sauf stipulation contraire, sont décidées à la majorité des associés représentant les trois quarts du capital social. Toutefois, dans aucun cas, la majorité ne peut obliger un des associés à augmenter sa part sociale."

sie fremdem Recht unterworfen sein will, die französische Staatsangehörigkeit, so muß sie die Formalien der französischen Gesetze erfüllen. Tut sie das nicht, ist sie vom französischen Recht her gesehen nichtig[413], was für die Aktiengesellschaft die zivil- und strafrechtliche Haftung auslöst.

Für die Vergangenheit gesehen hat jedoch eine Gesellschaft bestanden, die liquidiert werden muß und die auch als im Konkurs befindlich erklärt werden kann. Soll die Gesellschaft hingegen die französische Staatsangehörigkeit haben, sind folgende Punkte zu beachten:

1. Allein die Direktoren einer französischen Gesellschaft haben für die Handelsgerichte und Handelskammern das aktive und passive Wahlrecht (Gesetze vom 19. Februar 1908 und vom 8. Dezember 1933, Artikel 1 und 8).
2. Will eine ausländische Gesellschaft klagen, muß sie Sicherheit für die Prozeßkosten leisten. Jeder Franzose kann sie vor einem französischen Gericht verklagen.
3. Die Ausgabe und der Handel mit ihren Aktien an französischen Börsen unterliegt Sonderregeln[414].
4. Sie unterliegen einer abweichenden Besteuerung[415].

Hiermit erschöpfen sich aber noch nicht alle Bedingungen, die an eine ausländische Gesellschaft mit Sitz in Frankreich zu stellen sind, damit sie legal ihre Tätigkeit in Frankreich entfalten kann. Vielmehr bedarf es einer Genehmigung, die in verschiedenen Formen erteilt werden kann.

Das Gesetz vom 30. Mai 1857 betreffend die Anerkennung belgischer Aktiengesellschaften gibt dem Conseil d'Etat in Artikel 2 die Möglichkeit, die Genehmigung auf Gesellschaften aller anderen Staaten auszudehnen. Zwar setzt das Gesetz von 1857 voraus, daß der ausländische Staat zunächst die Gesellschaft genehmigt und sodann Frankreich die Genehmigung zur Ausübung ihrer Rechte erteilt. Das französische Aktiengesetz vom 24. Juli 1867 schaffte zwar in Artikel 21 die Genehmigungspflicht für Aktiengesellschaften ab, setzte das Gesetz von 1857 aber nicht außer Kraft. Da in den meisten Staaten ein besonderes Genehmigungsverfahren für Aktiengesellschaften nicht besteht[416], ist an dem Erfordernis einer vorherigen Genehmigung der Aktiengesellschaft durch den ausländischen Staat nicht festzuhalten.

[413] *Moliérac*, Band II Randziffer 1569 Seite 473.

[414] Hierauf im einzelnen einzugehen würde den Rahmen der vorliegenden Arbeit sprengen.

[415] *Houpin* und *Bosvieux*, Band III Randziffer 2154 Seite 279.

[416] *Houpin* und *Bosvieux*, Band III Randziffer 2156, 2157 Seite 287—289.

Die Genehmigung (autorisation) seitens des französischen Staates kann entweder durch ein Dekret[417] erfolgen oder in diplomatischen Verträgen[418] enthalten sein.

a) Genehmigung durch ein Dekret

Durch das in Artikel 2 des Gesetzes vom 30. Mai 1857 vorgesehene Dekret haben beispielsweise Gesellschaften nachstehender Staaten die Genehmigung zur Ausübung ihrer Rechte in Frankreich erlangt[419]: Türkei und Ägypten, Dekrete vom 7. und 18. Mai 1859; Schweiz, Dekret vom 11. Mai 1867; Preußen, Dekret vom 19. Dezember 1866; Sachsen, Dekret vom 23. Mai 1868 und Österreich, Dekret vom 28. Juni 1868[420].

b) Genehmigung durch diplomatische Verträge

Für Fälle einer Genehmigung durch diplomatischen Vertrag gibt es eine Reihe historischer Beispiele. Vor 1871 haben zwischen den Hansestädten und dem Großherzogtum Mecklenburg-Schwerin einerseits und Frankreich andererseits eine Reihe von Handels- und Schiffahrtsverträgen bestanden, wodurch Gesellschaften dieser Staaten in Frankreich ihre Rechte ausüben konnten und als Handelsgesellschaften anerkannt waren. Als Folge des deutsch-französischen Krieges von 1870/71 sind diese Verträge außer Kraft getreten, durch Artikel 11 des Frankfurter Vertrages vom 10. Mai 1871 und Artikel 18 der Zusatzkonvention vom 11. Dezember 1871 aber ausdrücklich wieder in Kraft gesetzt worden. Ihre endgültige Aufhebung erfolgte durch Artikel 289 des Versailler Vertrages vom 28. Juni 1919[421]. Nach dem ersten Weltkrieg wurde erst 1934 wieder ein Handelsvertrag mit Frankreich abgeschlossen, der wiederum außer Kraft gesetzt wurde. Im Niederlassungs- und Schiffahrtsvertrag zwischen der Bundesrepublik

[417] *Batiffol*, 3. Aufl. Randziffer 2015 Seite 243/244; *Décugis*, Seite 56; *Houpin* und *Bosvieux*, Band III Randziffer 2157 Seite 287/288; *Moliérac*, Band II Ranziffer 1569 Seite 473.

[418] *Batiffol*, a.a.O., *Décugis*, Seite 56; *Houpin* und *Bosvieux*, Band III Randziffer 2159 Seite 289.

[419] Nachweise bei *Décugis*, Seite 55/56; *Houpin* und *Bosvieux*, Band III Randziffer 2158 Seite 289.

[420] Auf Grund der Kriegsereignisse sind die Genehmigungen, soweit sie Staaten auf deutschem Territorium betreffen, in Fortfall gekommen. Zur Zeit besteht kein Dekret, das deutschen Gesellschaften die freie Ausübung ihrer Rechte in Frankreich gestattet.

[421] *Houpin* und *Bosvieux*, Band III Randziffer 2159 Seit 289/290.

Deutschland und der Französischen Republik vom 29. Oktober 1956[422] werden Handelsgesellschaften grundsätzlich gegenseitig anerkannt (Artikel VI Absatz 1). Das Betreiben von Zweigniederlassungen, Agenturen und Geschäftsstellen ist gemäß Artikel VI Absatz 2 unbeschränkt möglich. Die Errichtung von Gesellschaften (Artikel VI Absatz 3) kann nach eventueller vorhergehender, in den Gesetzen eines Vertragsstaates vorgesehener Genehmigung[423] durchgeführt werden.

c) Charakter der Genehmigung, Rechtsstellung der genehmigten Gesellschaft

Von französischer Seite ist im Rahmen des Genehmigungsverfahrens zu prüfen, ob die ausländische Gesellschaft Dritten gegenüber denselben Schutz verbrieft, wie das seitens einer französischen Gesellschaft durch das französische Recht vorgesehen ist. Ist dies der Fall, kann eine Genehmigung erteilt werden, wobei darauf verzichtet werden kann, daß für eine französische Gesellschaft in dem betreffenden ausländischen Staat die Gegenseitigkeit verbürgt ist[424].

Nach erteilter Genehmigung können eine ausländische Aktiengesellschaft, Kommanditgesellschaft auf Aktien und Gesellschaft mit beschränkter Haftung grundsätzlich frei ihre Rechte in Frankreich ausüben[425].

Französisches Recht ist auf die genehmigte ausländische Gesellschaft nur insoweit anwendbar, als ein fremdes Rechtssubjekt ihm überhaupt unterliegt[426].

Das nationale Recht entscheidet über die Rechtspersönlichkeit (personnalité civile) der betreffenden Gesellschaft. Dem französischen Handelsrecht ist zu entnehmen, ob sie die Kaufmannseigenschaft besitzt.

Nationales Recht ist ferner maßgebend für Errichtung, Tätigkeit, Auflösung der Gesellschaft und Satzungsänderungen[427].

Eine ausländische Gesellschaft kann also als Ausländerin ohne Verlust ihrer Staatsangehörigkeit ihren Sitz in Frankreich haben, überwiegend ausländi-

[422] BGBl 1957 II Seite 1661 ff., BGBl 1959 II S. 929.

[423] BGBl 1957 II Seite 1672, Schriftwechsel zwischen *Pineau* und *von Brentano.*

[424] *Houpin* und *Bosvieux,* Band III Randziffer 2160 Seite 290/291.

[425] *Houpin* und *Bosvieux,* Band III Randziffer 2161—2163, Seite 291—293.

[426] Hierunter fallen polizeirechtliche und sicherheitsrechtliche Bestimmungen, vgl. *Dalloz,* Code de Commerce, 59. Aufl. 1963, Gesetz vom 30. 5. 1857 Anm. 4 mit Nachweisen.

[427] *Batiffol,* 3. Aufl. 1959 Randziffer 201—203, Seite 243—248; *Décugis,* Seite 56/57; *Houpin* und *Bosvieux,* Band III Randziffer 2164—2166 Seite 293—295.

schem Recht unterworfen sein und dort frei ihre Rechte ausüben, sofern die oben beschriebenen Voraussetzungen erfüllt sind.

C) Verschmelzung einer französischen Gesellschaft mit einer ausländischen Gesellschaft

In der französischen Gesellschaftsrechtsliteratur wird nicht ausdrücklich unterschieden, ob die ausländische Gesellschaft, mit der sich die französische Gesellschaft verschmilzt, ihren Sitz im französischen Hoheitsgebiet hat oder nicht. Eine Differenzierung der Untersuchung im Hinblick auf den Sitz der ausländischen Gesellschaft und die damit verbundenen Rechtsfolgen erscheint aber gerade im Hinblick auf die Staatsangehörigkeit der französischen Gesellschaft geboten und gerechtfertigt.

1. Verschmelzung mit einer ausländischen Gesellschaft mit Sitz im Ausland durch Übertragung des Vermögens auf die ausländische Gesellschaft

In der Literatur wird der Fall der Verschmelzung einer französischen Aktiengesellschaft mit einer ausländischen Gesellschaft behandelt, wobei letztere die Übernehmerin der französischen Gesellschaft ist[428].

Es ist bereits bei der Untersuchung über den Begriff der Staatsangehörigkeit und des Sitzes der Gesellschaft festgestellt worden, daß eine französische Gesellschaft wirksam und ohne daß die Auflösung eintritt, ihren Sitz in ein fremdes Staatsgebiet verlegen kann. Kann sich die französische Gesellschaft auch mit einer ausländischen Gesellschaft unter gleichzeitiger Sitzverlegung verschmelzen?

Eine derartige Verschmelzung führt, sofern die Voraussetzungen des Artikels 31 des Gesetzes vom 24. Juli 1867 in der Fassung der Ordonnance No. 59–123 vom 7. Januar 1959 vorliegen, zu einer Veränderung der Staatsangehörigkeit der französischen Gesellschaft.

Dieser Wechsel der Nationalität hat in den meisten Fällen zur Folge, daß die Aktionäre einer ausländischen Gesetzgebung unterworfen werden. In tatsächlicher Beziehung wird die Mehrzahl der Gesellschafter an einer wirksamen Kontrolle über die Geschäfte der Gesellschaft gehindert. Häufig können sie auch nicht persönlich an den Generalversammlungen teilnehmen. Eine so schwerwiegende Maßnahme, die in die Rechtsstellung der Gesellschaft

[428] Vgl. *Bastian*, Juris-Classeur Sociétés, Band VI bis Abschnitt 164 (1) Ziffern 64, 65.

selbst eingreift, kann von der Generalversammlung demzufolge nicht durch einen einfachen Mehrheitsbeschluß aufgezwungen werden[429].

Trotz dieser Bedenken lassen *Houpin* und *Bosvieux* eine Verschmelzung gekoppelt mit einer Sitzverlegung in das Ausland zu, sofern sämtliche Aktionäre der Verschmelzung zustimmen[430].

Allerdings ist dabei zu betonen, daß die Generalversammlung gerade nicht über den Fortbestand, sondern über die vorzeitige Auflösung der Gesellschaft und die ausschließende Verschmelzung beschließt. Dieser Beschluß ist nur dann wirksam, wenn abwesenden und solchen Aktionären, die einem Umtausch ihrer Wertpapiere in ausländische Wertpapiere nicht zustimmen, das Wahlrecht zugestanden wird, anstelle der ausländischen Wertpapiere den Barerlös eines unter normalen Bedingungen vorgenommenen Verkaufes dieser Papiere als Gegenleistung für ihre – französischen – Wertpapiere zu erhalten[431]. Diese Forderung wird aufgestellt, weil die Aktionäre nicht verpflichtet werden können, ausländische Aktien anzunehmen.

Der Gesetzgeber schweigt zwar über eine im Zuge einer Sitzverlegung vorgenommene Verschmelzung. Aus Artikel 31 des Gesetzes vom 24. Juli 1867 in der Fassung der Ordonnance No. 59–123 vom 7. Januar 1959 läßt sich für den Fall der Verschmelzung einer französischen Gesellschaft mit einer ausländischen Gesellschaft folgendes entnehmen:

Grundsätzlich kann eine französische Gesellschaft ihren Sitz in einen ausländischen Staat verlegen. Sie verliert durch diesen Vorgang die französische Staatsangehörigkeit, geht aber nicht zwingend als Gesellschaft unter, sofern eine den dem Artikel 31 entsprechende Konvention zwischen Frankreich und dem ausländischen Staat abgeschlossen worden ist.

Ist die Sitzverlegung wirksam erfolgt, steht der Verschmelzung mit einer ausländischen Gesellschaft nichts entgegen, sofern durch die Gesetzgebung oder das Gewohnheitsrecht des Staates, der die Gesellschaft aufgenommen hat, die Verschmelzung von Gesellschaften als zulässig angesehen wird.

Hier ist der französischen Rechtslehre der Vorwurf der Ungenauigkeit nicht zu ersparen. Beschließt die Generalversammlung die vorzeitige Auflösung und den Eintritt in die Liquidation, bleibt die betreffende Gesellschaft wäh-

[429] *Houpin* und *Bosvieux,* Band III Randziffer 1261 Seite 475, 476, Randziffer 1245 Seiten 462, 464; *Mestdagh,* Dissertation Lille 1930 Seite 69.

[430] *Houpin* und *Bosvieux,* Band II Randziffer 949 Seite 121; ebenso *Hamel* und *Largarde,* Randziffer 766 Seite 891.

[431] *Houpin und Bosvieux,* Band II Randziffer 949 Seite 121; Band III Randziffer 1261 Seite 475/476.

rend der Liquidation der französischen Gesetzgebung unterworfen. Sie kann im Liquidationsstadium die Sitzverlegung in das Ausland und den Wechsel der Staatsangehörigkeit beschließen. Vom Zeitpunkt der Verlegung an ist es nicht mehr gerechtfertigt, von einer französischen Aktiengesellschaft zu sprechen. Sie hat vielmehr – immer unter der Voraussetzung, daß die Bedingungen des Artikels 31 des Gesetzes vom 24. Juli 1867 in der Fassung der Ordonnance No. 59–123 vom 7. Januar 1959 erfüllt sind – bereits die Staatsangehörigkeit des ausländischen Staates erworben. Eine in Frankreich bestehende französische Gesellschaft kann sich also nicht mit einer ausländischen Gesellschaft durch Übertragung ihres Vermögens auf die ausländische Gesellschaft verschmelzen. Nur eine Gesellschaft, die vor der Sitzverlegung die französische Staatsangehörigkeit besessen und diese im Zuge der Sitzverlegung verloren hat, ist hierzu in der Lage[432].

2. Verschmelzung einer französischen Gesellschaft mit einer ausländischen Gesellschaft mit Sitz im Ausland durch Übernahme des Vermögens der ausländischen Gesellschaft

Die Fallgestaltung, daß eine französische Gesellschaft das Vermögen einer ausländischen Gesellschaft mit Sitz im Ausland im Wege der Verschmelzung übernimmt, ist in der Literatur nirgendwo ausdrücklich behandelt.

Für die ausländische Gesellschaft wäre eine Verschmelzung, bei der sie übertragende Gesellschaft ist, mit einer Sitzverlegung nach Frankreich verbunden. Dabei entscheidet die ausländische Rechtsordnung darüber, ob eine Sitzverlegung überhaupt zulässig ist. Falls sie diese Frage bejaht, entscheidet wieder das nationale Recht über die Beibehaltung oder den Verlust der Staatsangehörigkeit der Gesellschaft, die ihr Vermögen auf die französische Gesellschaft übertragen will.

Da in den meisten europäischen Staaten – um nur eine Möglichkeit herauszugreifen – der Sitz der Gesellschaft über ihre Staatsangehörigkeit entscheidet, kann auch hier nicht von der Aufnahme einer ausländischen Gesellschaft durch eine französische Gesellschaft gesprochen werden.

Allerdings sind derartige Verschmelzungen bereits vorgekommen. So hatte das Tribunal de Commerce de la Seine am 19. Oktober 1906[433] im Zusammenhang mit der Aushändigung von Stammaktien über die Verschmelzung einer englischen Aktiengesellschaft mit einer französischen Aktiengesellschaft

[432] Im Ergebnis ebenso *Bastian*, Juris-Classeur Sociétés, Band VI bis Abschnitt 164 (1) Ziffer 20.

[433] Journal des Sociétés 1907, Seite 226 ff. (227) .

zu entscheiden. Seinerzeit hatte die Pathé cinematograph Company Ltd. der Compagnie générale des Phonographes, Cinématographes et appareils de précision ihr in London belegenes Handelsgeschäft übertragen. Gleichzeitig übertrug die erstgenannte Gesellschaft den Handelsnamen, die Kundschaft, Möbel, Utensilien, Installationen, die Büroeinrichtung und andere nicht einzeln aufgezählte Gegenstände. Die französische Gesellschaft sollte als Gegenleistung 300 voll eingezahlte Aktien zum Nennwert von 100 Francs übergeben.

Das Gericht hat diesen Sachverhalt – ohne die Frage der Staatsangehörigkeit zu berühren – als Verschmelzung anerkannt, zumal die englischen Aktiengesellschaften durch den britisch-französischen Vertrag von 1862 in Frankreich als Handelsgesellschaften anerkannt werden.

3. Verschmelzung einer französischen Gesellschaft mit einer ausländischen Gesellschaft mit Sitz in Frankreich

Es ist oben[434] bereits festgestellt worden, daß eine ausländische Gesellschaft grundsätzlich ohne Änderung ihrer Staatsangehörigkeit ihren Sitz in Frankreich haben und im wesentlichen wie ein Inländer ihre Geschäfte führen kann. Diese Gesellschaft hat – sofern die Gesetze ihres Heimatstaates es zulassen – ihre ursprüngliche Staatsangehörigkeit beibehalten.

Ebenso ist es möglich, daß die Aktien einer derartigen Gesellschaft an französischen Börsen notiert und gehandelt werden.

Hier ergibt sich wiederum die Frage, ob eine Verschmelzung einer ausländischen Gesellschaft, die die oben beschriebenen Voraussetzungen erfüllt, mit einer französischen Aktiengesellschaft, Kommanditgesellschaft auf Aktien oder Gesellschaft mit beschränkter Haftung grundsätzlich möglich ist und welche Formen der Verschmelzung sich hierfür anbieten.

a) Möglichkeit einer Verschmelzung von Aktiengesellschaften

aa) Die französische Aktiengesellschaft ist übertragende Gesellschaft

Artikel 31 des Gesetzes vom 24. Juli 1867 in der Fassung der Ordonnance No. 59–123 vom 7. Januar 1959 bietet keine Handhabe, vom Gesetzeswortlaut her die Möglichkeit einer Verschmelzung einer französischen Aktiengesellschaft mit einer ausländischen Gesellschaft mit Sitz in Frankreich zu bejahen oder abzulehnen. Das Problem einer Sitzverlegung und der

[434] Siehe oben Seite 102/103.

damit verbundene Wechsel der Staatsangehörigkeit stellt sich nicht, da das französische Staatsgebiet im Zuge der Verschmelzung nicht verlassen wird.

Andererseits verbriefen entweder ein Dekret oder ein Staatsvertrag der anerkannten ausländischen Gesellschaft die Ausübung ihrer Rechte in Frankreich.

In der Literatur wird nur vereinzelt von der Möglichkeit gesprochen, daß eine französische Aktiengesellschaft ihre Aktiva auf eine anerkannte, in Frankreich domizilierende ausländische Aktiengesellschaft überträgt[435], und zwar vorwiegend unter steuerlichen Gesichtspunkten[436].

Es stehen sich bei der beschriebenen Fallgestaltung auf französischem Staatsgebiet zwei Gesellschaften mit verschiedener Staatsangehörigkeit gegenüber. Fraglich könnte sein, ob die übertragende Gesellschaft durch den Übertragungsakt die Nationalität der übernehmenden Gesellschaft beeinflussen kann.

Zieht man die Definition der Verschmelzung in Erwägung, so ist diese Frage zu verneinen: Die französische Gesellschaft bleibt nach der Übertragung ihres Vermögens nicht mehr bestehen. Daher ist auch nicht die Annahme gerechtfertigt, daß die ausländische Staatsangehörigkeit der übernehmenden Gesellschaft durch die Übertragung des der französischen Gesellschaft ehemals gehörenden Vermögens beeinflußt werden könnte.

Wegen ihrer Auflösung verliert hingegen die französische Gesellschaft zugleich mit ihrer Rechtspersönlichkeit auch ihre Staatsangehörigkeit. In diesem Zusammenhang kann nur von einem Untergang der Staatsangehörigkeit die Rede sein.

Der Gesetzgeber von 1930 hatte mit der damaligen Neufassung von Artikel 31 des Gesetzes vom 24. Juli 1867[437] auch Umwandlungen und Verschmelzungen untersagt, die zu einer „Denationalisation" der französischen Gesellschaft führen konnten[438]. In Anbetracht des weitgehenden Niederlassungsrechtes ausländischer Gesellschaften in Frankreich und auch angesichts der Neufassung des Artikels 31 im Jahre 1959 läßt sich dieser Standpunkt nicht aufrechterhalten. Wenn der französische Gesetzgeber es zuläßt, daß sich eine Aktiengesellschaft durch Sitzverlegung in das Ausland ganz seinem

[435] *Décugis*, Seiten 55 bis 57; ferner erwähnt — ohne daß die Frage der Sitzverlegung angeschnitten wird — bei *Mestdagh*, Diss. Lille 1930, Seite 69.

[436] ANSA, Broschüre 109 Seite 26.

[437] Gesetz vom 24. Juli 1867 in der Fassung des Gesetzes vom 1. Mai 1930.

[438] *Houpin* und *Bosvieux*, Band III Randziffer 1261 Seite 476.

Einflußbereich entzieht, besteht kein sachlich gerechtfertigter Grund, eine Denationalisierung zu verbieten, wenn das übertragene Vermögen im französischen Inland verbleibt.

Die Schwierigkeiten, die in tatsächlicher Hinsicht auftreten können, sind nicht so gravierend, daß um ihretwillen die Verschmelzung einer französischen Aktiengesellschaft mit einer ausländischen Gesellschaft abgelehnt werden sollte. Die Aktionäre erhalten zwar als Gegenleistung für die Vermögensübertragung ausländische Aktien, diese werden jedoch, wenn die ausländische Gesellschaft ihren Sitz in Frankreich hat, an französischen Börsen notiert und gehandelt. Da eine Sitzverlegung nicht stattfindet, sind die Aktionäre der übertragenden Gesellschaft auch nicht an einer wirksamen Kontrolle der Organe der ausländischen Gesellschaft und an einer Teilnahme an den Generalversammlungen gehindert.

Allerdings unterstehen sie für die Zukunft jedenfalls teilweise[439] einer ausländischen Rechtsordnung.

Aus diesem Grunde muß der Verschmelzungsbeschluß einstimmig gefaßt werden[440]. Außerdem erscheint es angebracht, denjenigen Aktionären, die dem Umtausch ihrer Wertpapiere in ausländische Papiere nicht zustimmen wollen, im Beschluß das Wahlrecht zuzugestehen, statt dessen den Barerlös aus dem unter normalen Bedingungen vorgenommenen Verkauf der ihnen an sich zustehenden Wertpapiere zu erhalten[441], wobei sie dann natürlich aus der übernehmenden Gesellschaft ausscheiden.

Zusammenfassend ist festzustellen, daß eine Verschmelzung durch Übertragung des Vermögens einer französischen Aktiengesellschaft auf eine ausländische Aktiengesellschaft, deren Sitz sich in Frankreich befindet, rechtlich zulässig ist.

bb) Die französische Aktiengesellschaft ist übernehmende Gesellschaft

Eine derartige Fallgestaltung bietet, vom französischen Standpunkt her gesehen, weder rechtliche noch tatsächliche Schwierigkeiten. Steuerlich ist sogar eine derartige Möglichkeit bekannt[442].

Auswirkungen hinsichtlich der Staatsangehörigkeit können sich nur für die ausländische Gesellschaft ergeben. Unter der Voraussetzung, daß die aus-

[439] Siehe oben Seite 102.

[440] *Mestdagh,* Dissertation Lille 130 Seite 69.

[441] *Houpin* und *Bosvieux,* Rand III, Randziffer 1261 Seite 476, allerdings nur und ohne Begründung für den Fall der Verschmelzung durch Neugründung.

[442] ANSA, Broschüre 109 Seite 26.

ländische Rechtsordnung, der die Gesellschaft nach wie vor untersteht[443], als Folge der Verschmelzung die Auflösung der Gesellschaft vorsieht, verliert diese durch die Übertragung ihres Vermögens auf die französische Aktiengesellschaft ihre Statsangehörigkeit.

Besonderheiten hinsichtlich der als Gegenleistung von der französischen Aktiengesellschaft hinzugebenden Stammaktien bestehen insofern, als die übertragende ausländische Gesellschaft seit mehr als zwei Jahren bestanden haben muß, damit die Stammaktien ohne Einhaltung einer weiteren Sperrfrist sofort in den Handel gebracht werden können. Auf die Behandlung der Stammaktien wird an anderer Stelle[444] noch ausführlich einzugehen sein.

4. Verschmelzung einer französischen und einer ausländischen Gesellschaft durch Neugründung einer Aktiengesellschaft mit Sitz im Ausland

Hier könnte der Fall denkbar sein, daß die zwei Gesellschaften im Heimatland der ausländischen Gesellschaft eine neue Gesellschaft gründen wollen. Während dieser Vorgang für die ausländische Gesellschaft ohne Berührung von Fragen der Staatsangehörigkeit eine bloße Rückverlegung bedeuten wird, die auch die Rechtspersönlichkeit der betreffenden Gesellschaft unberührt läßt, findet bezüglich der französischen Gesellschaft Artikel 31 des Gesetzes vom 24. Juli 1867 in der Fassung der Ordonnance No. 59—123 vom 7. Januar 1959 Anwendung, weil es sich um eine Sitzverlegung der letztgenannten Gesellschaft handelt.

Entscheidend ist, ob die Voraussetzungen des Artikels 31 des obengenannten Gesetzes erfüllt sind[445]. Ist das der Fall, steht der Sitzverlegung und damit der Neugründung einer ausländischen Gesellschaft nichts im Wege. Eine derartige Verschmelzung untersteht ausschließlich der Gesetzgebung des Staates, in dessen Gebiet die Gesellschaft ihren Sitz verlegt.

Liegen die Voraussetzungen des Artikels 31 dagegen nicht vor, ist die Verschmelzung nicht möglich.

5. Verschmelzung einer französischen und einer ausländischen Gesellschaft durch Neugründung einer Aktiengesellschaft mit Sitz in Frankreich

Vorweg ist zu bemerken, daß die zu errichtende Aktiengesellschaft die französische Staatsangehörigkeit haben muß, da die Neugründung einer ausländischen Gesellschaft mit Sitz in Frankreich nicht möglich ist, es sei denn,

[443] Siehe oben Seite 102.

[444] Siehe Seite 129 ff.

[445] Siehe oben Seite 99.

daß ein Dekret oder ein Staatsvertrag zwischen Frankreich und einem Drittstaat die freie Gründung von der ausländischen Rechtsordnung unterstehenden Aktiengesellschaften in Frankreich zuließe. Diese Möglichkeit soll hier nicht untersucht werden.

Unter der Voraussetzung, daß die zu errichtende Aktiengesellschaft die französische Staatsangehörigkeit besitzt, liegt für die bereits bestehende französische Aktiengesellschaft der Fall einer Verschmelzung durch Neugründung vor. Für die ausländische Aktiengesellschaft sind die Rechtsfolgen dieselben, als ob sie ihr Vermögen auf eine bereits bestehende französische Aktiengesellschaft übertrüge: sie verliert ihre Staatsangehörigkeit und muß sich entsprechend der französischen Rechtsordnung auflösen. Sofern das ausländische Recht, dem die betreffende Gesellschaft unterstanden hat, die Rechtsform der Verschmelzung überhaupt nicht kennen oder diese für den Fall, daß irgendeine einer anderen Rechtsordnung unterstehende Gesellschaft am Verschmelzungsvorgang beteiligt ist, etwa verbieten sollte, ist die Verschmelzung in der oben geschilderten Weise nicht möglich.

6. Möglichkeiten einer Verschmelzung von Kommanditgesellschaften auf Aktien

Für Kommanditgesellschaften auf Aktien gelten die Ausführungen über die Verschmelzung von Aktiengesellschaften[446] entsprechend. Selbstverständlich hat der persönlich haftende Gesellschafter einer Fusion mit einer ausländischen Kommanditgesellschaft zuzustimmen.

Artikel 31 Absatz 1 des Gesetzes vom 24. Juli 1867 in der Fassung der Ordonnance Nr. 59—123 vom 7. Januar 1959 wird durch dessen Absatz 13 zwar nicht auf die Kommanditgesellschaft auf Aktien für anwendbar erklärt. Es ist aber kein Grund ersichtlich, der eine Sitzverlegung in das Ausland grundsätzlich untersagt, zumal die Lehre und Rechtsprechung[447] bei Vorliegen eines einstimmig gefaßten Beschlusses und weitgehender Sicherung der Gesellschafter vor eventuellen Nachteilen nicht zwingend die Auflösung der Gesellschaft fordert, wenn diese ihren Sitz an einen Ort außerhalb Frankreichs verlegt.

[446] Siehe oben Seite 90 ff.

[447] *Houpin* und *Bosvieux*, Band III Randziffer 1020 Seite 189; *Leven*, de la nationalité des sociétés, Seite 247 ff.; Amiens, 29. 6. 1895, Journal des Sociétés 1896 Seite 177; Cour de Cassation, 29. 3. 1898, Journal des Sociétés 1898 Seite 308.

7. Verschmelzung einer französischen Gesellschaft mit beschränkter Haftung mit einer ausländischen Gesellschaft mit beschränkter Haftung

Während das Gesetz vom 24. Juli 1867 betreffend Aktiengesellschaften eine Verschmelzung derartiger Gesellschaften zuläßt, schweigt der Gesetzgeber vollkommen hinsichtlich einer Verschmelzung von Gesellschaften mit beschränkter Haftung. Eine Fusion zweier Gesellschaften dieser Rechtsform ist jedoch möglich und zulässig[448]. Hinsichtlich der Staatsangehörigkeit unterliegt die Gesellschaft mit beschränkter Haftung denselben Kriterien wie die Aktiengesellschaft[449]. Auch eine Sitzverlegung in das Ausland ist möglich und zulässig[450], ohne daß es hierbei darauf ankommt, daß zwischen Frankreich und einem ausländischen Staat ein Abkommen besteht, wodurch die Gesellschaft ohne Verlust ihrer Rechtspersönlichkeit den Sitz in fremdes Staatsgebiet verlegen kann.

a) *Übertragung des Vermögens einer französischen Gesellschaft mit beschränkter Haftung auf eine ausländische Gesellschaft mit beschränkter Haftung mit Sitz in Frankreich*

Voraussetzung dafür, daß eine derartige Verschmelzung stattfinden kann, ist zunächst, daß die ausländische Rechtsordnung, der die anerkannte ausländische Gesellschaft mit beschränkter Haftung untersteht, die Verschmelzungen von Gesellschaften mit beschränkter Haftung kennt und zuläßt.

Darüber hinaus muß die Verschmelzung nach ausländischem Recht im wesentlichen dieselben Begriffsmerkmale aufweisen, wie sie für die Verschmelzung französischer Gesellschaften gelten[451] und insbesondere die Übernahme der Mitgliedschaftsrechte kennen.

Diese Übernahme darf nicht dazu führen, daß die Gesellschafter der französischen Gesellschaft mit beschränkter Haftung einer weitergehenden Haftung unterworfen werden, als dies nach französischem Recht der Fall ist.

Liegen diese Voraussetzungen sämtlich vor, ist kein Grund ersichtlich, der eine einstimmig beschlossene Übertragung des Vermögens auf eine ausländische Gesellschaft mit beschränkter Haftung ausschließen könnte.

[448] Siehe oben Seite 92 ff., 93.

[449] Siehe oben Seite 97, 99.

[450] Siehe oben Seite 99.

[451] Siehe oben Seite 68/69, 70 ff., 78/79, 90.

b) Übertragung des Vermögens einer ausländischen Gesellschaft mit beschränkter Haftung mit Sitz in Frankreich auf eine französische Gesellschaft mit beschränkter Haftung

Einer Verschmelzung durch Übertragung des Vermögens auf eine französische Gesellschaft mit beschränkter Haftung steht nichts entgegen, soweit sich nicht aus dem ausländischen Recht, dem die übertragende Gesellschaft unterliegt, Hinderungsgründe ergeben und sämtliche Elemente einer Verschmelzung vorliegen.

c) Übertragung des Vermögens einer französischen Gesellschaft mit beschränkter Haftung auf eine ausländische Gesellschaft mit beschränkter Haftung mit Sitz im Ausland

In diesem Zusammenhang ist Artikel 31 des Gesetzes vom 7. März 1925 anwendbar, wonach die Gesellschafter durch einstimmigen Beschluß die Staatsangehörigkeit der Gesellschaft wechseln können. Ein derartiges Vorgehen erscheint sinnlos, wenn die betreffende Gesellschaft mit beschränkter Haftung nach wie vor ihren Sitz im französischen Inland beibehält. Wenn auch nichts über eine Sitzverlegung gesagt ist, wird diese stillschweigend in Artikel 31 vorausgesetzt.

Für Aktiengesellschaften ist eine Sitzverlegung in das Ausland ohne Auflösung nur denkbar, wenn ein völkerrechtlicher Vertrag der französischen Gesellschaft ihre Rechtspersönlichkeit nicht nimmt (Artikel 31 des Gesetzes vom 24. Juli 1867 in der Fassung der Ordonnance Nr. 59–123 vom 7. Januar 1959).

Für die Gesellschaft mit beschränkter Haftung ist eine entsprechende Regelung nicht getroffen worden. Entscheidend ist nach Artikel 31 des Gesetzes vom 7. März 1925, daß ein einstimmiger Beschluß der Gesellschafter, die Staatsangehörigkeit der Gesellschaft zu verändern, nur sinnvoll ist, wenn eine Sitzverlegung in das Ausland ebenfalls zulässig ist. Allein dieser einstimmige Beschluß hindert die im Fall einer Sitzverlegung normalerweise eintretende Auflösung.

Im übrigen kommt es darauf an, daß die Gesellschafter zunächst beschließen, die Staatsangehörigkeit der Gesellschaft zu ändern, dann den Sitz in das Ausland verlegen und sich danach mit einer ausländischen Gesellschaft verschmelzen. In diesem Fall kann man streng genommen nicht mehr von der Verschmelzung einer französischen mit einer ausländischen Gesellschaft mit beschränkter Haftung sprechen.

Eine Sitzverlegung in das Ausland ohne Veränderung der Staatsangehörigkeit muß dagegen als ausgeschlossen angesehen werden.

Ebensowenig, wie man die Gesellschafter daran hindern kann, in den gesetzlich vorgeschriebenen Formen die vorzeitige Auflösung der Gesellschaft zu beschließen und die Gesellschaft im Ausland neu zu errichten, ebensowenig besteht ein Hinderungsgrund für eine Sitzverlegung.

d) Verschmelzung einer ausländischen Gesellschaft mit beschränkter Haftung mit Sitz im Ausland mit einer französischen Gesellschaft mit beschränkter Haftung

Das ausländische Recht bestimmt, ob eine Gesellschaft mit beschränkter Haftung sich verschmelzen und ihren Sitz nach einem Orte außerhalb des Staatsgebietes verlegen kann oder ob zwingend die Auflösung erfolgt.

Nur wenn eine Sitzverlegung unter Beibehaltung aller Rechte möglich ist, kann eine Verschmelzung in der geschilderten Weise stattfinden, wobei dieselben Überlegungen anzustellen sind, die sich im Fall einer Fusion mit einer ausländischen Gesellschaft mit beschränkter Haftung, deren Sitz in Frankreich liegt, ergeben.

e) Verschmelzung einer französischen und ausländischen Gesellschaft mit beschränkter Haftung durch Neugründung einer französischen Gesellschaft

Ebenso wie sich unter den geschilderten Voraussetzungen eine ausländische und eine französische Gesellschaft mit beschränkter Haftung innerhalb Frankreichs durch Aufnahme verschmelzen können, steht einer Neugründung einer französischen Gesellschaft mit beschränkter Haftung durch zwei Gesellschaften verschiedener Staatsangehörigkeit grundsätzlich nichts entgegen. Auswirkungen hinsichtlich eines Staatsangehörigkeitswechsels ergeben sich lediglich für die Gesellschafter der ausländischen Gesellschaft.

III. Der Verschmelzungsvertrag

Im Gesetz ist der Verschmelzungsvertrag nicht geregelt. In der Praxis erfolgt keine Verschmelzung ohne Vertrag[452].

[452] *Houpin* und *Bosvieux*, Band III Randziffer 946 Seite 115 lassen zu, das ein Vertrag fehlen kann und wenden folgerichtig die für Gründung und Kapitalerhöhung geltenden Nichtigkeitsvorschriften auf die Verschmelzung an (a.a.O. Randziffer 955 Seite 129).

1. Rechtsnatur des Verschmelzungsvertrages

Eine einheitliche Auffassung über die Rechtsnatur des Verschmelzungsvertrages besteht nicht. Einige Autoren sprechen ohne nähere Angaben schlechthin von einem Vertrag[453]. Als „provisorischer" Vertrag wird der Verschmelzungsvertrag von *Houpin* und *Bosvieux* angesehen[454], wogegen *Bastian*[455] und *Dalsace*[456] von einem „Plan" („projet") beziehungsweise von einem „Vorvertrag" („avant-contrat") sprechen.

Für *Auger*[457], *Bastian*[458] *und Mestdagh*[459] erfüllt der Verschmelzungsvertrag die für einen gegenseitig verpflichtenden Vertrag (contrat synallagmatique, Artikel 1102 des Code Civil)[460] erforderlichen Voraussetzungen, dem *Decugis*[461] und *Hamel* und *Lagarde*[462] aufschiebende Wirkung, letztere auch Rückwirkung auf die letzte Jahresbilanz zulegen und spätere Änderungen als nach der Verschmelzung erfolgt ansehen.

Einigkeit besteht dagegen insoweit, als eine Bindung der in der Verschmelzung beteiligten Gesellschaften erst dann eintritt, wenn ihre Generalversammlungen der Fusion zugestimmt haben[463]. *Bastian*[464] hält es aus diesem Grunde für ungenau, von einem „aufschiebend bedingten" Vertrag zu

[453] *Copper-Royer,* de la fusion, Seite 13; *Houpin,* Journal des Sociétés 1935, 529 ff. (530); *Lyon-Caen* und *Renault,* 5. Aufl., Band II 1. Teil Randziffer 338 Seite 348; *Ripert,* Randziffer 1421 Seite 660; *Wahl,* Précis, Randziffer 1176 Seite 388. Teils wird die Bezeichnung convention, teils acte oder traité verwendet.

[454] *Houpin* und *Bosvieux,* Band III Randziffer 956 Seite 130/131 für Verschmelzung durch Neugründung, Randziffer 960 Seite 135/136 sinngemäß für Verschmelzung durch Aufnahme.

[455] *Bastian,* Juris-Classeur Sociétés, Band VI bis Abschnitt 164 (2) Randziffer 38.

[456] *Dalsace* bei *Dalloz,* Encyclopaedie juridique, Répertoire de Droit Commercial et des Sociétés, Band III, Sociétés, Stichwort „Fusion", Randziffer 9.

[457] *Auger,* Revue des Sociétés 1925, 49 ff. (50)

[458] *Bastian,* Juris-Classeur Sociétés, Band II Abschnitt 6 Randziffer 5, 10 für den Gesellschaftsvertrag; trotz der Formvorschriften sei er gegenseitig verpflichtender Vertrag.

[459] *Mestdagh,* Diss. Lille 1930, Seiten 24, 62, 63, 76, 93; ähnlich auch Cour de Cassation, 22. 5. 1950, Gazette du Palais 1950, 2. Teil Seite 243.

[460] „Le contrat est synallagmatique ou bilatéral lorsque les contractans s'obligent réciproquement les uns envers les autres.."

[461] *Decugis,* Traité, Randziffer 428 Seite 628.

[462] *Hamel* und *Lagarde,* Randziffer 766 Seite 890.

[463] Siehe unten Seite 118 ff., usw.

[464] *Bastian,* Juris-Classeur Sociétés, Band VI bis, Abschnitt 164 (2) Randziffer 38.

sprechen, weil bis zur Beschlußfassung der Aktionäre ein Vertragselement, die Zustimmung, fehle.

Es könnte zweifelhaft sein, ob es gerechtfertigt ist, den Verschmelzungsvertrag den Regeln des Artikels 1300 Code Civil und damit des bürgerlichen Rechtes zu unterstellen, weil ohne typisch aktienrechtliche Handlungen keine Bindungswirkung eintreten kann. Angesichts des für Gesellschaftsverträge aller Art geltenden Artikel 18 des Code de Commerce, wonach auf Gesellschaftsverträge die Regeln des bürgerlichen Rechts, Sonderregeln des Handelsrechts und Parteivereinbarung anzuwenden sind, muß auch der Verschmelzungsvertrag nach französischer Rechtsauffassung als gegenseitig verpflichtender Vertrag angesehen werden[465].

2. Inhalt des Verschmelzungsvertrages

Der Inhalt des Verschmelzungsvertrages wird von den jeweiligen Mitgliedern des Conseil d'Administration der Gesellschaften, die sich miteinander verschmelzen wollen, festgelegt. Er wird entweder vor einem Notar oder in privatschriftlicher Form abgefaßt. Die notarielle Form ist notwendig, wenn unter anderem auch Grundstücke übertragen werden sollen. Zur Heilung eines eventuellen Formmangels sind Text und Unterschriften von einem Notar zu beglaubigen und müssen in dessen Amtsräumen niedergelegt werden.

a) Verschmelzung durch Aufnahme von Aktiengesellschaften

Der Verschmelzungsvertrag hat nachstehenden Inhalt:

Nach Aufzählung der an der Fixierung des Vertragsinhaltes beteiligten Personen und der genauen Beschreibung der übertragenden Gesellschaft nach Gesellschaftszweck, Kapital, Sitz und Registernummer folgt der eigentliche Vertragstext, der Angebot und Annahme der Übertragung enthält[466]. Hierauf folgt die Aufzählung der beweglichen Sachen und Immobilien mit Angabe ihrer Herkunft, das heißt der Aufzählung der sich auf die Grundstücke innerhalb der letzten dreißig Jahre beziehenden Rechtsgeschäfte.

[465] *Bastian,* Juris-Classeur Sociétés, Band VI bis, Abschnitt 164 (2) Randziffer 38; *Mestdagh,* Diss. Lille 1930, Seite 24, 76; Tribunal de commerce de la Seine, 3. 8. 1911, Journal des Sociétés 1912, 84 ff. (84, 87): keine Herabsetzung übernommener Verpflichtungen möglich.

[466] *Moliérac,* Band II, Formularteil Seite 899 ff unter I bis V. Eventuell wird an dieser Stelle der Vorbehalt der Zustimmung durch die Generalversammlung eingefügt, vgl. *Houpin,* Journal des Sociétés 1935, 529 ff. (532).

Auf diese Angaben folgt die Nennung der Pachtverhältnisse. Hiernach wird der Zeitpunkt der Übernahme festgelegt, worauf Lasten und eventuelle Bedingungen folgen[467].

Ferner enthält der Vertrag die Bestätigung, daß das übertragene Unternehmen frei von Privilegien und Pfandrechten Dritter ist und keine Lasten auf den übertragenen Immobilien ruhen.

Im Regelfall wird der Vertrag auch auf die Aufzählung der von der übertragenden Gesellschaft innerhalb der letzten drei Geschäftsjahre erzielten Umsätze sowie die allgemeine Lage innerhalb dieses Zeitraumes enthalten. Auf diese sich auf die übertragende Gesellschaft beziehenden Angaben folgt die Bezeichnung der übernehmenden Gesellschaft mit Gründungszeitpunkt, Gesellschaftszweck, Kapital und Sitz.

Danach werden die übernommenen Schulden aufgezählt und die Gegenleistung angegeben[468].

Auf diese Punkte folgt die Feststellung, daß die Verschmelzung erst endgültig wird, wenn die Aktionäre und andere Gruppen, etwa Besitzer von Vorzugsaktien, Gewinnanteilen und Obligationen[469] der Verschmelzung zugestimmt haben[470] sowie die Übertragung seitens der Aktionäre der übernehmenden Gesellschaft angenommen wurde.

Es empfiehlt sich – wie auch *Moliérac*[471] in seinem Vertragsentwurf vorschlägt – in den Vertrag auch die Bestimmung aufzunehmen, daß die gesamte Regelung als nicht erfolgt gelten und von keiner Seite Schadensersatzansprüche auslösen soll, wenn die erforderlichen Zustimmungserklärungen nicht bis zu einem bestimmten Zeitpunkt erfolgt sind[472]. Sodann folgen Angaben über die Auflösung der übertragenden Gesellschaft, Steuererklärungen und die für die Eintragung im Register erforderlichen Erklärungen.

[467] *Moliérac,* Band II, Seite 899 ff., Formularteil I bis V; *Houpin,* Journal des Sociétés 1935, 529 ff. (533).

[468] *Moliérac,* a.a.O. Seite 908; *Houpin* a.a.O. Seite 533.

[469] Inhaber von Gewinnanteilen und Obligationen müssen zwar gehört werden, können aber durch einen ablehnenden Beschluß die Verschmelzung nicht verhindern, siehe Seite 125.

[470] *Moliérac,* a.a.O., Formular I unter IX Seite 909; *Houpin,* a.a.O. Seite 533.

[471] *Moliérac,* Band II, Formularteil I unter IX Seite 909.

[472] Im Grunde genommen ist diese Vertragsbestimmung überflüssig, da keine Gesellschaft vor Abschluß der Zustimmungsverfahren an den Vertag gebunden ist, siehe oben Seite 118 ff., 122.

Abschließend wird die Kostenverteilung geregelt und – falls eine Sitzverlegung in Betracht kommt – der neue Sitz der Gesellschaft angeführt.

Unterzeichnet wird der Vertrag von den vertretungsberechtigten Organen der betreffenden Gesellschaften. Befindet sich die übertragende Gesellschaft bereits in Liquidation, tritt ihr Liquidator an die Stelle der Mitglieder des Conseil d'Administration, ohne daß sich am Vertragsinhalt etwas ändert.

b) Verschmelzung durch Neugründung von Aktiengesellschaften

Auch in diesem Falle legen die Mitglieder des Conseil d'Administration der einzelnen Gesellschaften, die gemeinsam im Wege der Fusion eine neue Gesellschaft gründen wollen, den Inhalt des Verschmelzungsvertrages fest.

Eine Abweichung des Vertragsinhaltes ergibt sich insoweit, als für sämtliche Gesellschaften die vorzeitige Auflösung vorgesehen ist.

Erst nach Abschluß der Generalversammlungen und Anhörung der Inhaber von Gewinn- und Gründeranteilen werden die Gründungsformalitäten bezüglich der neuen Gesellschaft erfüllt.

c) Verschmelzung durch Aufnahme von Gesellschaften mit beschränkter Haftung

Der oder die Geschäftsführer der beteiligten Gesellschaften legen in privatschriftlicher oder notarieller Form den Inhalt des Verschmelzungsvertrages fest.

Gegenüber dem für die Aktiengesellschaft aufzustellenden Vertragstext ergeben sich nur geringfügige Abweichungen. Insbesondere bedarf es nicht der Angabe, daß der Vertrag erst wirksam werden könne, wenn Gewinnanteils-, Gründeranteils- und Obligationsbesitzer der Verschmelzung zugestimmt haben, weil der Gesellschaft mit beschränkter Haftung untersagt ist, andere Wertpapiere als Anteile auszugeben (Artikel 21 des Gesetzes vom 7. März 1925). Die Gegenleistung hat in derartigen Anteilen zu bestehen.

d) Verschmelzung durch Neugründung von Gesellschaften mit beschränkter Haftung

Inhaltlich weicht der Verschmelzungsvertrag nur insoweit von dem oben beschriebenen Vertrag ab, daß nicht eine Gesellschaft fortbesteht, sondern beide zu Gunsten einer neuen Gesellschaft untergehen.

IV. Mitwirkung der Generalversammlungen

Der Inhalt des Verschmelzungsvertrages wird von den Organen der beteiligten Gesellschaften beraten und fixiert. Diese treten auch gegenüber dem Notar als Vertreter ihrer Gesellschaften auf. Sie sind aber nicht in der Lage, die Verschmelzung selbst herbeizuführen. Ein dementsprechender Beschluß der Geschäftsführer von Gesellschaften mit beschränkter Haftung, der Mitglieder des Conseil d'Administration einer Aktiengesellschaft[473], des Konkurs- oder Vergleichsverwalters einer Gesellschaft mit beschränkter Haftung[474] und auch des Liquidators[475] ist für sich allein ohne Rechtswirkung. Allein die Gesellschafter sind berechtigt, darüber zu befinden, ob eine Verschmelzung stattfinden soll oder nicht[476].

Wer Gesellschafter ist, wird durch die Beteiligung am Gesellschaftskapital bestimmt.

1. Verschmelzung durch Aufnahme einer Aktiengesellschaft durch die andere

a) Beschlüsse der Aktionäre einer französischen Aktiengesellschaft

Das Gesellschaftskapital einer französischen Aktiengesellschaft besteht aus Aktien und Coupons mit gleichem Nennwert (Artikel 34 des Code de Commerce in der Fassung des Gesetzes vom 16. November 1903; Artikel 1 des Gesetzes vom 24. Juli 1867 in der Fassung des Dekretes vom 4. August 1949, Artikel 28). Sie sind entweder Namens- oder Inhaberaktien[477]. Als Gegenleistung für Sacheinlagen werden die „actions d'apport" (Stamm-

[473] *Mestdagh,* Diss. Lille 1930, Seite 72, 71; Douai, Urteil vom 17. 12. 1888, Journal des Sociétés 1891, Seite 511.

[474] *Mestdagh,* a.a.O., Seite 73.

[475] Douai, a.a.O., *Mestdagh,* a.a.O., Seite 72; *Escouboué,* Diss. Toulouse 1934, Seite 41; *Houpin* und *Bosvieux,* Band II Randziffer 1402 Seite 674.

[476] *Auger,* Revue des Sociétés 1929, 49 ff. (57, 59); *Bastian,* Juris-Classeur Sociétés, Band VI bis, Abschnitt 164 (1) Randziffer 43; *Dalsace* bei *Dalloz,* Encyclopaedie juridique, Répertoire de Droit Commercial et des Sociétés, Band III, Sociétés, Stichwort „Fusion", Randziffer 9; *Decugis,* Traité, Randziffer 430—432, Seite 631 bis 635; *Escouboué,* Diss. Toulouse 1934, Seite 40, 41; *Houpin,* Journal des Sociétés, 1935, 529 ff. (534); *Mestdagh,* Diss. Lille 1930, Seite 71; *Moliérac,* Band II Randziffer 1368 Seite 354; *Ripert,* Randziffer 1414 Seite 667; Cour de Cassation, Ch. Req., 4. 7. 1934, Journal des Sociétés 1935, 350 ff (351); Anmerkung (insoweit zustimmend) von *Henri Rousseau,* Sirey 1934, 1. Teil Seite 329/330.

[477] Artikel 35 Code de Commerce in der Fassung des Gesetzes vom 17. August 1948 und des Dekretes vom 4. August 1949 bestimmt, daß alle Aktien bis zur Einzahlung des Nennwertes Namensaktien sind (vgl. auch Artikel 3 Absatz 1 des Gesetzes vom 24. Juli 1867 in der Fassung des Dekretes vom 7. Dezember 1954).

aktien) ausgegeben[478]. Namensaktien besonderer Art sind auch diejenigen Aktien, die den Mitgliedern des Conseil d'Administration gehören müssen. Ihre Anzahl wird durch die Satzung festgelegt. Sie dienen der Gesellschaft als Sicherheit für die Geschäftsführung des betreffenden Organes, müssen mit dem Vermerk gekennzeichnet sein, daß sie unveräußerlich sind und werden in der Gesellschaftskasse aufbewahrt[479].

Abgesehen hiervon können auch Vorzugsaktien[480] ausgegeben werden.

Sämtliche vorgenannten Wertpapiere verbriefen Mitgliedschaftsrechte an der Aktiengesellschaft[481].

Die Verschmelzung kann erst wirksam werden, wenn die Aktionäre hierüber in folgender Reihenfolge beschlossen haben:

aa) Erste Generalversammlung der Aktionäre der übertragenden Gesellschaft

Der Conseil d'Administration beruft die Aktionäre zu einer außerordentlichen Generalversammlung ein. In der Tagesordnung wird der Verschmelzungsvertrag unterbreitet. Er gibt den Aktionären einen Bericht über Gründe und Einzelheiten der Verschmelzung und lädt sie ein, nachstehende Beschlüsse zu fassen:

a) Zustimmung zu der Vermögensübertragung auf die übernehmende Gesellschaft;

b) Bestimmung der aufschiebenden Bedingung, daß die Verschmelzung erst nach Zustimmung der außerordentlichen Generalversammlung der Aktionäre der übernehmenden Gesellschaft wirksam werden soll, eventuell Angabe einer Frist, binnen der diese Zustimmung zu erfolgen hat;

c) aufschiebend bedingter Auflösungsbeschluß und Eintritt in das Liquidationsstadium, Ernennung des Liquidators und Bestimmung seiner Aufgaben;

478 Artikel 3 Absatz 4 des Gesetzes vom 24. 7. 1867.

479 Artikel 26 des Gesetzes vom 24. Juli 1867. Dessen Absatz 2 lautet: „Elles sont nominatives, inaliénables, frappées d'un timbre indiquant l'inaliénabilité et déposées dans la caisse sociale".

480 Artikel 34 Absatz 2 des Code de Commerce.

481 Vgl. *Noriél*, Randziffer 112 Seite 85: „L'actionnaire, véritable associé, possède vis-à-vis de la société, outre des droits d'ordre pécuniaire, dans le capital, les bénéfices et les réserves, des droits de contrôle, tels que l'entrée aux assemblées générales, et le droit d'y voter des résolutions".

d) Erteilung der notwendigen Vollmachten zur Veröffentlichung der genannten Beschlüsse[482].

Diese Beschlüsse bedürfen zu ihrer Wirksamkeit, daß zunächst mindestens die Hälfte des Gesellschaftskapitals vertreten ist und die Zustimmung eine Mehrheit von drei Vierteln der abgegebenen Stimmen erreicht (Artikel 31 Absatz 3 und 6 des Gesetzes vom 24. Juli 1867 in der Fassung des Gesetzes vom 25. Februar 1953)[483]. Ist die erforderliche Kapitalmehrheit in der ersten Generalversammlung nicht vertreten, ist der Plan einer Verschmelzung noch nicht endgültig zum Scheitern verurteilt. Artikel 31 Absatz 4 und 5 des vorgenannten Gesetzes sehen vor, daß eine zweite, gegebenenfalls sogar eine dritte Versammlung einberufen werden kann. Diese Einberufung ist nach der in der Satzung vorgeschriebenen Weise in den Gesellschaftsblättern sowie durch zwei, mit je einer Woche Abstand im Bulletin des annonces légales obligatoire (BALO) erscheinenden Aufforderungen zu veröffentlichen. In der zweiten Versammlung ist eine Kapitalmehrheit von einem Drittel, in der dritten nur noch eine solche von einem Viertel vorgeschrieben. Von der Dreiviertelmehrheit der abgegebenen Stimmen ist auch in der zweiten und dritten außerordentlichen Generalversammlung nicht abzuweichen.

bb) Erste Generalversammlung der Aktionäre der übernehmenden Gesellschaft

Auch bei der übernehmenden Gesellschaft hat die außerordentliche Generalversammlung der Aktionäre über die Verschmelzung zu beschließen. Der Conseil d'Administration beruft sie ein, übermittelt ihnen die Tagesordnung zusammen mit dem Verschmelzungsvertrag und erstattet ihnen in der Versammlung einen Bericht, der sich außer den Gründen für die Verschmelzung und die Art der Übertragung mit dem Wert, der Gegenleistung und dem Umtauschverhältnis befaßt.

Die Aktionäre haben in folgender Reihenfolge die nachstehend aufgeführten Beschlüsse zu fassen:

a) Annahme der Übertragung zu den im Verschmelzungsvertrag im einzelnen festgelegten Bedingungen unter Vorbehalt der Prüfung der einzelnen

[482] Vgl. *Moliérac,* Band II, Formularteil 2), Seite 912—914.

[483] Vgl. auch *Bastian,* Juris-Classeur Sociétés, Band VI bis, Abschnitt 164 (1) Randziffer 47; Cour de Cassation, Ch. Req., 4. 7. 1934, Journal des Sociétés 1935, 350 ff. (351, 352) mit Anmerkung von *Rousseau,* Sirey 1934, 1. Teil Seite 329, 330.

Punkte und der endgültigen Annahme in den gesetzlich vorgeschriebenen Formen;

b) Ausgabe neuer Aktien, deren Wert, ihre sofortige Veräußerlichkeit (Artikel 3 Absatz 6 des Gesetzes vom 24. Juli 1867 in der Fassung des Dekretes Nr. 54–1226 vom 7. Dezember 1954);

c) Satzungsänderungen: auf jeden Fall wird das Gesellschaftskapital der übernehmenden Gesellschaft erhöht, damit die erforderliche Anzahl Aktien, die als Gegenleistung zu gewähren ist, vorhanden ist.

   Unter Umständen wird daneben eine Beschlußfassung über die Änderung des Gesellschaftszweckes erforderlich, so wenn infolge der Übernahme der Kreis der Geschäfte, die den Gesellschaftszweck bildet, erweitert werden soll;

d) Ernennung eines oder mehrerer Buchprüfer, deren Aufgabe darin besteht, der zweiten Generalversammlung den Bericht über die in Artikel 4 des Gesetzes vom 24. Juli 1867 geregelte Wertbemessung der Sacheinlage zu geben, die bei der Verschmelzung das Gesamtvermögen der übertragenden Gesellschaft umfaßt;

e) Beschluß, daß die Satzungsänderung erst wirksam werden soll, wenn die Aktionäre der übertragenden Gesellschaft in ihrer zweiten außerordentlichen Generalversammlung endgültig die Verschmelzung beschlossen haben und die außerordentliche Generalversammlung der übernehmenden Gesellschaft der Verschmelzung zugestimmt hat.

Hinsichtlich der erforderlichen Mehrheiten gilt ebenfalls die Bestimmung des Artikels 31 des Gesetzes vom 24. Juli 1867. Auf die Ausführungen hierzu wird Bezug genommen[484].

cc) Zweite Generalversammlung der Aktionäre der übertragenden Gesellschaft

Bisher befindet sich der Verschmelzungsvorgang noch im Schwebezustand. Die vorzeitige Auflösung der übertragenden Gesellschaft ist erst aufschiebend bedingt beschlossen. Diese aufschiebende Bedingung muß durch erneute Beschlußfassung beseitigt werden.

Die zweite Generalversammlung der Aktionäre der übertragenden Gesellschaft berät und beschließt über den Bericht der Prüfer und stimmt der Übertragung des Vermögens auf die übernehmende Gesellschaft endgültig zu.

[484] Siehe oben Seite 120.

dd) Zweite Generalversammlung der Aktionäre der übernehmenden Gesellschaft

Auch nach endgültigem Abschluß der Beratungen der Aktionäre der übertragenden Gesellschaft ist die Verschmelzung noch nicht bewirkt. Die zweite Generalversammlung berät und beschließt über den Bericht der in der ersten Versammlung ernannten Prüfer[485]. Die Sacheinlage, das heißt die Vermögensübertragung seitens der übertragenden Gesellschaft wird angenommen. Sodann wird durch Beschluß festgestellt, daß die Kapitalerhöhung endgültig durchgeführt wurde. Erst mit diesen Beschlüssen ist die Verschmelzung wirksam geworden[486].

b) Sonderversammlungen der Aktionäre der übertragenden Gesellschaft

Die oben beschriebenen vier Versammlungen müssen stets stattfinden und reichen aus, die Verschmelzung wirksam werden zu lassen, sofern die übertragende Gesellschaft nicht Aktien besonderer Gattungen ausgegeben hat.

Artikel 34 Absatz 2 des Code de Commerce sieht vor, daß auf Grund eines Beschlusses der Generalversammlung Vorzugsaktien ausgegeben werden können, die gegenüber den übrigen Aktien gewisse Vorteile verbriefen, die sich entweder auf das Gesellschaftskapital oder auf den Gewinn oder auf beides beziehen. Es ist durchaus denkbar, daß in ein- und derselben Gesellschaft mehrere Gruppen mit ungleichen Rechten vorhanden sind.

In den allgemeinen Generalversammlungen verbriefen die Vorzugsaktien gleiches Stimmrecht wie alle übrigen Aktien, es sei denn, daß die Satzung etwas anderes vorschreibt (Artikel 34 Absatz 3 des Code de Commerce).

Für den Fall, daß ein Beschluß der Generalversammlung Veränderungen hinsichtlich der Rechte, die die Vorzugsaktien verbriefen, herbeiführen soll, müssen die Aktionäre der betreffenden Kategorie den Beschluß billigen. Für die Einberufung der Sonderversammlung und die erforderlichen Kapitalmehrheiten sind die Vorschriften des Artikels 31 Absatz 3 und 4 des Gesetzes vom 24. Juli 1867 anzuwenden.

Artikel 34 des Code de Commerce gilt auch für den Fall der Verschmelzung.

[485] *Bastian*, Juris-Classeur Sociétés, Band VI bis Abschnitt 164 (2), Randziffer 166 unter Hinweis auf Artikel 4 des Gesetzes vom 24. Juli 1867.

[486] *Hamel* und *Lagarde*, Randziffer 766 Seite 891; *Houpin* und *Bosvieux*, Band II Randziffer 960 Seite 135; *Houpin*, Journal des Sociétés 1935, 529 ff. (530); *Mestdagh*, Diss. Lille 1930, Seite 44/45; *Moliérac*, Band II Randziffer 1330 Seite 329, Randziffer 1368 Seite 354; *Ripert*, Randziffer 1419 Seite 669.

Tritt der Fall ein, daß die Sonderversammlung ihre Zustimmung zu der Verschmelzung verweigert, kann der Beschluß der außerordentlichen Generalversammlung der Aktionäre zur Übertragung des Vermögens nicht ausgeführt werden. Die Verschmelzung kann in diesem Fall nicht stattfinden[487].

Es versteht sich von selbst, daß die Beschlüsse etwaiger Sonderversammlungen zeitlich zwischen dem ersten und zweiten Beschluß der außerordentlichen Generalversammlung der Aktionäre der übertragenden Gesellschaft gefaßt werden können. In diesem Fall empfiehlt es sich, als aufschiebende Bedingung zu bestimmen, daß der Beschluß erst mit Erteilung der Zustimmung der Aktionäre im zweiten Beschluß wirksam wird.

c) Sonderbestimmungen für Inhaber von Gewinn- und Gründeranteilen und Obligationen

Die Wertpapiere, die eine französische Aktiengesellschaft ausgeben darf, beschränken sich nicht auf Aktien. Neben ihnen werden unter Umständen Gewinn- und Gründeranteile und Obligationen ausgegeben. Diese Wertpapiere verbriefen ihren Inhabern keine Gesellschafterrechte, sondern eine – bevorzugte – Gläubigerstellung gegenüber der Gesellschaft[488]. Dennoch billigt ihnen der Gesetzgeber im Fall einer Verschmelzung ein Beschlußrecht zu.

aa) Stellung der Inhaber von Gewinn- und Gründeranteilen

Artikel 10 Absatz 2 des Gesetzes vom 23. Januar 1929 bestimmt für diese Gläubiger der Gesellschaft folgendes:

Steht die Auflösung der Gesellschaft als Folge einer Verschmelzung oder aus anderen Gründen[489] in Frage, wird der Vorschlag der vorzeitigen Auflösung der Gesellschaft einer Generalversammlung der Inhaber der genannten Anteile unterbreitet.

In der Generalversammlung muß gemäß Artikel 6 Absatz 1 des Gesetzes von 1929 in der Fassung des Gesetzes vom 25. Februar 1953 mindestens die Hälfte der ausgegebenen Anteile (unter Nichtberechnung der im Besitz der

[487] *Bastian,* Juris-Classeur Sociétés, Band VI Abschnitt 164 (1) Randziffer 49, 53.

[488] Für Gewinn- und Gründeranteile (parts bénéficiaires und parts de fondateur) geht dies aus Artikel 1 Absatz 2 Satz 1 des Gesetzes vom 23. Januar 1929 (Gesetz über die von den Gesellschaften ausgegebenen Gründeranteile) hervor; hinsichtlich der Obligationen hat der Gesetzgeber im Dekret-Gesetz vom 30. Oktober 1935 dies nicht ausdrücklich so gesagt; vgl. auch *Moliérac,* Band II, Randziffer 1373 Seite 356.

[489] Auf die Beratungen infolge des Verlustes von einem Viertel des Gesellschaftskapitals braucht nicht eingeangen zu werden.

Gesellschaft selbst befindlichen Anteile) vertreten sein, damit sie beschlußfähig ist. Wird diese Mehrheit nicht erreicht, kann ähnlich wie nach Artikel 31 des Gesetzes vom 24. Juli 1867 eine zweite, gegebenenfalls nach Vertagung eine dritte Generalversammlung einberufen werden, in denen jeweils mindestens ein Drittel der Anteile vertreten sein muß. Im Gegensatz zu Artikel 31 des Gesetzes von 1867 sehen Artikel 6 Absatz 2 und 3 des Gesetzes vom 23. Januar 1929 keine weitere Verminderung der Mehrheit auf nur ein Viertel vor.

Die von den Anteilsinhabern gefaßten Beschlüsse bedürfen zu ihrer Wirksamkeit der Zwei-Drittelmehrheit der abgegebenen Stimmen.

Das Gesetz sieht vor, daß die Inhaber von Gründer- und Gewinnanteilen entweder der Verschmelzung zustimmen und damit jede Klagebefugnis gegenüber der Gesellschaft verlieren oder ihre Zustimmung zu der Verschmelzung versagen.

Ein ablehnender Beschluß kann die Verschmelzung nicht verhindern, sofern die Aktionäre im Beschlußwege dafür gestimmt haben. Jedoch bleiben den Anteilsinhabern eventuelle Schadensersatzansprüche[490] gegenüber der Gesellschaft erhalten, die sie innerhalb einer Ausschlußfrist von sechs Monaten nach dem Auflösungsbeschluß nur gemeinsam und ausschließlich durch ihren besonderen Vertreter gegen sie geltend machen können.

Schadensersatzansprüche können namentlich dann gegeben sein, wenn die Satzung den Umfang der Rechte der genannten Gläubiger für den Fall der vorzeitigen Auflösung festlegt. Sie haben im Fall der Verschmelzung dann grundsätzlich dieselben Rechte[491]. Die Höhe der Schadensersatzansprüche ist von tatsächlichen Umständen abhängig[492].

bb) Stellung der Inhaber von Obligationen

Das Dekret-Gesetz vom 30. Oktober 1935 betreffend den Schutz von Zeichnern einer Obligation sieht in den Artikeln 10 ff. Generalversammlungen vor. Gemäß Artikel 20 Ziffer 1 b hat die Generalversammlung über die Verschmelzung der Gesellschaft, die die Obligationen ausgegeben hat, mit einer anderen Gesellschaft zu beraten. Stimmt die Generalversammlung einer Verschmelzung nicht zu, hat die Gesellschaft denjenigen Inhabern, die inner-

[490] *Bastian*, Juris-Classeur Sociétés, Band VI bis Abschnitt 164 (1) Randziffer 53; *Dalsace* bei *Dalloz*, Encyclopaedie juridique, Répertoire de Droit Commercial et des Sociétés, Band III, Scoiétés, Stichwort „Fusion" Randziffer 23, 24.

[491] *Hamel* und *Lagarde*, Randziffer 766 Seite 891.

[492] *Hamel* und *Lagarde*, a.aO.; *Mestdagh*, Diss. Lille 1930, Seite 89/90

halb von drei Monaten nach der Verschmelzung hierauf bestehen, den Betrag, auf den das Papier ausgestellt ist, zurückzuerstatten[493]. Daneben kommt eine Anwendung der Vorschrift des Artikels 7 des Gesetzes vom 17. März 1909 betreffend die Veräußerung und Verpfändung von Handelsunternehmen für die Inhaber von Obligationen nicht in Betracht[494].

Die Versammlung ist im Falle des Artikels 20 nur beschlußfähig, wenn in ihr mindestens drei Viertel der ausgegebenen Obligationen vertreten sind (Artikel 22 Absatz 2). Der Gesellschaft steht mit bereits zurückgekauften Obligationen kein Stimmrecht zu (Artikel 22 Absatz 2 in Verbindung mit Artikel 15 Absatz 4).

Auch hier kann eine zweite Generalversammlung einberufen werden, in der die Hälfte der ausgegebenen Obligationen vertreten sein muß. Ist auch diese Mehrheit nicht zu erzielen, ist eine weitere Verminderung auf ein Viertel in der dritten Generalversammlung vorgesehen.

In jeder der Versammlungen bedürfen die Beschlüsse zu ihrer Wirksamkeit einer Stimmenmehrheit von drei Vierteln der anwesenden oder vertretenen Obligationsinhaber (Artikel 23 Satz 2).

Darüber hinaus schreibt Artikel 24 vor, daß die gefaßten Beschlüsse anschließend vom Tribunal de Grande Instance bestätigt und dann im Bulletin des annonces légales et obligatoires (BALO) veröffentlicht werden müssen.

Die Beschlüsse der Generalversammlungen der Inhaber von Obligationen können die Verschmelzung nicht verhindern[495]. Die Abstimmung hat ausschließlich den Zweck, ihre Rechte gegenüber der übertragenden Gesellschaft zu wahren.

2. Verschmelzung durch Neugründung einer Aktiengesellschaft

Abweichend vom Fall der Verschmelzung durch Aufnahme, bei dem eine Gesellschaft fortbesteht, gehen bei der Neugründung die an der Fusion beteiligten Gesellschaften zu Gunsten einer neuen Gesellschaft unter. Die beteiligten Gesellschaften haben, nachdem von den Conseils d'Administration die vorbereitenden Verhandlungen geführt worden sind und der Inhalt des Verschmelzungsvertrages festgelegt wurde, in außerordentlichen General-

[493] *Ripert*, Randziffer 1423 Seite 670: Die Berechtigten brauchen nicht nachzuweisen, daß sich ihre Sicherheiten, die durch das übertragene Vermögen gewährleistet werden, vermindert haben. Ebenso *Hamel* und *Lagarde*, Randziffer 766 Seite 891.

[494] Siehe unten Seite 135 ff., 137.

[495] *Dalsace* bei *Dalloz*, Répertoire de Droit Commercial et des Sociétés, Band III, Sociétés, Stichwort „Fusion", Randziffer 25.

versammlungen ihrer Aktionäre ihre vorzeitige Auflösung zu beschließen. Unter Umständen bedürfen die Beschlüsse der Zustimmung bestimmter Aktionärsgruppen.

Darauf folgend sind die Gründungsformalitäten zu erfüllen. Das heißt, daß die Satzung aufgestellt und hinterlegt werden muß und dann die Zeichnungsaufforderung erfolgt. Nach Erfüllung der erforderlichen Formalitäten (Artikel 1 des Gesetzes vom 24. Juli 1867) finden die erste und zweite konstituierende Generalversammlung der neuen Gesellschaft statt[496].

3. Verschmelzung von Gesellschaften mit beschränkter Haftung

Eine Verschmelzung von Gesellschaften mit beschränkter Haftung durch Aufnahme und Neugründung ist möglich und zulässig[497].

Der Gesetzgeber schweigt über die für einen Verschmelzungsbeschluß erforderlichen Mehrheiten. Die Lehre fordert, wenn ein Staatsangehörigkeitswechsel mit der Verschmelzung verbunden ist, einen einstimmig gefaßten Beschluß[498]. Andernfalls reicht ein mit einer Kapitalmehrheit von drei Vierteln gefaßter Beschluß aus[499].

Bleibt eine Gesellschaft bestehen, sind die Vorschriften über die Kapitalerhöhung zu beachten. Bei der Neugründung sind für die übertragenden Gesellschaften die Auflösungsbestimmungen einzuhalten[500].

V. Das Umtauschverhältnis

In bezug auf das Verhältnis, in dem die Aktien der übertragenden gegen solche der übernehmenden Gesellschaft umzutauschen sind, enthält das Gesetz keine Vorschriften. Es blieb allein der Praxis überlassen, hierfür gewisse Richtlinien aufzustellen.

Das gesamte übertragene Vermögen ist gemäß der Vorschrift des Artikels 3 des Gesetzes vom 24. Juli 1867 eine Sacheinlage. Die von der übernehmenden Gesellschaft gewährte Gegenleistung hat unter Ausschluß von Barzahlungen

[496] *Moliérac,* Band II, Formularteil Seite 932, 933.

[497] Siehe oben Seite 92.

[498] *Dalsace* bei *Dalloz,* Encyclopaedie juridique, Répertoire de Droit Commercial et des Sociétés, Band III, Sociétés, Stichwort „Fusion", Randziffer 15; ebenso *Hémard,* Stichwort „Responsabilité limitée, société à", Seite 581.

[499] *Dalsace* a.a.O., Randziffer 15; *Bastian,* Juris-Classeur Sociétés, Band IV Abschnitt 71 (8) Randziffer 44; Band VI bis Abschnitt 164 (2) Randziffer 46.

[500] *Bastian,* a.a.O., Band 4 Abschnitt 71 (8) Randziffer 44.

und sonstigen Wertpapieren, die keine Gesellschafterstellung verbriefen, in Aktien einer besonderen Gattung, den Stammaktien, zu bestehen[501].

Zur Ermittlung des Verhältnisses, in dem die Aktien der übertragenden Gesellschaft beziehungsweise Gesellschaften gegen Aktien der übernehmenden oder neugegründeten Gesellschaft umzutauschen sind, bedarf es der Feststellung des reinen Netto-Aktiv-Vermögens der an der Verschmelzung beteiligten Gesellschaften[502]. Anhaltspunkte für die Wertberechnung gibt unter Umständen der Börsenkurs. Dieser kann Zufälligkeiten unterworfen sein, so daß der tatsächliche Wert der Aktien sich nicht exakt hieraus ergibt[503]. Auch der Bilanzwert kann ungenau sein[504]. Vielmehr haben die Verwaltungen der beteiligten Gesellschaften sämtliche Vermögenswerte, also auch Grundstücke, Fabriken, Materialien, Patente, Lagerbestände und ähnliches, deren Bilanzwert häufig nicht dem tatsächlichen Wert entspricht, genau ermitteln zu lassen und haben anhand des wahren Wertes das Umtauschverhältnis zu berechnen[505].

Aus der Gegenüberstellung der Vermögenslage, die nach obigen Grundsätzen festzustellen ist, folgt, um welchen Betrag die übernehmende Gesellschaft ihr Kapital zu erhöhen hat, um die für den Umtausch erforderlichen Aktien zur Verfügung zu haben. Weder die Aktionäre der übernehmenden noch die Aktionäre der übertragenden Gesellschaften dürfen durch die Wertberechnung in ihren Rechten beeinträchtigt werden[506].

[501] Die Gewährung von derartigen Aktien ist unbedingt erforderlich: *Escarra,* Band III Randziffer 1215 Seite 287; *Escouboné,* Diss. Toulouse 1934, Seite 7; *Hamel* und *Lagarde,* Randziffer 765 Seite 890; *Mestdagh,* Diss. Lille 1930 Seite 40; *Moliérac,* Band II, Randziffer 1362 Seite 351; Randziffer 1373 Seite 355. Dieser Ausschluß hat nicht zur Folge, daß überhaupt keine anderen Papiere oder Geld gewährt werden können. Es darf nur nicht dazu führen, daß die Rechte der Aktionäre der übertragenden Gesellschaft angetastet werden. Vgl. *Auger,* Revue des Sociétés 1925, 49 ff. (54); *Bastian,* Juris-Classeur Sociétés, Band VI bis Abschnitt 164 (1) Ziffer 14; wohl auch ANSA, Broschüre 109 Seite 10 und *Hamel* und *Lagarde,* Randziffer 765 Seite 890; a.A. *Houpin* und *Bosvieux,* Band II Randziffer 945 Seite 114.

[502] *Rétail,* Journal des Sociétés 1954, 257 ff. (258); *Houpin,* Journal des Sociétés 1935, 529 ff. (534).

[503] *Rétail,* Journal des Sociétés 1954, 257 ff. (262).

[504] *Rétail,* a.a.O., Seite 262.

[505] *Rétail,* a.a.O., Seite 285. Einzelheiten zur Berechnung, auf die hier verzichtet werden kann: *Rétail,* Journal des Sociétés 1955, Seite 257 ff., 321 ff.;*Hamel* und *Lagarde,* Randziffer 766 Seite 894.

[506] *Rétail,* a.a.O., Seite 284.

Eine übernehmende Gesellschaft A verfügt zum Beispiel über ein Reinvermögen von 18 Millionen Francs. Die Anzahl der ausgegebenen Aktien beläuft sich auf 3000. Der tatsächliche Wert jeder Aktie beträgt demnach unabhängig von ihrem Nennwert 6000 Francs.

Die übertragende Gesellschaft B weist ein Reinvermögen in Höhe von 12 Millionen Francs auf und hat ihr Kapital in 8000 Aktien aufgeteilt. Der tatsächliche Wert der einzelnen Aktie beträgt also 1500 Francs.

Im Fall der Verschmelzung beträgt das Umtauschverhältnis 6000 : 1500 = 4, das heißt: für vier Aktien der übertragenden Gesellschaft wird eine Aktie der übernehmenden Gesellschaft gewährt[507].

Um zu diesem Ergebnis zu gelangen, versteht es sich von selbst, daß die Methode der Wertermittlung bei sämtlichen beteiligten Gesellschaften absolut gleich sein muß[508].

Schwierigkeiten hinsichtlich der Art der Zuteilung der Aktien können sich bei der übertragenden Gesellschaft dann ergeben, wenn deren Aktionäre und sonstige Berechtigte ungleiche Rechte haben. Es ist keine Seltenheit, daß innerhalb einer Gesellschaft bestimmte unterschiedliche Rechte satzungsmäßig festgelegt worden sind. Innerhalb dieser verschiedenen Gruppen sind die Aktionäre als Gesellschafter, aber auch Sondergläubiger, nämlich Inhaber von Gewinn- und Gründeranteilen zu nennen. Selbst innerhalb der Gruppe der Aktionäre sind ungleiche Rechte denkbar, die namentlich im Rahmen einer früher erfolgten Kapitalerhöhung entstanden sein können. Das Vorhandensein von ursprünglich, das heißt im Zeitpunkt der Gründung gezeichneten Aktien, von neuen im Zuge einer Kapitalerhöhung ausgegebenen Aktien, Vorzugs- und Sonderrechtsaktien[509] ist möglich[510].

Um hier zu einer gerechten Verteilung der Gegenleistung zu kommen, muß innerhalb der Berechtigten wiederum eine Wertfeststellung erfolgen, die denselben Regeln zu folgen hat wie sie im Verhältnis der Vermögen der sich verschmelzenden Gesellschaften zueinander erfolgt.

Fraglich ist, wie Aktien zu behandeln sind, wenn eine der beteiligten Gesellschaften bereits Aktionär der anderen ist.

Ist die übernehmende Gesellschaft Aktionär der übertragenden Gesellschaft, muß die Verschmelzung so durchgeführt werden, daß die übernehmende

507 *Moliérac*, Band II Randziffer 1373 Seite 356; *Rétail*, Journal des Sociétés 1954, 257 ff. (260, 261).

508 *Moliérac*, a.a.O., Seite 356.

509 sogenannte „actions privilegiées".

510 *Moliérac*, Band III Randziffer 1373 Seite 356.

Gesellschaft die ihr gehörenden Aktien nicht erhält. Auf Grund der Übertragung tritt eine Konfusion der Rechte gemäß Artikel 1300 des Code Civil ein. *Houpin* schlägt daher vor, daß die übernehmende Gesellschaft vorher ausdrücklich auf ihre Rechte verzichtet. Dann brauchen im Wege der Kapitalerhöhung nur noch so viel Aktien gebildet zu werden, wie sie zur Verteilung an die übrigen Aktionäre der übertragenden Gesellschaft erforderlich sind[511].

Ist dagegen die übertragende Gesellschaft Eigentümerin von Aktien der übernehmenden Gesellschaft, können diese von vornherein von der Übertragung ausgeschlossen und später gemeinsam mit den erhaltenen Stammaktien an die Aktionäre der übertragenden Gesellschaft ausgegeben werden[512]. Erfolgt diese Ausklammerung nicht, muß die übernehmende Gesellschaft nach Abschluß der Verschmelzung insoweit eine Kapitalherabsetzung vornehmen und die betreffenden Aktien annullieren[513], da sie nicht ihr eigener Aktionär sein kann. Steht fest, daß diese Aktien nicht verteilt werden sollen, kann der Herabsetzungsbeschluß zur selben Zeit wie der Kapitalerhöhungsbeschluß gefaßt werden[514].

VI. Die Stammaktien

Macht ein Gesellschafter eine Sacheinlage, die stets in einer verkehrsfähigen Sache bestehen muß[515] oder überträgt eine Gesellschaft ihr Vermögen durch Verschmelzung auf eine andere, so besteht die Gegenleistung in Stammaktien (actions d'apport). Diese besondere Aktienart unterliegt der Regelung des Artikels 3 des Gesetzes vom 24. Juli 1867 in der Fassung des Gesetzes vom 16. November 1903 und des Dekretes Nr. 54—1226 vom 7. Dezember 1954. Nach den Bestimmungen des Artikels 3 Absatz 4 und 5 besteht für diese Aktien die Besonderheit, daß sie erst zwei Jahre nach der endgültigen Errichtung der Gesellschaft[516] vom Stamm getrennt und durch

[511] *Houpin* und *Bosvieux*, Band III Randziffer 961 Seite 137.

[512] *Houpin* und *Bosvieux*, a.a.O., Seite 137.

[513] *Houpin* und *Bosvieux*, a.a.O., Seite 137; ebenso ANSA, Broschüre 109 Seite 10.

[514] *Houpin* und *Bosvieux*, a.a.O., Seite 137.

[515] *Escouboué*, Diss. Toulouse 1934 Seite 2.

[516] Die Kommanditgesellschaft auf Aktien ist gemäß Artikel 5 des Gesetzes von 1867 mit der Ernennung des ersten Aufsichtsrates (conseil de surveillance), die Aktiengesellschaft mit Annahme des Amtes der Mitglieder des Conseil d'Administration und der Buchprüfer (commissaires aux comptes, Artikel 32) gemäß Artikel 25 Absatz 5 des Gesetzes von 1867 errichtet.

einen dem Handelsrecht unterliegenden Übertragungsakt in den Verkehr gebracht werden dürfen.

Das Verbot umfaßt lediglich den Handel in den im Handelsrecht gebräuchlichen Formen[517].

Das bedeutet nicht, daß die Stammaktien innerhalb der Zweijahresfrist unübertragbar sind. Dies geht schon aus der Terminologie des Gesetzgebers hervor, der für nicht verkehrsfähige Aktien den Ausdruck „inaliénable“ verwendet, während für Stammaktien von „actions non négociables“ die Rede ist[518].

Eine den Regeln des bürgerlichen Rechtes folgende Abtretung ist dagegen zu jedem Zeitpunkt und unabhängig von der Zweijahresfrist zulässig[519]. Diese unterliegt der Bestimmung des Artikels 1690 des Code Civil. Der Eigentümer der Stammaktien kann die Stammaktien also durch notariellen oder privatschriftlichen Vertrag abtreten und die Abtretung der Gesellschaft anzeigen. Die Anzeige oder die schriftliche Annahme seitens der Gesellschaft bewirkt, daß das Eigentum an den Aktien auf den Zessionar übergeht, daß jede spätere Abtretung wie auch spätere Zwangsvollstreckungsmaßnahmen ihm gegenüber wirkungslos sind und er berechtigt ist, Dividenden in Empfang zu nehmen[520] und an den Generalversammlungen teilzunehmen[521].

Von der Sperrfrist von zwei Jahren macht Artikel 3 Absatz 6 des Gesetzes von 1867 folgende Ausnahme:

> „Im Fall der Verschmelzung von Gesellschaften durch Aufnahme oder Neugründung durch Vereinigung einer oder mehrerer bereits bestehenden

[517] *Houpin* und *Bosvieux,* Band I Randziffer 439 Seite 520.

[518] *Dalloz,* Code de Commerce, 59. Aufl. 1963, Art. 3 Anm. 2; *Escouboué,* Diss Toulouse, 1934, Seite 16; *Houpin* und *Bosvieux,* Band I Randziffer 443 Seite 525; vgl. Artikel 3 und 26 des Gesetzes vom 24. Juli 1867.

[519] *Dalloz,* Code de Commerce, 59. Aufl. 1963, Artikel 3 Gesetz von 1867, Anm. 2; *Escarra,* Band III 1959 Randziffer 1216 Seite 289; *Escouboué,* Diss. Toulouse 1934, Seite 13, 15/16, 19/20, 69 (mit Nachweisen); *Houpin,* Journal des Sociétés 1898, 49 ff. (49, 52); *Houpin* und *Bosvieux,* Band I Randziffer 439 Seite 520, Randziffer 443 Seite 525, 526; *Ripert,* Traité, Randziffer 986 Seite 483; Paris, 14. 1. 1895, Journal des Sociétés 1895 Seite 77; Lyon, 10. 6. 1897, Journal des Sociétés 1897, Seite 518; Seine, 17. 11. 1897, 22. 9. 1898, Journal des Sociétés 1898, Seite 87; 1899, Seite 127; Lille, 11. 10. 1898, Journal des Sociétés 1899, Seite 270; arg. e. Cassation, ch. crim., 25. 11. 1937, *Dalloz* 1938, Seite 134.

[520] *Houpin* und *Bosvieux,* Band I Randziffer 443 Seite 525, 526.

[521] *Dalloz,* Code de Commerce, 59. Aufl. 1963, Art. 3 Ges. von 1867 Anm. 2; *Escouboué,* Diss. Toulouse 1934, Seite 19/20.

Gesellschaften wie auch im Falle der Einlage eines Teiles der Elemente der Aktiva auf eine andere Gesellschaft findet das Verbot, die Aktien vom Stamm zu lösen und sie in Verkehr zu bringen, nicht auf Stammaktien Anwendung, die einer Aktiengesellschaft gewährt werden, die im Zeitpunkt der Verschmelzung oder der Einlage mehr als zwei Jahre bestanden hat, sofern die Vermögenswerte, die Gegenstand der Verschmelzung oder der Teil-Einlage sind und die den gewährten Aktien entsprechen, bereits vorher frei veräußerlichen Aktien entsprochen haben."

Die Auslegung dieser Gesetzesbestimmung ergibt folgendes:

1. Die von der übernehmenden Gesellschaft als Gegenleistung gewährten Stammaktien können nicht sofort frei durch handelsrechtlichen Übertragungsakt gehandelt werden, wenn die übertragende Gesellschaft weniger als zwei Jahre bestanden hat[522]. Das gilt auch dann, wenn diese Aktien ursprünglich gegen Bareinzahlung gezeichnet wurden[523], also nicht aus einer Kapitalerhöhung bei der übernehmenden Gesellschaft herrühren. Wie lange die übernehmende Gesellschaft bestanden hat, ist unerheblich[524].

Die Zweijahresfrist gilt auch für eine anerkannte ausländische Gesellschaft mit Sitz in Frankreich, die ihr Vermögen auf eine französische Gesellschaft überträgt[525].

522 *Bastian,* Juris-Classeur Sociétés, Band VI bis Abschnitt 164 (3) Ziffer 2; *Décugis,* Traité, Randziffer 429 Seite 630; *Escarra,* Randziffer 1216 Seite 288; Randziffer 1217 Seite 290; Randziffer 1219 Seite 292 und Anhang (o. Seitenzahl); *Hamel* und *Lagarde,* Randziffer 766 Seite 892, 893; *Houpin* und *Bosvieux,* Band I Randziffer 441 Seite 521; *Moliérac,* Randziffer 1374 Seite 357; *Ripert,* Randziffer 986 Seite 483; *Wahl,* Journal des Sociétés 1'911, 481 ff. (486); Tribunal com. de la Seine, 1. 10. 1907, Journal des Sociétés 1908, 183; Trib. civil de Grenoble, 9. 6. 1928, Journal des Sociétés 1931, 228 ff. (229); Cour de Cass., ch. Req., 21. 7. 1932, Journal des Sociétés 1932, 654; Tribunal civil d'Alger, 11. 1. 1936, Journal des Sociétés 1937, 56 ff. (57); Cass. Com., 8. 2. 1955, Juris-Classeur Périodique 1955, 2. Teil Spalte 8588; Antwort des Finanzministers an M. Yver, J. O. Déb. Sénat, 7. 12. 1962 Seite 1345.

523 *Hamel* und *Lagarde,* Randziffer 766 Seite 892, 893; *Escarra,* a.a.O.; *Moliérac,* a.a.O.; *Ripert,* a.a.O.; *Wahl,* a.a.O., Antwort des Justizministers an den Abgeordneten *Motte* vom 28. 10. 1959, Droit des Sociétés 1960 Nr. 2 Seite 3 Ziffer 112.

524 *Bastian,* Juris-Classeur Sociétés, Band VI bis Abschnitt 164 (3) Ziffer 12, 14; *Escarra,* Band III Randziffer 1217 Seite 290; *Houpin* und *Bosvieux,* Band I Randziffer 441 Seite 522.

525 *Décugis,* les actions, Seite 53, 56; *Escarra,* Band III Randziffer 1217 Seite 291; *Houpin* und *Bosvieux,* Band I Randziffer 441 Seite 522; Tribunal commercial de la Seine, 19. 10. 1906, Journal des Sociétés 1907, 266 ff. (227, 228).

2. Der Zeitraum von zwei Jahren, nach dessen Ablauf die Stammaktien durch handelsrechtlichen Übertragungsakt frei gehandelt werden können, ist für eine übertragende Gesellschaft, die weniger als zwei Jahre bestanden hat, vom Zeitpunkt des Wirksamwerdens der Verschmelzung an zu rechnen[526].

Vor Erlaß des Dekretes Nr. 54—1226 vom 7. Dezember 1954 wurde diese Ansicht von der überwiegenden Mehrheit der Autoren vertreten und auch von der Rechtsprechung bestätigt. Die abweichende Auffassung von *Leblond*[527] und *Escouboué*[528] wollte die Zweijahresfrist ab endgültiger Errichtung der übertragenden Gesellschaft berechnen und hielt es für unlogisch und dem Gesetz von 1903, das die Sperrfrist im Fall einer Verschmelzung auflockerte, widersprechend, ursprünglich ausgegebene Stammaktien einer bis zu fast vier Jahren dauernden Sperre zu unterwerfen. Angesichts der eindeutigen Regelung des neugefaßten Artikel 3 Absatz 6 des Gesetzes vom 24. Juli 1867 hat die Streitfrage nunmehr keine Bedeutung mehr.

3. Die Ausnahmevorschrift des Artikels 3 Absatz 6 des Gesetzes vom 24. Juli 1867 in der Fassung des Dekretes Nr. 54—1226 vom 7. Dezember 1954 ist nur dann anwendbar, wenn die übertragende Gesellschaft seit mehr als zwei Jahren ununterbrochen in der Rechtsform einer Aktiengesellschaft oder Kommanditgesellschaftt auf Aktien bestanden hat[529].

Sie ist beispielsweise unanwendbar, wenn eine seit mehr als zwanzig Jahren als Aktiengesellschaft bestehende Gesellschaft sich in eine Gesellschaft mit beschränkter Haftung umwandelt und kurz vor der Verschmelzung wiederum die Rechtsform einer Aktiengesellschaft annimmt[530].

Die Kritik von *Dalsace*[531] läßt sich nicht aufrechterhalten, weil das übertragene Vermögen frei veräußerlichen Aktien entsprochen haben muß.

[526] *Bastian*, a.a.O.; *Escarra*, a.a.O.; *Hamel* und *Lagarde*, a.a.O.; *Moliérac*, a.a.O.; *Ripert*, a.a.O., sowie Rechtsprechung und Nachweise Seite 131, Anmerkung 522.

[527] *Leblond*, Journal des Sociétés, 1932, 513 ff. (520, 522).

[528] *Escouboué*, Dissertation Toulouse 1934, Seite 44, 48.

[529] *Bastian*, Juris-Classeur Sociétés, Band VI bis Abschnitt 164 (3) Ziffer 20, 21; *Escarra*, Randziffer 1220 Seite 294, 295 und Anhang (o. Seitenzahl); *Moliérac*, Band II Randziffer 1375 Seite 357; Cour de Paris, 10. 5. 1950, Sirey 1950, 1. Teil Seite 185; Dalloz 1950 Seite 198; Cour de Cassation (Com.), 8. 2. 1955, Juris-Classeur Périodique 1955, 2. Teil Spalte 8588; Gazette du Palais 1955, 1. Teil Seite 228.

[530] Antwort des Justizministers an den Abgeordneten *Motte* vom 28. 10. 1959, Droit des Sociétés 1960 Nr. 2 Seite 3 Ziffer 102.

[531] *Dalsace*, Sirey 1950 2. Teil Seite 185; ders. bei *Dalloz*, Encyclopaedie Juridique,

Hat aber eine Gesellschaft eine andere Rechtsform als die einer Aktiengesellschaft besessen, so fehlt es am Erfordernis der Aufteilung ihres Kapitals in Aktien. Hat eine Aktiengesellschaft weniger als zwei Jahre bestanden, unterlagen ihre Stammaktien noch der Sperre. Die Auslegung des Absatz 6 ergibt eindeutig, daß die Ausnahmebestimmung nur für Gesellschaften Anwendung finden kann, die als Aktiengesellschaft bestanden haben. Andernfalls waren die Aktien gar nicht „négociables", das heißt frei durch dem Handelsrecht angehörende Übertragungsakte veräußerlich.

4. Sind mehrere Gesellschaften an einer Verschmelzung beteiligt und besteht nur eine von ihnen seit mehr als zwei Jahren in der Rechtsform einer Aktiengesellschaft, so werden allein dieser Gesellschaft Stammaktien gewährt, die nicht der Sperrfrist unterliegen. Die den übrigen Gesellschaften zukommenden Aktien unterliegen der Zweijahresfrist ab Verschmelzung[532].

VII. Die Übertragung des Vermögens

Die Verschmelzung hat das gesamte Vermögen der übertragenden Gesellschaft beziehungsweise Gesellschaften zu umfassen[533]. Eine nur teilweise Vermögensübertragung erfüllt nicht die Kriterien der Fusion[534]. Der teilweise abweichenden Lehre und Rechtsprechung[535] ist nicht zu folgen. Im

Répertoire de Droit Commercial et des Sociétés, Band III, Sociétés, Stichwort „Fusion" Ziffer 33.

[532] *Escarra,* Band III Randziffer 1217 Seite 291; *Houpin* und *Bosvieux,* Band I Randziffer 441 Seite 522.

[533] *Bastian,* Juris-Classeur Sociétés, Band VI bis Abschnitt 164 (1) Ziffer 1, 3, 5, 19, 21, 30; *Copper-Royer,* de la fusion, Seite 6, 7/8; Traité des Sociétés anonymes, Band II Randziffer 318 Seite 387; Band III, Randziffer 576 Seite 682, 685; Randziffer 577 bis Seite 692; *Hamel* und *Lagarde,* Randziffer 767 Seite 894; ähnlich: *Houpin,* Journal des Sociétés 1933, 449 ff. (450); *Moliérac,* Band I Randziffer 591 Seite 383; Band II Randziffer 1362 Seite 350/351; *Ripert,* Randziffer 1418 Seite 668; *Vavasseur,* Revue des Sociétés 1892, Seite 259 ff. (262); *Wahl,* Précis, Randziffer 1176 Seite 387, 388; Tribunal de Commerce de la Seine, 3. 8. 1911, Journal des Sociétés 1912, 84 ff. (84, 86); Cour de Paris, 24. 6. 1884, Journal des Sociétés 1885, 719 ff (719, 720).

[534] *Bastian,* a.a.O., Randziffer 35; *Copper-Royer,* de la fusion, Seite 6, 7/8; Traité des Sociétés anonymes, Band II Randziffer 318 Seite 387; Band III, Randziffer 576 Seite 682, 685; Randziffer 577 bis Seite 692.

[535] *Auger,* Revue des Sociétés 1925, 49 ff. (55); *Dalsace* bei *Dalloz,* Encyclopaedie juridique, Répertoire de Droit Commercial et des Sociétés, Band III, Sociétés, Stichwort „Fusion" Ziffer 3; *Décugis,* Traité, Randziffer 428 Seite 627; *Hamel* und

übrigen befassen sich die abweichenden Ansichten insoweit ausschließlich mit der Tilgung der Schulden der übertragenden Gesellschaft. Hier bestehen mehrere Möglichkeiten, die gesondert behandelt werden[536].

Da das Gesetz nicht vorsieht, welchen Regeln die Übertragung folgt, ist zu untersuchen, wie der Übertragungsakt im Innen- und Außenverhältnis auszugestalten ist, damit eine auch jedem Dritten gegenüber wirksame Rechtsnachfolge der übernehmenden beziehungsweise neu gegründeten Gesellschaft eintritt.

Mestdagh[537] bestreitet, daß eine der Erbfolge angenäherte Gesamtrechtsnachfolge der übernehmenden Gesellschaft in das Vermögen der übertragenden Gesellschaft stattfinde, weil diese im Gegensatz zu einem Erblasser nicht die Möglichkeit habe, Vermögen zu erwerben, obwohl sie aufgelöst sei und nur zu Liquidationszwecken fortbestehe. Für *Dalsace*[538] liegt bei der Fusion ein der „transmission universelle" angenähert Vertrag sui generis vor. Die überwiegende Anzahl der Autoren bejaht die Gesamtrechtsnachfolge[539] entsprechend den im Code Civil geregelten Bestimmungen. Eine andere Lösungsmöglichkeit ist im Hinblick auf die Gläubiger nicht fälliger Forderungen nicht denkbar, die von der übernehmenden Gesellschaft übernommen werden müssen, weil die Verschmelzung diese Forderungen nicht fällig wer-

Lagarde, Randziffer 765 Seite 890; *Houpin,* Journal des Sociétés 1933, 449 ff. (451); Tribunal civil de Grenoble, 9. 6. 1928, Journal des Sociétés 1931, 228 ff. (229) mit zust. Anmerkung von *Houpin; Houpin* und *Bosvieux,* Band II Randziffer 946 Seite 116: Abspaltung eines Teils des Geschäftsbetriebes und Fortsetzung der Gesellschaft mit beschränktem Gesellschaftszweck als Ausnahmefall, allerdings mit der Einschränkung, daß die Verwendung des Begriffes Verschmelzung in diesem Fall ungenau ist.

536 Siehe unten Seite 148 ff.

537 *Mestdagh,* Diss. Lille 1930 Seite 79/80.

538 *Dalsace* bei *Dalloz,* Encyclopaedie juridique, Répertoire de Droit Commercial et des Sociétés, Band III, Sociétés, Ziffer 8, 26: dort ist allerdings von „transmission universelle" überhaupt die Rede.

539 *Bastian,* Juris-Classeur Sociétés, Band VI bis Abschnitt 164 (1) Randziffer 19; am eindeutigsten: *Copper-Royer,* de la fusion, Seite 6, 105; *Copper-Royer,* Traité des sociétés anonymes, Band II Randziffer 318 Seite 387; Band III Randziffer 576 Seite 685; Randziffer 577 bis, Seite 692; *Hamel* und *Lagarde,* Randziffer 767 Seite 894; *Houpin,* Journal des Sociétés 1935, 529 ff. (530), insbes. 533: „La société absorbante *devient propriétaire de plein droit"; Houpin* und *Bosvieux,* Band II Randziffer 946 Seite 116 für den Normalfall der Verschmelzung; Randziffer 952 Seite 127; *Moliérac,* Band II, Randziffer 1367 Seite 354; *Ripert,* Randziffer 1423 Seite 670; *Vavasseur,* Revue des Sociétés 1892, 259 ff. (262); *Wahl,* Précis, Randziffer 1176 Seite 388: „à titre de successeur".

den läßt[540] und es untragbar ist, das Liquidationsstadium der übertragenden Gesellschaft auf Jahre, vielleicht auch auf Jahrzehnte hinaus zu verlängern.

Im Innenverhältnis der an der Verschmelzung beteiligten Gesellschaften erfolgt der Rechtserwerb demnach durch bloße Einigung, soweit es sich um Speziessachen handelt. Gattungssachen sind auszusondern. Meist fällt der Eigentumswechsel mit der Übergabe[541] zusammen und wird auf diese Weise nach außen auch jedem unbeteiligten Dritten erkennbar und ihm gegenüber wirksam.

Schwieriger gestaltet sich die Rechtslage bei der Übertragung eines Handelsgeschäftes[542], eines Grundstückes, bei Wertpapieren und Forderungen, Mustern, Marken und Industriemodellen sowie Patenten.

1. Übertragung eines Handelsgeschäftes

In den meisten Fällen wird die übertragende Gesellschaft ein Handelsunternehmen betreiben. Hier ergibt sich die Frage, ob das Gesetz vom 17. März 1909 betreffend die Veräußerung und Verpfändung von Handelsunternehmen in der Fassung der Ergänzungsgesetze vom 31. Juli 1913, 11. März 1949 und 26. Juli 1955 auf den Fall der Verschmelzung anwendbar ist.

Die Bestimmungen der Artikel 3 und 7 des Gesetzes vom 17. März 1909 bezwecken den Schutz der Gläubiger eines Veräußerers oder Verpfänders. Artikel 7 in der Fassung des Gesetzes vom 11. März 1949 betrifft das Einbringen eines Handelsgeschäftes in eine bereits bestehende oder im Entstehen begriffene Gesellschaft. In dessen Absatz 1 ist die Veröffentlichung der Einlage sowohl in den Blättern, in denen offizielle Anzeigen erscheinen, als auch im offiziellen Bulletin der Verkäufe und Abtretungen von Handelsunternehmen[543] innerhalb der gemäß Artikel 3 Absatz 1 des Gesetzes in der Fassung des Gesetzes vom 26. Juli 1955 vorgeschriebenen Zweiwochenfrist vorgesehen. Die Bekanntmachung ist frühestens nach acht, spätestens nach fünfzehn Tagen zu wiederholen (Artikel 3 Absatz 3). Danach kann jeder Gläubiger des Unternehmers, der sein Unternehmen übertragen will, unabhängig von der Fälligkeit seiner Forderung Widerspruch gegen die Zahlung

540 *Houpin,* Journal des Sociétés 1933, 449 ff. (461).

541 *Mestdagh,* Diss. Lille 1930, Seite 55/56.

542 Das Handelsgeschäft, fonds de commerce, ist ein Handelsunternehmen, das von einer Einzelperson oder einer Gesellschaft betrieben wird und körperliche (zum Beispiel Einrichtung, Warenlager) und ideelle Elemente (Kundschaft, Ausstattung) aufweist.

543 Bulletin officiel des ventes et cessions de fonds de commerce.

des Kaufpreises erheben (Artikel 3 Absatz 5). Hiergegen kann der Veräußerer den Präsidenten des Tribunal de Grande Instance anrufen und um die Genehmigung nachsuchen, trotz des Widerspruches die Zahlung in Empfang zu nehmen. Allerdings muß er eine vom Richter als für die Deckung der erhobenen Forderung ausreichend angesehene Summe hinterlegen (Artikel 3 Absatz 6 des Gesetzes vom 17. März 1909 in der Fassung des Gesetzes vom 31. Juli 1913). Diese Genehmigung wird nur erteilt, wenn der Erwerber des Unternehmens den Nachweis führt, daß außer den Gläubigern, die formellen Widerspruch erhoben haben, keine anderen Gläubiger vorhanden sind, die sich der Zahlung des Kaufpreises an den Veräußerer widersetzen (Artikel 3 Absatz 7).

Für nicht dingliche Gläubiger eines Gesellschafters, der eine Einlage bei einer Gesellschaft macht, schreibt Artikel 7 Absatz 4 des Gesetzes vom 17. März 1909 in der Fassung des Gesetzes vom 26. Juli 1955 vor, daß diese Gläubiger die Lage des Unternehmens, ihre Gläubigereigenschaft sowie die Höhe ihrer Forderung in der Registratur des zuständigen Tribunal de Commerce anmelden, wo sie eine Empfangsbescheinigung über die von ihnen abgegebene Erklärung erhalten.

Reichen die Gesellschafter oder einer von ihnen nicht innerhalb der darauf folgenden fünfzehn Tage einen Antrag auf Nichtigerklärung (annulation) der Gesellschaft oder der Einlage ein oder wird die Nichtigkeit nicht gerichtlich ausgesprochen, haftet die Gesellschaft gesamtschuldnerisch mit dem Hauptschuldner auf Zahlung (Artikel 7 Absatz 5 des Gesetzes von 1909).

Die Anwendung dieser Vorschriften im Falle der Verschmelzung einer ein Handelsgeschäft betreibenden Kapitalgesellschaft mit einer anderen Kapitalgesellschaft ist streitig. Dafür sprechen sich *Bastian*[544], *Houpin*[545], *Houpin* und *Bosvieux*[546], *Mestdagh*[547] und *Moliérac*[548] aus, teils mit Einschrän-

[544] *Bastian,* Juris-Classeur Sociétés, Band VI bis Abschnitt 164 (3) Randziffer 54/55; a.a.O., Randziffer 40 bei Neugründung; a.a.O., Randziffer 57 bei apport mixte, das heißt Befriedigung der Gläubiger der übertragenden Gesellschaft in Geld und Gewährung von Aktien für das verbleibende Reinvermögen, da Gläubigerinteresse an der Anzeige besteht.

[545] *Houpin,* Journal des Sociétés 1933, 455, 456; Journal des Sociétés 1934, 321 ff., 327, 328: vorteilhaft, obgleich auf den ersten Blick kein Interesse besteht.

[546] *Houpin* und *Bosvieux,* Band II, Randziffer 951 Seite 122: auch bei Schuldübernahme.

[547] *Mestdagh,* Diss. Lille 1930, Seite 57—59: Anspruchsgrundlage für Gläubiger der übertragenden Gesellschaft, nicht nur von der in Liquidation befindlichen, sondern auch von der übernehmenden oder neu gegründeten Gesellschaft Zahlung zu fordern.

[548] *Moliérac,* Band II Randziffer 1379 Seite 360 für den Fall, daß Schulden der

kungen, dagegen nehmen *Dalsace*[549] und insbesondere *Copper-Royer*[550] und der Cour de Paris[551] Stellung. Dieser Meinungsstreit geht letzten Endes auf den Begriff der Verschmelzung selbst zurück. Die Gesamtheit des Vermögens muß übertragen werden. Hierunter fallen auch die Schulden der übertragenden Gesellschaft[552]. Diese Übernahme muß vertraglich vereinbart werden, sonst liegt eine Verschmelzung nicht vor. Ist die Schuldübernahme dagegen im Verschmelzungsvertrag ausgesprochen und seitens der Aktionäre oder Gesellschafter der übernehmenden oder neu gegründeten Gesellschaft gebilligt worden, verliert die Anwendung des Gesetzes vom 17. März 1909 für die Gläubiger jegliches Interesse[553], weil sie durch die Übernahme ausreichend geschützt sind.

Zwar lassen viele Autoren auch die gemischte Einlage (apport mixte), bei der teils Kauf, soweit Gelder zur Befriedigung der Gläubiger, teils Verschmelzung, soweit für das Reinvermögen Aktien oder Anteile als Gegenleistung gewährt werden, vorliegen soll, unter den Begriff der Verschmel-

übertragenden Gesellschaft von ihr selbst getilgt oder von der übernehmenden Gesellschaft übernommen werden; ebenso Band I Randziffer 261 Seite 163; Randziffer 264 Seite 164.

549 *Dalsace* bei *Dalloz,* Encyclopaedie juridique, Répertoire de Droit Commercial et des Sociétés, Band III, Sociétés, Stichwort „Fusion", Randziffer 48.

550 *Copper-Royer,* de la fusion, Seite 105; Widerspruchsrecht ist nur bei einer Teilübertragung, nicht bei einer Verschmelzung denkbar.

551 Cour de Paris, 17. 6. 1930, Dalloz 1932, 2. Teil, Seite 104: Novation liegt vor, Haftung tritt auch ohne Mitteilung ein; ebenso Paris, 2. 7. 1958 (unveröffentlicht), nachgewiesen bei *Bastian,* Juris-Classeur Sociétés, Band VI bis Abschnitt 164 (3), Randziffer 56, 40 (Trésor public v. Société anonyme l'auxiliaire industriel).

552 *Bastian,* Juris-Classeur Sociétés, Band VI bis Abschnitt 164 (3) Randziffer 58; *Copper-Royer,* Traité des sociétés anonymes, Band III, Randziffer 576 Seite 685; ders., de la fusion, Seite 6, 105; *Dalsace* bei *Dalloz,* Encyclopaedie juridique, Répertoire de Droit Commercial et des Sociétés, Band III, Sociétés, Stichwort „Fusion", Randziffer 26; *Hamel* und *Lagarde,* Randziffer 767 Seite 894; *Moliérac,* Band I, Randziffer 591 Seite 383; *Ripert,* Randziffer 1309 Seite 624, Randziffer 1423 Seite 670; *Wahl,* Précis, Randziffer 1176 Seite 388; Cour de Cass., Ch. Req., 26. 10. 1930, Journal des Sociétés 1931, 96 ff. (96, 100).

553 *Dalsace* bei *Dalloz,* Encyclopaedie juridique, Répertoire de Droit Commercial et des Sociétés, Band III, Société, Stichwort „Fusion", Randziffer 21; *Copper-Royer,* Traité des sociétés anonymes, Randziffer 577 bis Seite 692; *Wahl,* Précis, Randziffer 1176 Seite 388.

zung fallen[554]. Mit *Copper-Royer*[555] ist die Anwendung des Verschmelzungsbegriffes auf eine derartige Ausgestaltung der Vermögensübertragung abzulehnen. Eine Aufspaltung in Kauf und Verschmelzung widerspricht dem Grundgedanken der Gesamtübertragung.

In diesem Fall liegt wohl eine Absorption einer Gesellschaft, nicht aber eine Verschmelzung vor, wie auch nicht jede Unternehmenskonzentration eine Verschmelzung darzustellen braucht[556].

2. Die Übertragung des Eigentums an Grundstücken

Inter partes hat die übernehmende Gesellschaft das Eigentum am Grundstück erworben, sobald die endgültige Einigung über die Bedingungen der Verschmelzung vorliegt[557]. Dritten gegenüber ist die Übertragung erst wirksam, wenn entsprechend den Vorschriften des Code Civil[558] und des Dekretes vom 4. Januar 1955[559] der Eigentumswechsel in das Register des „conservateur des hypothèques" am Orte, wo das Grundstück belegen ist, eingetragen worden ist. Solange diese Formalitäten nicht erfüllt sind, gehört im Verhältnis zu Dritten das Grundstück noch der übertragenden Gesellschaft. Sie kann Hypotheken aufnehmen und das Grundstück sogar veräußern, ist dann aber selbstverständlich Schadensersatzansprüchen seitens der übernehmenden Gesellschaft ausgesetzt.

3. Übertragung von Wertpapieren

Die bloße Übergabe der im Besitz der übertragenden Gesellschaft befindlichen Wertpapiere reicht nur aus, wenn es sich um Inhaberpapiere handelt

[554] *Bastian,* Juris-Classeur Sociétés, Band VI bis Abschnitt 164 (2) Ziffer 20: Schuldübernahme abzugrenzen von der Gewährung von Geld und Aktien, da im letzteren Fall keine Verschmelzung vorliegt. *Escarra,* Manuel 1948, Band II Randziffer 921 Seite 530; ders., Band III Randziffer 1218 Seite 292; *Houpin,* Journal des Sociétés 1933, 449 ff. (458, 459).

[555] *Copper-Royer,* Traité des sociétés anonymes, Randziffer 577 bis Seite 692.

[556] *Auger,* Revue des Sociétés 1925, 49 ff. (53, 54); *Dalsace* bei *Dalloz,* Encyclopaedie juridique, Répertoire de Droit Commercial et des Sociétés, Band III, Sociétés, Randziffer 6; *Hamel* und *Lagarde,* Randziffer 765 Seite 890.

[557] *Mestdagh,* Diss. Lille 1930, Seite 60.

[558] Artikel 517 in Verbindung mit Artikel 1605 Code Civil.

[559] Änderung des Gesetzes vom 23. März 1955 und nachfolgender Bestimmungen, vgl. Artikel 46 Ziffer 1 Absatz 2.

(Artikel 35 Code de Commerce, Artikel 1689 Code Civil). Die Übertragung von Namenspapieren muß im Register der Gesellschaft eingetragen werden, die sie ausgegeben hat (Artikel 36 Absatz 2 Code de Commerce für Namensaktien, Artikel 1 des Dekretes vom 7. Dezember 1955 für Namenspapiere schlechthin). Orderpapiere[560] werden durch Indossament übertragen.

4. Die Übertragung von Forderungen

Ist die übertragende Gesellschaft Gläubigerin einer Forderung gegen einen Dritten, ist streitig, ob die Vorschrift des Artikels 1690 des Code Civil einzuhalten ist, das heißt: Anzeige an den Schuldner oder vom Schuldner in einer Originalurkunde abgegebene Erklärung, daß er dem Gläubigerwechsel zustimme.

Die Beantwortung dieser Streitfrage ist wiederum eng mit dem Verschmelzungsbegriff gekoppelt. *Mestdagh*[561], und – einschränkend – *Bastian*[562] setzen sich für die Anwendung des Artikels 1690 Code Civil ein. Der gegenteiligen Ansicht von *Dalsace*[563], *Copper-Royer*[564] und *Wahl*[565] ist zu folgen, weil bei der Verschmelzung eine Gesamtrechtsnachfolge stattfindet, die von der bürgerlich-rechtlichen Abtretung wesensverschieden ist.

5. Die Übertragung von Mustern, Marken, Industriemodellen und Patenten

Muster, Marken und Industriemodelle werden bei dem Office National de la Propriété Industrielle registriert. Ihr Übergang ist entsprechend den Vorschriften des Artikels 24 Absatz 8 vom 17. März 1909 und des Gesetzes vom 26. Juni 1920 (Artikel 2) in das Register einzutragen.

Die Anwendung des Gesetzes vom 17. März 1909 ist abgelehnt worden, soweit es die Übertragung eines Handelsunternehmens und den damit ver-

[560] Wechsel, Artikel 117, 118 Code de Commerce; Anweisung (billet à ordre), Artikel 185 in Verbindung mit Artikeln 117 ff. Code de Commerce. Scheck, Artikel 15—17 des Dekret-Gesetzes vom 30. Oktober 1935 (ändert Gesetz vom 14. Juni 1865); Konnossement, Artikel 281 Absatz 3 Code de Commerce. Das Konnossement kann auf Inhaber, Namen oder Order lauten.

[561] *Mestdagh*, Diss. Lille 1930, Seite 60.

[562] *Bastian*, Juris-Classeur Sociétés, Band VI bis, Abschnitt 164 (3) Ziffer 60 läßt die Frage offen, bejaht sie, weil eine Anzeige üblich ist, bei Pachtverhältnissen, a.a.O.. Randziffer 61; ebenso *Mestdagh*, a.a.O., Seite 57.

[563] *Dalsace* bei *Dalloz*, Encyclopaedie juridique, Répertoire de Droit Commercial et des Sociétés, Band III, Sociétés, Stichwort „Fusion" Randziffer 21.

[564] *Copper-Royer*, Traité des Sociétés anonymes, Randziffer 577 bis Seite 692.

[565] *Wahl*, Précis, Randziffer 1176 Seite 388.

bundenen Gläubigerschutz betrifft[566]. Hiermit steht nicht in Widerspruch, die Bestimmung des Artikels 24 des Gesetzes von 1909 auch im Falle einer Verschmelzung von Kapitalgesellschaften anzuwenden, weil es sich hierbei um eine warenzeichenrechtliche Sonderregelung handelt, die sowohl dem Schutz der übernehmenden Gesellschaft vor unberechtigter Inanspruchnahme als auch der Allgemeinheit dient. Letzteres kommt insofern in Betracht, als ein Dritter bei Nichteintragung eines zugunsten der übertragenen Gesellschaft eingetragenen Musters, Industriemodelles oder einer Marke auf die übernehmende Gesellschaft nach endgültigem Erlöschen der übertragenden Gesellschaft davon ausgehen kann, daß das Recht frei geworden ist und von ihm in Anspruch genommen werden kann. Der Gesetzeszweck ist insoweit abweichend und hat — jedenfalls zum Teil — ordnungsrechtlichen Charakter. Ein Patent muß durch notariellen Vertrag übertragen werden, wonach beim Sekretariat der zuständigen Präfektur beziehungsweise — für das Seine-Departement — bei dem Office National de la Propriété Industrielle die Eintragung in das Register erfolgt (Gesetz vom 5. Juli 1844 in der Fassung des Artikels 20 des Gesetzes vom 26. Dezember 1908). Im allgemeinen ist diese Übertragung im Verschmelzungsvertrag mit enthalten.

6. Kassenbestand, Bankguthaben

Der Kassenbestand wird durch bloße Aussonderung erworben. Bankguthaben der übertragenden Gesellschaft werden durch eine einfache Bankanweisung auf die übernehmende Gesellschaft übertragen[567].

7. Laufende Geschäfte der übertragenden Gesellschaft, Dauerschuldverhältnisse

Es besteht kein Grund, die Verschmelzung so lange hinauszuzögern, bis laufende Geschäfte seitens der übertragenden Gesellschaft abgewickelt worden sind. Diese werden übernommen.

Dauerschuldverhältnisse kann die übernehmende Gesellschaft nicht wegen der Verschmelzung kündigen. Auch sie müssen übernommen werden[568].

Zur Vermögensübertragung ist zusammenfassend festzustellen:

Im Innenverhältnis tritt der Eigentumswechsel ein, sobald die Verschmelzung

[566] Siehe oben Seite 137.

[567] *Mestdagh*, Diss. Lille 1930, Seite 60.

[568] *Bastian*, Juris-Classeur Sociétés, Band VI bis Abschnitt 164 (3) Randziffer 59; Cour de Cass., 23. 6. 1958 in Sachen Société Usines chimique des Laboratoires français v. Société des Etablissements Schmitt-Jourdan, JCP 1958 II. 63 769.

endgültige Wirksamkeit erlangt hat. Im Verhältnis zu Dritten wird der Eigentumswechsel erst wirksam, wenn die Gegenstände oder Rechte, die Gegenstand der Übertragung bilden, auch nach außen erkennbar den Eigentümer beziehungsweise Berechtigten gewechselt haben.

VIII. Auswirkungen der Verschmelzung

A. Auswirkungen auf die Rechtsstellung der Aktionäre der beteiligten Gesellschaften

1. Die Aktionäre der übertragenden Gesellschaft

Wesentliches Element jeder Verschmelzung ist, daß die Mitgliedseigenschaft der Aktionäre der übertragenden Gesellschaft nicht untergeht, mit anderen Worten: daß sie als Aktionäre in die übernehmende beziehungsweise neu gegründete Gesellschaft übernommen werden[569]. Dies wird allein dadurch gewährleistet, daß als Gegenleistung für die Vermögensübertragung Aktien gewährt werden. Schwierigkeiten folgen aus dem Schweigen des Gesetzgebers, der den Übergang der Mitgliedschaftsrechte nicht festlegt sowie daraus, daß den Aktionären der übertragenden Gesellschaft die Aktien nicht unmittelbar von der übernehmenden beziehungsweise neu gegründeten Gesellschaft ausgehändigt werden.

Vielmehr empfängt sie der Liquidator der übertragenden Gesellschaft[570]. Es ist sogar möglich, daß auf seinen Namen beziehungsweise des Liquidationskomitees ein Namenszertifikat ausgestellt wird[571]. Für die Übergangszeit

[569] *Auger,* Revue des Sociétés 1925, 49 ff. (54); *Bastian,* Juris-Classeur Sociétés, Band VI bis Abschnitt 164 (1) Ziffer 4, 14; Abschnitt 164 (3) Randziffer 29; *Copper-Royer,* de la fusion, Seite 6; *Hamel* und *Lagarde,* Randziffer 765, 890; *Moliérac,* Band II, Randziffer 1362 Seite 351; *Ripert,* Randziffer 1423 Seite 670; *Wahl,* Précis, Randziffer 1175 Seite 386; vgl. auch Tribunal civil de la Seine, Urteil vom 14.5.1892, Revue des Sociétés 1893 Seite 34; Cass. Req., 2. 7. 1873, Sirey 1873 1. Teil Seite 306; Cass. civ. sect. comm. et fin., 22. 5. 1950, Gazette du Palais 1950, 2. Teil Seite 243; ständige Rechtsprechung.

[570] *Bastian,* Juris-Classeur Sociétés, Abschnitt 164 (2) Randziffer 10; *Escarra,* Band III, Randziffer 1215 Seite 287; sinngemäß *Hamel* und *Lagarde,* Randziffer 765 Seite 890; *Houpin* und *Bosvieux,* Band I Randziffer 442 Seite 524; *Moliérac,* Band II, Randziffer 1373 Seite 355; *Ripert,* Randziffer 1422 Seite 670; wohl auch *Thaller,* Randziffer 703 bis Seite 460.

[571] *Escarra,* Band III Randziffer 1215 Seite 289; Cass. civ., sect. comm. et fin., 22. 5. 1950, Gazette du Palais 1950, 2. Teil Seite 243.

ist er auch berechtigt, die auf die als Gegenleistung gewährten Aktien entfallenden Dividenden in Empfang zu nehmen[572].

Problematisch ist hierbei, auf welche Weise und wann die Aktionäre in die neue oder übernehmende Gesellschaft als Mitglieder übernommen werden. Allein *Mestdagh* versucht, diesen Erwerb rechtlich zu untermauern.

Nach diesem Autor findet ein Durchgangserwerb statt: die übertragende Gesellschaft erwirbt für eine logische Sekunde das Eigentum an den betreffenden Aktien, wonach sie sich auflöst[573]. Seiner Meinung nach werden in diesem Augenblick die Aktionäre der aufgelösten Gesellschaft Miteigentümer des Gesellschaftskapitals, wobei sich das Miteigentum allerdings auf den Rechtszustand außerhalb der Liquidation beschränke. Jeder der Gesellschafter sei berechtigt, Teilung zu verlangen. Folglich komme die Vorschrift des Artikels 883[574] zur Anwendung, so daß jeder Aktionär die ihm auf Grund des Teilungsverhältnisses zustehenden Aktien so zu Eigentum erhält, als ob das Miteigentum niemals bestanden hätte[575].

Mestdagh befindet sich hier mit seiner an anderer Stelle geäußerten Meinung, daß bei der Verschmelzung keine Gesamtrechtsnachfolge[576] stattfinde, in Widerspruch, da er seine Konstruktion nicht ohne die erbrechtliche Vorschrift des Artikels 883 Code Civil durchführen kann. Abgesehen davon, daß der Durchgangserwerb den erbrechtlichen Vorschriften des Code Civil fremd ist, weil die Erben den Nachlaß unmittelbar erwerben (Artikel 724 Absatz 1 Code Civil)[577], begegnet seine Ansicht auch deswegen Bedenken, weil mit der überwiegenden Mehrzahl der Autoren die Gesamtrechtsnachfolge der übernehmenden Gesellschaft gerade zu bejahen ist[578]. Würde auch

[572] *Houpin* und *Bosvieux,* Band I Randziffer 442 Seite 524.

[573] *Mestdagh,* Diss. Lille 1930 Seite 76.

[574] „Chaque cohéritier est censé avoir succéde seul et immédiatement à tous les effets compris dans son lot, ou à lui échus sur licitations, et n'avoir jamais eu la propriété des autres effets de la succession."

[575] *Mestdagh,* a.a.O., Seite 77.

[576] *Mestdagh,* a.a.O., Seite 79.

[577] Artikel 724 Absatz 1 Code Civil in der Fassung der Ordonnance Nr. 58—1307 vom 23. Dezember 1958 hat nachfolgenden Wortlaut: „Les héritiers légitimes, les héritiers naturels et le conjoint survivant sont saisis de plein droit des biens, droits et actions du défunt, sous l'obligation d'aquitter toutes les charges de la succession." *Auger,* Revue des Sociétés 1925, 49 ff. (50).

[578] *Bastian,* Juris-Classeur Sociétés, Band VI bis Abschnitt 164 (1) Randziffer 1, 3, 5, 19, 21, 30; *Copper-Royer,* de la fusion, Seite 6, 7/8; Traité des Sociétés anonymes, Band II Randziffer 318 Seite 387; Band III Randziffer 576 Seite 682, 685; Rand-

hinsichtlich der der übertragenden Gesellschaft zu gewährenden Gegenleistung die Gesamtrechtsnachfolge zugunsten der Aktionäre eintreten, käme man notgedrungen zu dem Ergebnis, daß diese unmittelbar für die Schulden der übertragenden Gesellschaft haften und die empfangenen Aktien zur Befriedigung der Gesellschaftsgläubiger verwenden müßten. Auf diese Weise ist ein Übergang der Mitgliedschaftsrechte jedoch nicht gewährleistet, weil die Gläubiger anstelle der Aktionäre der übertragenden Gesellschaft Aktionäre der übernehmenden Gesellschaft würden. Der Haftung mit ihrem eigenen Vermögen könnten sie nur gemäß Artikel 878 Code Civil durch Trennung vom übernommenen Vermögen entgehen, laufen aber immer das Risiko, daß sie leer ausgehen und gerade nicht Aktionäre der übernehmenden oder neu gegründeten Gesellschaft werden.

Der Zeitpunkt des Erwerbes der Mitgliedschaftsrechte ist später anzusetzen. Erst wenn die Aktien der übernehmenden oder neu gegründeten Gesellschaft an die Aktionäre ausgegeben worden sind, sind sie deren Gesellschafter geworden[579]. Dieses Ereignis kann früher oder später stattfinden, ist jedoch durch eine eventuell gemäß Artikel 3 des Gesetzes vom 24. Juli 1867 laufende Sperrfrist von zwei Jahren nicht gehindert[580].

Hat die übertragende Gesellschaft es übernommen, selbst die Gesellschaftsschulden zu tilgen, müssen erst die Gläubiger befriedigt sein, ehe die Verteilung stattfinden kann[581]. Bis dahin bleiben die Aktionäre der übertragenden Gesellschaft Gesellschafter ihrer in Liquidation befindlichen Gesellschaft,

ziffer 577 bis Seite 692; *Hamel* und *Lagarde,* Randziffer 767 Seite 894; *Moliérac,* Band I Randziffer 591 Seite 383; Band II, Randziffer 1362 Seite 350/351; *Vavasseur,* Revue des Sociétés 1892, Seite 259 ff. (262); *Wahl,* Précis, Randziffer 1176 Seite 387, 388; ähnlich auch *Houpin,* Journal des Sociétés 1933, 449 ff. (450); vgl. ferner Cour de Paris, 24. 6. 1884, Journal des Sociétés 1885, 719 ff. (719, 720); Trib. de Commerce de la Seine, 3. 8. 1911, Journal des Sociétés 1912, 84 ff. (84, 86) mit abl. Anm. von *Houpin.*

579 *Bastian,* Juris-Classeur Sociétés, Band VI bis Abschnitt 164 (3) Randziffer 33; *Houpin* und *Bosvieux,* Band I Randziffer 442 Seite 524, 525.

580 *Bastian,* a.a.O., Abschnitt 164 (3) Randziffer 2; *Escarra,* Band III, Randziffer 1215 Seite 287.

581 *Bastian,* Juris-Classeur Sociétés, Band VI bis Abschnitt 164 (3) Randziffer 31; *Houpin,* Journal des Sociétés 1933, 449 ff. (453, 454); *Moliérac,* Band II Randziffer 1374 Seite 357; nach *Copper-Royer* kann die Übertragung nie ohne Übertragung der Schulden erfolgen, weil dies der Gesamtrechtsnachfolge widerspreche, vgl. Traité des sociétés anonymes, Band III Randziffer 577 Seite 691: Zurückbehaltung eines Teils des Vermögens zur Gläubigerbefriedigung schließt die Verschmelzung aus und ist bloße Liquidation.

ihre Aktien sind nach wie vor (soweit sie nicht der Sperre des Artikels 3 des Gesetzes vom 24. Juli 1867 unterliegen) unbeschränkt übertragbar[582], so daß auch der Mitgliederbestand der übertragenden Gesellschaft nach Abschluß des Verschmelzungsvertrages noch wechseln kann. Auf den ersten Blick scheint hier ein Widerspruch mit der Begriffsbestimmung der Verschmelzung und der damit gekoppelten Gesamtrechtsnachfolge zu bestehen[583]. Dieser Widerspruch ist nur scheinbar, denn es steht der übertragenden Gesellschaft frei, nur ihr schuldenfreies Vermögen zu übertragen. Allerdings ist zu fordern, daß erst die Schuldentilgung und dann die endgültige Übertragung erfolgt. Da andererseits die Gegenleistung im Regelfall erst dann erbracht wird, wenn das Vermögen tatsächlich übergegangen ist, hat die Frage, wann die Aktien auszuhändigen sind, wenn die Schulden von der übertragenden Gesellschaft selbst getilgt werden, nur theoretischen Charakter.

Haftet dagegen die übernehmende Gesellschaft für die Schulden, ist der Liquidator in der Lage, die erhaltenen Aktien sofort gegen die alten Aktien umzutauschen. Vielfach wird seine Berechtigung daraus hergeleitet, daß die Übernahme von Schulden eine Befreiung von dem Verbot, Vermögensbestandteile vor der endgültigen Schuldentilgung zu verteilen, darstelle, da die übertragende Gesellschaft im Verhältnis zu ihren Aktionären hiermit schuldenfrei geworden sei[584].

Der Anspruch der Aktionäre auf Aushändigung der Aktien folgt aus ihrer Stellung als Gesellschafter der übertragenden Aktiengesellschaft. Ihre Berechtigung bestand am Gesellschaftskapital und setzt sich hieran fort, erstreckt sich also auf die Gegenleistung. Solange die neuen Aktien nicht ausgehändigt sind, wird das übertragene Gesellschaftsvermögen unabhängig vom Wechsel in das Vermögen der übernehmenden Gesellschaft durch die alten Aktien verkörpert. Erst durch deren Umtausch erfolgt deren Annullierung und der Erwerb der neuen Gesellschafterrechte.

2. Die Aktionäre der übernehmenden Gesellschaft

Die Rechtsstellung der Aktionäre der übernehmenden Gesellschaft wird durch die Verschmelzung nicht berührt. Jedenfalls theoretisch wird ihre

[582] *Bastian,* Juris-Classeur des Sociétés, Band VI bis Abschnitt 164 (3) Randziffer 34; *Escarra,* Band III Randziffer 1215 Seite 289, 290; *Houpin* und *Bosvieux,* Band I, Randziffer 442 Seite 524; *Houpin,* Journal des Sociétés 1898, 49 ff. (54).

[583] Siehe oben Seite 90.

[584] *Bastian,* Juris-Classeur Sociétés, Abschnitt 164 (3) Randziffer 30; *Houpin,* Journal des Sociétés 1933, 449 ff. (452, 453).

Position durch die Fusion auch nicht verschlechtert, weil infolge der Unternehmenskonzentration häufig die allgemeinen Unkosten gesenkt und die vorhandenen Produktionsmittel vermehrt werden. Infolge des wohl allgemein auch eintretenden Kundenzuwachses wird meistens auch eine Steigerung des erzielbaren Gewinns eintreten[585].

B. Auswirkungen der Verschmelzung auf die Rechtsstellung der Gesellschafter einer Gesellschaft mit beschränkter Haftung

Ebenso wie bei der Aktiengesellschaft ist es auch bei der Gesellschaft mit beschränkter Haftung erforderlich, daß die Gesellschafter der übertragenden Gesellschaft ihrer Mitgliedschaftsrechte nicht verlustig gehen. Schwierigkeiten ergeben sich daraus, daß die Gesellschaftsanteile einer Gesellschaft mit beschränkter Haftung grundsätzlich unübertragbar sind. Werden durch eine Kapitalerhöhung neue Anteile gebildet, können die Gesellschafter der übertragenden Gesellschaft hieran nur Rechte erwerben, wenn der – notarielle – Verschmelzungsvertrag die Abtretung an sie ausdrücklich vorsieht[586] und darüber hinaus die Gesellschafter der übernehmenden Gesellschaft dieser Abtretung ausdrücklich zustimmen (Artikel 22 des Gesetzes vom 7. März 1925).

Selbstverständlich gilt dies nur, soweit Vermögen auf eine andere Gesellschaft mit beschränkter Haftung übertragen wird.

Ist dagegen die übernehmende Gesellschaft eine Aktiengesellschaft, steht der Aushändigung der Aktien an die Gesellschafter der aufgelösten Gesellschaft mit beschränkter Haftung kein Hindernis entgegen.

C. Auswirkung der Verschmelzung auf die Organe der an der Fusion beteiligten Gesellschaften

1. Verschmelzung durch Aufnahme von Aktiengesellschaften[587]

Nach der Vorschrift des Artikels 1 des Gesetzes vom 16. November 1940 wird eine Aktiengesellschaft von mindestens drei und höchstens zwölf Mitgliedern des Conseil d'Administration verwaltet.

[585] *Mestdagh*, Diss. Lille 1930, Seite 77.

[586] *Mestdagh*, Diss. Lille 1930, Seite 77.

[587] Nachfolgende Gesetzesbestimmungen gelten nur für die Aktiengesellschaft im engeren Sinne (société anonyme). Für den Conseil de Surveillance einer Kommanditgesellschaft auf Aktien (Artikel 5 des Gesetzes vom 24. Juli 1867) bestehen keine entsprechenden Vorschriften. Da das Gesetz vom 22. November 1954 ausschließlich

Durch das Gesetz Nr. 54—1165 vom 22. November 1954 kann die Anzahl der Mitglieder des Conseil d'Administration ausnahmsweise und vorübergehend bis zur Gesamtzahl der seit mindestens sechs Monaten im Conseil befindlichen Mitglieder erhöht werden, ohne jedoch die Anzahl von vierundzwanzig zu überschreiten (Artikel 1 Absatz 6 des Gesetzes vom 16. November 1940 in der Fassung des Gesetzes vom 24. November 1954).

Solange nicht die Zahl der Mitglieder auf zwölf zurückgeführt worden ist, ist es untersagt, neue Mitglieder zu ernennen oder verstorbene und solche, die ihr Amt aufgegeben haben, durch Neuwahlen zu ersetzen. Allerdings ist die Wiederwahl derjenigen Mitglieder zulässig, deren Amt einer periodisch wiederkehrenden Erneuerung unterliegt[588].

Sind zwei Gesellschaften an der Verschmelzung beteiligt, die jeweils zwölf Mitglieder des Conseil d'Administration aufweisen, ergeben sich keine praktischen Schwierigkeiten, weil die zwölf Mitglieder der übertragenden Gesellschaft ihr Amt bei der übernehmenden Gesellschaft fortsetzen können.

Verschmelzen sich hingegen mehr als zwei Gesellschaften, kann die Gesamtzahl der seit mehr als sechs Monaten im Amt befindlichen Mitglieder des Conseil d'Administration höher als die gesetzlich vorgeschriebene Anzahl von vierundzwanzig Personen sein. Die Gesellschaften A, B und C, die ihr Vermögen auf die Gesellschaft D übertragen, haben beispielsweise einen Conseil d'Administration, der sich auf je zwölf Personen beläuft. Der Conseil d'Administration der übernehmenden Gesellschaft D setzt sich ebenfalls aus zwölf Personen zusammen. Die Gesamtzahl der im Amt befindlichen Mitglieder beträgt demnach 48.

In einem derartigen Fall müssen einige der Mitglieder des Conseil d'Administration aus ihrem Amte ausscheiden. Anhaltspunkte dafür, wie verfahren werden kann, damit die übernehmende Gesellschaft nicht mehr als vierundzwanzig Personen im Conseil d'Administration hat, bietet das Gesetz nicht. In den Vorberatungen über die Verschmelzung, die zwischen den Mitgliedern des jeweiligen Conseil d'Administration geführt werden, müssen diese untereinander eine Einigung erzielen, welche Mitglieder im Conseil d'Administration der übernehmenden Gesellschaft verbleiben und welche von ihnen

die société anonyme betrifft, ist es nicht möglich, dessen Bestimmungen auf die Kommanditgesellschaft auf Aktien anzuwenden.

588 Artikel 1 Absatz 7 und 8 des Gesetzes vom 16. November 1940 in der Fassung des Gesetzes vom 22. November 1954. Vgl. auch *Bastian*, Juris-Classeur Sociétés, Band VI bis Abschnitt 164 (2) Randziffer 32; *Moliérac*, Band II Randziffer 1369 Seite 354; *Ripert*, Randziffer 1139 Seite 547; Randziffer 1424 Seite 670.

aus dem Amte ausscheiden. Kann keine Einigung erzielt werden, scheitert die Verschmelzung.

Es wird aber selten vorkommen, daß die beteiligten Personen keine Einigung herbeiführen können.

2. Verschmelzung durch Neugründung einer Aktiengesellschaft

Artikel 1 Absatz 6 des Gesetzes vom 16. November 1940 in der Fassung des Gesetzes Nr. 54—1165 vom 24. November 1954 macht keinen Unterschied, ob es sich um eine Verschmelzung durch Aufnahme oder eine Verschmelzung durch Neugründung handelt. Die genannte Vorschrift ist auf alle Fälle einer Fusion anwendbar. Insoweit kann auch die bei einer neu gegründeten Gesellschaft vorgesehene Höchstzahl von zwölf Mitgliedern bis auf vierundzwanzig Mitglieder erhöht werden. Allerdings ist es denkbar, daß die erste Generalversammlung der Aktionäre der neuen Gesellschaft von vornherein nur eine geringe Anzahl ernennt (Artikel 25 Absatz 1 Satz 2 des Gesetzes vom 24. Juli 1867).

3. Verschmelzung von Gesellschaften mit beschränkter Haftung

Das Gesetz betreffend Gesellschaften mit beschränkter Haftung vom 7. März 1925 und die hierzu ergangenen Ausführungsgesetze sehen den Fall einer Verschmelzung nicht vor. Diese ist gleichwohl zulässig[589].

Gemäß Artikel 24 Absatz 1 des Gesetzes vom 7. März 1925 wird die Gesellschaft mit beschränkter Haftung von einem oder mehreren Geschäftsführern verwaltet. Eine Höchstzahl ist für sie nicht vorgeschrieben. Es steht demnach einer Übernahme sämtlicher in der oder den übertragenden Gesellschaften tätigen Geschäftsführer in eine übernehmende Gesellschaft mit beschränkter Haftung oder deren Wiederernennung in einer neu gegründeten Gesellschaft nichts entgegen.

Ist dagegen die übernehmende oder neu gegründete Gesellschaft eine Aktiengesellschaft, sind die Vorschriften der Gesetze vom 16. November 1940 und 22. November 1954 zu beachten. Es kann dann vorkommen, daß ein Geschäftsführer der Gesellschaft mit beschränkter Haftung nicht zum Mitglied des Conseil d'Administration der übernehmenden Gesellschaft ernannt wird.

[589] Siehe oben Seite 92 ff.

D. Die Rechtsstellung der Gläubiger der beteiligten Gesellschaften

1. Die Gläubiger der übertragenden Gesellschaft

Die Rechtsstellung der Gläubiger der übertragenden Gesellschaft unterscheidet sich einmal in bezug auf die im Verschmelzungsvertrag geregelte Schuldenhaftung, zum anderen in bezug auf die Art ihrer Forderung. Im Gegensatz zu der von einigen Autoren vertretenen Auffassung, daß auch noch zu unterscheiden ist, ob ein Handelsgeschäft mit übertragen wird oder nicht[590], wird daran festgehalten, daß das Gesetz vom 17. März 1909 betreffend die Übertragung und Verpfändung eines Handelsunternehmens, soweit es die Gläubiger betrifft, keine Anwendung findet[591].

Hinsichtlich der Schuldenhaftung werden in der Literatur drei Möglichkeiten genannt:

a) Die Gesellschaft tilgt ihre Schulden zunächst selbst und überträgt das restliche Vermögen frei von Lasten[592];

b) sie überträgt den Aktivbestand ihres Vermögens und haftet selbst weiter für die Schulden, die sie entweder durch Veräußerung eines Teiles der als Gegenleistung erhaltenen Aktien begleicht oder leicht veräußerliche Vermögensteile (Bargeld, Forderungen) zurückbehält und hiermit die Gläubiger befriedigt[593];

[590] Im Ergebnis bejahend: *Bastian*, Juris-Classeur Sociétés, Abschnitt 164 (3) Randziffer 54—57; *Houpin*, Journal des Sociétés 1933, 449 ff. (455, 456); Journal des Sociétés 1934, 321 ff. (327, 328); *Houpin* und *Bosvieux*, Band II Randziffer 951 Seite 122; *Mestdagh*, Diss. Lille 1930, Seite 57 bis 59, 80; *Moliérac*, Band I Randziffer 261, Seite 163, Randziffer 264, Seite 164; Band II Randziffer 1379 Seite 360.

[591] Siehe oben Seite 137 und *Copper-Royer*, de la fusion, Seite 105; *Dalsace* bei *Dalloz*, Encyclopaedie juridique, Répertoire de Droit Commercial et des Sociétés, Band III, Sociétés, Stichwort „Fusion" Randziffer 48.

[592] *Auger*, Revue des Sociétés 1925, 89 ff. (91—97); *Bastian*, Juris-Classeur Sociétes, Abschnitt 164 (2) Randziffer 10; *Houpin*, Journal des Sociétés 1933, 449 ff. (452); ders., Anm. zu Cour de Cass., 26. 10. 1930, Journal des Sociétés 1931, 96 ff. (97, 98); *Houpin* und *Bosvieux*, Band II Randziffer 952 Seite 123 ff.; *Moliérac*, Band II Randziffer 1377 Seite 358; a.A. *Copper-Royer*, de la fusion Seite 105; ders., Traité des sociétés anonymes Band III Randziffer 577 Seite 691.

[593] ANSA, Broschüre 109 Seite 9; *Auger*, a.a.O., *Bastian*, a.a.O., Abschnitt 164 (2) Randziffer 17; *Houpin*, Journal des Sociétés 1933, 449 ff. (454); ders., Anm. zu Cour de Cass., 26. 10. 1930, Journal des Sociétés 1931, 97, 98; *Houpin* und *Bosvieux*, a.a.O.; *Moliérac*, a.a.O.; Trib. de commerce de la Seine, 1. 10. 1907, Journal des Sociétés 1908, 183 ff. (183, 185); Trib. Civ. de Grenoble, 9. 6. 1928, Journal des Sociétés 1931, 228 ff. (237); a.A. *Copper-Royer*, de la fusion, Seite 105; Traité des

c) sämtliches Vermögen unter Einbeziehung der Schulden überträgt und der übernehmenden Gesellschaft die Verpflichtung auferlegt, die Schulden zu tilgen[594].

Zu a) *Copper-Royer* bestreitet zwar, daß eine Vermögensübertragung schuldenfrei erfolgen könne[595]. Es ist aber kein Grund ersichtlich, der einer Gesamtrechtsnachfolge entgegensteht, wenn die übertragende Gesellschaft zunächst – ob mit oder ohne Eintritt in das Liquidationsstadium ist gleichgültig – sämtliche Gläubiger befriedigt und erst danach ihr Vermögen überträgt. Wenn es auch selten sein mag, ist es doch auch bei einem Erbfall nicht ausgeschlossen, daß der Nachlaß absolut schuldenfrei ist.

Zu b) Die geschilderte Ausgestaltung der Schuldenhaftung ist aus den Fällen der Verschmelzung auszuklammern, soweit ein Teil der als Gegenleistung gewährten Aktien zur Befriedigung der Gläubiger dienen soll. Obgleich auch die Rechtsprechung auf dem Standpunkt steht, daß hier eine echte Verschmelzung vorliege[596], ergeben sich durchgreifende Bedenken gegen eine Verteilung von Aktien an Gläubiger. Die Aktien dienen gerade dazu, den Aktionären der übertragenden Gesellschaft Mitgliedschaftsrechte in der übernehmenden Gesellschaft zu gewährleisten. Dieser Zweck wird vereitelt, wenn auch nur ein Teil der Aktien an Dritte weitergegeben wird, weil dann die auf Grund des Umtauschverhältnisses ermittelte Zahl der neuen Aktien nicht zweckbestimmt den Aktionären der übertragenden Gesellschaft zugute kommt. Letzten Endes würden sie auf diese Weise für Gesellschaftsschulden persönlich haften.

Dagegen ist die Zurückbehaltung von Vermögensbestandteilen der Verschmelzung wesensfremd, weil sie nicht der Gesamtrechtsnachfolge entspricht. Richtiger ist es, diesen Fall der Situation gleichzustellen, in der die übertragende Gesellschaft teils Aktien, teils Geld erhält oder durch die übernehmende Gesellschaft unmittelbar an die Gläubiger zahlen läßt. Dann

sociétés anonymes, Band III, Randziffer 577 Seite 691; Tribunal de Commerce de la Seine, 3. 8. 1911, Journal des Sociétés 1912, 84.

[594] *Auger*, a.a.O., *Bastian*, a.a.O., Abschnitt 164 (2) Randziffer 19; *Houpin*, Journal des Sociétés 1933, 449 ff. (452); *Houpin*, Anm. zu Cour de Cass., 26. 10. 1930, Journal des Sociétés 1931, Seite 97, 98; *Houpin* und *Bosvieux*, a.a.O.; *Mestdagh*, Diss. Lille 1930, Seite 81; *Moliérac*, a.a.O.

[595] *Copper-Royer*, de la fusion, Seite 105; Traité des sociétés anonymes, Band II Randziffer 577 Seite 691.

[596] Siehe oben Seite 84 Anm. 366.

liegt ein mit einem Kaufvertrag gekoppelter Vertrag zugunsten Dritter (der Gläubiger) vor[597].

Zu c) Die Übernahme auch der Schulden durch die Gesellschaft, zu deren Gunsten die übertragende Gesellschaft untergeht, entspricht der für die Verschmelzung aufzustellenden Bedingung der Gesamtrechtsnachfolge[598]. Auch wenn besondere vertragliche Bestimmungen hinsichtlich der Schuldübernahme fehlen, muß angenommen werden, daß die übernehmende Gesellschaft für die Schulden haftet[599].

aa) Gläubiger fälliger Forderungen, Variante a)

Für fällige Forderungen ergeben sich keine Besonderheiten. Die übertragende Gesellschaft löst sie entweder vor oder nach Eintritt in das Liquidationsstadium ab. Die Verschmelzung hat für die Gläubiger keine Bedeutung, da ihre Forderungen vor Übertragung des Vermögens erloschen sind.

Im übrigen könnten die Gläubiger wegen der Gesamtrechtsnachfolge auch die übernehmende Gesellschaft in Anspruch nehmen, weil die schuldenfreie Übertragung den Gläubigern nicht entgegengehalten werden kann[600].

bb) Gläubiger nicht fälliger Forderungen, Variante a)

Die übertragende Gesellschaft hat, wenn sie lastenfreies Vermögen übertragen will, Interesse daran, auch nicht fällige Forderungen abzulösen. Da die Verschmelzung nicht bewirkt, daß nicht fällige Forderungen fällig werden[601], ergibt sich das Problem, wie die übertragende Gesellschaft verfahren kann, um sich von ihren Schulden zu befreien.

In den meisten Fällen, wie bei Darlehen und Obligation, wird der spätere Fälligkeitszeitpunkt auch zugunsten des Gläubigers bestimmt worden sein, der für die Gewährung seines Geldes bis zu einem bestimmten Termin Zinsen beansprucht. Daher kann die vorzeitige Rückzahlung grundsätzlich nicht

[597] *Mestdagh,* Diss. Lille 1930, Seite 81.

[598] Siehe oben Seite 137, unten Seite 153.

[599] *Mestdagh,* Diss. Lille 1930, Seite 82; *Wahl,* Précis, Randziffer 1176 Seite 387; Cour de Cass., Ch. Req., 26. 10. 1930 in Sachen Bombal, Weill & Cie v. Comelles & Netter, Journal des Sociétés 1931, Seite 96.

[600] *Bastian,* Juris-Classeur Sociétés, Band VI bis Abschnitt 164 (3) Randziffer 45; *Escarra,* Band II, Randziffer 933 Seite 593/4.

[601] *Bastian,* Juris-Classeur Sociétés, Band VI bis Abschnitt 164 (3) Randziffer 42; *Dalsace* bei *Dalloz,* Encyclopaedie juridique, Répertoire de Droit Commercial et des Sociétés, Band III, Sociétés, Randziffer 28.

ohne Einwilligung des Gläubigers erfolgen[602]. Ist eine Einigung mit dem Gläubiger nicht zu erzielen, kann die Gesellschaft auch nicht nach Anrufung des Gerichts den Betrag von Haupt- und Nebenforderung hinterlegen[603], weil Artikel 1258 Ziffer 4 Code Civil voraussetzt, daß die Forderung fällig ist.

Eine trotzdem erfolgte vorzeitige Rückzahlung hat allerdings befreiende Wirkung (Artikel 1186 2. Halbsatz Code Civil). Hierbei entsteht dem Gläubiger aber ein Schaden in Höhe des Zinsverlustes. Die übertragende Gesellschaft muß ihn daher so stellen, wie er ohne die beabsichtigte Verschmelzung gestanden haben würde, das heißt Hauptforderung sowie sämtliche bis zum Eintritt des Rückzahlungstermins entstehende Zinsen zahlen. Geht die Gesellschaft in der Weise vor, kann sie nicht mehr auf Zahlung von Schadensersatz in Anspruch genommen werden.

cc) Gläubiger fälliger Forderungen, Variante c)

Die übertragende Gesellschaft ist eine Verpflichtung eingegangen. Im Verhältnis zwischen ihr und der übernehmenden beziehungsweise neu errichteten Gesellschaft ist diese Verpflichtung auf letztere übergegangen. Die Gläubiger der übertragenden Gesellschaft sind an diesem Vorgang nicht beteiligt gewesen. Daraus ergibt sich die Frage, wen die Gläubiger auf Zahlung in Anspruch nehmen können.

Zunächst besteht einmal der Grundsatz, daß kein Gläubiger gezwungen werden kann, seinen Schuldner zu wechseln[604]. Das Vermögen der Gesellschaft, die ihm etwas schuldet, stellt die Sicherheit (gage) für seine Forderung dar[605]. Andererseits besteht für die Verschmelzung der Grundsatz der Gesamtrechtsnachfolge. Hieraus ergibt sich die Frage, ob der Gläubiger die übertragende Gesellschaft in Anspruch nehmen kann und ob und wie die übernehmende Gesellschaft haftet.

α) Haftung der übertragenden Gesellschaft

Mestdagh, für den die Verschmelzung nie eine Gesamtrechtsnachfolge bedeutet, läßt die übertragende Gesellschaft stets und ohne Rücksicht auf die

[602] *Dalloz*, Code Civil annoté, 62. Auflage 1963, Artikel 1187 Anm. 2.

[603] Artikel 1961 Ziffer 3 in Verbindung mit Artikeln 1257, 1258 Code Civil.

[604] *Bastian*, Juris-Classeur Sociétés, Band VI bis Abschnitt 164 (3); Randziffer 39; *Lyon-Caen* und *Renault*, Band II 1. Teil Randziffer 340 Seite 342; *Mestdagh*, Diss. Lille 1930, Seite 79; *Moliérac*, Band II Randziffer 1377 Seite 354, 359/360.

[605] *Escarra-Rault*, Band I Randziffer 53 Seite 71; *Houpin*, Journal des Sociétés 1933, 449 ff. (460); *Mestdagh*, Diss. Lille 1930, Seite 83.

Ausgestaltung des Verschmelzungsvertrages als persönliche Schuldnerin haften[606].

Bastian gesteht den Gläubigern zu, daß sie gerichtlich die Nichtigerklärung der Verschmelzung durchsetzen, wenn die Verschmelzung in betrügerischer Umgehung ihrer Rechte erfolgte und sie dann in das Vermögen der aufgelösten Gesellschaft Vollstreckungsmaßnahmen betreiben[607].

Für den Fall der Verschmelzung durch Neugründung gibt *Bastian*[608] ebenso wie *Moliérac*[609] den Gläubigern das Recht, sich aus dem Vermögen der aufgelösten Gesellschaft zu befriedigen. Diese befinde sich in Liquidation, ihr Vermögen hafte weiter, die Gläubiger seien auch an keine Frist gebunden, binnen der sie gegen die Verschmelzung Widerspruch erheben müßten[610].

Endlich kommt eine Haftung der übertragenden Gesellschaft in Betracht, wenn ihre Gläubiger die actio pauliana erheben können.

In der Zeit nach Zahlungseinstellung und vor Eröffnung des Konkurs- beziehungsweise Vergleichsverfahrens kann die übertragende Gesellschaft noch wirksam die Verschmelzung beschließen[611]. Sobald eines der Urteile[612], welches das jeweilige Verfahren eröffnet, ergeht, kommt Artikel 478 Code de Commerce[613] zur Anwendung. Unter zwei Bedingungen kann das Gericht die Nichtigkeit der Verschmelzung aussprechen.

a) Der Vertrag muß innerhalb der verdächtigen Zeit, das heißt nach Zahlungseinstellung oder bis zu zwei Wochen davor, geschlossen worden sein.

606 *Mestdagh,* Diss. Lille 1930, Seite 82.

607 *Bastian,* Juris-Classeur Sociétés, Band VI bis Abschnitt 164 (3) Randziffer 40.

608 *Bastian,* a.a.O., Ziffer 40.

609 *Moliérac,* Band II, Randziffer 1377 Seite 359/60, soweit die Gläubiger nicht zustimmen, daß ihre Forderung in das Passiv der neuen Gesellschaft übernommen werde.

610 *Bastian,* a.a.O., unter Berufung auf Paris, 2. 7. 1958, Trésor public v. société anonyme l'auxiliaire industriel (unveröffentlicht).

611 Dies folgt aus Artikel 447 Absatz 1 Code de Commerce in der Fassung des Dekretes Nr. 55—583 vom 20. Mai 1955 und der Ordonnance Nr. 58—1229 vom 23. Dezember 1958. Danach befindet sich der Schuldner erst in Konkurs, wenn das Eröffnungsurteil ergangen ist.

612 Artikel 444 Code de Commerce. Auf Einzelheiten zum Konkurs- und Vergleichsverfahren nach französischem Recht kann verzichtet werden.

613 *Mestdagh,* Diss. Lille 1930, Seite 83 Anm. 1 unter Bezugnahme auf die alte Fassung (Artikel 447 Abs. 1 Code de Commerce).

b) Bei Vertragsabschluß muß die übernehmende Gesellschaft Kenntnis von der Zahlungseinstellung gehabt haben[614]. Entsprechendes gilt für die Einlage.

Auf diese Weise wird die gesamte Einlage auf die übertragende Gesellschaft zurückübertragen[615]. Reicht ein Teil der zurückgeflossenen Vermögensbestandteile zur Befriedigung der Gläubiger der übertragenden Gesellschaft aus, geht der verbleibende Überschuß an die übernehmende beziehungsweise neue Gesellschaft. Trotz der Durchführung der actio pauliana bleibt der Vertrag zwischen den Gesellschaften weiterhin gültig[616]. Soweit also ein Überschuß verbleibt, liegt eine echte Verschmelzung vor.

Hat die übernehmende Gesellschaft die erworbenen Vermögensbestandteile bereits an einen Dritten weiterveräußert, können sie nur zur Konkursmasse zurückgefordert werden, wenn der Erwerber den Ursprung der Vermögenswerte sowie die Konkurseröffnung über das Vermögen der übertragenden Gesellschaft gekannt hat[617].

β) Haftung der übernehmenden Gesellschaft

Die Gesamtrechtsnachfolge bringt mit sich, daß auch die Schulden der übertragenden Gesellschaft auf die übernehmende Gesellschaft übergehen.

Mestdagh[618] behilft sich mit der Konstruktion eines Vertrages zugunsten Dritter (Artikel 1121 Code Civil) und gesteht dem Gläubiger der übertragenden Gesellschaft soweit ein Klagerecht gegen die übernehmende Gesellschaft zu[619]. Diese Auffassung verträgt sich aber nicht mit dem Gedanken der hier vertretenen Gesamtrechtsnachfolge, bei der die Haftung kraft Gesetzes eintritt.

Auch hinsichtlich des Schuldenüberganges ist daran festzuhalten, daß eine „transmission universelle" erfolgt[620]. Es bleibt zu untersuchen, welchen Regeln sie folgt.

614 Trib. de Commerce de Paris, 6. 3. 1933, Dalloz 1934, 2. Teil Seite 48; *Dalloz*, Code de Commerce, 59. Aufl. 1963, Artikel 478 Anm. 5 a.E.

615 *Dalloz*, Code de Commerce, 59. Aufl. 1953, Artikel 477 Anm. 16.

616 *Mestdagh*, Diss. Lille 1930, Seite 84.

617 Mestdagh, a.a.O., Seite 85.

618 *Mestdagh*, a.a.O., Seite 80/81.

619 *Dalloz*, Code Civil, 62. Aufl. 1963, Artikel 1121 Anm. 6 mit Nachweisen.

620 *Bastian*, Juris-Classeur Sociétés, Abschnitt 164 (3) Randziffer 43, 48; *Copper-Royer*, de la fusion, Seite 105 (elle se substitue); Traité des Sociétés anonymes, Band III Randziffer 577 bis Seite 673; *Dalsace* bei *Dalloz*, Encyclopaedie juridique,

In Betracht kämen sowohl die Delegation[621] und die Novation durch Schuldnerwechsel[622].

Bedenken gegen die Anwendung der Delegation gemäß Artikel 1275 Code Civil ergeben sich daraus, daß diese Art der Schuldübernahme nicht ohne Zustimmung des Gläubigers erfolgen kann und demnach die übertragende Gesellschaft so lange weiterhaftet, bis der Gläubiger vertraglich den Schuldnerwechsel angenommen[623] und die übertragende Gesellschaft aus der Haftung entlassen hat[624].

Für die Novation gemäß Artikel 1271 Code Civil gilt entsprechendes. Darüber hinaus handelt es sich, worauf *Dalsace*[625] mit Recht hinweist, nicht um eine Übertragung, sondern einen Fall der Erfüllung von Verbindlichkeiten.

Mangels ausdrücklicher gesetzlicher Regelung des Überganges von Schulden im Falle der Verschmelzung können demnach zur Begründung der Haftung der übernehmenden Gesellschaft nur die erbrechtlichen Haftungsvorschriften des Code Civil herangezogen werden. Gemäß Artikel 871 Code Civil ist die übernehmende Gesellschaft demnach verpflichtet, die Schulden der übertragenden Gesellschaft zu tilgen.

Répertoire de Droit Commercial et des Sociétés, Band III, Sociétés, Stichwort „Fusion", Randziffer 26; *Hamel* und *Lagarde,* Randziffer 767 Seite 894 (succession aux dettes); *Houpin,* Journal des Sociétés 1933, 449 ff. (460, 461); *Moliérac,* Band II, Randziffer 1377 Seite 359; *Ripert,* Randziffer 1423 Seite 670; *Wahl,* Précis, Randziffer 1176 Seite 377 (Haftung „à titre de successeur"). Bei Vertrag auch *Mestdagh,* Diss. Lille 1930, Seite 81.

621 Artikel 1275 Code Civil: „La délégation par laquelle un débiteur donne au créancier un autre débiteur qui s'oblige envers le créancier, n'opére point de novation, si le créancier n'a pas expressément déclaré qu'il entendait décharger son débiteur qui a fait la délégation." *Auger,* Revue des Sociétés 1925, 89 ff. (94) wendet diese Vorschrift an, um die Haftung der übernehmenden Gesellschaft zu begründen.

622 Artikel 1271 Code Civil sieht drei Möglichkeiten vor: 1. der Schuldner vereinbart mit seinem Gläubiger eine neue Schuld, die an die Stelle der ursprünglichen Schuld tritt, welche erlischt; 2. ein neuer Schuldner tritt an die Stelle des ursprünglichen, welcher vom Gläubiger entlastet wird; 3. durch Gläubigerwechsel wird der Schuldner einem neuen Gläubiger gegenüber verpflichtet. Der Cour de Paris, 17. 6. 1930, Dalloz 1932, 2. Teil Seite 104 leitet aus dieser Vorschrift die Haftung der übernehmenden Gesellschaft her.

623 *Dalloz,* Code Civil, 62. Aufl. 1963, Artikel 1275 Anm. 1 mit Nachweisen.

624 *Dalloz,* a.a.O., Anm. 2 mit Nachweisen.

625 *Dalsace* bei *Dalloz,* Encyclopaedie juridique, Répertoire de Droit Commercial et des Sociétés, Band III, Sociétés, Stichwort „Fusion" Randziffer 8.

αα) Gläubiger fälliger Forderungen

Fällige Forderungen sind zu begleichen. Hierfür gelten keine Besonderheiten. Auch unbekannte Schulden gehen über[626].

ββ) Gläubiger nicht fälliger Forderungen

Nicht fällige Forderungen werden übernommen[627]. Zugunsten der Gläubiger kann nicht angenommen werden, daß diese etwa analog zu den Konkursregeln (Artikel 475 n. F. Code de Commerce) fällig werden[628].

Eine andere Frage ist, ob die Gläubiger trotz des späteren Fälligkeitszeitpunktes ihrer Forderung deren vorzeitige Rückzahlung beanspruchen und gegebenenfalls auch durchsetzen können.

Das Vermögen der übertragenden Gesellschaft haftet für ihre Forderungen. Dennoch kann diese vollkommen frei darüber verfügen, die Gläubiger können die Verschmelzung nicht verhindern[629].

Die Gläubiger betagter Forderungen sind in den Artikeln 1185 bis 1188 Code Civil geregelt. Mestdagh[630] wendet gegen die Anwendung des Artikels 1188 Code Civil, der zusammen mit Artikel 1184 Code Civil[631] Anwendung finden könnte, ein, daß die Verpflichtung der übertragenden Gesellschaft

[626] *Bastian,* Juris-Classeur Sociétés, Band VI bis Abschnitt 164 (3) Randziffer 52.

[627] Vgl. *Houpin,* Journal des Sociétés 1933, 449 ff. (461): „Les autres (créanciers dont la créance n'est pas encore exigble) continueront avec la société absorbante les rapports qu'ils avaient avec la société absorbée et, par suite de ces rapports, l'ancienne créance se trouvera éteinte et remplacée par une autre *ou maintenue* comme dette de la société absorbante."

[628] Siehe oben Seite 150.
Bastian, Juris-Classeur Sociétés, Band VI bis Abschnitt 164 (3) Randziffer 42; *Dalsace* bei *Dalloz,* Encyclopaedie juridique, Répertoire de Droit Commercial et des Sociétés, Band III, Sociétés, Stichwort „Fusion", Randziffer 28.

[629] Statt vieler *Mestdagh,* Diss. Lille 1930, Seite 59, 83, 84, unstreitig.

[630] *Mestdagh,* Diss. Lille 1930, Seite 86/87.

[631] Artikel 1188 bestimmt, daß der Schuldner den Vorteil der Zeitbestimmung nicht mehr beanspruchen könne, wenn er ... durch sein Handeln die Sicherheiten vermindert habe, die er im Vertrag dem Gläubiger gewährt habe. Artikel 1184 besagt, daß die auflösende Bedingung jedem gegenseitig verpflichtenden Vertrag innewohne, und zwar für den Fall, daß eine der Parteien ihre Verpflichtungen nicht erfülle. Der Vertrag werde dann zwar nicht aufgelöst, aber die Partei, der gegenüber die Verpflichtung nicht erfüllt worden sei, habe das Wahlrecht die andere zur Erfüllung zu zwingen, soweit dies möglich sei, oder aber sie könne die Auflösung mit Schadensersatz und Zinsen fordern. Das Auflösungsverlangen muß gerichtlich geltend gemacht gemacht werden.

zur Schuldentilgung auch nach der Verschmelzung fortbestehe. Er beschränkt die Anwendung des Artikels 1184 Code Civil auf gegenseitig verpflichtende Verträge. Das Darlehen, das den Hauptfall der mit einer Zeitbestimmung verbundenen Verpflichtungen darstelle, sei ein einseitig verpflichtender Vertrag.

Das Schwergewicht des Artikels 1188 Code Civil liege im Ausdruck „Sicherheiten" (sûretés). Sicherheiten in diesem Sinne seien nur dingliche Rechte (Hypothek, Pfandrecht, Antichrèse)[632] und nicht das allgemeine Recht der Gläubiger am Vermögen der übertragenden Gesellschaft (gage). So gesehen vermindere die Verschmelzung die Sicherheiten der Gläubiger nicht, deren Rechte am veräußerten Vermögen bestehen blieben[633].

Demgegenüber wenden Rechtsprechung[634] und Lehre[635] die Vorschriften der Artikel 1188, 1184 Code Civil auch im Falle der Verschmelzung an. Da das gesamte Vermögen „gage" der Gläubiger sei, würden deren Sicherheiten im Fall einer Verschmelzung möglicherweise verringert. Insbesondere könne die Übertragung sich zu ihrem Nachteil auswirken, wenn die übernehmende Gesellschaft selbst überschuldet sei. Aus diesem Grunde könnten sie entsprechend der Vorschrift des Artikels 1184 Code Civil notfalls auch klageweise die vorzeitige Rückzahlung des ihnen geschuldeten Betrages verlangen.

Es erscheint gerechtfertigt, den Gläubigern ein Wahlrecht zuzubilligen, ob sie ihre bisherigen Rechtsbeziehungen zu der übertragenden Gesellschaft auch zu der übernehmenden Gesellschaft fortsetzen oder Befriedigung verlangen können. Im übrigen ist dem Gesetzgeber die vorzeitige Rückzahlung einer betagten Forderung im Falle einer Fusion durchaus nicht fremd. Gläubiger, die Obligationen gezeichnet haben – die auch nichts anderes sind als betagte Forderungen gegen die Gesellschaft –, können die vorzeitige Rückzahlung verlangen, wenn sie der Verschmelzung nicht zugestimmt haben[636]. Warum beispielsweise Darlehensgläubiger schlechter behandelt werden sollen als

[632] Artikel 2085 ff. Code Civil: entspricht dem Nießbrauch.

[633] *Mestdagh,* Diss. Lille 1930, Seite 87.

[634] Cour de Cassation, 6. 1. 1885, Sirey 1888, 1. Teil Seite 57; Lyon, 12. 1. 1899, Journal des Sociétés 1899, Seite 525.

[635] *Bastian,* Juris-Classeur Sociétés, Band VI bis, Abschnitt 164 (3) Randziffer 42; *Dalsace* bei *Dalloz,* Encyclopaedie juridique, Répertoire de Droit Commercial et des Sociétés, Band III, Sociétés, Stichwort „Fusion", Randziffer 28; *Hamel* und *Lagarde,* Randziffer 767 Seite 894; *Ripert,* Randziffer 1423 Seite 670.

[636] Einzelheiten siehe unten Seite 158.

diese, ist nicht ersichtlich. Aus diesem Grunde sind sie rechtlich den Gläubigern, die eine Obligation gezeichnet haben, gleichzustellen.

γγ) Dinglich gesicherte Gläubiger

Hypotheken und andere dingliche Rechte, die auf einem Grundstück der übertragenden Gesellschaft ruhen, sind von der übernehmenden Gesellschaft zu übernehmen[637].

Hieraus ergibt sich übrigens ein zusätzliches Argument gegen die Anwendung der Delegations- und Novationsvorschriften[638].

Artikel 1279 Code Civil, der das Schicksal von Hypotheken und Privilegien im Falle der Novation regelt, bestimmt ausdrücklich, daß bei einem Schuldnerwechsel sich die Hypothek oder das ursprüngliche Privileg, welche für die Forderung bestellt worden sind, keineswegs auf das Vermögen des neuen Schuldners erstreckt. Bei strenger Anwendung der Artikel 1271 ff. Code Civil gingen den Gläubigern demnach die dinglichen Sicherheiten verloren. Dies widerspricht dem allgemein anerkannten Grundsatz, daß die Verschmelzung Dritten weder nützen noch schaden darf[639].

δδ) Möglichkeiten einer Trennung der Vermögensmassen

Da erbrechtliche Regeln auf die Schuldenhaftung der übernehmenden Gesellschaft anwendbar sind, ergibt sich die Frage, ob die übernehmende Gesellschaft gemäß Artikel 878 Code Civil[640] ihre Haftung auf den Bestand des übernommenen Vermögens beschränken darf.

Copper-Royer gesteht in strenger Anwendung der erbrechtlichen Haftungsvorschriften der übernehmenden Gesellschaft eine derartige Möglichkeit zu[641]. Auch *Bastian* scheint hierzu zu neigen, wenn er darauf abstellt, ob das übernommene Vermögen noch vom Vermögen der übernehmenden Gesellschaft unterscheidbar vorhanden ist[642]. *Hamel* und *Lagarde* lehnen die Anwendbarkeit des Artikels 878 Code Civil deswegen ab, weil sie nur den

[637] *Bastian*, Juris-Classeur Sociétés, Band VI bis Abschnitt 164 (3) Randziffer 47.

[638] Vgl. oben Seite 154.

[639] Siehe oben Seite 151 Anm. 604 mit Nachweisen.

[640] separatio bonorum: der Erbe kann gegenüber jedem Gläubiger des Erblassers die Haftung auf den Bestand des übernommenen Vermögens beschränken.

[641] *Copper-Royer*, Traité des sociétés anonymes Band III Randziffer 577 bis, Seite 693.

[642] *Bastian*, Juris-Classeur Sociétés, Band VI bis Abschnitt 164 (3) Randziffer 49.

Gläubigern einer verstorbenen natürlichen Person im Falle der Zahlungsunfähigkeit der Erben die Rechtswohltat des Artikels 878 Code Civil, die jedenfalls den Zugriff auf die Erbmasse ermöglicht, zubilligen wollen[643].

Praktisch könnte ein derartiger Fall nur werden, wenn die übernehmende Gesellschaft in Zahlungsschwierigkeiten ist. Es ist wenig wahrscheinlich, daß dann eine andere Gesellschaft noch Vermögen auf sie überträgt. Sollte entgegen aller Lebenserfahrung gleichwohl eine in Zahlungsschwierigkeiten befindliche Aktiengesellschaft übernehmende Gesellschaft sein, gebietet der Grundsatz des Gläubigerschutzes, die Gläubiger der übertragenden Gesellschaft so zu stellen, wie sie ohne Verschmelzung gestanden haben würden. Die Vorschrift des Artikels 878 Code Civil ist daher anzuwenden.

2. Die Gläubiger der übernehmenden Gesellschaft

An der Rechtsstellung der Gläubiger der übernehmenden Gesellschaft ändert sich nichts. Unter Umständen wird ihre Lage sogar verbessert, sofern erhebliche Vermögenswerte übernommen wurden und die zu tilgenden Schulden gering sind.

Im übrigen haben sie keine Vorrangstellung gegenüber den Gläubigern der übertragenden Gesellschaft.

Eine Verschlechterung ihrer Lage kann in keinem Fall eintreten. Ist nämlich die übertragende Gesellschaft so verschuldet, daß die Schulden ebenso hoch sind wie ihr Vermögen oder dieses sogar übersteigen, ist die Verschmelzung mangels einer tatsächlichen Einlage nichtig[644]. Die Gläubiger der übernehmenden Gesellschaft gehen daher auch bei einer Fusion kein größeres Risiko ein, als sie durch ihre Beziehungen zur übernehmenden Gesellschaft bereits eingegangen sind.

3. Auswirkungen der Verschmelzung auf die Gläubiger mit Sonderrechten: Gewinn- und Gründeranteile und Obligationen

Gewissen Gesellschaftsgläubigern gesteht der Gesetzgeber im Falle einer Fusion ein ausdrückliches Mitsprache- und Beschlußrecht zu[645]. Diese Gläubiger unterscheiden sich von den übrigen Gläubigern durch ihren Wert-

[643] *Hamel* und *Lagarde,* Randziffer 767 Seite 894.

[644] *Mestdagh,* Diss. Lille 1930 Seite 78; *Caen,* Urteil vom 14. 6. 1887, Sirey 1887, Teil 1, Seite 407.

[645] Siehe oben Seite 123, 124 ff.

papierbesitz und die hiermit verknüpfte organisationsrechtliche Stellung (Generalversammlungen, Beschlüsse).

a) Die Eigentümer von Gewinn- und Gründeranteilen

Die Stellung der Eigentümer von Gewinn - und Gründeranteilen wird durch das Gesetz vom 23. Januar 1929 ausführlich geregelt. Ihre Rechte werden in der Satzung der Gesellschaft im einzelnen bestimmt.

Für die Fusion ist Artikel 10 Absatz 2 des Gesetzes von 1929 von Interesse, wonach bei Zustimmung zur Verschmelzung alle Klagen gegen die übertragende Gesellschaft ausgeschlossen sind. Wird die Zustimmung nicht erteilt, wird den Anteilseigentümern ausdrücklich das Recht belassen, binnen einer Ausschlußfrist von sechs Monaten nach dem von der Generalversammlung der Aktionäre gefaßten Beschluß durch ihre gewählten Vertreter (Artikel 5 Absatz 3) Schadensersatzklage gegen die Gesellschaft zu erheben. Dieses Recht wird von niemandem bestritten[646]. Allerdings ist eine Schadensersatzklage dann ausgeschlossen, wenn die Verschmelzung aus legitimen Gründen erfolgte[647]. Ihre Rechte sind unberührt geblieben, wenn beispielsweise eine Aktiengesellschaft mit einem Kapital von vier Millionen Francs den Inhabern von Anteilen 25 % des Gewinnes zukommen ließ und sich mit einer anderen Gesellschaft verschmilzt, bei der nur noch eine Beteiligung von 10 % zugestanden wird, deren Kapital aber – zusammen mit dem übernommenen Vermögen – zwölf Millionen Francs beträgt[648].

Im übrigen dürfen sie bei der Verschmelzung und insbesondere der Verschmelzung durch Neugründung nicht schlechter gestellt werden, als sie bisher standen. Bestimmungen der Satzung der übernehmenden Gesellschaft sowie einer neu errichteten Gesellschaft dürfen die Rechte der Inhaber von Anteilen nicht antasten. Ist dies dennoch der Fall, gelten die betreffenden

646 *Bastian*, Juris-Classeur Sociétés, Band VI bis Abschnitt 164 (2) Ziffer 64—68; *Dalsace* bei *Dalloz*, Encyclopaedie juridique, Répertoire de Droit Commercial et des Sociétés, Band III, Sociétés, Stichwort „Fusion" Randziffer 23; *Hamel* und *Lagarde*, Randziffer 767 Seite 894; *Houpin*, Journal des Sociétés 1934, 641 ff., 645, 646, 652; *Mestdagh*, Diss. Lille 1930, Seite 83, 89/90; *Moliérac*, Band II Randziffer 1368 Seite 354, Randziffer 1377 Seite 360; *Ripert*, Randziffer 1250 Seite 598; Randziffer 1377 Seite 360; Cour d'appel de Paris, 7. 4. 1933, Gazette du Palais 1933, 2. Teil Seite 141; Besançon, 10. 7. 1933, Journal des Sociétés 1935, 353.

647 *Houpin*, Journal des Sociétés 1934, 641 ff. (649); Cour de Paris, 7. 4. 1933, Journal des Sociétés 1934, 660 ff.; Cour d'appel de Paris, 7. 4. 1933, Gazette du Palais 1933, 2. Teil Seite 141.

648 Vgl. Cour de Paris, 7. 4. 1933, a.a.O., Seite 665, 666.

Satzungsbestimmungen zugunsten der Inhaber der Anteile als nicht geschrieben[649].

b) Die Inhaber von Obligationen

Auch diese Gläubigergruppe besitzt im Fall der Verschmelzung ein Mitspracherecht[650], das aus den Bestimmungen des Dekret-Gesetzes vom 30. Oktober 1935 hervorgeht.

Will sich die übertragende Gesellschaft über die Nichterteilung der Zustimmung zu der Verschmelzung hinwegsetzen, kann sie es gemäß Artikel 20 Absatz 2 des genannten Gesetzes nur tun, wenn sie binnen drei Monaten nach der Verschmelzung den geschuldeten Betrag an die Gläubiger, die dies verlangen, zurückzahlt[651].

4. Rechtsstellung der Gläubiger von Gesellschaften mit beschränkter Haftung

Sowohl für die Gläubiger der übernehmenden als auch für die Gläubiger der übertragenden Gesellschaft ergeben sich grundsätzlich keine Abweichungen von der Rechtslage im Fall der Verschmelzung von Aktiengesellschaften. Besondere Gläubigergruppen entfallen, da die Gesellschaft mit beschränkter Haftung weder Gewinn- oder Gründeranteile noch Obligationen ausgeben darf.

IX. Die Beendigung der Verschmelzung

1. Die Verschmelzung von Aktiengesellschaften

Das Wirksamwerden der Verschmelzung fällt zeitlich mit der Beendigung der Fusion nicht zusammen. Wirksam ist die Verschmelzung, wenn die

[649] Vgl. Cour d'appel de Paris, 7. 4. 1933, Gazette du Palais 1933, 2. Teil Seite 141, 2. Leitsatz: „Au cas de dissolution anticipée d'une société par actions, suivie de la fusion de cette société avec une autre, celles des dispositions des nouveaux statuts qui lèsent les porteurs de parts de fondateur de la première société, ne sont pas opposables à leur égard." Vgl. auch *Dalsace* bei *Dalloz*, Encyclopaedie juridique, Répertoire de Droit commercial et des Sociétés, Band III, Stichwort „Fusion", Randziffer 24.

[650] Siehe oben Seite 124 ff.

[651] *Hamel* und *Lagarde*, Randziffer 766 Seite 891; Randziffer 767 Seite 894; *Moliérac*, Band II, Randziffer 1368 Seite 354; *Ripert*, Randziffer 1251 Seite 598, 599; Randziffer 1309 Seite 624; Randziffer 1420 Seite 669.

Einlage durch Beschluß der außerordentlichen Generalversammlung der Aktionäre angenommen und die Kapitalerhöhung beschlossen worden ist[652].

Haben die Parteien im Verschmelzungsvertrag bestimmt, daß die als Gegenleistung zu gewährenden Aktien erst nach Übergabe der Besitzurkunden und nach Feststellung, daß die eingebrachten Vermögenswerte mit keinem Privileg oder keiner Hypothek belastet sind, ausgehändigt werden sollen, muß diese Vertragsbestimmung ausgeführt worden sein[653].

Auch die Grundstücksübertragungen und die Übertragungen sonstiger Rechte müssen entsprechend den Formvorschriften ausgeführt worden sein[654]. Beendet ist die Verschmelzung also erst, wenn die Stammaktien an die Aktionäre der übertragenden Gesellschaft ausgehändigt und diese Gesellschafter der übernehmenden beziehungsweise neuen Gesellschaft geworden sind[655].

2. Die Verschmelzung von Gesellschaften mit beschränkter Haftung

Abweichungen zu obigen Ausführungen ergeben sich aus der Natur der Anteile, die gemäß Artikel 21 des Gesetzes vom 7. März 1925 keine Namens-, Inhaber- oder Orderpapiere sein dürfen und nicht in die Form von veräußerlichen Wertpapieren gekleidet werden dürfen. Allein die Satzung und ihre Abtretung durch notariellen oder privatschriftlichen Vertrag läßt die Anteile sichtbar werden. Mithin entfällt bei der Gesellschaft mit beschränkter Haftung der Umtausch von Wertpapieren. Die Verschmelzung ist daher beendet, wenn die Gesellschafter der übernehmenden Gesellschaft der Abtretung der neuen Anteile an die Gesellschafter der übertragenden Gesellschaft gemäß Artikel 22 des Gesetzes vom 7. März 1925 zugestimmt haben.

652 *Hamel* und *Lagarde*, Randziffer 766 Seite 891; *Houpin* und *Bosvieux*, Band II, Randziffer 960 Seite 135; *Houpin*, Journal des Sociétés 1935, 529 ff. (530); *Mestdagh*, Diss. Lille 1930, Seite 44/45; *Moliérac*, Band II Randziffer 1330 Seite 329, Randziffer 1368 Seite 354; *Ripert*, Randziffer 1419 Seite 669.

653 Tribunal de Commerce de la Seine, 3. 8. 1911, Journal des Sociétés 1912, 84 ff. (84, 87).

654 Siehe oben Seite 138 und *Moliérac*, Band II, Formularteil Seite 899, 933, 950.

655 *Bastian*, Juris-Classeur Sociétés, Band VI bis Abschnitt 164 (3) Randziffer 33; *Houpin* und *Bosvieux*, Band I Randziffer 442 Seite 524, 525.

X. Nichtigkeit der Verschmelzung, Mängel des Verschmelzungsvertrages und ihre Auswirkungen

1. Nichtigkeit der Verschmelzung

Eine Verschmelzung liegt überhaupt nicht vor, wenn eines der wesentlichen Elemente des Vertrages fehlt. Hierzu zählen die Einigung der Parteien (Artikel 1108 Code Civil), der Gegenstand (Artikel 1126 Code Civil) und der Rechtsgrund (Artikel 1131 Code Civil) des Rechtsgeschäftes[656]. Der Gegenstand fehlt auch dann, wenn die Einlage vollkommen von den Schulden der übertragenden Gesellschaft aufgesogen wird[657]. Auch die unrichtige Zusammensetzung der Generalversammlungen der zur Beschlußfassung aufgerufenen Generalversammlungen kann zur Nichtigkeit der Verschmelzung führen[658] und erfaßt alle weiteren zur Ausführung der Verschmelzung wesentlichen Handlungen und Beschlüsse.

Derartige Mängel sind allerdings heilbar, sofern nach Aufdeckung des Mangels eine neue Generalversammlung einberufen wird und erneut ordnungsgemäß beschließt. Unter Umständen wird beim Präsidenten des zuständigen Handelsgerichts der Antrag eingebracht, daß dieser einen Vertreter zum Zweck der Einberufung ernennt[659].

Liegt der Mangel bei der übertragenden Gesellschaft, haben die Aktionäre, die die Gegenleistung erhalten haben, zu beschließen[660]. Liegt er dagegen bei der übernehmenden Gesellschaft, müssen die Aktionäre, die der Gesellschaft vor der Verschmelzung angehört haben, hierüber beschließen[661].

Wird der Mangel nicht geheilt, wird der gesamte Verschmelzungsvorgang rückgängig gemacht. Die übertragende Gesellschaft befindet sich allerdings weiterhin in Liquidation[662].

[656] *Auger*, Revue des Sociétés 1925, 49 ff. (51); *Mestdagh*, Diss. Lille 1930, Seite 93.

[657] *Auger*, a.a.O.; *Mestdagh*, a.a.O.; Cour de Cassation, Urteil vom 14. Juni 1887, Sirey, 1887, Teil 6 Seite 407; sogenannte „inexistance".

[658] *Bastian*, Juris-Classeur Sociétés, Band VI bis, Abschnitt 164 (3) Randziffer 67; *Dalsace* bei *Dalloz*, Encyclopaedie juridique, Répertoire de Droit commercial et des Sociétés, Band III, Sociétés, Stichwort „Fusion", Randziffer 49; Cour de Cassation, 4. 7. 1934, Journal des Sociétés 1934, Seite 350, 351.

[659] *Bastian*, a.a.O., Ziffer 68; *Dalsace*, a.a.O., Ziffer 49.

[660] *Bastian*, a.a.O., Randziffer 69; *Dalsace* bei *Dalloz*, a.a.O., Randziffer 50.

[661] *Bastian*, a.a.O., Randziffer 69; *Dalsace* bei *Dalloz*, a.a.O., Randziffer 51.

[662] *Bastian*, a.a.O., Randziffer 76; Cour de Cassation, 4. 7. 1934, Journal des Sociétés 1934, 350/351.

Sind die Vorschriften über die Gründung der Gesellschaft oder den Kapitalerhöhungsbeschluß verletzt, gelten die besonderen Nichtigkeitsvorschriften[663].

2. Mängel des Verschmelzungsvertrages

Hier ist zu unterscheiden zwischen absoluten und relativen Nichtigkeitsgründen.

a) Absolute Nichtigkeit liegt vor, wenn die vertraglichen Bestimmungen gegen den ordre public oder gegen die guten Sitten verstoßen (Artikel 1133 Code Civil). Hierunter fällt beispielsweise eine Verschmelzung zum Zweck der Neugründung einer Gesellschaft mit verbotenem Gesellschaftszweck, wie etwa dem Betreiben einer Spielhalle[664].

Ein weiterer absoluter Nichtigkeitsgrund ist gegeben, wenn die in den Gesetzen vom 24. Juli 1867 für die Aktiengesellschaft und vom 7. März 1925 für die Gesellschaft mit beschränkter Haftung enthaltenen Publizitätsvorschriften (Artikel 7 des Gesetzes von 1867, Artikel 9 des Gesetzes von 1925) verletzt worden sind[665].

b) Relative Nichtigkeit, das heißt Anfechtbarkeit des Verschmelzungsvertrages, liegt vor, wenn eine nicht geschäftsfähige Partei die Einigung erklärt hat oder die Einigung fehlerhaft ist. Innerhalb der Einigungsmängel kommt der Drohung[666] bei Verschmelzungsverträgen keine wesentliche Bedeutung zu.

Auch der Irrtum[667] wird nur ausnahmsweise vorliegen. Im bürgerlichen Recht ist er nur dann ein Nichtigkeitsgrund, wenn er sich auf die Eigenschaft der Sache selbst, die den Vertragsgegenstand bildet, bezieht.

Die übernehmende Gesellschaft könnte die Nichtigkeit geltend machen, sofern sie die Verschmelzung beschlossen hätte, um sich Mittel zu verschaffen, die die übertragende Gesellschaft im Gegensatz zu den abgegebenen Erklärungen nicht besitzt. Der Irrtum als möglicher Nichtigkeitsgrund kann

[663] *Houpin* und *Bosvieux*, Band III, Randziffer 955 Seite 129.

[664] *Mestdagh*, a.a.O., Seite 93.

[665] *Mestdagh*, a.a.O., Seite 93.

[666] Artikel 1109 Code Civil

[667] Artikel 1109, 1110 Code Civil.

nur vorliegen, wenn den mit der Prüfung des Vertrages und seiner Vorteile befaßten Personen eine Nachlässigkeit zur Last fällt[668].

Betrug[669] bedeutet jede betrügerische Maßnahme, um den Urheber eines Rechtsgeschäftes zu täuschen. Um ein Nichtigkeitsgrund zu sein, muß er von einer Vertragspartei gegen die andere verübt worden sein und die andere Partei überhaupt erst zum Vertragsabschluß bewogen haben. Für den Fall der Verschmelzung ist entschieden worden, daß die Verschmelzung zweier Gesellschaften für nichtig zu erklären ist, sofern sich herausstellt, daß die Aktionäre der einen Gesellschaft die Verschmelzung ausschließlich auf Grund betrügerischer Maßnahmen der anderen Gesellschaft, die in einem Bericht die Verschmelzung als vorteilhaft hingestellt hatte, beschlossen haben, während tatsächlich die übernehmende Gesellschaft in einer aussichtslosen Lage war[670].

Demgegenüber stellt die Geschäftsunfähigkeit[671] mehr einen theoretischen als praktischen Nichtigkeitsgrund dar[672]. In Betracht kann sie nur kommen, wenn bei der Kommanditgesellschaft auf Aktien ein geschäftsunfähiger persönlich haftender Gesellschafter in die Verschmelzung einwilligt, nicht aber, wenn er diese ohne die zwingend erforderliche Einwilligung der Gesellschafter beschlossen hat[673].

Endlich kann der Liquidator wegen der Nichtausführung der Bestimmungen des Verschmelzungsvertrages auf Auflösung der Verschmelzung klagen[674].

3. Auswirkungen der Nichtigkeit

Sowohl die absolute als auch die relative Nichtigkeit haben rückwirkende Kraft. Der Vertrag wird als nie geschlossen angesehen. Gleichwohl sind hinsichtlich der Auswirkungen der Nichtigkeit Unterschiede zu machen.

668 *Mestdagh,* Diss. Lille 1930, Seite 94; *Bastian,* Juris-Classeur Sociétés, Band VI bis Abschnitt 164 (3) Randziffer 63; *Houpin* und *Bosvieux,* Band III Randziffer 955 Seite 129.

669 Artikel 1116 Code Civil.

670 *Mestdagh,* Diss. Lille 1930, Seite 94/95; Tribunal de Commerce de la Seine, Urteil vom 1. 3. 1888, Journal des Sociétés 1888 Seite 289; *Bastian,* Juris-Classeur Sociétés Band VI bis Abschnitt 164 (3) Randziffer 63; *Houpin* und *Bosvieux,* Band III Randziffer 955 Seite 129.

671 Artikel 1123 Code Civil.

672 *Mestdagh,* a.a.O., Seite 95.

673 *Mestdagh,* a.a.O., Seite 95.

674 *Bastian,* Juris-Classeur Sociétés, Band VI bis Abschnitt 164 (3) Randziffer 78.

a) Das Nichtvorhandensein des Vertrages und die absolute Nichtigkeit treten von Rechts wegen ein, können von jedermann geltend gemacht werden und werden weder durch Bestätigung noch durch Verjährung aufgehoben. Die absolute Nichtigkeit, welche als Folge der Verletzung von Publizitätsvorschriften eintritt, gehört dem ordre public an. Solange sie jedoch nicht durch Richterspruch bestätigt wurde, besteht ein Schwebezustand. Die Gesellschafter können sich Dritten gegenüber nicht auf die Nichtigkeit berufen. Im Verhältnis der Gesellschafter zueinander muß sie einer Auflösung gleichgesetzt werden[675].

Die Nichtbeachtung der Vorschriften der Gesetze von 1867 und 1925 führt zwar ebenfalls zur absoluten Nichtigkeit, jedoch mit dem Unterschied, daß ab Beginn der Geschäftsaufnahme seitens der Gesellschaft eine Verjährungsfrist von fünf Jahren läuft. Darüber hinaus sieht Artikel 8 Absatz 3 und 4 des Gesetzes vom 24. Juli 1867 in der Fassung des Dekret-Gesetzes vom 30. Oktober 1935 eine Heilung der Nichtigkeit vor, wenn vor Erhebung des Antrages auf Nichtigkeitserklärung der Nichtigkeitsgrund aufgehört hat zu bestehen[676] oder vor dem Urteilserlaß in erster Instanz entfallen ist.

b) Die relative Nichtigkeit wird stets vom Gericht ausgesprochen. Auf sie kann sich nur die Partei berufen, deren Einigungserklärung erschlichen wurde oder deren Geschäftsfähigkeit nicht bestand. Darüber hinaus wird die relative Nichtigkeit durch Bestätigung oder nach Ablauf einer Verjährungsfrist von fünf Jahren geheilt[677]. Die Fünfjahresfrist, die auf dem Grundgedanken der stillschweigenden Bestätigung beruht, beginnt von dem Tage an zu laufen, an dem die Bestätigung möglich wurde. Im Fall des Betruges läuft sie vom Tage der Entdeckung an[678]. Für die Gesellschaft mit beschränkter Haftung beträgt die Verjährungsfrist ebenfalls fünf Jahre[679].

4. Haftung im Fall der Nichtigkeit

Die Haftung der Organe der Gesellschaft, nämlich von Geschäftsführern oder Mitgliedern des Conseil d'Administration, gegenüber dieser hat Vertragscharakter. Wie jedem Beauftragten obliegt ihnen die Pflicht, die Geschäftsführung der Gesellschaft mit der Sorgfalt eines ordentlichen Familienvaters

[675] *Mestdagh,* Diss. Lille 1930, Seite 96.

[676] *Mestdagh,* a.a.O., Seite 96.

[677] Artikel 2219 Code Civil in Verbindung mit Artikel 8 des Gesetzes vom 24. Juli 1867 in der Fassung des Dekret-Gesetzes vom 30. Oktober 1935.

[678] *Mestdagh,* Diss. Lille 1930, Seite 96.

[679] Artikel 10 des Gesetzes vom 7. März 1925.

zu betreiben. Gemäß Artikel 1992 Code Civil haften sie nicht nur für einen von ihnen verübten Betrug, sondern für ihre Fahrlässigkeit. Ihre Haftung ist schärfer, da sie im Regelfall entgeltlich tätig sind[680].
Ist bei den Aktionären allgemein hinsichtlich der Vorteile der Verschmelzung ein Irrtum erregt worden, können sie die hierfür Verantwortlichen haftbar machen, nämlich Mitglieder des Conseil d'Administration, Geschäftsführer, Liquidator und Wirtschaftsprüfer, die die Einlage prüfen müssen[681].

Gegenüber dem einzelnen Aktionär und gegenüber Dritten haften Geschäftsführer, Mitglieder des Conseil d'Administration und Wirtschaftsprüfer für ihre Delikte und Quasi-Delikte.

Leichte Fahrlässigkeit reicht aus, um ihre Haftung eintreten zu lassen. Hat zum Beispiel ein Aktionär seine Beteiligung an der übernehmenden Gesellschaft auf Grund des Berichtes des Conseil d'Administration, in dem die Verschmelzung als wirtschaftlich interessant dargestellt wurde, erhöht, kann er Schadensersatz fordern, wenn der betreffende Bericht unrichtig war[682].

XI. Unterart der Verschmelzung: die Spaltung

Die Spaltung (scission)[683] ist ein Vorgang, „der in der vollkommenen und gleichzeitigen Absorption einer einzigen Gesellschaft durch zwei oder mehrere Gesellschaften besteht, und zwar in der Weise, daß auf letztere die verschiedenen Bestandteile der Aktiva und Passiva der übertragenden Gesellschaft aufgeteilt werden"[684].

[680] Artikel 1992 Absatz 2 Code Civil in Verbindung mit Artikel 43 des Gesetzes vom 24. Juli 1867 beziehungsweise Artikel 25 des Gesetzes vom 7. März 1925; vgl. *Bastian*, Juris-Classeur Sociétés, Band VI bis Abschnitt 164 (3) Randziffer 84 (Mandatsvorschriften) und Randziffer 85 (Täuschung, Betrug); bei Verletzung der Gründungs- und Kapitalerhöhungsbestimmungen tritt ebenfalls auch die Haftung aus Artikel 41, 42 des Gesetzes vom 24. Juli 1867 ein, vgl. *Houpin* und *Bosvieux*, Band III Randziffer 955 Seite 129.

[681] Im Gegensatz zu den Bilanzprüfern, commissaires aux comptes, werden diese Prüfer entsprechend ihrer Funktion als commissaires aux apports bezeichnet.

[682] *Mestdagh*, Diss. Lille 1930, Seite 97.

[683] Gelegentlich wird auch von „division", „démembrement" und „apport-scission" gesprochen.

[684] ANSA, Broschüre 109 Seite 54: „La division de sociétés est l'opération consistant dans l'absorption totale et simultanée d'une société unique par deux ou plusieurs sociétés, par voie de répartition, entre ces dernières, des divers éléments d'actif et de passif de la société absorbée." *Froessel*, Juris-Classeur Sociétés, Band VI bis, Abschnitt 164 (4) Randziffer 1.

Im Interesse der industriellen Regruppierung hat die Direction Générale de l'Enregistrement im März 1946 beschlossen, daß derartige Vorgänge, die letzten Endes auf eine Unternehmenskonzentration hinauslaufen, hinsichtlich der Eintragungsgebühren und der Steuern von Einkünften aus beweglichem Vermögen ebenso behandelt werden sollen wie Verschmelzungen.

Diese Gleichstellung zur Regelung der Verschmelzung wurde allerdings auf diejenigen Fälle beschränkt, daß die übertragende Gesellschaft völlig und gleichzeitig von zwei bereits bestehenden Gesellschaften übernommen wurde. Ausgeschlossen wurde der Fall, daß eine Gesellschaft erst zum Zwecke der Vermögensübernahme gegründet wurde[685].

Dieser Rechtszustand wurde durch Artikel 11 Absatz 1 des Dekretes Nr. 52–804 vom 30. Juni 1952, dessen Inhalt in die Artikel 210–2 und 718–1 des Code Général des Impôts (CGI) übernommen wurde, beseitigt. Von diesem Zeitpunkt an war es zulässig, daß auch eine zum Zwecke der Vermögensübernahme gegründete Gesellschaft das Vermögen unter den gleichen steuerlichen Bedingungen wie bei einer Verschmelzung übernehmen konnte[686].

Folgende Bedingungen müssen erfüllt sein, damit die steuerliche Gleichstellung von Verschmelzung und Spaltung erfolgen kann (Art. 718 CGI):

1. Die übertragende und die übernehmenden Gesellschaften müssen die Rechtsform einer Aktiengesellschaft, Kommanditgesellschaft auf Aktien[687] oder Gesellschaft mit beschränkter Haftung haben.

2. Die übernehmenden Gesellschaften müssen sämtlich die französische Staatsangehörigkeit im Sinne des Artikels 717 CGI besitzen.

3. Die Vermögensübertragung muß die Gesamtheit der Aktiva der übertragenden Gesellschaft erfassen, aus Verträgen hervorgehen, die für die verschiedenen Gesellschaften zum gleichen Zeitpunkt in Kraft treten und, vom Zeitpunkt des Inkrafttretens an, die sofortige Auflösung der sich spaltenden Gesellschaft mit sich bringen. Diese Bedingung nähert die Spaltung der Verschmelzung an und unterscheidet sie von der Teil-Übertragung der Aktiva, die gerade nicht zur Auflösung der übertragenden Gesellschaft führen[688].

[685] ANSA, Broschüre 109, Seite 54.

[686] ANSA, a.a.O., Seite 55; *Moliérac,* Band 2 Randziffer 1363 Seite 351.

[687] Das Gesetz spricht von „société par actions". Dieser Begriff deckt als Oberbegriff sowohl die Aktiengesellschaft (société anonyme) als auch die Kommanditgesellschaft auf Aktien (société en commandite par actions).

[688] ANSA, a.a.O., Seite 57.

Der von *Houpin* und *Bosvieux*[689] verwendete Begriff der Spaltung:

> „eine sogenannte Teil-Verschmelzung oder auch Spaltung liegt dann vor, wenn eine Gesellschaft von ihrem Gesellschaftszweck eines ihrer Unternehmen ausgeklammert oder einen Zweig ihrer Geschäftsführung ausnimmt, um diesen an eine andere Gesellschaft zu übertragen"

läßt sich nicht aufrechterhalten. Er erklärt sich allerdings mit der von ihnen vertretenen Aussicht zum Begriff der Verschmelzung[690]. Außerdem erwähnen die genannten Autoren nicht, daß die Übertragungsakte gleichzeitig zu erfolgen hätten und lassen ausdrücklich den Fortbestand der Gesellschaft zu. Dies widerspricht dem Wesen der Verschmelzung ebenso wie demjenigen der Spaltung. Die übertragende Gesellschaft muß sich, sei es, daß sie ihr Vermögen verteilt (Spaltung) oder gemeinsam mit einer anderen Gesellschaft überträgt (Verschmelzung), auflösen.

Die Teil-Spaltung ist aber ebenso wie die Teilübertragung nicht als Verschmelzung, sondern als Verkauf von Vermögensbestandteilen anzusehen.

In formeller Hinsicht unterliegt die Spaltung denselben Bedingungen wie die Verschmelzung durch Aufnahme. Dieselben Beschlüsse sind zu fassen. Die Gesellschaft, die sich spaltet, tritt in das Liquidationsstadium ein und hört auf zu existieren[691].

In wirtschaftlicher Hinsicht läßt sich die Abgrenzung zwischen Verschmelzung und Spaltung in der Weise treffen, daß man die Verschmelzung als Mittel der Konzentration, die Spaltung dagegen als Mittel zur Dekonzentration ansieht[692]. In tatsächlicher Hinsicht kann jedoch, zumal wenn das Vermögen der sich spaltenden Gesellschaft auf bereits bestehende Gesellschaften übergeht, auch durch die Spaltung eine Konzentration herbeigeführt werden.

Im Jahre 1962 sind eine Reihe von Spaltungen erfolgt[693]. Wenn auch nicht behauptet werden kann, daß sie den Umfang der vorgenommenen Verschmelzungen und Teil-Übertragungen erreichen, kommt ihnen im Wirtschaftsleben Frankreichs dennoch eine gewisse Bedeutung zu.

[689] *Houpin* und *Bosvieux,* Band 2 Randziffer 946 Seite 116, Randziffer 947 Seite 121.

[690] Vgl. oben Seite 83.

[691] *Moliérac,* Band 2, Randziffer 1363 Seite 351.

[692] *Moliérac,* a.a.O.; *Froessel,* Juris-Classeur Sociétés, Band VI bis Abschnitt 164 (4) Anm. 29.

[693] *Tagand,* direction Februar 1963, Seite 170 ff.: als Beispiele sind anzuführen: Société Paris-Levallois, B.A.L.O. vom 29. 1. 1962, die ihr Vermögen auf die

XII. Publizitätsvorschriften

A. Die Verschmelzung von Aktiengesellschaften

Welche Eintragungen und Veröffentlichungen zu erfolgen haben, geht aus den Artikeln 55 ff. des Gesetzes vom 24. Juli 1867 in der Fassung des Dekret-Gesetzes vom 30. Oktober 1935 und den das Handelsregister betreffenden Einzelbestimmungen, insbesondere den Dekreten vom 6. Januar 1954, vom 11. März 1957 und Nr. 58–1355 vom 27. Dezember 1958 hervor[694].

Die übertragende Gesellschaft hat die bei einer gewöhnlichen Auflösung erforderlichen Formalitäten zu erfüllen: Die Beschlüsse der Generalversammlungen und etwaige Sonderbeschlüsse der Inhaber von Aktien mit Sonderrechten sowie – soweit sie vorhanden sind – der Inhaber von Gewinn- und Gründeranteilen und Obligationen sind beim Urkundsbeamten des Handelsgerichtes am Sitz der Gesellschaft zu hinterlegen (Artikel 59 des Gesetzes vom 24. Juli 1867 in Verbindung mit Artikeln 55, 57 des Gesetzes vom 24. Juli 1867, sämtlich in der Fassung des Dekret-Gesetzes vom 30. Oktober 1935)[695].

Diese Hinterlegung ist nicht zu verwechseln mit der beim Handelsregister zu bewirkenden Anmeldung gemäß Artikel 7 des Dekretes vom 27. De-

Compagnie Sucriére, die Sucreries d'Outre-Mer und die Banque de l'Union parisienne, die die Schulden übernommen hat, übertrug; ferner die Société de la Huta, B.A.L.O. vom 9. 10. 1961; die Société alsacienne de Filature du Jute, B.A.L.O. vom 2. 7. 1962, deren Vermögen je zur Hälfte auf die Société générale alsacienne de banque und Crédit industriel d'Alsace et de Lorraine übertrug; die Manufacture de Tabacs, Cigares et Cigarettes Bastos, B.A.L.O. vom 5. 2. 1962, die ihr Vermögen auf die SOFICAL und die Manufacture algérienne des Tabacs, cigares et cigarettes Bastos verteilte; Etablissements Robert Messian, B.A.L.O. 23. 4. 1962 und 28. 5. 1962, deren Vermögen an die Engrenages Citroen und die Société Mesfra ging. Auf dem Ernährungssektor sind drei Spaltungen erfolgt (*Tagand*, a.a.O. Seite 171). Banken, Versicherungen und Investitions-Gesellschaften weisen sechs Spaltungen auf (*Tagand*, Seite 173); auf dem Elektrizitätssektor sind drei (*Tagand*, Seite 175), in der chemischen Industrie eine (*Tagand*, Seite 179) und in der Metallurgie zwei (*Tagand*, Seite 183) Spaltungen erfolgt.

[694] Weitere Vorschriften sind im Gesetz vom 9. April 1949, Dekret vom 22. März 1954, 12. November 1956 und der Ordonnance Nr. 58—1352 vom 27. Dezember 1958 enthalten, die nur der Vollständigkeit halber genannt werden sollen. Auf Einzelheiten, insbesondere Gebühren und Steuern sowie Strafvorschriften muß verzichtet werden.

[695] Vgl. auch *Moliérac*, Band II, Randziffer 1378 Seite 360; Formularteil Seite 895, 898; *Houpin* und *Bosvieux*, Band II Randziffer 951 Seite 122/123.

zember 1958. Aus der Eintragungspflicht von Handelsgesellschaften (Artikel 1 Ziffer 2, Artikel 2) folgt, daß auch Änderungen in bezug auf die Dauer der Gesellschaft beziehungsweise deren vorzeitige Auflösung eintragungspflichtig sind. Die Auflösung ist binnen zwei Monaten nach Abschluß der Liquidation (Artikel 11 Absatz 2) einzutragen, bei unterlassener Anmeldung kann auch die Löschung von Amts wegen erfolgen (Artikel 13). Die Eintragung erfolgt sowohl im Lokalregister, das bei jedem Handelsgericht oder Tribunal de Grande Instance unter Aufsicht eines Richters geführt wird (Artikel 14 des Dekretes vom 6. Januar 1954, Artikel 3 Ziffer 1, Artikel 4 Absatz 1 des Dekretes vom 27. Dezember 1958) als auch im Zentralregister beim Ministerium für Handel und Industrie (Artikel 19 des Dekretes vom 6. Januar 1954, Artikel 3 Ziffer 1, 4 Absatz 2 des Dekretes vom 27. Dezember 1958).

Die Eintragungen sind in jedem Fall im Bulletin officiel du registre de commerce et du registre de métiers (B.O.R.C.) gemäß Artikel 3 Absatz 2 des Dekretes von 1958 zu veröffentlichen.

Die übernehmende Gesellschaft hat wie bei einer Kapitalerhöhung ebenfalls entsprechend den Vorschriften der Artikel 55 ff. n. F. des Gesetzes vom 24. Juli 1867 zu verfahren. Der Kapitalerhöhungsbeschluß ist in den Gesellschaftsblättern bekanntzugeben.

Die durch die Verschmelzung eintretenden Veränderungen in bezug auf das Kapital, eventuell auch auf Form und Sitz, sind entsprechend den oben geschilderten Regeln ebenfalls in das Handelsregister einzutragen.

Erfolgt die Verschmelzung durch Neugründung, sind anstelle der für die übernehmende Gesellschaft geltenden Vorschriften die Bestimmungen für die Neugründung einzuhalten, das heißt: die Satzung muß festgelegt und von den Gründern unterzeichnet werden, beim Urkundsbeamten hinterlegt werden, die Subskriptionsaufforderung ist im Bulletin officiel des annonces légales obligatoires (BALO) zu veröffentlichen, die Erklärung über den Abschluß der Subskription ist abzugeben. Hierauf folgen die konstituierenden Generalversammlungen.

Bei der Neugründung erfolgen die Bekanntmachungen in nachstehender Reihenfolge: 1. Vorzeitige Auflösung der übertragenden Gesellschaft; 2. Errichtung der neuen Gesellschaft; 3. erste und zweite Erklärung über die Sacheinlagen; 4. Löschung der übertragenden Gesellschaften; 5. Eintragung der neuen Gesellschaft.

B. Die Verschmelzung von Gesellschaften mit beschränkter Haftung

Die Urkunden über die vorzeitige Auflösung der übertragenden Gesellschaft sowie die Kapitalerhöhung bei der übernehmenden Gesellschaft sind beim Urkundsbeamten des Handelsgerichtes zu hinterlegen (Artikel 17 Absatz 1 Ziffer 2 des Gesetzes vom 7. März 1925 in der Fassung des Dekret-Gesetzes vom 30. Oktober 1935 beziehungsweise Artikel 17 Absatz 1 Ziffer 1 des Gesetzes von 1925 in der Fassung des Dekretes vom 9. August 1953 in Verbindung mit Artikel 12 des Gesetzes vom 7. März 1925 in der Fassung des Dekret-Gesetzes vom 30. Oktober 1935). Die Urkunden sind auszugsweise im Bulletin des annonces légales obligatoires (BALO) sowie in einer zur Aufnahme amtlicher Anzeigen geeigneten Tageszeitung des Départements, in dem sich der Gesellschaftssitz befindet, zu veröffentlichen.

Hinsichtlich der Eintragungen im Handelsregister bestehen keine Sondervorschriften. Auf die obigen Ausführungen wird daher verwiesen[696].

XIII. Einfluß von Wettbewerbsbeschränkungen und des Vertrages über die Gründung der Europäischen Wirtschaftsgemeinschaft auf Verschmelzungen in Frankreich

Ein besonderes Kartellgesetz besteht in Frankreich nicht, vielmehr hat sich die Rechtsprechung aus Artikel 419 des Code Penal und einer Reihe von Verordnungen über die Preisgestaltung und Preiskontrolle entwickelt. Die Verordnung Nr. 53–704 vom 9. August 1953[697] hat Kartellabreden verboten, die zu einer Behinderung des freien Wettbewerbes führen können, indem die Herabsetzung der Herstellungs- und Verkaufspreise gehindert oder eine künstliche Preiserhöhung begünstigt wird. Verstöße hiergegen hat eine Kartellkommission (commission téchnique des ententes) zu untersuchen[698]. Im ministeriellen Rundschreiben vom 15. Februar 1954[699] sind Instruktionen an die Verwaltungsbehörden zur einheitlichen Handhabung der genannten Verordnungen erteilt. Diese besagen:

Verboten ist die Verweigerung des Verkaufs seitens eines Kaufmannes, Fabrikanten oder Handwerkers, wenn der Betreffende die Möglichkeit zur Lieferung hatte und daß das Verlangen des Kunden keinen anormalen Charakter hatte, das heißt u. a.: in keinem Verhältnis zu dessen Bedarf oder

[696] Vgl. oben Seite 170.

[697] WuW 1953, 643, Neufassung der VO Nr. 45—1483 vom 30. Juni 1945.

[698] VO Nr. 54—97 vom 27. Januar 1954, WuW 1954, 476—478.

[699] WuW 1954, 478—483. *Baudouin-Buguet,* WuW 1954, 662, 664: Auf keinen Fall ist dieses Rundschreiben einem Gesetz oder einer Verordnung gleichzustellen; es ist nur für den Verwaltungsbeamten eine Richtschnur.

zu dem üblichen Umfang der Lieferungen des Verkäufers steht. Dagegen sind Ausschließlichkeitsabkommen erlaubt, wenn sie beispielsweise die Befriedigung der Verbrauchernachfrage wirksam verbessern und nicht zur Preiserhöhung oder zur Aufrechterhaltung der Preise auf einem anormal hohen Stand führen.

Die Rechtsprechung hat sich diesen Instruktionen im wesentlichen angeschlossen[700].

Ergänzt wurden die erstgenannten Verordnungen durch die Verordnung Nr. 58–545 vom 24. Juni 1958[701]. Hinsichtlich ihrer Strafbestimmungen ist diese Verordnung zwar vom Conseil d'Etat am 18. Juni 1958 für ungültig erklärt worden, wovon die zivilrechtlichen Folgen jedoch unberührt bleiben[702].

Allgemein einen Schutz gegen Wettbewerbsbeschränkungen aus einem subjektiven Recht auf Gewerbefreiheit herzuleiten, wie es verschiedentlich versucht wurde, ist mit Rücksicht auf vorstehende Spezialregelungen unzulässig[703].

Für Verschmelzungen ist insbesondere das in Artikel 59 bis der Verordnung Nr. 45–1483 vom 30. Juni 1945 geregelte Abspracheverbot von Interesse. Erfaßt werden nur die Absprachen, die zu einer Preisverfälschung und damit zu einer Behinderung des Wettbewerbes führen können. Gemäß Artikel 59 ter können darüber hinaus Ausnahmen für Absprachen erteilt werden, die sich entweder aus der Anwendung eines Gesetzes oder einer Verordnung ergeben oder die zur Marktverbesserung und Markterweiterung beitragen oder die die Entwicklung des wirtschaftlichen Fortschrittes durch Rationalisierung und Spezialisierung sichern[704].

Dagegen wird eine Ausnahmegenehmigung nicht erteilt, wenn unter anderem eine Maßnahme bezweckt, eine industrielle und kommerzielle Machtposition

[700] *von Gamm,* Seite 75; *Plaisant-Lassier,* WuW 1960, 427 (429); *Steindorff,* WuW 1957, 106, 107; *Lacan, Le Monde,* 2. 7. 1963, Seite 14 unter Hinweis auf Cour de Paris und Amiens (nicht rechtskräftig).

[701] WuW 1959, 213—216; *Plaisant-Lassier,* WuW 1960, 427 ff. (428) Trib. correctionnel de Lyon, Entscheidung vom 18. 5. 1960, GRUR Ausl. 1960, 590 Nr. 2103.

[702] *von Gamm,* Seite 76. Conseil d'Etat, 18. 6. 1958, GRUR Ausl. 1959, Nr. 559; *Plaisant-Lassier,* WuW 1960, 427 ff., 427/8 mit weiteren Nachweisen.

[703] *von Gamm,* Seite 76. *Steindorff,* WuW 1954, 722 mit weiteren Nachweisen.

[704] *von Gamm,* Seite 80, *Catrice,* WuW 1958, 285 ff. (293).

herauszubilden, die das Aufkommen von bessergestellten neuen Unternehmen verhindern wollen oder für die Schaffung eines Monopols zum Vorteil eines einzigen Verkäufers[705].

Bei einem – auch auf einer Verschmelzung – beruhenden Verstoß gegen obige Grundsätze tritt gemäß Artikel 59 bis zivilrechtlich Nichtigkeit der getroffenen Abreden ein.

Zur Anpassung der französischen Wirtschaft an den Gemeinsamen Markt ist die Verordnung Nr. 59—248 vom 4. Februar 1959[706] ergangen. Hiernach können kleine und mittlere Betriebe besondere Gesellschaften bilden, die ihrerseits besondere Abkommen mit dem Staat, vertreten durch den Finanz- und Wirtschaftsminister, abschließen. Diese Gesellschaften sollen die Erzeugnisse an die neuen Marktbedingungen anpassen, Qualitätsgarantien einführen und die Verwaltungsmethoden verbessern.

Derartige Zusammenschlüsse fallen unter die Ausnahmebestimmung des Artikel 59 ter Ziffer 1 und sind nach französischem Recht wirksam[707]. Hingegen sind sie nicht von dem allgemeinen Kartellverbot des Artikel 85 EWGV durch den innerstaatlichen Gesetzgebungsakt ausgenommen[708]. Vielmehr bedarf es der Prüfung, ob Artikel 85 EWGV Anwendung findet. Nach den in der Verordnung Nr. 59—248 festgelegten Zielen kann gesagt werden, daß für diese Zusammenschlüsse wohl meistens die Voraussetzungen des Artikels 85 Absatz 3 EWGV und damit für eine Ausnahmegenehmigung gegeben sind[709]. Fehlt es hieran, ergreift die in § 85 Absatz 2 EWGV vorgesehene Nichtigkeitsfolge Zusammenschlüsse, die auf einer Verschmelzung oder anderen Rechtsgründen beruhen, ebenso, wie dies in den übrigen Mitgliedstaaten der Europäischen Wirtschaftsgemeinschaft der Fall ist.

[705] *von Gamm*, Seite 80; *Catrice*, WuW 1958, 285 ff., 292; *Plaisant-Lassier*, WuW 1960, 427 ff. (432).

[706] Abgedruckt bei *von Gamm*, Anh. 11 Seite 141—143.

[707] *vom Gamm*, Seite 81.

[708] *von Gamm*, Seite 81; a.A. *Spengler*, WuW 1960, 755 (760) im Zusammenhang mit der Ordonnance Nr. 59—248 vom 4. 2. 1959.

[709] *von Gamm*, Seite 81.

XIV. Die Reform des französischen Gesellschaftsrechtes und ihre Regelung betreffend die Verschmelzung von Kapitalgesellschaften

Das geltende französische Gesellschaftsrecht ist nur zu einem geringen Teil im Code de Commerce, im übrigen aber in einer Anzahl von Sondergesetzen, Dekreten und Ordonnancen geregelt.

Bereits im Jahre 1961 legte das französische Justizministerium den Entwurf eines neuen fünften Buches des Code de Commerce vor, der eine zusammenfassende Regelung der Handelsgesellschaften vorsieht. Dieser Entwurf wurde den Universitäten und Handelskammern zur Stellungnahme zugeleitet.

Im Jahre 1962 wurde der Gedanke aufgegeben, die Regelung der Handelsgesellschaften in den Code de Commerce einzufügen.

Nach Abschluß der vorliegenden Arbeit wurde der in einigen Punkten vom Entwurf 1961 abweichende Entwurf eines Gesetzes über die Handelsgesellschaften eingebracht[710], der voraussichtlich noch im Laufe dieser Legislaturperiode beraten werden wird. In Form von Fußnoten wird auf die Abweichungen zum Entwurf aus dem Jahre 1961 verwiesen.

Im Gegensatz zum ersten Entwurf aus dem Jahre 1961 befaßt sich der jetzt vorliegende Entwurf ausschließlich mit den Handelsgesellschaften[711].

Der Gesetzentwurf vom 18. Juni 1964 enthält, ebenso wie dieses bereits auch nach dem Entwurf 1961 der Fall war[712], im Gegensatz zum geltenden Recht eine Regelung von Verschmelzung und Umwandlung (Artikel 183 bis 190, 191–194). Eine Begriffsbestimmung der Verschmelzung ist nicht vorgesehen.

Hervorzuheben sind folgende Punkte:

Der Entwurf läßt die Verschmelzung von Aktiengesellschaften durch Aufnahme und Neugründung zu (Artikel 183)[713]. Auch in Liquidation befindlichen Gesellschaften stehen beide Möglichkeiten offen (Artikel 183)[714]. Der Entwurf 1961 bestimmte ausdrücklich, daß Aktiengesellschaften (sociétés

[710] Projet de Loi No 1003 sur les Sociétés Commerciales vom 18. Juni 1964, eingetragen bei der Présidence de l'Assemblée Nationale am 20. Juni 1964.

[711] So schon *Jean Hémard,* Vortrag vor der deutsch-französischen Juristenvereinigung, Paris, 25. Oktober 1963 (soweit ersichtlich, bisher nicht veröffentlicht). Der Plan, auch die Gesellschaft bürgerlichen Rechtes in das neue Gesetz einzubeziehen, wurde wieder fallengelassen. Vgl. auch Motive Entwurf 1964 Seite 2/3.

[712] Artikel 861—867.

[713] Artikel 862 Absatz 1.

[714] Artikel 862 Absatz 2.

anonymes sich auch mit Gesellschaften einer anderen Rechtsform verschmelzen könnten, wobei – je nach der Rechtsform der übernehmenden oder neu gegründeten Gesellschaft – von den übertragenden Aktiengesellschaften die Umwandlungsbestimmungen zu beachten seien (Artikel 862 Absatz 3 in Verbindung mit Artikel 861). Ferner bestimmte dieser Gesetzentwurf, daß eine Umwandlung erst möglich sei, wenn die Aktiengesellschaft seit mindestens einem Jahr bestanden und eine von den Gesellschaftern angenommene Bilanz aufgestellt habe. Der Beschluß könne ausschließlich auf Grund des Berichtes eines Bilanzprüfers, welcher festzustellen habe, daß Nettoaktiva mindestens in Höhe des Gesellschaftskapitals vorhanden seien, gefaßt werden (Artikel 861 Absatz 1 und 2). Bei einer Umwandlung in eine Offene Handelsgesellschaft müßten diese Bedingungen nicht erfüllt sein. Werde die Umwandlung in eine Kommanditgesellschaft oder Kommanditgesellschaft auf Aktien geplant, sei die Einhaltung der Bestimmungen über die Satzungsänderung notwendig. Schließlich sei die persönliche und einstimmige Zustimmung der Gesellschafter, die persönlich haftende Gesellschafter würden, erforderlich.

Solle hingegen die neue Rechtsform diejenige der Gesellschaft mit beschränkter Haftung sein, seien die Vorschriften über die Satzungsänderung der Gesellschaft mit beschränkter Haftung einzuhalten. Im übrigen müßten die Anteilsinhaber und die Obligationsinhaber der Verschmelzung entsprechend den Vorschriften der Artikel 985 beziehungsweise 1009, 1010 zustimmen.

Der Gesetzentwurf 1964 stellt demgegenüber innerhalb der Vorschriften über die Fusion nicht die Möglichkeiten einer Verschmelzung von Aktiengesellschaften mit Gesellschaften einer anderen Rechtsform heraus, so daß sich insoweit eine systematische Lücke ergibt. Der französische Gesetzgeber hat jedoch in Artikel 183 eine derartige Möglichkeit keineswegs ausgeschlossen, so daß sich in materieller Hinsicht keine Abweichung zwischen den beiden Gesetzentwürfen ergibt. Auch nach dem neuen Entwurf ist zu fordern, daß eine übertragende Aktiengesellschaft die Umwandlungsbestimmungen einhält. Diese Vorschriften haben in Einzelheiten eine Verschärfung erfahren: die Aktiengesellschaft muß in Zukunft seit mindestens zwei Jahren bestanden und mindestens zwei von den Gesellschaftern angenommene Bilanzen aufgestellt haben (Artikel 191 Absatz 1). Hinsichtlich des Berichtes der Bilanzprüfer ergeben sich keine Änderungen (Artikel 192 Absatz 1). Wird die Umwandlung in eine Offene Handelsgesellschaft beschlossen, haben die Gesellschafter den Umwandlungsbeschluß einstimmig zu fassen. Die Einhaltung der Vorschriften der Artikel 191 Absatz 1, 192 Absatz 1 ist nicht erforderlich (Artikel 193 Absatz 1). Hinsichtlich der Umwandlung in eine Kommanditgesellschaft übernimmt der Entwurf aus dem Jahre 1964 die schon 1961 vorgesehene Regelung (Artikel 193 Absatz 2). Die Kommanditgesellschaft auf Aktien wird an dieser Stelle nicht mehr erwähnt, da Artikel 205 Absatz 2 bestimmt, daß nach Inkrafttreten des Gesetzes die Errichtung neuer Kommanditgesellschaften auf Aktien ausgeschlossen ist. Da Artikel 205 Absatz 3 für bereits bestehende Kommanditgesellschaften auf Aktien die Vorschriften über die Kommanditgesellschaft und die Aktiengesellschaft – von einer hier nicht interessierenden Ausnahme abgesehen – für entsprechend anwendbar erklärt, ergibt sich hinsichtlich der Verschmelzung und Umwandlung keine Abweichung zum Entwurf aus dem Jahre 1961.

Der Verschmelzungsvorschlag ist beim Handelsgericht der übertragenden und der übernehmenden Gesellschaft niederzulegen (Artikel 184 Absatz 1)[715]. Ein späteres, vom Conseil d'Etat zu fassendes Dekret (Artikel 430), wird die Einzelheiten der Veröffentlichung regeln. Eine zusätzliche Formvorschrift ergibt sich aus Artikel 186 Absatz 1, wonach die Generalversammlungen erst 45 Tage nach Erfüllung der letzten Formalität im Sinne des Artikels 184 stattfinden dürfen.

Sofern nicht spätere Beratungen nichtig sein sollen, muß der Entwurf der Verschmelzung der Generalversammlung der Anteils-[716] und Obligationsinhaber zur Annahme vorgelegt und von ihnen angenommen werden, soweit die Verschmelzung die Auflösung der Gesellschaft mit sich bringt, die die Anteile beziehungsweise Obligationen ausgegeben hat (Artikel 188 Absatz 1 in Verbindung mit Artikel 190, Artikel 266 Ziffer 3). Wird die Zustimmung von der außerordentlichen Generalversammlung nicht erteilt und setzt sich die Versammlung der Aktionäre darüber hinweg, findet Artikel 274 beziehungsweise Artikel 188 Absatz 1 Anwendung und eine Rückzahlung der

[715] Artikel 863 sah nur die Niederlegung und Beifügung zum Handelsregister der übertragenden Gesellschaft vor und bestimmte ferner, daß eine Benachrichtigung, die eine Zusammenfassung der Bedingungen der Verschmelzung enthalten müsse und der die Einladung zu einer außerordentlichen Generalversammlung beizufügen sei, mit Angabe von Ort und Zeit der Niederlegung gemäß den in Artikel 803 vorgesehenen Ausführungsbestimmungen veröffentlicht werden müsse.

[716] Gewinn- und Gründeranteile entfallen gemäß Artikel 217 für die Zukunft. Bereits ausgegebene Gewinn- und Gründeranteile sind, obwohl dies im Gesetzentwurf von 1964 nicht zum Ausdruck gebracht wird, entsprechend der Vorschrift des Artikels 188 Absatz 1 zu behandeln.

Obligationen erfolgt[717]. Allerdings macht Artikel 188 Absatz 1 von dem Zustimmungserfordernis der Obligationsinhaber eine Ausnahme, wenn ihnen auf einfachen Antrag hin die Rückzahlung ihrer Obligationen angeboten wird[718]. Schuldnerin wird die übernehmende Gesellschaft (Artikel 188 Absatz 2 Satz 1). Das Rückzahlungsangebot ist bestimmten Publizitätsvorschriften, die vom Conseil d'Etat zu fassen sind, unterworfen[719].

Artikel 185[720] betrifft schließlich die Rolle der außerordentlichen Generalversammlungen der an der Verschmelzung beteiligten Gesellschaften. Die außerordentliche Generalversammlung der Aktionäre der übertragenden Gesellschaft faßt den Verschmelzungsbeschluß; dieser muß von den Sonderversammlungen derjenigen Gesellschafter, deren Aktien Sonderrechte verbriefen, angenommen werden (Absatz 1). Die außerordentliche Generalversammlung der übernehmenden Gesellschaft berät entsprechend den Vorschriften des Artikels 187 in Verbindung mit Artikel 154 über Sacheinlagen[721]. Die außerordentliche Generalversammlung der Aktionäre der übertragenden Gesellschaft kann erst 45 Tage, nachdem die in Artikel 184 Absatz 2 vorgesehenen Veröffentlichungen erfolgt sind, stattfinden und muß vor der Beschlußfassung über die Verschmelzung den Bericht der Bilanzprüfer über die Einzelheiten der Verschmelzung, insbesondere über die von der übernehmenden Gesellschaft gewährte Gegenleistung für die Einlage, anhören.

Der Bilanzprüfer kann zur Fertigung seines Berichtes von jeder der interessierten Gesellschaften alle hierfür nützlichen Dokumente anfordern[722].

[717] Bisher war diese Möglichkeit in den Artikeln 985 und 1010 geregelt.

[718] Früher Artikel 864 Absatz 3. Eine Abweichung ergibt sich nicht, da Artikel 188 Absatz 2 Satz 1 bestimmt, daß die übernehmende Gesellschaft Schuldnerin hinsichtlich der Rückzahlung wird. Artikel 864 Absatz 3 sah vor, daß die übernehmende Gesellschaft das Angebot unterbreitet.

[719] Es ist anzunehmen, daß die 1961 vorgesehene Regelung, wonach das Rückzahlungsangebot zweimal mit einer Woche Zwischenraum in zwei verschiedenen Tageszeitungen des Départements, in dem sich der Gesellschaftssitz befindet, zu veröffentlichen ist, aufgegriffen werden wird. Auch daß das Rückzahlungsangebot im „Bulletin des Annonces Légales Obligatoires" (BALO) veröffentlicht und durch eingeschriebenen Brief den Inhabern der auf den Namen lautenden Obligationen mitgeteilt werden muß (Artikel 864), wird voraussichtlich Eingang in ein späteres Dekret finden.

[720] Bisher Artikel 865.

[721] Die Regelung befand sich bisher in Artikel 842.

[722] Mit der Abweichung, daß die Frist ursprünglich zwei Monate betragen sollte, sind die Vorschriften der Artikel 803 und 863 übernommen worden.

Der Entwurf des Justizministeriums aus dem Jahre 1961 sah folgendes vor:

Jeder Gläubiger der übertragenden Gesellschaft, dessen Forderung vor der letzten in Artikeln 803 und 863 vorgesehenen Veröffentlichung entstanden ist und der nicht Inhaber einer Obligation ist, kann innerhalb von zwei Monaten nach den erfolgten Veröffentlichungen der Verschmelzung widersprechen. Der Widerspruch ist am Gesellschaftssitz seiner Schuldnerin zu erheben. Der Präsident des zuständigen Handelsgerichtes kann durch Beschluß entweder den Widerspruch verwerfen oder Zahlung der Forderung oder die Stellung von Sicherheiten anordnen (Artikel 866).

Endlich muß die in Artikel 863 vorgesehene Mitteilung ausdrücklich auf die durch Artikel 866 gewährten Rechte hinweisen.

Die vorstehende Regelung ist in dem Gesetzentwurf 1964 nicht übernommen worden. Stattdessen enthält Artikel 189 Absatz 1 eine vereinfachte Regelung: die übernehmende Gesellschaft ist Schuldnerin der Gläubiger, die nicht Obligationsinhaber sind. Sie tritt vollen Umfanges an die Stelle der übertragenden Gesellschaft[723]. Durch diese Bestimmung wird der Schuldnerwechsel kraft Gesetzes eindeutig festgelegt, ohne daß zur Begründung, warum die übernehmende Gesellschaft in die Rechtsposition der übertragenden Gesellschaft einrückt, wie nach geltendem Recht auf eine zivilrechtliche Begründung zurückzugreifen ist. Die hier vertretene Auffassung, daß eine Anwendung erbrechtlicher Regeln zur glattesten konstruktiven Lösung des Überganges der Verpflichtungen der übertragenden Gesellschaft auf die übernehmende Gesellschaft führt[724], wird durch diesen ipso iure erfolgenden Übergang, der in dem Gesetzentwurf 1964 vorgesehen ist, bestätigt.

Abgesehen von den oben wiedergegebenen Vorschriften befassen sich nachstehende Artikel mit der Verschmelzung beziehungsweise wirken sich hierauf mittelbar oder unmittelbar aus:

1. Über den Begriff der Verschmelzung schweigt der Gesetzgeber. Dieser ist so, wie er entwickelt wurde[725], auch für das neue Recht aufrechtzuerhalten. Die Streitfrage, ob ein Liquidator die Verschmelzung herbeiführen kann, wird dahin geklärt, daß sich eine im Liquidationsstadium befindliche Gesellschaft mit einer anderen Gesellschaft verschmelzen darf. Sonderbestimmungen hinsichtlich der erforderlichen

[723] „La société absorbante est débitrice des créanciers non obligataires de la société absorbée aux lieu et place de celle-ci."

[724] Siehe oben Seiten 149, 150 unter bb, 153.

[725] Siehe oben Seite 90.

Zustimmungserklärungen fehlen im geltenden Recht. Hieraus folgt, daß der Liquidator ebenso zu verfahren hat wie der Conseil d'Administration, an dessen Stelle er getreten ist, und dieselben Rechtshandlungen vorzunehmen hat, wie dem Conseil d'Administration obliegen. Im übrigen stellt es einen wesentlichen Vorteil des Gesetzentwurfes dar, daß dieser Liquidationsbestimmungen enthält, die bisher von der Gesetzgebung unberücksichtigt waren. Nunmehr wird durch Artikel 326[726] geregelt, daß die Gesellschaft im Falle der Auflösung, unabhängig vom Auflösungsgrunde, in das Liquidationsstadium eintritt und als juristische Person zum Zwecke der Liquidation fortbesteht. Artikel 346 Absatz 3[727] ermächtigt den Liquidator zu Liquidationszwecken auch neue Geschäfte einzugehen. Artikel 331 bestimmt schließlich, daß er nach vorheriger, der Vorschrift des Artikels 331 Ziffer 1—4 entsprechender erteilter Zustimmung die gesamten Aktiva der aufgelösten Gesellschaft abtreten oder sie völlig oder teilweise, mit oder ohne Verschmelzung, auf eine andere Gesellschaft übertragen kann. Die in Artikel 331[728] vorgeschriebenen Mehrheiten sind folgende:

Bei der Offenen Handelsgesellschaft ist ein einstimmiger Gesellschafterbeschluß zu fassen. Handelt es sich um eine Kommanditgesellschaft, müssen die Komplementäre einstimmig, die Kommanditisten mit Kapitalmehrheit beschließen. Bei der Gesellschaft mit beschränkter Haftung ist die Kapitalmehrheit erforderlich. Ist die Liquidationsgesellschaft eine Aktiengesellschaft, muß die für eine wirksame Beschlußfassung der außerordentlichen[729] Generalversammlung vorgesehene Stimmen- und Kapitalmehrheit gegeben sein. Gemäß Artikel 113 Absatz 2 und 3 bedeutet das, daß in der ersten, auf die Einberufung folgenden Generalversammlung mindestens die Hälfte der stimmberechtigten Aktien vertreten sein muß. Wird diese Mehrheit nicht erreicht, muß mindestens ein Viertel der stimmberechtigten Aktien in der darauf eventuell folgenden Generalversammlung vertreten sein. Ist auch das nicht der Fall, kann die außerordentliche Generalversammlung auf zwei Monate

726 Bisher Artikel 1180.

727 Artikel 1089 Absatz 3 ist durch Artikel 346 Absatz 3 lediglich sprachlich umgefaßt.

728 Artikel 1090, Artikel 1096.

729 Artikel 1096 in Verbindung mit Artikel 803 forderte die Mehrheiten für die Beschlußfassung in der ordentlichen Generalversammlung. Der Entwurf 1964 erweitert demnach die Kompetenzen der außerordentlichen Generalversammlung.

oder länger vertagt werden. Ferner müssen die Beschlüsse mit einer Zweidrittelmehrheit der abgegebenen Stimmen gefaßt werden. Eine weitere Herabsetzung der Mehrheiten sieht der Entwurf vom 18. Juni 1964 nicht vor[730].

Bei der Kommanditgesellschaft auf Aktien tritt die einstimmig gefaßte Zustimmung der Komplementäre neben die Beschlüsse der Generalversammlung (Artikel 331 Ziffer 4).

Der allmähliche, durch nach und nach erfolgende Aktienkäufe eintretende Zustand, daß eine Gesellschaft Alleinaktionär einer anderen wird, kann auch nach der Reform nicht als Verschmelzung angesehen werden. Für die Aktiengesellschaft wird das durch die Artikel 6 und Artikel 196 bestätigt, wonach kein Aktionär länger als sechs Monate alle Aktien in seiner Hand vereinen darf[731]. Es erscheint gerechtfertigt, die Auflösung nicht mit dem Erwerb der letzten Aktie eintreten zu lassen, da durchaus Fälle denkbar sind, wie etwa bei einem Erbfall innerhalb eines Familienunternehmens, daß die Vereinigung aller Aktien in einer Hand ohne Zutun des Erwerbers erfolgt.

2. Der Verschmelzungsvertrag ist im Entwurf nicht näher geregelt. Bisher war die Annahme gerechtfertigt, daß er vollen Umfanges den Regeln des bürgerlichen Rechts und einigen Sonderregeln des Handelsrechts zu unterstellen sei, weil diese Regelung auch für den Gesellschaftsvertrag gilt (Artikel 18 Code de Commerce). Der Begriff des Gesellschaftsvertrages ist im Entwurf aus dem Jahre 1961 in den Artikeln 649 und 652 neu gefaßt worden:

> „Durch den Gesellschaftsvertrag kommen zwei oder mehr Personen überein, ihr Vermögen oder ihre Arbeitskraft im Hinblick auf einen unter sie zu verteilenden Gewinn zu vereinen und gegenseitig die Verluste auszugleichen (Artikel 649 Absatz 1)".
>
> Der Gesellschaftsvertrag bedarf der Schriftform; andernfalls tritt Nichtigkeit ein."
>
> Dieser Gesellschaftsvertrag (acte de société) legt die Satzung fest.
>
> Er ist, sei es allein, sei es gemeinsam mit den Urkunden und Beschlüssen, aus denen die endgültige Errichtung der Gesellschaft

[730] Der Entwurf 1961 ließ diese Punkte offen, vgl. Artikel 803.

[731] Artikel 902, 903. Der Entwurf 1964 enthält eine systematische Umgruppierung der Vorschriften, hält jedoch die 1961 vorgesehene Regelung mit geringen sprachlichen Änderungen fest.

hervorgeht, der die Gesellschaft konstituierende Akt" (Artikel 652).

Aus den 1961 veröffentlichten Motiven[732] geht hervor, daß diese Regelung sich an die geltende Fassung des Code Civil anlehnt. Die Autoren des Entwurfes halten es für richtig, das Rechtsverhältnis zwischen den Gesellschaftern den allgemeinen Vertragsregeln zu unterstellen, schränken jedoch im Hinblick auf die Kapitalgesellschaften und insbesondere die Société Anonyme den Vertragscharakter wesentlich durch den institutionellen Charakter der Kapitalgesellschaften ein[733]. Hinsichtlich des Verhältnisses der Aktionäre zueinander kann man nicht davon ausgehen, daß ein gegenseitig verpflichtender Vertrag vorliege. Auch ihr Verhältnis zur Gesellschaft trägt in erster Linie rein gesellschaftsrechtlichen Charakter. Aus diesem Grunde ist es gerechtfertigt, jedenfalls bei der Verschmelzung durch Neugründung von einer besonderen gesellschaftsrechtlichen Ausgestaltung des Verschmelzungsvertrages zu sprechen.

Demgegenüber enthält der Entwurf aus dem Jahre 1964 keine Legaldefinition des Gesellschaftsvertrages. Die Grundprinzipien der Gesellschaften des Handelsrechtes und des bürgerlichen Rechtes sollen weiterhin im Code Civil geregelt sein[734]. Artikel 18 des Code de Commerce, der für das geltende Recht auf den Code Civil zurückverweist, wird allerdings durch den Artikel 427 Absatz 2 des Entwurfes aufgehoben, so daß sich aus einer im vorgesehenen Code des Sociétés fehlenden Regelung mangels dieser Rückverweisung Zweifel bezüglich der Anwendbarkeit des Code Civil ergeben könnten. Auf der anderen Seite berücksichtigt der Entwurf aus dem Jahre 1964 in verstärktem Maße die Gesetzgebung der übrigen Mitgliedstaaten der Europäischen Wirtschaftsgemeinschaft, in dem jede französische Gesellschaft ab Inkrafttreten des Code des Sociétés vom Zeitpunkt ihrer Eintragung in das Handelsregister an die Eigenschaft einer juristischen Person erwirbt (Artikel 3). Artikel 4 paßt sich dieser Entwicklung dadurch an, daß der Registerrichter die Gründungsformalitäten beziehungsweise die Formalitäten einer Satzungsänderung prüft und Nichtigkeitsklagen wegen Formmangels nach der Eintragung im Register ausgeschlossen werden.

[732] Motive 1961 Seite 4.

[733] Motive 1961 Seite 4.

[734] Motive 1964 Seite 3.

Soweit sich diese bemerkenswerte Neuregelung auf die Verschmelzung auswirkt, wird unten unter Ziffer 7 auf vorstehende Ausführungen zurückgegriffen.

3. Die Mitwirkung der Generalversammlungen am Verschmelzungsvorgang ist auch nach der Reform unerläßlich. Gemäß Artikel 185, 187 in Verbindung mit Artikel 154 und Artikel 113 ist die außerordentliche Generalversammlung der Aktionäre allein für Satzungsänderungen zuständig und hat bei der übertagenden Gesellschaft über eine Satzungsänderung, die im Zuge der Verschmelzung insbesondere bei einer Ausweitung des Gesellschaftszweckes in Frage kommt, hierüber zu beschließen[735]. Die Mehrheitserfordernisse sind bereits oben[736] dargelegt worden. Hinsichtlich der Formalien der Einberufung wird ein späteres Dekret Einzelheiten bestimmen[737].

   Aus Artikel 120 Absatz 2 Satz 1 läßt sich auch für den Fall der Verschmelzung ein Antragsrecht einer Kapitalminderheit von mindestens 5 % entnehmen, sofern die Verschmelzung im Interesse der Gesellschaft liegt[738].

   Auf jeden Fall wird bei der übernehmenden Gesellschaft über eine Kapitalerhöhung entschieden, worüber ausschließlich die außerordentliche Generalversammlung zu beschließen und zu entscheiden hat (Artikel 187, 154, 147)[739]. Die Artikel 150, 151 sehen wiederum ein Dekret vor, das die Publizitätsvorschriften regeln soll[740].

   Aus dem Kreis der Vorschriften über die Kapitalerhöhung sind besonders die Bestimmungen der Artikel 156, 157 hervorzuheben. Sofern die außerordentliche Generalversammlung die Ausgabe von in Aktien konvertiblen Obligationen genehmigt hat, darf die Gesellschaft, die diese Obligationen ausgegeben hat, sich innerhalb des Zeitraumes zwi-

735 Artikel 798.

736 Vgl. oben Seite 179.

737 Artikel 119 Absatz 1; ebenso Artikel 803 des Entwurfes von 1961.

738 Artikel 805 Absatz 2 sah eine Kapitalminderheit von 10 % vor. Die Verringerung erfolgte, um das Interesse der Aktionäre an Angelegenheiten der Gesellschaft zu verstärken.

739 Vgl. Artikel 829 des Entwurfes 1961.

740 Gemäß Artikel 1062, 1056 mußten zur Vermeidung der Nichtigkeit die Versammlungsprotokolle innerhalb von zwei Monaten nach der Versammlung in der Geschäftsstelle des Handelsgerichtes am Ort des Sitzes niedergelegt und dem Handelsregister beigefügt werden. Der Entwurf 1964 läßt diesen Punkt offen.

schen der Ausgabe der konvertiblen Obligationen und des Ablaufes der Optionszeit weder im Wege der Vermögensübertragung noch durch Neugründung mit einer anderen Gesellschaft verschmelzen, sofern nicht die Generalversammlung der Obligationsinhaber vorher der Verschmelzung gemäß Artikel 157 Absatz 1 zugestimmt hat[741].

Ist die Zustimmung erfolgt, können die konvertiblen Obligationen in Aktien der übernehmenden oder neuen Gesellschaft umgewandelt werden, und zwar innerhalb der im Emissionsvertrag vorgesehenen Optionsfristen.

Die Umwandlungsgrundlagen werden durch eine Korrektur des Umtauschvertrages ermittelt, der auf dem Umtauschverhältnis beruht, das zwischen Aktien der übernehmenden und der übertragenden Gesellschaft festgelegt wird. Die Obligationsinhaber, die sich für die Umwandlung entschieden haben, erhalten diejenige Anzahl von Aktien der übernehmenden Gesellschaft, die der Anzahl der Aktien der übertragenden Gesellschaft entspricht, die sie auf Grund des ursprünglichen Umwandlungsverhältnisses von dieser erhalten hätten.

Die übernehmende Gesellschaft tritt hinsichtlich des Emissionsverbotes (Artikel 157 Absatz 4) an die Stelle der übertragenden Gesellschaft[742].

Nach Anhörung des Berichtes der Prüfer, die die Sacheinlage zu überprüfen haben, des Conseil d'Administration und der Bilanzprüfer über die Umwandlungsgrundlagen beschließt die außerordentliche Generalversammlung der Aktionäre der übernehmenden Gesellschaft zur selben Zeit über die Zustimmung zur Verschmelzung und den zu Gunsten der Obligationsinhaber auszusprechenden Verzicht auf das vorzugsweise Subskriptionsrecht der Aktien, die zwecks Sicherstellung der Umwandlung ausgegeben werden (Artikel 157 Absatz 3).

Abgesehen von dieser Sonderart der Obligationen ist die Mitwirkung der Inhaber von Obligationen im Fall der Verschmelzung weiterhin vorgesehen.

In Artikel 237[743] wird zunächst klargestellt, daß die Obligation eine Forderung gegen die Gesellschaft verbrieft. Artikel 238 Absatz 1[744] legt fest, daß nur in der Rechtsform der Aktiengesellschaft, das heißt der

[741] Bisher war diese Frage in gleicher Weise in den Artikeln 844, 1009 geregelt.

[742] Vgl. Artikel 843 Absatz 6 und 7.

[743] Artikel 988 des Entwurfes von 1961.

[744] Artikel 989 des Entwurfes von 1961.

société anonyme und der société en commandite par actions, bestehende Gesellschaften Obligationen ausgeben dürfen.

Darüber hinaus muß die Aktiengesellschaft seit mindestens zwei Jahren bestanden und zwei von den Aktionären ordnungsgemäß angenommene Bilanzen aufgestellt haben.

Die Obligationsinhaber sind in einer sogenannten „masse" zusammengefaßt (Artikel 246), die zu jeder Zeit zu einer Generalversammlung einberufen werden kann (Artikel 257)[745]. Vertreten wird die „masse" von bis zu drei Vertretern, die entweder die französische Staatsangehörigkeit oder die Staatsangehörigkeit eines Mitgliedstaates der Europäischen Wirtschaftsgemeinschaft besitzen müssen (Artikel 247, 248) und auf französischem Staatsgebiet ihren Wohnsitz haben müssen. Die Amtsdauer dieser Vertreter beträgt drei Jahre, Wiederwahl ist zulässig.

Artikel 267[746] weist hinsichtlich der für die Generalversammlung erforderlichen Mehrheiten auf die Artikel 113 Absatz 2 und 3, 115 Absatz 2 und 3 zurück. Wird eine außerordentliche Generalversammlung einberufen, müssen auf Grund der ersten Einberufung mindestens die Hälfte, bei der zweiten Generalversammlung mindestens ein Viertel der mit Stimmrecht ausgestatteten Obligationen vertreten sein[747]. Findet eine ordentliche Generalversammlung statt, muß mindestens ein Viertel der Obligationen mit Stimmrecht vertreten sein[748], während in der zweiten Generalversammlung keine bestimmte Mehrheit mehr gefordert wird[749].

Aufgabe der außerordentlichen Generalversammlung ist es besonders über die Verschmelzung der Gesellschaft mit einer anderen gemäß Artikel 188 Absatz 1 Satz 1 zu beraten (Artikel 266 Ziffer 3)[750]. Für die übertragende Gesellschaft bedeutet die Verschmelzung in der überwiegenden Mehrheit von Fällen, daß sie vorzeitig aufgelöst wird. Ohne daß dies vom Gesetzgeber ausdrücklich hervorgehoben wird, sind die

[745] Artikel 997, 998 a.a.O.

[746] Artikel 1007.

[747] Artikel 818 sah für die zweite Generalversammlung ein Drittel, für die dritte Generalversammlung ein Viertel der mit Stimmrecht ausgestatteten Obligationen vor. Der Entwurf aus dem Jahre 1964 läßt offen, welche Mehrheitserfordernisse für die dritte Generalversammlung aufzustellen sind.

[748] Artikel 818.

[749] Artikel 115 Absatz 2 Satz 2 des Entwurfes von 1964.

[750] Artikel 868 und Artikel 1009 Absatz 2 Ziffer 3.

Vorschriften über die vorzeitige Auflösung der Gesellschaft (Artikel 195)[751] anwendbar, was bedeutet, daß die außerordentliche Generalversammlung hierüber zu beschließen hat und gegebenenfalls die Generalversammlungen der Inhaber von Gründeranteilen[752] und Obligationen zur Beschlußfassung aufzurufen sind (Artikel 195, Artikel 277)[753].

Im Gesetzentwurf 1961 regelte Artikel 985 ausdrücklich für die Inhaber von Gewinn- und Gründeranteilen den Fall der Verschmelzung. Demgegenüber betraf Artikel 1025 die Rechtsstellung der Obligationsinhaber in Fällen der vorzeitigen Auflösung, die nicht auf einer Verschmelzung beruhten. Dieser zwischen beiden Vorschriften bestehende Widerspruch klärte sich aber nach dem Entwurf von 1961 dahin auf, daß die Artikel 900 ff. die Auflösung der Gesellschaft schlechthin betrafen, ergänzend aber, gerade auch hinsichtlich der Rechtsstellung der Inhaber von Obligationen, die Sondervorschriften der Artikel 862 ff., 1009, 1010 heranzuziehen waren, die ausdrücklich deren Rechte im Fall der Verschmelzung behandelten.

Der Gesetzentwurf von 1964 ist insofern klarer.

Artikel 274 Absatz 1[754] stellt schließlich klar, daß die übertragende Gesellschaft sich über eine fehlende Zustimmungserklärung zur Verschmelzung hinwegsetzen darf, jedoch ausschließlich, wenn sie die Obligationen von den Berechtigten, die dies beantragen, zurückkauft.

Der Beschluß des Conseil d'Administration, sich über die Weigerung hinwegzusetzen, muß innerhalb der in einem noch festzulegenden Ausführungstext bestimmten Fristen veröffentlicht werden (Artikel 274 Absatz 2). Ebenso werden die Einzelheiten über die Frist, binnen derer die Rückzahlung zu erfolgen hat, durch ein Dekret geregelt werden[755]. Darüber hinaus hat das Handelsgericht auf Antrag der über-

[751] Artikel 901.

[752] Gemäß Artikel 217 ist ab Inkrafttreten des Gesetzes über die Handelsgesellschaften die Ausgabe von Gewinn- und Gründeranteilen verboten. Bisher ausgegebene Anteile bleiben jedoch bestehen und gemäß Artikel 426 insbesondere den Vorschriften des Gesetzes vom 23. Januar 1929 unterworfen.

[753] Artikel 901 Absatz 2/985, 901 Absatz 3/1025; vgl. auch Artikel 426 des Entwurfes vom 18. Juni 1964.

[754] Artikel 1010.

[755] Artikel 1010 sah eine Frist von drei Monaten nach den in den Ausführungsbestimmungen vorgesehenen Veröffentlichungen vor.

tragenden Gesellschaft die in Artikel 266 vorgesehenen Beschlüsse zu genehmigen[756]. Dieses Antragsrecht steht auch dem Vertreter der „masse“ und unter gewissen Voraussetzungen auch jedem Obligationsinhaber zu.

Erfolgt dagegen die Auflösung nicht infolge der Verschmelzung, kann die Gesellschaft die Rückzahlung der Obligationen sogar erzwingen (Artikel 277)[757].

Im Gesetzentwurf von 1961 war für die Inhaber von Gründeranteilen nachstehende Regelung vorgesehen:

Die Inhaber von Gründeranteilen (Artikel 947 ff.), von denen verschiedene Kategorien mit ungleichen Rechten vorhanden sein können (Artikel 953), bilden ebenfalls eine sogenannte „masse“. Sie können zu jeder Zeit zu einer Generalversammlung einberufen werden (Artikel 954). Für die zur Beschlußfassung erforderlichen Mehrheiten (Artikel 964) gilt dasselbe wie für die Obligationsinhaber. Beschlüsse werden darüber hinaus mit Zweidrittelmehrheit der abgegebenen Stimmen unter Ausschluß der Enthaltungen gefaßt (Artikel 965 Absatz 1).

Artikel 985 Absatz 3 schreibt vor, daß die beabsichtigte vorzeitige Auflösung der Gesellschaft, insbesondere im Fall der Verschmelzung, der Generalversammlung zur Beschlußfassung vorzulegen ist. Stimmt die Generalversammlung zu, entfällt ein Klagerecht der Inhaber von Gründeranteilen. Lehnt die Generalversammlung die Verschmelzung ab, ist sie nicht einberufen worden oder hat sie auch anläßlich der dritten Versammlung in Ermangelung der erforderlichen Mehrheit nicht beschließen können, ist der Beschluß der Generalversammlung der Aktionäre dennoch voll wirksam. Jeder einzelne Inhaber eines Gründeranteils kann dann aber gegen die Gesellschaft eine Schadensersatzklage erheben, die innerhalb einer Ausschlußfrist von sechs Monaten nach dem Auflösungsbeschluß geltend gemacht werden muß.

Wegen der Vorschriften der bereits erwähnten Artikel 217, 426 enthält der Gesetzentwurf vom 18. Juni 1964 keine dementsprechende Regelung mehr. Vielmehr verbleibt es insoweit bei dem bisherigen Rechtszustand.

4. Hinsichtlich der Vermögensübertragung selbst sind in den Entwürfen von 1961 und 1964 keine Sonderbestimmungen getroffen worden. Die einzelnen Ausführungen zum geltenden französischen Recht behalten

[756] Artikel 1011 in Verbindung mit Artikel 1009.

[757] Ebenso der Gesetzentwurf 1961.

auch nach Inkrafttreten des neuen Gesetzes ihre Gültigkeit. Sofern ein Handelsgeschäft übertragen wird, mag in Zukunft zweifelhaft sein, ob das Gesetz vom 17. März 1909, dessen Bestimmungen von der Reform nicht berührt werden, weiterhin neben den für die Verschmelzung geltenden Vorschriften anwendbar sein kann.

Soweit Inhaber von Obligationen von der Verschmelzung betroffen werden, sind sie durch die Vorschriften des neuen Gesetzes hinreichend geschützt. Das geltende Recht sah in dem Gesetz von 1909, das auf die Verschmelzung für anwendbar erklärt wurde, in dem Widerspruchsrecht der Gläubiger deren Schutz und ließ gegebenenfalls die übernehmende Gesellschaft als Gesamtschuldnerin neben der übertragenden Gesellschaft haften.

Während der Gesetzentwurf aus dem Jahre 1961 noch den ausdrücklichen Schutz der Inhaber von Gründeranteilen vorsah, sind diese Vorschriften aus dem Entwurf von 1964 gestrichen worden. Gleichwohl sind sie nicht schutzlos, da Artikel 10 in Verbindung mit Artikel 6 des Gesetzes vom 23. Januar 1929 ihnen zwar kein Recht verbrieft, die Verschmelzung zu hindern, ihnen aber eventuelle Schadensersatzansprüche zubilligt.

Hingegen haben beide Gesetzentwürfe das Widerspruchsrecht der Obligationsinhaber übernommen.

Während Artikel 866 außerdem noch ein Widerspruchsrecht anderer Gesellschaftsgläubiger vorsah, ohne allerdings, wie nach dem Gesetz vom 17. März 1909, eine gesamtschuldnerische Haftung der Gesellschaften anzuordnen, den Gedanken des Gläubigerschutzes aber weitgehend dadurch verwirklichte, daß die Zahlung oder Stellung von Sicherheiten angeordnet werden konnte, fehlt innerhalb der Verschmelzungsvorschriften eine dementsprechende Regelung. Durch die Vorschrift des Artikels 189 Absatz 1 hat sich diese Bestimmung erübrigt, da nunmehr ein Schuldnerwechsel kraft Gesetzes eintritt und der Gläubigerschutz eine Verstärkung erfahren hat. Allerdings wäre es kein Mangel, wenn der Gesetzgeber über die Bestimmung des Artikels 189 Absatz 1 hinaus die Stellung von Sicherheiten für bestimmte Gläubigergruppen anordnen würde.

Ebenso wie nach dem geltenden Rechtszustand ist es hinsichtlich beider Gesetzentwürfe gerechtfertigt, die Vorschriften des Gesetzes von 1909 auch dann nicht anzuwenden, wenn ein Handelsgeschäft im Zuge der Verschmelzung übertragen wird.

Soweit Aktien übertragen werden, sind die Vorschriften des Artikels 218[758] zu beachten.

Inhaberaktien werden gemäß Artikel 218 Absatz 1[759] durch einfache Übergabe, Namensaktien durch Umschreibung im Register der Gesellschaft übertragen. Hat die Gesellschaft nicht öffentlich zur Subskription aufgefordert (Artikel 80 ff.), sah der Entwurf aus dem Jahre 1961 für diese Sociétés Anonymes qui ne font pas appel à l'épargne public vor, daß sie ausschließlich Namensaktien ausgeben dürften. In der Praxis ist diese Bestimmung mit der zutreffenden Begründung auf Widerspruch gestoßen, daß die Vorschrift nicht nur eine Veräußerung der Aktien, sondern auch den Aktienerwerb einer Gesellschaft von einer anderen erschwere[760].

Der Entwurf vom 18. Juni 1964 enthält keine entsprechende eindeutige Regelung. Dagegen läßt sich aus Artikel 228 Absatz 2 darauf schließen, daß das Gesetz zwingend Namensaktien vorschreiben kann. Insbesondere sind Dekrete, die auf Grund der Gesetze Nr. 28—1268 vom 17. August 1948 und des Artikels 26 des Gesetzes Nr. 49—874 vom 5. Juli 1949 ergangen sind, von den Bestimmungen des Gesetzentwurfes unberührt geblieben[761].

5. Hinsichtlich des Umtauschverhältnisses sind durch die Reform keine Veränderungen eingetreten.

6. Hinsichtlich der Veröffentlichung ist auf die oben angeführten Punkte hinzuweisen[762].

7. Wann die Verschmelzung beendet ist, geht aus beiden Gesetzentwürfen nicht hervor. Für den Gesetzentwurf 1961 galt, daß der bisherige Rechtszustand, wonach die Verschmelzung beendet war, wenn die übernehmende Gesellschaft endgültig die Kapitalerhöhung beschlossen hatte, ohne Änderung geblieben war. Artikel 157 Absatz 3 über die Kapitalerhöhung betrifft das Beschlußrecht der außerordentlichen Generalversammlung der Aktionäre der übernehmenden Gesellschaft. Die Kapitalerhöhung ist aber gleichzeitig eine Satzungsänderung, die gemäß

[758] Artikel 929, 931.

[759] Artikel 929.

[760] Bericht *Listambert*, Chambre de Commerce et d'Industrie de Paris, 10. Mai 1961, Seite 7.

[761] Motive Seite 17.

[762] Siehe Seite 169 ff.

Artikel 4 Absatz 2 in das Handelsregister einzutragen ist. Auf welche Fälle Artikel 4 des Entwurfes von 1964 anwendbar ist, wird ein späteres Dekret regeln (Artikel 4 Absatz 3). Aus diesem Grunde ist es mindestens verfrüht, davon auszugehen, daß die Verschmelzung mit der Eintragung im Handelsregister beendet sei.

Es wäre wünschenswert gewesen und würde dem im Entwurf 1964 zum Ausdruck gebrachten Prinzip der Rechtsangleichung entsprechen, wenn der Gesetzgeber den Zeitpunkt der Beendigung der Verschmelzung mit in den Gesetzestext aufgenommen hätte.

8. Beide Gesetzentwürfe enthalten keine Regelung in bezug auf die Rechtsstellung der Aktionäre und Gesellschafter der an der Verschmelzung beteiligten Gesellschaften. Soweit es den Gesetzentwurf aus dem Jahre 1961 betrifft, sind die allgemeinen Vorschriften der Artikel 649 bis 674 ergänzend für sämtliche Gesellschaften heranzuziehen. Für die Gesellschafter gelten nach Artikel 673 die Regeln über die erbrechtliche Auseinandersetzung und Haftung nach Auflösung der Gesellschaft. Diese Bestimmung könnte Anwendung finden, wenn die Verschmelzung ohne gleichzeitige Übertragung der Schulden erfolgt ist. Für das geltende Recht wird die Ansicht vertreten, daß der Liquidator die als Gegenleistung erhaltenen Aktien zum Zwecke der Gläubigerbefriedigung veräußern darf. Für die Gesellschafter der übertragenden Gesellschaft heißt das nichts anderes, als daß sie für die Gesellschaftsschulden haften.

Die oben erwähnten Vorschriften sind aus dem Gesetzentwurf 1964 gestrichen worden. Ergänzend ist also wiederum auf den Code Civil zurückzugreifen[763].

Für die Gesellschaft mit beschränkter Haftung läßt sich die Inanspruchnahme der Gesellschafter mit deren Nachschußpflicht im Fall des Vergleichs- und Konkursverfahrens (Artikel 47)[764] rechtfertigen.

Im übrigen besteht, ebenso wie im geltenden Recht, eine gewisse Unklarheit, wann die Gesellschafter der übertragenden Gesellschaft Mitglieder der übernehmenden Gesellschaft werden. Eine glatte Lösung läßt sich nur dadurch erzielen, daß zunächst die Gesellschaft die Gegenleistung erwirbt und die Gesellschafter erst nach Umtausch der Anteile beziehungsweise Aktien Mitgliedschaftsrechte an der übernehmenden Gesellschaft erwerben.

[763] Motive Seite 3.

[764] Artikel 717 Absatz 2.

Die Gläubiger der beteiligten Gesellschaften sowie Inhaber von Gründeranteilen und Obligationen werden nur kurz und nicht erschöpfend behandelt. Insbesondere fehlt die eindeutige Feststellung, daß die Aktionäre der übertragenden Gesellschaft Gesellschafter der übernehmenden Gesellschaft werden müssen, damit eine Verschmelzung vorliegt.

In organisationsrechtlicher Hinsicht bestimmt der Entwurf 1961, daß die Anzahl der Mitglieder des Conseil d'Administration anläßlich der Verschmelzung die Höchstzahl von zwölf Mitgliedern (Artikel 761 Absatz 1) bis zur Anzahl von achtzehn Mitgliedern überschreiten darf (Artikel 761 Absatz 2). Dieser regelwidrige Zustand muß aber binnen einer Frist von sechs Jahren beseitigt werden, und zwar in der Weise, daß weder eine Wahl neuer Verwalter noch die Ersatzwahl von verstorbenen oder ausscheidenden Mitgliedern des Conseil d'Administration zulässig ist, bis die Zahl von 12 Mitgliedern wieder erreicht ist. Der Entwurf vom 18. Juni 1964 beschränkt sich darauf, für den Fall der Verschmelzung eine vorübergehende Abweichung zuzulassen. Einzelheiten sollen der Regelung durch ein Dekret überlassen bleiben (Artikel 85).

Die Anzahl der Mitglieder des Verwaltungsrates im Fall einer Verschmelzung auf achtzehn zu begrenzen, ist auf Widerspruch in der Praxis gestoßen. Es wird die These vertreten, daß die Anzahl von vierundzwanzig Mitgliedern angemessen sei[765], das heißt: sind zwei Gesellschaften mit je zwölf Mitgliedern vorhanden, wird deren Anzahl addiert und allmählich auf die Höchstzahl von zwölf verringert. Andernfalls wären sechs Mitglieder zum Ausscheiden verpflichtet, was unnötige Schwierigkeiten heraufbeschwören kann.

Die im Jahre 1961 vorgesehene Lösung sollte daher wegen der überwiegend praktischen Probleme, die sie schafft, durch ein späteres Dekret nicht aufgegriffen werden.

Die Mitglieder des Conseil d'Administration müssen nach wie vor Eigentümer einer gewissen Anzahl Aktien sein, die auf den Namen lauten, unveräußerlich sind und nicht verpfändet werden dürfen. Sie werden als Sicherheit für die Geschäftsführung der Verwalter hingegeben (Artikel 91 Absatz 1 und 2)[766].

[765] *Listambert,* Chambre de Commerce et d'Industrie de Paris, Bericht vom 10. Mai 1961 Seiten 9/10.

[766] Artikel 767 Absatz 1 und 2 des Entwurfes 1961.

Neu ist, daß das Mitglied des Conseil d'Administration beziehungsweise seine Rechtsnachfolger auf Grund der bloßen Billigung der letzten, am Schluß seiner Geschäftsführung aufgestellten Jahresbilanz durch die ordentliche Generalversammlung das volle Verfügungsrecht über diese Garantieaktien zurückerlangt[767].

9. Das Institut der Stammaktien ist beibehalten worden. Sie werden gegen eine Sacheinlage oder eine Forderung gegen die Gesellschaft ausgegeben (Artikel 221)[768]. Der Gegenwert muß vor der Errichtung voll gewährt sein.

   Im Gesetzentwurf aus dem Jahre 1961 ist nachstehende Regelung enthalten:

   Artikel 937 Absatz 1 sieht für den Fall der Kapitalherabsetzung und der Verschmelzung Ausführungsbestimmungen betreffend die Regruppierung von Aktien oder ihren Umtausch vor, ohne daß die Anzahl der gewährten Wertpapiere gleich der Anzahl der alten Wertpapiere oder einer Vielzahl von ihnen gleich sein muß. Ferner sollen durch diese Ausführungsbestimmung besondere Sicherheiten für nicht an der Börse gehandelte Wertpapiere eingerichtet werden.

   Haben im Falle der Verschmelzung die Alt-Aktionäre die Aushändigung der neuen Aktien nicht gefordert, kann der Conseil d'Administration zum Verkauf der auf Grund der Regruppierung geschaffenen neuen Aktien schreiten (Artikel 937 Absatz 5). Bemerkenswert ist auch die Bestimmung des Artikels 937 Absatz 2, wonach die Aktionäre gehalten sind, die zur Regruppierung oder Umtausch erforderlichen Wertpapiere abzutreten oder zu kaufen.

   Innerhalb der Bestimmungen über die Aktien befindet sich also eine Vorschrift, die für den Rechtserwerb der Aktionäre von Bedeutung ist. Während bisher die Ansicht vertreten wurde — eine entsprechende gesetzliche Regelung war nicht vorhanden —, daß bei der Verschmelzung ein Durchgangserwerb der Gesellschaft an den von der übertragenden Gesellschaft gewährten Stammaktien stattfinde und das Eigentum nach Ablauf einer logischen Sekunde den Aktionären zufalle, scheint nach dem Entwurf alles dafür zu sprechen, daß die übertragende Gesellschaft volles Eigentum erwirbt und es einer Rechtshandlung seitens der Aktio-

[767] Der Entwurf 1964 hat in Artikel 92 die Vorschrift des Artikel 768 vollen Umfanges übernommen.

[768] Artikel 934 Absatz 1.

näre bedürfe, um Gesellschafter der übernehmenden Gesellschaft zu werden.

Auf der anderen Seite spricht nichts dafür, daß der Gesetzgeber die Wesensmerkmale der Verschmelzung, zu denen der Wechsel der Mitgliedschaftsrechte ohne besondere Rechtshandlungen der Aktionäre zählt, hat aufgeben wollen. Insbesondere geht das aus den Motiven nicht hervor. Vielmehr wird dort festgestellt[769], daß Artikel 937 nur im Rahmen des Rekursverfahrens gegen den säumigen Aktionär Anwendung finde. Demnach kann die Verschmelzung nicht zu einer Erhöhung der den Aktionären obliegenden Verpflichtung führen. Aus diesem Grunde ist es nicht gerechtfertigt, aus der Vorschrift des Artikels 937 zu entnehmen, daß der Erwerb der Mitgliedschaftsrechte an der übertragenden Gesellschaft durch die Neuregelung beeinflußt wird.

Diese eingehende Regelung ist in den Gesetzentwurf vom 18. Juni 1964 nicht aufgenommen worden (Artikel 163 bis 168 betreffend die Kapitalherabsetzung). Artikel 164 sieht für den Fall einer nicht durch Verluste bedingten Kapitalherabsetzung ein Widerspruchsrecht der Inhaber von Obligationen und der Gesellschaftsgläubiger sowie die Rückzahlung von Forderungen oder die Stellung von Sicherheiten vor.

Im Fall der Kapitalerhöhung wird das Subskriptionsrecht der Aktionäre der übernehmenden Gesellschaft durch Artikel 157 Absatz 3 ausgeschlossen. Ein gegen diese Bestimmung verstoßender Beschluß ist gemäß Artikel 158 nichtig.

Generell ist von Bedeutung, daß die Aktien nach der Auflösung der Gesellschaft bis zum Abschluß der Liquidation frei gehandelt werden können (Artikel 226). Artikel 232[770] wandelt Artikel 3 Absatz 4 bis 7 des Gesetzes vom 24. Juli 1867 geringfügig ab. Eingefügt wird die Sperrfrist von zwei Jahren auch für Aktien, die auf Grund einer Kapitalerhöhung ausgegeben werden. In Absatz 1[771], der dem Absatz 6 entspricht, wird auf Grund der Rechtsprechung die Befreiung von der Sperrfrist für Stammaktien angeordnet, die einer seit mindestens zwei Jahren in der Rechtsform der Aktiengesellschaft bestehenden übertragenden Gesellschaft als Gegenleistung für die Sacheinlage gewährt

[769] Motive Seite 19.

[770] Artikel 942.

[771] Artikel 942 Absatz 2.

werden. Von der Einfügung „sous cette forme" abgesehen, die eine Streitfrage[772] endgültig beseitigt, ist der Text unverändert geblieben.

10. Der Kreis der Gesellschaften, die sich miteinander verschmelzen können, ist im Gesetzentwurf von 1961 durch Artikel 862 Absatz 3 weit gefaßt und nur angedeutet. Der Gesetzentwurf vom 18. Juni 1964 enthält in den Vorschriften der Artikel 184 ff. über die Verschmelzung und Umwandlung keinen Hinweis auf die einzelnen Möglichkeiten. Diese gehen aber aus Artikel 331 Ziffer 1 bis 4, also einer Vorschrift, die die Liquidation von Handelsgesellschaften im allgemeinen betrifft, hervor. Die für das geltende Recht aufgezeigten Möglichkeiten[773] werden auch nach Erlaß des neuen Gesetzes fortbestehen.

Obwohl der Gesetzentwurf 1964 zu der Frage schweigt, ob eine übertragende Aktiengesellschaft die Umwandlungsbestimmungen einzuhalten hat, ist dies entsprechend der Regelung, wie sie durch Artikel 862 Absatz 3 Satz 2 vorgesehen war, zu bejahen.

Steht eine Verschmelzung einer französischen Aktiengesellschaft mit einer ausländischen Gesellschaft in Frage, ist ebenso zu verfahren wie bisher.

Hinsichtlich des Gesetzentwurfes von 1961 waren die nachstehenden Ausführungen gerechtfertigt:

Der Begriff der „französischen Aktiengesellschaft" ist durch Artikel 656 in der Weise geklärt worden, daß der Sitz der Gesellschaft (Artikel 655 Absatz 1: où se trouve la direction effective) für ihre Staatsangehörigkeit maßgebend ist. Die Hilfskonstruktion über Artikel 102 des Code Civil kann aufgegeben werden. Allerdings ist das Element der Kontrolle der Gesellschaft nicht ohne Bedeutung geblieben. Der zweite Halbsatz des Artikels 656 sieht vor, daß die französische Staatsangehörigkeit einer Gesellschaft nicht ausschließt, daß durch Sondergesetze einer unter ausländischen Kontrolle stehenden Gesellschaft bestimmte Rechte, die nicht näher beschrieben werden, entzogen werden. Die Motive zu dieser Bestimmung sind wenig aufschlußreich. Es heißt dort: „Die französische Staatsangehörigkeit der Gesellschaft ist durch den Gesellschaftssitz bestimmt worden, aber die Rechte hinsichtlich der Kontrolle der Gesellschaft sind sichergestellt worden"[774].

772 Siehe oben Seite 131.

773 Siehe oben Seite 90 ff.

774 Motive Seite 4.

Für Krisenzeiten ermöglicht diese Vorschrift dem Gesetzgeber, ihm unerwünschte Elemente auszuschalten. Im übrigen besteht die Tendenz, ausländische Kapitalbeteiligungen an französischen Gesellschaften durch Anzeige der Beteiligung oftensichtlich zu machen[775]. Immerhin hat die Vorschrift den Vorteil, Schwankungen in der Rechtsprechung zur Staatsangehörigkeit der Gesellschaft für die Zukunftt auszuschließen.

Der Entwurf von 1964 beschränkt sich darauf, in Artikel 2 darauf hinzuweisen, daß der Sitz der Gesellschaft durch die Satzung bestimmt wird. Die Tatsache, daß die juristische Person mit der Eintragung im Handelsregister entsteht (Artikel 3) und die Gründungsformalitäten der richterlichen Kontrolle, die in Artikel 4 vorgesehen ist, unterworfen werden, bestätigt gleichzeitig, daß der Sitz maßgebend für die Staatsangehörigkeit der Gesellschaft ist.

Dies geht schließlich auch aus Artikel 114 Absatz 1[776] hervor, der die Möglichkeit einer Sitzverlegung einer Aktiengesellschaft in das Ausland, wie sie durch Artikel 31 Absatz 1 des Gesetzes vom 24. Juli 1867 in der Fassung der Ordonnance Nr. 59—123 vom 7. Januar 1959 bereits vorgesehen war, übernimmt.

Diese Vorschrift ist redaktionell geändert worden. Im übrigen beschließt nicht mehr die ordentliche, sondern die außerordentliche Generalversammlung der Aktionäre über die Sitzverlegung.

Die Sitzverlegung selbst, und zwar unabhängig davon, ob sie im Inland oder in das Ausland erfolgt, ist gemäß Artikel 4 Absatz 2 im Handelsregister einzutragen. Welche Veröffentlichungen zu erfolgen haben, wird ein vom Conseil d'Etat zu fassendes Dekret bestimmen[777].

11. Die Möglichkeit einer Verschmelzung zweier Gesellschaften mit beschränkter Haftung miteinander oder mit einer Aktiengesellschaft wird in dem Gesetzentwurf nicht ausdrücklich behandelt.

Die Gesellschafterrechte können nicht durch Wertpapiere verbrieft werden (Artikel 38 Absatz 1)[778]. Die Gesellschaft mit beschränkter Haftung

[775] Der Ankauf von Wertpapieren durch einen Ausländer oder auch eine geplante Beteiligung eines Ausländers an einer französischen Gesellschaft sind vor Abschluß des Vertrages anzuzeigen und unterliegen mithin der Kontrolle der französischen Regierung. Vgl. Mitteilung in Le Monde, 6. September 1963 Seite 16 (Wirtschafts- und Finanzteil).

[776] Artikel 819 des Entwurfes 1961.

[777] Ebenso offengelassen durch Artikel 1058.

[778] Artikel 702 Absatz 1 Satz 1.

kann auch nach den Bestimmungen in der Reform unter keinen Umständen Wertpapiere ausgeben (Artikel 38 Absatz 2)[779]. Eine Abtretung der Gesellschafteranteile ist nur mit Zustimmung der Mehrheit der Gesellschafter, die mindestens ¾ des Gesellschaftskapitals vertreten, zulässig, hat durch notariellen oder privatschriftlichen Vertrag zu erfolgen und muß der Gesellschaft angezeigt oder von ihr angenommen werden (Artikel 39, 41 in Verbindung mit Artikel 17, Artikel 39 Absatz 2)[780].

Artikel 54 Absatz 1[781] sieht vor, daß die Gesellschafter nur durch einstimmigen Beschluß den Sitz der Gesellschaft in das Ausland verlegen und die Staatsangehörigkeit der Gesellschaft ändern können. Alle anderen Satzungsänderungen sind mit einer Dreiviertelmehrheit des Gesellschaftskapitals zu fassen, es sei denn, daß die Satzung eine abweichende Regelung enthält. In keinem Fall kann die Mehrheit einen Gesellschafter verpflichten, seinen Anteil zu erhöhen (Artikel 54 Absatz 2).

Der Entwurf von 1964 schweigt über die Erfordernisse einer Beschlußfassung innerhalb der Zweimann-Gesellschaft. Folglich verbleibt es bei der Regel des § 54 Absatz 2 Satz 1.

Artikel 59 Absatz 1 Satz 1[782] betrifft nur den Fall der vorzeitigen Auflösung der Gesellschaft mit beschränkter Haftung, wenn ¾ des Gesellschaftskapitals verloren sind. Für andere Fälle einer vorzeitigen Auflösung gelten die Vorschriften über Satzungsänderungen.

Schließlich behandelt Artikel 59 Absatz 1 Satz 1[783] in Verbindung mit Artikel 64 Absatz 3 die Umwandlung der Gesellschaft mit beschränkter Haftung, die erst erfolgen darf, wenn die Gesellschaft seit mindestens einem Jahr bestanden und eine von den Gesellschaftern angenommene Jahresbilanz aufgestellt hat. Erfolgt die Umwandlung in eine offene Handelsgesellschaft, bedarf der Beschluß der Einstimmigkeit. Soll die neue Rechtsform diejenige einer Kommanditgesellschaft oder Aktiengesellschaft sein, finden die in der Satzung für Satzungsänderungen gegebenen Vorschriften Anwendung. Bei der einfachen Kommanditgesellschaft und der Kommanditgesellschaft auf Aktien bedarf es zu-

779 Artikel 705 Absatz 3.

780 Artikel 706, 707 Absatz 1 und 2.

781 Artikel 724.

782 Artikel 732.

783 Artikel 733.

sätzlich der persönlichen Zustimmung der Gesellschafter, die persönlich haftende Gesellschafter werden. Im übrigen gelten hinsichtlich des Berichtes des Bilanzprüfers dieselben Vorschriften wie bei der Aktiengesellschaft.

12. Der Unterfall der Verschmelzung, die sogenannte Spaltung, hatte in den Gesetzentwurf 1961 keinen Eingang gefunden. Bereits nach dem ersten Gesetzentwurf betreffend die Handelsgesellschaften war hieraus nicht zu schließen, daß der französische Gesetzgeber die Spaltung als unzulässig ansah. Auch der erste Entwurf ließ zu, daß die Spaltung in den bisher anerkannten Formen stattfand.

Ohne daß der Gesetzentwurf vom 18. Juni 1964 eine Begriffsbestimmung der Spaltung enthielte, ergibt sich deren Zulässigkeit aus nachstehenden Vorschriften:

Artikel 188 Absatz 2 Satz 2: Sofern die Obligationen zurückgezahlt werden, haften die Gesellschaften, zu deren Gunsten die Rückzahlung erfolgt, als Gesamtschuldner.

Artikel 189 Absatz 2: Die Gesellschaften, zu deren Gunsten die Spaltung erfolgt, haften den Gesellschaftsgläubigern der gespaltenen Gesellschaft als Gesamtschuldner.

Im übrigen bleiben die Verschmelzungsvorschriften nach wie vor auf den Fall der Spaltung entsprechend anwendbar, ohne daß dies ausdrücklich geregelt ist oder geregelt zu werden braucht, da die Spaltung ein echter Unterfall der Verschmelzung ist.

13. Zusammenfassend ist zum Gesetzentwurf des Jahres 1961 folgendes festzuhalten:

Begrüßenswert ist vor allem, daß eine einheitliche und übersichtliche Regelung an die Stelle einer Vielzahl von Einzelgesetzen getreten ist. In vielen Punkten ist eine Klärung von Streitfragen erfolgt. Dennoch weist der Entwurf noch schwerwiegende Lücken auf. Vor allen Dingen fehlen Angaben zu den wesentlichen Begriffsmerkmalen der Verschmelzung, dem Zeitpunkt des Erwerbes von Mitgliedschaftsrechten bei der übernehmenden Gesellschaft und Haftungsbestimmungen bezüglich der übertragenden wie der übernehmenden Gesellschaft. Es wäre im Interesse der Rechtssicherheit zu begrüßen, wenn der Gesetzgeber diese unzweifelhaften Lücken schließen würde, sei es durch eine Verweisung auf die entsprechenden Vorschriften des Code Civil, sei es durch besondere handelsrechtliche Haftungsvorschriften.

Die Kritik läßt sich hinsichtlich des Gesetzentwurfes 1964 nicht vollen Umfangs aufrechterhalten:

Insbesondere hinsichtlich der Haftungsbestimmungen enthält der Entwurf vom 18. Juni 1964 die bedeutsame Vorschrift, daß die übernehmende Gesellschaft kraft Gesetzes für die Schulden der übertragenden Gesellschaft haftet. Abgesehen hiervon ist eine Reihe weiterer handelsrechtlicher Haftungs- und Nichtigkeitsvorschriften in den Gesetzentwurf eingeführt worden, so daß es einer Verweisung auf die Vorschriften des Code Civil weitgehend nicht mehr bedarf[784].

[784] Die einzelnen Nichtigkeits- und Haftungsvorschriften im einzelnen zu behandeln, würde zu weit führen. Immerhin sei darauf hingewiesen, daß die Eintragung im Handelsregister Nichtigkeitsklagen im Regelfall ausschließt (Artikel 315), was auch für Satzungsänderungen (Absatz 2) und mithin auch für die Verschmelzung gilt.

3. TEIL

A.

VERGLEICH DES GELTENDEN DEUTSCHEN UND FRANZÖSISCHEN RECHTES HINSICHTLICH DER VERSCHMELZUNG VON KAPITALGESELLSCHAFTEN

I. Begriff und Wesen der Verschmelzung

Im Gegensatz zum deutschen Recht sind Begriff und Wesen der Verschmelzung im französischen Recht nicht geregelt. Obwohl der Begriff des deutschen Rechtes:

> „Die Verschmelzung ist derjenige Vorgang, bei dem die Vereinigung der Vermögen zweier oder mehrerer Aktiengesellschaften im Wege der Gesamtrechtsnachfolge unter Ausschluß der Abwicklung in der Weise erfolgt, daß die Mitgliedschaften an dem Vermögen der übertragenden und durch die Übertragung von selbst erlöschenden Gesellschaft als Mitgliedschaften an dem durch die Vereinigung entstandenen Gesamtvermögen der übernehmenden oder neu zu errichtenden Gesellschaft fortbestehen"[785]

der für das französische Recht erarbeiteten Definition

> „Die Fusion ist ein gesellschaftsrechtlicher Vorgang. Zwei oder mehr Gesellschaften vereinigen ihr Vermögen, indem entweder eine bereits bestehende Gesellschaft ihr gesamtes Vermögen auf eine andere bereits bestehende Gesellschaft überträgt (Verschmelzung durch Aufnahme) oder zwei oder mehr Gesellschaften gemeinsam eine neue Gesellschaft gründen und die Gesamtheit ihres Vermögens auf diese übertragen (Verschmelzung durch Neugründung). Die übertragenden Gesellschaften gehen zwingend unter. Ihr jeweiliger Mitgliederbestand wird mit denselben Rechten in die übernehmende beziehungsweise neue Gesellschaft übernommen, da

[785] Begriffsbestimmung im Anschluß an *Würdinger*, Aktienrecht, § 42 I Seite 269.

die ihnen gewährte Gegenleistung in die Mitgliedschaft verbriefenden Papieren (Aktien beziehungsweise Anteilen) besteht"

auf den ersten Blick stark ähnelt, bestehen doch erhebliche Unterschiede.

1. Die Vermögensvereinigung

Für das deutsche Recht unterliegt es in Anbetracht des Wortlautes der Bestimmungen der §§ 233, 240 AktG keinem Zweifel, daß die Vermögensübertragung das Gesamtvermögen der übertragenden Gesellschaft erfaßt und daß der Rechtsübertragung auch die Übernahme aller Schulden mit sich bringt. Hiervon weicht die Rechtslage nach französischem Recht in mehrfacher Hinsicht ab:

Die Rechtsprechung und ein Teil der Lehre stehen auf dem Standpunkt, daß nicht das Gesamtvermögen übergehen müsse, sondern daß es reiche, wenn die zurückbehaltenen Vermögenswerte nicht mehr zur Fortsetzung des Gesellschaftszweckes genügen[786]. Die im französischen Recht bestehende Streitfrage ist aber in der Weise zu lösen, daß eine Gesamtübertragung stattfinden muß[787]. Im übrigen ist es eine reine Frage der Schuldenhaftung, die im Verschmelzungsvertrag geregelt ist, ob die übertragende Gesellschaft etwa weiter für ihre Schulden haftet.

2. Der Ausschluß der Abwicklung

Nach geltendem deutschen Recht ist der Ausschluß der Abwicklung zwingend vorgeschrieben (§ 233 AktG). Nach französischem Recht löst sich die übertragende Gesellschaft ebenfalls zwingend auf, tritt aber in Liquidation. Letzteres wirkt sich vor allem auf die Rechtsstellung der Mitglieder der übertragenden Gesellschaft und die der Gläubiger aus[788].

786 *Auger*, Revue des Sociétés 1925, 49 ff. (55); *Decugis*, Traité pratique, Randziffer 428 Seite 627; *Dalsace* bei *Dalloz*, Encyclopaedie juridique, Répertoire de Droit Commercial et des Sociétés, III. Band, Sociétés, 1958, Stichwort „Fusion", Ziffer 2, 8; *Hamel* und *Lagarde*, Band I, Randziffer 765 Seite 890; *Houpin*, Journal des Sociétés, 1933, 449 ff. (451); Tribunal de commerce de la Seine, 1. 10. 1907, Journal des Sociétés 1908, 183 ff. (183); Tribunal civil de Grenoble, 9. 6. 1928, Journal des Sociétés 1931, 228 ff. (229) mit zustimmender Anmerkung von *Houpin*.

787 Wie hier *Bastian*, Juris-Classeur Sociétés, Band VI bis, Abschnitt 164 (1) Ziffer 5, 19, 21, 30; *Copper-Royer*, de la fusion, Seite 6, 7/8; Traité des sociétés anonymes Band II Randziffer 318 Seite 387; Band III Randziffer 576 Seite 682, 685, Randziffer 577 bis Seite 692; *Moliérac*, Manuel, Band I Randziffer 591 Seite 383; Band II Randziffer 1362 Seite 350/351; *Ripert*, Traité, Randziffer 1418 Seite 668; *Vavasseur*, Revue des Sociétés 1892, 259 ff. (262); *Wahl*, *Précis*, Randziffer 1176 Seite 387, 388.

788 Vgl. unten Seite 206 f.

Während nach deutschem Recht die übertragende aufgelöste und die übernehmende Gesellschaft nach Eintragung der Verschmelzung in das Handelsregister der übertragenden Gesellschaft unter keinen Umständen nebeneinander bestehen können, ist die Existenz der übertragenden Liquidationsgesellschaft neben der übernehmenden Gesellschaft für eine beschränkte Zeit durchaus denkbar.

3. Die Gewährung mit Mitgliedschaftsrechten

Beide Rechtsordnungen sehen übereinstimmend vor, daß die Gewährung von Mitgliedschaftsrechten Wesensmerkmal der Verschmelzung ist. Allerdings unterscheidet sich die Art der Gewährung sowohl hinsichtlich der Person, die die zu gewährenden Aktien aushändigt, als auch in bezug auf den Zeitpunkt des Erwerbes. Nach deutschem Recht findet dieser Erwerb ipso iure statt[789], die Aushändigung der Aktien seitens des Treuhänders verschafft den Aktionären die zum Nachweis des Rechtserwerbs notwendige Legitimation. Nach französischem Recht werden die Aktien der übertragenden Gesellschaft gewährt, deren Liquidator besorgt die Verteilung der Aktien oder Anteilsrechte an die Mitglieder der übertragenden Gesellschaft. Wegen des Nebeneinanderbestehens zweier Gesellschaften ist es nicht möglich, einen genauen Zeitpunkt des Erwerbes der Mitgliedsrechte nach französischem Recht festzustellen. Die Aktien oder Anteile der übertragenden Gesellschaft verbriefen so lange Mitgliedschaftsrechte an dieser, bis sie erloschen ist. Im Gegensatz zum deutschen Recht erwerben die Mitglieder der übertragenden Gesellschaft eine die Mitgliedschaft verbriefende Rechtsstellung daher erst, wenn der Liquidator ihnen die Aktien aushändigt beziehungsweise die Anteile zugeteilt hat.

II. Die Verschmelzung durch Aufnahme

Ebenso wie nach deutschem Recht ist nach französischem Recht die Verschmelzung durch Aufnahme eine der Möglichkeiten einer Konzentration bestehender Unternehmen.

1. Der Verschmelzungsvertrag

Soweit die deutsche Auffassung den Verschmelzungsvertrag als gegenseitig verpflichtenden Vertrag im Sinne der §§ 320 ff. BGB ansieht, deckt sich dieser Standpunkt mit der einhellig vertretenen Auffassung in Frankreich, die den Verschmelzungsvertrag als synallagmatischen Vertrag ansieht. Für die

[789] Vgl. oben Seite 6 ff., 35.

deutsche Rechtsordnung ist diese Auffassung abzulehnen[790]. Der Unterschied erklärt sich daraus, daß auch der Gesellschaftsvertrag in Frankreich keinen vom Wesen gegenseitiger Verträge abweichenden Charakter aufweist[791]. Hingegen ist für beide Rechtsordnungen übereinstimmend festzustellen, daß durch den Vertrag allein keine Bindungswirkung für die Gesellschaften eintritt.

Eine dem § 235 Absatz 2 AktG entsprechende Vorschrift fehlt im französischen Recht. Praktisch ist eine Vereinbarung französischer Gesellschaften mit dem Inhalt, daß die Wirkungen der Verschmelzung erst nach Ablauf einer längeren Frist eintreten sollen, durchaus denkbar. Im Rahmen der Vertragsfreiheit muß es auch als zulässig angesehen werden, eine inhaltlich dem § 235 AktG entsprechende Regelung zu treffen. Für eine eventuelle Angleichung des Gesellschaftsrechtes beider Staaten kommt dieser Abweichung nur nebensächliche Bedeutung zu.

2. Die Beschlußfassung der Gesellschafter der beteiligten Gesellschaften

Die abweichende Bezeichnung der Versammlungen (Hauptversammlung/Generalversammlung) hat nur technische Bedeutung. Sowohl nach deutschem wie nach französischem Recht steht es allein der Versammlung der Mitglieder der an der Verschmelzung beteiligten Gesellschaften zu, über die Fusion zu entscheiden.

Anders als nach deutschem Recht (§§ 234 Absatz 1 Satz 2, § 238 Absatz 1 AktG) muß die Generalversammlung jeder der beteiligten Gesellschaften über die Verschmelzung, diejenige der übernehmenden Gesellschaft über die Kapitalerhöhung beschließen. Das gilt unabhängig davon, ob der Wert des übertragenen Vermögens sich nur auf 10 % des Gesamtnennbetrages der zu gewährenden Aktien beläuft oder nicht. Da im übrigen der von der übernehmenden Gesellschaft zu fassende Kapitalerhöhungsbeschluß maßgebend dafür ist, wann die Verschmelzung wirksam ist[792], kommt dem Kapitalerhöhungsbeschluß der übernehmenden Gesellschaft diejenige Bedeutung zu, die nach

790 Vgl. oben Seite 16 ff., 17, 19.

791 *Auger*, Revue des Sociétés 1925, 49 ff. (50); *Bastian*, Juris-Classeur Sociétés Band II Abschnitt 6, 10; *Decugis*, Traité, Randziffer 428 Seite 628; *Hamel* und *Lagarde*, Randziffer 766 Seite 890; *Mestdagh*, Diss. Lille 1930, Seiten 24, 62, 63, 93; Cour de Cass.; 22. 5. 1950, Gazette du Palais 1950, 2. Teil Seite 243.

792 *Hamel* und *Lagarde*, Randziffer 766 Seite 891; *Houpin* und *Bosvieux*, Band II Randziffer 960 Seite 135; *Houpin*, Journal des Sociétés 1935, 529 ff. (530); *Mestdagh*, Diss. Lille 1930, Seite 44/45; *Moliérac*, Band II Randziffer 1330 Seite 329, Randziffer 1368 Seite 354; *Ripert*, Randziffer 1419 Seite 660; oben Seite 122.

deutschem Recht bezüglich des Wirksamwerdens der Verschmelzung aus der Vorschrift des § 240 AktG zu entnehmen ist.

Abgesehen hiervon bestehen auch hinsichtlich der für die Beschlußfassung erforderlichen Mehrheiten Unterschiede. Nach der Vorschrift des § 234 Absatz 2 Satz 1 AktG muß die bei der Beschlußfassung vertretene Kapitalmehrheit mindestens drei Viertel betragen. Die durch Artikel 31 Absatz 3 bis 6 des Gesetzes vom 24. Juli 1867 in der Fassung des Gesetzes vom 25. Februar 1953 vorgesehene Kapitalmehrheit kann sich unter den dort genannten Voraussetzungen[793] bis auf ein Viertel verringern. Insoweit stellt der französische Gesetzgeber wesentlich mildere Anforderungen auf. Andererseits kann nach deutschem Recht eine Beschlußfassung seitens der übernehmenden Gesellschaft überhaupt entfallen.

In beiden Staaten hat sich die jeweils geltende Regelung in der Praxis bewährt. Ansatzpunkte für eine Angleichung könnten dadurch geschaffen werden, daß die Kapitalmehrheit in der ersten Generalversammlung auf drei Viertel erhöht und in der zweiten Versammlung – unter Wegfall der dritten – auf die Hälfte herabgesetzt wird, während für das deutsche Recht die Einführung einer zweiten Versammlung, in der mit der Hälfte des Grundkapitals eine Verschmelzung beschlossen werden kann, zu erwägen sein könnte.

Die Stimmenmehrheit beläuft sich nach französischem Recht stets auf drei Viertel. Nach dem Aktiengesetz genügt die einfache Stimmenmehrheit. Allerdings kann die Satzung sowohl die Kapitalmehrheit als auch die Stimmenmehrheit verschärfen.

Darüber hinaus finden in Frankreich immer je zwei Generalversammlungen statt. In Deutschland werden dagegen höchstens drei Hauptversammlungen abgehalten, sofern bei der übernehmenden Gesellschaft getrennt über die Kapitalerhöhung und die Verschmelzung beschlossen wird. Unterschiedliche Arten der Kapitalerhöhung (gewöhnliche und bedingte Kapitalerhöhung sowie genehmigtes Kapital, §§ 149 ff., 159 ff., 169 ff. AktG) sind im französischen Aktiengesetz von 1867 nicht vorgesehen. Mithin entfallen auch die im deutschen Recht bestehenden unterschiedlichen Auffassungen bezüglich der Zulässigkeit der einzelnen Arten der Kapitalerhöhung im Zuge einer Verschmelzung.

Zwischen der gewöhnlichen Kapitalerhöhung und der Erhöhung des Grundkapitals nach dem Gesetz von 1867 bestehen keine schwerwiegenden Unterschiede. Es besteht kein Bedürfnis, in Frankreich zusätzliche Arten der

[793] Vgl. oben Seite 120.

Kapitalerhöhung einzuführen oder in Deutschland die Arten der Kapitalerhöhung zu beschränken.

3. Sonderversammlungen der Aktionäre der übertragenden Gesellschaft

Sowohl nach deutschen als auch nach französischem Recht können Vorzugsaktien ausgegeben werden. Bei Vorliegen der Voraussetzungen des Artikels 34 Absatz 2 des Code de Commerce müssen die Aktionäre in einer Sonderversammlung über die Verschmelzung beschließen. Stimmen sie nicht zu, scheitert die Verschmelzung[794]. Derartige Sonderversammlungen sind nach deutschem Recht nicht vorgesehen. Da die betreffenden Aktionäre in der Hauptversammlung das Stimmrecht besitzen, ist dies auch nicht erforderlich. Soweit Aktionäre von Vorzugsaktien ohne Stimmrecht vorhanden sind, kann eine Sonderabstimmung gemäß § 117 AktG nur dann in Frage kommen, wenn durch die Verschmelzung der Vorzug aufgehoben oder beschränkt wird. Nur insoweit ist die Rechtsstellung der in Frage stehende Aktionärsgruppen gleichwertig.

4. Sonderbestimmungen für Inhaber von Gewinn- und Gründeranteilen und Obligationen

Für die Gläubigergruppen der Inhaber von Gewinn- und Gründeranteilen sowie von Obligationen weist das französische Recht eine gesonderte Beschlußfassung (Gesetze vom 23. Januar 1929 und vom 30. Oktober 1935) und einen besonders stark ausgeprägten Schutz des betreffenden Personenkreises auf[795]. Diesen Wertpapieren entsprechen, soweit es sich um das Verbriefen einer Gläubigerstellung handelt, die Obligationen, Wandelschuldverschreibungen, Gewinnschuldverschreibungen und Genußscheine. Entsprechende Vorschriften fehlen im deutschen Recht. Sie wären wegen der Vorschrift des § 240 Absatz 3 AktG auch vollkommen überflüssig, weil die Übernahme dieser besonderen Verbindlichkeiten durch die übernehmende Gesellschaft gewährleistet ist. Darüber hinaus können sie — bei Schädigung anläßlich der Verschmelzung — auf Grund der Vorschriften der §§ 243, 244 AktG Ansprüche gegen die Organe der übertragenden Gesellschaft geltend machen.

Im Ergebnis bieten — trotz verschiedenartiger Konstruktion — beide Rechtssysteme diesen Sondergläubigern einen gleichwertigen Schutz. Insoweit wäre eine Angleichung der Rechtssysteme beider Länder nicht erforderlich.

[794] Vgl. oben Seite 123.

[795] Vgl. oben Seite 123 ff.

5. Die Arten der zu gewährenden Aktien

Nach deutschem Recht ist anerkannt, daß die übernehmende Gesellschaft alle möglichen Arten von Aktien, auch Vorzugsaktien ohne Stimmrecht und eigene Aktien gewähren kann[796]. Die Möglichkeit der Gewährung eigener Aktien entfällt für das französische Recht, da eine Gesellschaft nach der dort vertretenen strengen Auffassung des Gesellschaftsbegriffs nicht ihr eigener Aktionär sein darf. Darüber hinaus kann nur eine Art von Aktien, die action d'apport (Stammaktie) gewährt werden. Diese Aktie, die bei einer erfolgten Sacheinlage zwingend allein gewährt werden kann[797], unterliegt der Sonderregelung des Artikels 3 des Gesetzes vom 24. Juli 1867 in der Fassung des Gesetzes vom 16. November 1903 und des Dekretes Nr. 54—1226 vom 7. Dezember 1954. Eine ähnliche Vorschrift ist dem deutschen Aktienrecht unbekannt.

Ebenso gilt die Zweijahresfrist des Artikels 3 nicht für die übertragende Gesellschaft, sondern löst gemäß § 236 AktG die Anwendung der Nachgründungsvorschriften bezüglich der übernehmenden Gesellschaft aus. Der Gesetzeszweck ist wesensverschieden: Der französische Gesetzgeber will zwar nicht verhindern, daß eine Gesellschaft vor Ablauf von zwei Jahren ihr Vermögen überträgt. Er will aber während dieses Zeitraumes, der als eine Art Feuerprobe für eine Gesellschaft aufgefaßt wird, die gesellschaftsrechtliche Bindung der Gründer und Erstaktionäre aufrechterhalten. Demgegenüber will der deutsche Gesetzgeber eine Umgehung der Gründungsvorschriften verhindern[798].

Eine Angleichung der genannten Vorschriften erscheint ausgeschlossen. Beide Bestimmungen, die im Rechtsdenken des jeweiligen Staates fest verankert sind, haben sich in der Praxis bewährt.

6. Die Bestellung des Treuhänders und seine Funktionen

Nach deutschem Recht bedeutet die Verschmelzung zwingend, daß die Vermögensübertragung unter Ausschluß der Abwicklung erfolgt. Die französische Rechtslehre und Praxis fordert zwar ebenso zwingend die Auflösung der übertragenden Gesellschaft, aber die übertragende Gesellschaft tritt in das Liquidationsstadium ein. Nach deutschem Recht ist wegen des Unterganges der übertragenden Gesellschaft mit ihren Organen eine Person

796 Vgl. oben Seite 25 ff.

797 Vgl. oben Seite 129.

798 Vgl. oben Seite 14, 47.

erforderlich, deren Rechtsposition von der Verschmelzung nicht berührt wird. In Frankreich bleibt die übertragende Gesellschaft noch eine gewisse Zeit neben der übernehmenden Gesellschaft bestehen. Die dem Treuhänder obliegenden Aufgaben übt dort der Liquidator aus.

Ansatzpunkt für eine Angleichung würden sich nur bei einer grundlegenden Änderung der Rechtsauffassung über die Wesensmerkmale einer Verschmelzung ergeben. Allerdings würde das französische Recht nicht der Einrichtung eines besonderen gesetzlichen Vertreters zum Zwecke der Empfangnahme und Verteilung der Aktien an die Aktionäre der übertragenden Gesellschaft entgegenstehen. Im Interesse des Schutzes der Aktionäre vor einer zweckentfremdeten Verwendung der Aktien durch den Liquidator wäre eine Gesetzesänderung, durch die ein Treuhänder neben den Liquidator treten würde, sogar zu begrüßen.

7. Der Vermögensübergang beziehungsweise die Wirkung der Eintragung der Verschmelzung

Für das deutsche Recht steht fest, daß sich der Vermögensübergang mit der Eintragung der Verschmelzung in das Handelsregister der übertragenden Gesellschaft im Wege der Gesamtrechtsnachfolge vollzieht (§ 240 Absatz 3 Satz 1 AktG). Hiermit wird auch nach außen hin erkennbar, daß die übernehmende Gesellschaft in alle Rechte und Pflichten der übertragenden Gesellschaft eingetreten ist. Das französische Recht stimmt hiermit insoweit überein, als gleichfalls das gesamte Vermögen Gegenstand der Übertragung bildet[799]. Hier ist ebenfalls die Gesamtrechtsnachfolge zu bejahen[800]. Im

[799] *Bastian*, Juris-Classeur Sociétés, Band VI bis Abschnitt 164 (1) Ziffer 1, 3, 5, 19, 21, 30; *Copper-Royer*, de la fusion, Seite 6, 7/8; Traité des Sociétés anonymes, Band II Randziffer 318 Seite 387; Band II Randziffer 576 Seite 682, 685; Randziffer 577 bis Seite 692; *Hamel* und *Lagarde*, Randziffer 767 Seite 894; ähnlich *Houpin*, Journal des Sociétés 1933, 449 ff. (450); *Moliérac*, Band I Randziffer 591 Seite 383; Band II Randziffer 1362 Seite 350/351; *Ripert*, Randziffer 1418 Seite 668; *Vavasseur*, Revue des Sociétés 1892, Seite 259 ff. (262); *Wahl*, Précis, Randziffer 1176 Seite 387, 388; Trib. Com. de la Seine, 3. 8. 1911, Journal des Sociétés 1912, 84 ff. (84, 86); Cour de Paris, Journal des Sociétés 1885, 719 ff. (719, 720), streitig;
a. A.: *Auger*, Revue des Sociétés 1925, 49 ff. (55); *Dalsace* bei *Dalloz*, Encyclopaedie juridique, Répertoire de Droit Commercial et des Sociétés, Band III, Sociétés, Stichwort „Fusion" Ziffer 3; *Decugis*, Traité, Randziffer 767 Seite 890; *Houpin*, Journal des Sociétés 1933, 449 ff. (451); Trib. civ. de Grenoble, 9. 6. 1928, Journal des Sociétés, 1931, 228 ff. mit zust. Anm. von *Houpin*; *Houpin* und *Bosvieux*, Band II Randziffer 946 Seite 116; *Mestdagh*, Diss. Lille 1930 Seite 79/80; vgl. auch oben Seiten 89/90.

[800] Streitig. Wie hier: *Bastian*, Juris-Classeur Sociétés, Band VI bis Abschnitt 164 (1)

Gegensatz zum deutschen Recht ist aber der Rechtsübergang im Innen- und Außenverhältnis zu unterscheiden[801]. Nach außen bedarf es unter Umständen einzelner Übertragungsakte, während beispielsweise bei Grundstücken nach deutschem Recht nur eine berichtigende Eintragung erfolgt.

Darüber hinaus vollzieht sich nach deutschem Recht der Erwerb der Mitgliedschaftsrechte der Aktionäre der übertragenden Gesellschaft ipso iure mit der Eintragung der Verschmelzung. Nach französischem Recht liegt dieser Erwerb erst vor, wenn die Aktien tatsächlich ausgehändigt worden sind.

Gleichwertig ist wiederum der Übergang von Schuldverhältnissen. Die Verschmelzung ist für beide Rechtskreise kein Grund zur Kündigung von Schuldverhältnissen, auch nicht von Dauerschuldverhältnissen. Die in § 240 Absatz 3 Satz 2 AktG getroffene Billigkeitsregelung fehlt im französischen Aktienrecht. Eine ähnliche Vorschrift geht auch nicht aus den erbrechtlichen Bestimmungen des Code Civil, die ergänzend heranzuziehen sind[802], hervor. Aus diesem Grunde sind nach französischem Recht die Verträge selbst dann auszuführen, wenn dies für die übernehmende Gesellschaft eine grobe Unbilligkeit darstellt.

8. Gläubigerschutzvorschriften und Schadensersatzansprüche gegen die Verwaltungsträger der an der Verschmelzung beteiligten Gesellschaften

a) Gläubigerschutzvorschriften

Nach deutschem Recht werden die Gläubiger der übertragenden Gesellschaft gemäß § 241 Absatz 1 AktG dadurch geschützt, daß ihnen seitens der übernehmenden Gesellschaft auf Verlangen Sicherheit geleistet werden muß[803]. Eine ähnliche Regelung besteht gemäß Artikel 3 und 7 des Gesetzes vom 17. März 1909 betreffend die Veräußerung und Verpfändung von Handelsunternehmen in der Fassung der Ergänzungsgesetze vom 31. Juli 1913,

Randziffer 19; *Copper-Royer*, de la fusion, Seite 6, 105; ders., Traité des Sociétés anonymes, Band II Randziffer 318 Seite 387; Band III Randziffer 576 Seite 685; Randziffer 577 bis Seite 692; *Houpin*, Journal des Sociétés 1935, 529 ff. (530, 533); *Houpin* und *Bosvieux*, Band II Randziffer 946 Seite 116; Randziffer 952 Seite 127; *Moliérac*, Band II Randziffer 1367 Seite 354; *Ripert*, Randziffer 1423 Seite 670; *Vavasseur*, Revue des Sociétés 1892, 259 ff. (262); *Wahl, Précis*, Randziffer 1176 Seite 388.

[801] Vgl. oben Seite 135/136.

[802] Vgl. oben Seite 134 ff.

[803] Vgl. oben Seite 35 ff.

11. März 1949 und 26. Juli 1955, wonach zugunsten der Gläubiger des Veräußerers nach Erfüllung der dort genannten Formalien die Hinterlegung eines zu ihrer Befriedigung ausreichenden Geldbetrages angeordnet werden kann[804]. Nach der hier vertretenen Auffassung kommt das Gesetz vom 17. März 1909 im Falle einer Fusion nicht zur Anwendung[805]. Statt dessen können sie in entsprechender Anwendung der Vorschriften der Artikel 1188, 1184 Code Civil die vorzeitige Rückzahlung ihrer Forderung verlangen[806]. Bestimmten Gläubigern der übertragenden Gesellschaft steht dieser Anspruch kraft der Ergänzungsgesetze zum Aktienrecht von 1867 ausdrücklich zu[807].

Darüber hinaus kann zu ihren Gunsten in Anwendung der erbrechtlichen Haftungsvorschriften eine Trennung der Vermögensmassen erfolgen[808]. Nach dem geltenden Aktiengesetz von 1937 tritt keine getrennte Verwaltung der Vermögensmassen ein.

Die Anwendung konkursrechtlicher Bestimmungen zugunsten der Gläubiger der übertragenden Gesellschaft ist nach französischem Recht möglich[809]. Im deutschen Recht braucht auf diese Vorschriften nicht zurückgegriffen zu werden, weil infolge der Haftung der übernehmenden Gesellschaft eine derartige Bestimmung überflüssig wäre.

Dinglich gesicherte Gläubiger können weder nach deutschem noch nach französischem Recht Sicherheitsleistung verlangen.

Eine Annäherung der Aktiengesetze könnte dadurch bewerkstelligt werden, daß der französische Gesetzgeber eine dem § 241 AktG entsprechende Regelung einführen würde. Rechtliche Probleme ergeben sich nicht, da das Rechtsinstitut der Sicherheitsleistung sowohl im Code Civil als auch in Nebengesetzen geregelt ist.

b) Haftung der Verwaltungsträger der übertragenden Gesellschaft

Die aktienrechtliche Haftung der Organe einer deutschen übertragenden Aktiengesellschaft geht aus §§ 243, 244 AktG hervor. Da sie ihre Organ-

[804] Vgl. oben Seite 135 f.

[805] Vgl oben Seite 137.

[806] Vgl. oben Seite 156 f.

[807] Artikel 10 des Gesetzes vom 23. Januar 1929 betr. die Inhaber von Gewinn- und Gründeranteilen, Artikel 20 des Gesetzes vom 30. Oktober 1935 betreffend die Zeichner von Obligationen. Vgl. oben Seite35 ff.

[808] Vgl. oben Seite 135 f. mit Nachweisen.

[809] Vgl. oben Seite 152 ff.

stellung mit Wirksamwerden der Verschmelzung verlieren, gilt die übertragende Gesellschaft hinsichtlich des Geltendmachens von Schadensersatzansprüchen, die durch die Verschmelzung entstanden sind, als fortbestehend. Die Fiktion des Fortbestandes erübrigt sich für das französische Aktienrecht, weil die übertragende Gesellschaft eine gewisse Zeit neben der übernehmenden Gesellschaft fortbesteht.

Eine besonders auf den Fall der Verschmelzung zugeschnittene Haftung der Verwaltungsträger der Organe der französischen Aktiengesellschaft gibt es nicht. Vielmehr kommen die allgemeinen Haftungsvorschriften der Artikel 41 ff., 44 des Gesetzes von 1867 und ergänzend die Haftungsvorschriften des Code Civil zur Anwendung. Im Interesse der Rechtssicherheit wäre hier eine besondere gesellschaftsrechtliche Haftungsregelung zu begrüßen.

Hinsichtlich des Umfanges der Haftung bestehen andererseits keine schwerwiegenden Unterschiede: die deutschen Organe haften – mit der Möglichkeit des Entlastungsbeweises – auch für leichte Fahrlässigkeit (§ 243 AktG). Artikel 44 des Gesetzes von 1867 läßt die Organe nach allgemeinen Rechtsregeln, also den Vorschriften des Code Civil, gegenüber der Gesellschaft und Dritten haften. Nicht genannt sind die Aktionäre. Ihnen steht jedoch ein Klagerecht zu, das seinen Ursprung in bürgerlich-rechtlichen Regeln, vor allem dem Auftragsrecht, hat. In Betracht kommt die Anwendung der Artikel 1991 ff. Code Civil und der Deliktsvorschriften (Artikel 1382 ff. Code Civil).

Hingegen fehlt der besondere Vertreter, durch den die Schadensersatzansprüche zu erheben sind. Dieser wird nur bei bestimmten Gläubigergruppen (Inhaber von Gewinn- und Gründeranteilen und Obligationen) zur Geltendmachung der Ansprüche eingeschaltet. Es wäre kein Fehler, im Interesse einer einheitlichen Durchführung der Ansprüche auch für die Erhebung von Ansprüchen seitens der Aktionäre der übertragenden Gesellschaft einen besonderen Vertreter einzuführen. Die Individualrechte der Aktionäre bleiben hinreichend gewahrt, da sie ihre Ansprüche bei dem Vertreter anmelden und diesem die notwendigen Instruktionen erteilen können.

c) *Haftung der Verwaltungsträger der übernehmenden Gesellschaft*

Gemäß § 245 AktG bestimmt sich die Haftung der Verwaltungsträger der übernehmenden Gesellschaft nach §§ 84, 99 AktG und den Bestimmungen des bürgerlichen Rechts. Das französische Recht kennt auch insoweit keine auf den Fall der Verschmelzung zugeschnittene Haftungsbestimmung. Die oben unter b) genannten Vorschriften gelten auch hier.

9. Nichtigkeit der Verschmelzung

§ 246 AktG regelt die Anfechtung des Verschmelzungsbeschlusses der übertragenden Gesellschaft. Darüber hinaus ist der Verschmelzungsbeschluß nichtig, wenn die Voraussetzungen der §§ 195 ff. AktG vorliegen. Nach der hier vertretenen Auffassung entfällt dagegen eine Anfechtung des Verschmelzungsvertrages. Dieser hat körperschaftsrechtlichen Charakter und bürgerlich-rechtliche Anfechtungsmöglichkeiten versagen[810].

Anders ist die Rechtslage nach französischem Recht zu beurteilen: der Verschmelzungsvertrag ist ein gegenseitig verpflichtender Vertrag mit gewissen körperschaftsrechtlichen Elementen, die aber den Vertragscharakter nicht beeinflussen[811]. Hieraus folgt zwingend die Anwendbarkeit der Regeln über das Zustandekommen von Verträgen und über die Anfechtungsgründe des Code Civil[812].

Die sogenannte „inexistance", das heißt Nichtigkeit der Verschmelzung, wenn Einlage und Schulden der übertragenden Gesellschaft gleich hoch sind, fehlt im deutschen Recht. Sittenwidrigkeit und ein Verstoß gegen den ordre public läßt die Verschmelzung nach beiden Rechtsordnungen hinfällig werden, weil diese Nichtigkeitsgründe auch bei Verschmelzungsbeschlüssen nach deutschem Recht durchgreifen.

Da darüber hinaus Geschäftsunfähigkeit, Irrtum, Drohung und Betrug bei einer Verschmelzung französischer Aktiengesellschaften kaum praktisch werden können[813], sind die Nichtigkeitsgründe als gleichwertig anzusehen.

10. Die Schlußbilanz

Eine den §§ 242, 239 Absatz 3 AktG entsprechende Regelung fehlt im französischen Recht. Interne Bilanzen zur Ermittlung des Umtauschverhältnisses werden im allgemeinen aufgestellt werden. Hier besteht im Verhältnis der Verschmelzungsvorschriften zueinander eine echte Lücke, die durch Einfügung einer Verschmelzungsbilanz nach französischen Bilanzregeln geschlossen werden kann.

11. Publizitätsvorschriften

Beide Länder kennen die Einrichtung des Handelsregisters. Nach den Bestimmungen des Aktiengesetzes sind anzumelden und einzutragen: die Ver-

810 Vgl. oben Seite 42 ff.

811 Vgl. oben Seite 114/115.

812 Vgl. oben Seite 114/115, 162 ff.

813 Vgl. oben Seite 163/164.

schmelzung (§ 239 AktG) und die Kapitalerhöhung (§§ 237, 240 Absatz 1 AktG). Mit der Eintragung der Verschmelzung in das Handelsregister der übertragenden Gesellschaft ist die Verschmelzung wirksam geworden. In Frankreich hat die übertragende Gesellschaft alle bei der Auflösung einer Gesellschaft erforderlichen Formalitäten zu erfüllen: Generalversammlungsbeschlüsse und etwaige Sonderbeschlüsse sind beim Handelsgericht zu hinterlegen (Artikel 59 in Verbindung mit Artikeln 55, 57 des Gesetzes vom 24. Juli 1867 in der Fassung des Dekret-Gesetzes vom 30. Oktober 1935). Zum Handelsregister (das heißt zum Lokal- und Zentralregister) ist die vorzeitige Auflösung der Gesellschaft anzumelden, die binnen zwei Monaten nach Abschluß der Liquidation einzutragen ist (Artikel 7 und 11 des Dekretes vom 27. Dezember 1958). Mit dieser Eintragung ist die übertragende Gesellschaft erloschen. Die übernehmende Gesellschaft hat den Kapitalerhöhungsbeschluß zu hinterlegen und anzumelden. Die Verschmelzung wird wirksam, wenn die Kapitalerhöhung endgültig beschlossen wird. Die Erhöhung ihres Grundkapitals ist auch im Handelsregister einzutragen.

Hieraus folgt: Inhaltlich stimmen die Eintragungen weitgehend überein. Die Rechtswirkung dieser Eintragungen weicht jedoch voneinander ab. Diese Abweichung erklärt sich daraus, daß die übertragende und übernehmende Gesellschaft noch eine gewisse Zeit nebeneinander bestehen. Die französische Lösung hat den Nachteil, daß sich der Eintritt der Wirksamkeit der Verschmelzung nicht nach einer Eintragung im Handelsregister richtet. Die deutsche Regelung ist insoweit vorzuziehen.

12. Auswirkung der Verschmelzung auf die Rechtsstellung der Organe der übertragenden Gesellschaft

Rechtliche Probleme bezüglich der Rechtsstellung der Organe der übertragenden Gesellschaft können sich im deutschen Recht nicht ergeben. Ihre Organstellung endet mit dem Untergang der übertragenden Gesellschaft (§ 240 Absatz 3 AktG). Somit kommt es auf ein Überschreiten der für den Vorstand und Aufsichtsrat vorgesehenen Höchstzahlen (§ 70 Absatz 2 AktG: Vorstand unbeschränkt, § 86 AktG: Aufsichtsrat mindestens drei, höchstens fünfzehn Mitglieder) nicht an.

Nach französischer Rechtsauffassung wird das Amt der Mitglieder des Conseil d'Administration mit der Verschmelzung nicht beendet. Sie sind vielmehr mit ihrem bisherigen Amt von der übernehmenden Gesellschaft zu übernehmen[814]. Die durch das Gesetz vom 16. November 1940 vorgesehene

[814] Vgl. oben Seite 145 ff.

Höchstzahl von zwölf Mitgliedern kann nach den Vorschriften des Gesetzes Nr. 54–1165 vom 22. November 1954 bis zu einer Gesamtzahl von vierundzwanzig Mitgliedern überschritten werden.

Diese Abweichung beider Rechte kann beibehalten werden, solange nach französischer Auffassung die übertragende Gesellschaft in Liquidation tritt. Aber auch wenn im Zuge einer Aktienrechtsreform der Eintritt der Wirksamkeit der Verschmelzung an ihre Eintragung im Handelsregister geknüpft würde, kann eine abweichende Regelung in beiden Ländern bedenkenlos hingenommen werden: für Gläubiger steht fest, daß sie die übernehmende Gesellschaft in Anspruch nehmen können. Ob die personelle Zusammensetzung ihrer Organe eine Veränderung erfahren hat oder nicht, kann gleichgültig bleiben.

III. Die Verschmelzung durch Neubildung

Nach der Vorschrift des § 247 AktG folgt die Verschmelzung durch Neubildung weitgehend den Regeln der Verschmelzung durch Aufnahme. Ebenso wie diese im geltenden französischen Aktienrecht weitgehend ohne gesetzliche Regelung geblieben ist, wird dort auch die Verschmelzung durch Neubildung zwar als zulässig angesehen (Artikel 3 Absatz 6 des Gesetzes vom 24. Juli 1867 in der Fassung des Dekretes Nr. 54–1226 vom 7. Dezember 1954 in Verbindung mit Artikel 24 des Gesetzes vom 24. Juli 1867), ist aber nicht näher geregelt.

Der Gang des Verschmelzungsverfahrens ähnelt weitgehend demjenigen bei der Verschmelzung durch Aufnahme. Verschmelzungsvertrag und Beschlußfassung sind bei den übertragenden Gesellschaften erforderlich. Hierauf folgen die Gründungsformalitäten und die konstituierenden Generalversammlungen der neuen Gesellschaft[815].

Die Gegenüberstellung der deutschen und französischen Gründungsvorschriften ergibt folgende Abweichungen[816]:

[815] Vgl. oben Seite 47 ff., 117, 125, 147.

[816] Gegenüberstellung nach *Lacan*, Revue des Sociétés 1960 Seite 377 ff.

	Deutschland	Frankreich
Anzahl der Gründer	fünf (§ 2 AktG)	sieben
Mindestkapital	100 000 DM (§ 7 AktG)	keine Vorschrift
Zeichnung	insgesamt (§ 22 AktG)	insgesamt
Mindesteinzahlung	25 % (§ 28 Abs. 2 AktG)	25 %, Einforderung der letzten 75 % innerhalb von fünf Jahren
Gründungsvorgang:		
	a) *einfache Gründung*	
1. Bareinlagen	1. Satzung in notarieller Form (§ 16 AktG) 2. Zeichnung aller Aktien (§ 22 AktG) 3. Bestellung des ersten Aufsichtsrates und Vorstandes (§ 23 AktG)	1. Satzungsentwurf, von Gründern bestätigt, vor Zeichnungsaufforderung bei der Urkundsstelle des Handelsgerichtes am (zukünftigen) Gesellschaftssitz hinterlegt; Mitteilung an jeden Antragsteller 2. Veröffentlichung im BALO, falls öffentliche Zeichnungsaufforderung
	4. Gründungsbericht, § 24 AktG	3. Zeichnung des Zeichnungsscheines
	b) *Stufengründung* (§ 30 AktG) Zeichnung der nicht übernommenen Aktien	4. Hinterlegung der eingegangenen Gelder bei der Hinterlegungskasse oder bei einem Notar
	Einberufung der ersten Hauptversammlung	5. Notarielle Erklärung über Zeichnung und Zahlung
	Bestellung des Aufsichtsrates Einberufung der zweiten Hauptversammlung durch das Gericht	6. Zusammentreten einer einzigen Versammlung zwecks Prüfung der notariellen Erklärung, Ernennung des ersten Conseil d'Administration und der Bilanzprüfer

	Deutschland	Frankreich
Sacheinlagen, Sondervorteile	in Satzung festzustellen Berichterstattung der Gründer über den Wert (§§ 19, 20, 24 Abs. 3); Gründungsprüfung (§§ 25, 26 AktG)	a) eine erste Versammlung ernennt einen Prüfer zur Feststellung des Wertes; b) eine zweite Versammlung billigt oder widerspricht nach Berichterstattung des Prüfers, Ernennung des ersten Conseil d'Administration, der Bilanzprüfer
Veröffentlichung, Kontrolle	Gerichtliche Kontrolle vor Eintragung in das Handelsregister Veröffentlichung im Bundesanzeiger und einem anderen, zur Aufnahme derartiger Anzeigen geeigneten Blatt	Hinterlegung in der Urkundsstelle des Handelsgerichtes Veröffentlichung in einem zur Aufnahme derartiger Anzeigen geeigneten Blatt Eintragung im Register
Entstehen der juristischen Person	mit Eintragung im Handelsregister	durch Annahme ihres Amtes seitens der Mitglieder des Conseil d'Administration u. der Prüfer

Abgesehen hiervon muß gemäß § 247 Absatz 2 AktG jede der übertragenden Gesellschaften seit mindestens zwei Jahren bestanden haben. Für das französische Aktienrecht hat diese Frist nur bezüglich der auszuhändigenden Stammaktien Bedeutung. Im übrigen ist die Verschmelzung auch dann möglich, wenn alle übertragenden Gesellschaften weniger als zwei Jahre bestanden haben.

Die deutsche Regelung ist hinsichtlich des Entstehens der Aktiengesellschaft deutlicher. Da nach beiden Rechten die Eintragung der Gesellschaft im Handelsregister zu erfolgen hat, wäre eine Verlegung des Entstehungszeitpunktes auf die Eintragung im Handelsregister im Interesse der Rechtsbeziehungen von Ausländern zu einer französischen Aktiengesellschaft zu begrüßen. Die Annahme des Amtes durch den Conseil d'Administration läßt sich durch einen Außenstehenden nur schwer feststellen.

Im übrigen kann hinsichtlich bestehender Unterschiede auf die Ausführungen unter II verwiesen werden.

IV. Kreis der Gesellschaften, deren Verschmelzung untereinander möglich ist

1. Verschmelzung von Aktiengesellschaft und Kommanditgesellschaft auf Aktien

Übereinstimmung besteht für die Verschmelzung von Aktiengesellschaften durch Aufnahme und Neubildung, die Verschmelzung von Kommanditgesellschaft auf Aktien in beiden Formen und die Verschmelzung von Aktiengesellschaft und Kommanditgesellschaft auf Aktien. Im französischen Aktienrecht sind diese Möglichkeiten nicht ausdrücklich genannt. Es ist aber unstreitig, daß derartige Verschmelzungsfälle zulässig sind.

2. Verschmelzung unter Beteiligung einer Gesellschaft mit beschränkter Haftung

Im Gegensatz zum deutschen Recht ist eine Verschmelzung zweier oder mehrerer Gesellschaften mit beschränkter Haftung durch Aufnahme und Neubildung möglich und zulässig[817].

Die Möglichkeit der Übertragung des Vermögens einer Gesellschaft mit beschränkter Haftung auf eine Aktiengesellschaft oder Kommanditgesellschaft ist sowohl in Deutschland als auch in Frankreich möglich[818].

Im Gegensatz zu der von französischen Autoren ohne nähere Begründung vertretenen Ansicht, daß eine Gesellschaft mit beschränkter Haftung auch das Vermögen einer Aktiengesellschaft oder Kommanditgesellschaft auf Aktien übernehmen könne[819], wird hier die Auffassung vertreten, daß eine derartige Fusion aus Rechtsgründen nicht möglich ist[820]. Daher besteht keine Abweichung zum deutschen Recht.

3. Verschmelzung unter Beteiligung einer bergrechtlichen Gewerkschaft

Die bergrechtliche Gewerkschaft als Gesellschaftsform besteht in Frankreich nicht. Bergwerke sind entweder in der Rechtsform der Aktiengesellschaft oder Gesellschaft mit beschränkter Haftung organisiert.

817 Vgl. oben Seite 92.

818 Vgl. oben Seite 52, 93 f.

819 Vgl. oben Seite 93.

820 Vgl. oben Seite 94.

4. Sonstige Verschmelzungsfälle

Die unter 1. bis 3. aufgezählten Verschmelzungsmöglichkeiten enthalten sämtliche für das deutsche Recht denkbaren Verschmelzungsfälle. In Frankreich sind — jedenfalls theoretisch — weitere Möglichkeiten denkbar, nämlich:

a) Eine Aktiengesellschaft (Kommanditgesellschaft auf Aktien) überträgt ihr Vermögen auf eine Personengesellschaft, das heißt eine offene Handelsgesellschaft (Artikel 19 ff. Code de Commerce), eine Kommanditgesellschaft (Artikel 23 ff. Code de Commerce) oder eine Gesellschaft bürgerlichen Rechts (Artikel 1832 Code Civil)[821].

   Aus dem Schweigen des Gesetzgebers wird gefolgert, daß eine derartige Verschmelzung erlaubt sein soll. Sie könne aber nur erfolgen, wenn die Aktionäre einstimmig die Übertragung beschließen, weil ihre Rechtsstellung verschlechtert wird.

b) Eine Personengesellschaft überträgt ihr Vermögen auf eine Aktiengesellschaft[822].

   Hier wird gefolgert, daß einer Umwandlung nichts entgegenstehe. Daher müsse auch eine Verschmelzung für zulässig gehalten werden.

Soweit ersichtlich, sind derartige Fälle noch nicht entschieden worden. Ob eine Vereinigung der genannten Gesellschaften rechtlich die Kriterien einer Verschmelzung erfüllt, kann dahingestellt bleiben. Eine ähnliche Regelung enthalten die Vorschriften des Gesetzes über die Umwandlung von Kapitalgesellschaften und bergrechtlichen Gewerkschaften vom 12. November 1956[823]. Insoweit besteht eine gewisse Annäherung der Gesetze beider Länder. Inwieweit wiederum hinsichtlich der Umwandlungsbestimmungen Abweichungen bestehen, muß unerörtert bleiben.

V. Die Spaltung

Die Übertragung des Vermögens einer Kapitalgesellschaft uno actu auf mehrere andere bestehende Aktiengesellschaften wird in Frankreich als Unterfall der Verschmelzung angesehen. Eine entsprechende Regelung gibt es in Deutschland nicht. Das bedeutet nicht, daß die Vermögensübertragung auf mehrere andere bestehende Gesellschaften ausgeschlossen ist. Eine solche Möglichkeit kann sich aus der Vorschrift des § 255 AktG ergeben. Die dort

[821] *Bastian*, Juris-Classeur Sociétés, Band VI bis Abschnitt 164 (1) Randziffer 59.

[822] *Bastian*, Juris-Classeur Sociétés, Band VI bis Abschnitt 164 (1) Randziffer 60.

[823] BGBl. 1956 I 844.

geregelte Vermögensübertragung in anderer Weise ist rechtlich keine Verschmelzung[824], wenn auch der Vertrag der Vorschrift des § 235 Absatz 1 AktG unterliegt. Eine Annäherung zum französischen Recht ergibt sich daraus, daß die übertragende Gesellschaft in Liquidation tritt. Im übrigen bestehen die bei der Verschmelzung angeführten Unterschiede beider Rechte auch hier. Daher wird auf die Ausführungen zu I bis III Bezug genommen.

VI. Wettbewerbsbeschränkungen und Verschmelzung

Ein besonderes Kartellgesetz besteht in Frankreich — noch — nicht. Bestehende Sonderbestimmungen befassen sich überwiegend mit dem Verbraucherschutz[825] und haben für Verschmelzungen keine Bedeutung. Ein Vergleich der Auswirkungen kartellrechtlicher Regeln auf die Verschmelzung ist mangels vergleichbarer Gesetzestexte nicht durchzuführen. Die in den europäischen Verträgen, insbesondere dem Vertrag über die Gründung der Europäischen Wirtschaftsgemeinschaft, enthaltenen Wettbewerbsregeln gelten — inhaltlich gleich — in beiden Ländern. Eine Untersuchung, ob die innerstaatlichen Gerichte dieses europäische Recht übereinstimmend anwenden und eine einheitliche Auslegung erfolgt, muß unterbleiben.

B.

VERGLEICH DER ENTWÜRFE EINER AKTIENRECHTSREFORM IN DEUTSCHLAND UND FRANKREICH

Sowohl in Deutschland als auch in Frankreich sind Bestrebungen im Gange, das zur Zeit geltende Aktien- beziehungsweise Gesellschaftsrecht zu ändern. In Frankreich ist diese Reform erforderlich, weil die geltende gesetzliche Regelung teils veraltet, teils in einer Vielzahl verstreuter Einzelregelungen enthalten ist.

Hinsichtlich des Rechtes der Verschmelzung von Kapitalgesellschaften klärt der deutsche Entwurf einige Streitfragen, die sich bezüglich der Vorschriften der §§ 233 ff. AktG ergeben haben[826]. Von überwiegend redaktionellen Änderungen und einer Verstärkung des Schutzes der Aktionäre abgesehen[827] wird die bestehende Regelung beibehalten.

[824] Vgl. oben Seite 2.

[825] Vgl. oben Seite 171 f.

[826] Vgl. oben Seite 59/60, 62/63, 65.

[827] Vgl. oben Seite 60, 66.

Die französischen Entwürfe eines Code des Sociétés enthalten Verschmelzungsbestimmungen und beseitigen damit den Zustand einer fehlenden gesetzlichen Regelung. Gleichwohl sind noch gewisse Lücken, vor allem hinsichtlich der Begriffsbestimmung der Verschmelzung und des Schutzes der Aktionäre, vorhanden, während der Entwurf vom 18. Juni 1964 die Rechtsstellung der Gläubiger verbessert[828]. Auch dort sind Streitfragen zum Teil beseitigt worden[829].

1. Begriff und Wesen der Verschmelzung weichen weiterhin voneinander ab. Der Ausschluß der Abwicklung wird nach französischem Recht nicht gefordert.
2. Sowohl nach deutschem als auch nach französischem Recht ist ein Verschmelzungsvertrag abzuschließen. Während er nach deutscher Auffassung ein körperschaftsrechtlicher Vertrag ist, unterliegt er auch nach der Reform in Frankreich überwiegend schuldrechtlichen Regeln. Das gilt nicht uneingeschränkt.
3. Ohne einen Beschluß der Hauptversammlung beziehungsweise Generalversammlung kann eine Verschmelzung nicht durchgeführt werden. Die erforderliche Mehrheit hat gemäß § 328 Absatz 2 REAktG keine Änderung erfahren. Der französische Entwurf überläßt die Bestimmung der für die Beschlußfassung erforderlichen Mehrheit einem besonderen Ausführungstext (Artikel 798, 803) beziehungsweise trifft in Artikel 113 Absatz 2 und 3 eine Regelung hinsichtlich der erforderlichen Mehrheiten.
4. Neu und ohne Parallele im deutschen Recht ist das Verschmelzungsverbot des Artikels 844 beziehungsweise 157, 155, 156, wonach bei Ausgabe von Wandelschuldverschreibungen ohne Zustimmung der Obligationsinhaber innerhalb der Optionszeit keine Verschmelzung erfolgen darf.

   Abgesehen hiervon haben diese Gläubiger auch weiterhin ein Beschlußrecht in Angelegenheiten der Verschmelzung. Die Vorschriften des Gesetzes von 1935 sind im wesentlichen übernommen worden.

   Auch die Inhaber von Gewinn- und Gründeranteilen werden wie bisher berücksichtigt.

   Zwar kommt dies im Gesetzentwurf von 1964 nicht mehr mit derselben Deutlichkeit zum Ausdruck wie in dem Entwurf aus dem Jahre 1961.

[828] Vgl. oben Seite 178.

[829] Vgl. oben Seite 178 f., 183/184, 193/194.

Dieses Ergebnis folgt aber daraus, daß die bisherigen Gesetze in Kraft bleiben, soweit sie bereits ausgegebene Gewinn- und Gründeranteile zum Gegenstand haben. Deren Ausgabe wird nur in Zukunft unzulässig sein.

Entsprechende Bestimmungen sind im deutschen Entwurf nicht vorhanden. Wegen des Überganges des Gesamtvermögens (§ 334 Absatz 3 Satz 1 REAktG) und des Gläubigerschutzes (§ 335 REAktG) wäre eine derartige Regelung als überflüssig anzusehen. Der bestehende Unterschied hindert eine Annäherung beider Rechte nicht. Durch die Übernahme des Gesetzes von 1935 in den Reformentwurf wird der bestehende Schutz der Sondergläubiger beibehalten. Für den deutschen Rechtskreis ist ein derartiger besonderer Schutz für bestimmte Gläubiger nicht notwendig. Im Ergebnis laufen die abweichenden gesetzlichen Bestimmungen auf einen gleichwertigen Schutz hinaus. Soweit keine Sondergläubiger von der Verschmelzung betroffen werden, entspricht Artikel 189 Absatz 1 hinsichtlich des Forderungsüberganges dem deutschen Recht.

5. Die zu gewährenden Aktien haben in Frankreich nach wie vor actions d'apport, also Stammaktien zu sein, während die Bestimmungen des Regierungsentwurfes alle möglichen Arten von Aktien als Gegenleistung zulassen. Ein Deutscher, der bei einer in Frankreich durchgeführten Verschmelzung für seine bisherigen Aktien Stammaktien erhält, kann über seinen Aktienbesitz nach aktienrechtlichen Grundsätzen nicht so frei verfügen, wie er es bei einer entsprechenden Vermögensübertragung in Deutschland tun könnte. Zwar bleibt die Möglichkeit einer zivilrechtlichen Verfügung von den Bestimmungen des französischen Entwurfes unberührt. Die Einführung einer den Artikeln 934 ff. (1961) beziehungsweise 231, 232 (1964) des Entwurfes entsprechenden Vorschrift würde in Deutschland auf beträchtlichen Widerstand stoßen. Ebenso ist die Aufgabe dieser Sonderform der Aktie nach französischem Recht undenkbar.

   Dennoch besteht insoweit kein Hindernis für eine Rechtsangleichung. Wesensmerkmal der Verschmelzung muß die Gewährung von Mitgliedschaftsrechten sein. Wie der Übergang der Gesellschafterstellung im einzelnen rechtlich ausgestaltet ist, ist von zweitrangiger Bedeutung.

6. Die Einführung eines Treuhänders wird im deutschen Recht beibehalten (§ 334 Absatz 2 REAktG). Für die französische Aktiengesellschaft ist er nicht vorgesehen. Wie bereits oben zum geltenden Recht ausgeführt

wurde[830], wäre es im Interesse der Rechtssicherheit begrüßenswert, auf jeden Fall eine Empfangsperson für die zu gewährenden Aktien einzuführen.

7. Der Vermögensübergang erfolgt nach der eindeutigen Bestimmung des § 334 Absatz 3 REAktG mit der Eintragung der Verschmelzung in das Handelsregister der übertragenden Gesellschaft. Leider sieht der französische Entwurf nicht vor, wann die übernehmende Gesellschaft in die Rechte und Pflichten der übertragenden Gesellschaft eintritt, wenn auch die Haftung für die Schulden der übertragenden Gesellschaft nunmehr eindeutig aus Artikel 189 Absatz 1 hervorgeht. Der Unterschied, wann die Übertragung im Innen- und Außenverhältnis wirksam wird[831], erschwert für jeden unbeteiligten Dritten die Feststellung, welche Gesellschaft (noch) als wahrer Berechtigter auftritt. Im übrigen können sich insbesondere bei der Übertragung von Grundstücken Unklarheiten ergeben. Darüber hinaus dürfte es dem Zweck der Verschmelzung nicht entsprechen, die übernehmende Gesellschaft unter Umständen auf Schadensersatzansprüche zu verweisen, wenn seitens der übertragenden Gesellschaft eine Verfügung über ein – im Innenverhältnis übergegangenes – Grundstück erfolgt[832]. Hier ist im Interesse einer Rechtsangleichung dringend eine gesetzliche Regelung erforderlich. Ansätze scheinen sich aus Artikel 4 Absatz 2 zu ergeben, dessen Einführung, wie aus den Motiven[833] klar hervorgeht, im Interesse der Rechtssicherheit und Rechtsangleichung erfolgte. Gleichwohl fehlt, soweit es die Verschmelzung betrifft, nach wie vor eine eindeutige Regelung. Es ist jedoch zu erwarten, daß die vom Conseil d'Etat zu fassenden Dekrete in absehbarer Zeit ergehen und die insoweit noch bestehende Rechtsunsicherheit beseitigen werden.

8. Bezüglich der Gläubigerschutzbestimmungen enthalten die §§ 335, 337 ff. REAktG insoweit Neuerungen, als § 339 REAktG entsprechend der Ausdehnung des Entwurfes auf den Schutz der Aktionäre und konzernrechtliche Bestimmungen die Haftungstatbestände erweitert. Der französische Entwurf 1961 enthielt innerhalb der Verschmelzungsvorschriften keine besonderen Haftungsbestimmungen. Darüber hinaus

[830] Vgl. oben Seite 205.

[831] Vgl. oben Seite 134/135.

[832] Vgl. oben Seite 138.

[833] Vgl. Motive Seite 4.

sollten die Organe weiterhin überwiegend nach rein zivilrechtlichen Grundsätzen haften.

Während für den Gesetzentwurf aus dem Jahre 1961 noch die Forderung aufzustellen war, daß diese bestehende Lücke durch rechtsähnliche gesetzliche Bestimmungen ausgefüllt werden müsse, mindestens aber eine eindeutige Verweisung auf die Vorschriften des Code Civil und des geplanten Code des Sociétés, die Anwendung finden sollten, erforderlich sei, ergibt der Entwurf vom 18. Juni 1964, daß sich diese Kritik nicht mehr in vollem Umfange aufrechterhalten läßt. Dieser Gesetzentwurf enthält Gläubigerschutzvorschriften und regelt die Haftung der übernehmenden Gesellschaft für die Schulden der übertragenden Gesellschaft. Abgesehen hiervon enthalten die Artikel 198 ff. Haftungsbestimmungen, die, wie Artikel 200 Absatz 1 ergibt, auch auf Fälle der Verschmelzung anwendbar sind. Die Haftung der Mitglieder des Conseil d'Administration kann unter Umständen auch eine gesamtschuldnerische Haftung sein. –

9. Wegen der Nichtigkeit der Verschmelzung kann auf die Ausführungen zum geltenden Recht verwiesen werden[834]. Darüber hinaus bestimmt Artikel 190, daß die Vorschriften der Artikel 183 ff. zwingend sind, da jeder Verstoß hiergegen die Nichtigkeit der Verschmelzung bewirkt. Eine dem § 333 Absatz 2 REAktG angenäherte Regelung enthält nunmehr die Vorschrift des Artikels 315 Absatz 2, wonach eine auf die Nichtigkeit von satzungsändernden Beschlüssen gestützte Klage nach Eintragung des Beschlusses im Handelsregister und der Hinterlegung des Beschlusses beim Register nicht mehr zulässig ist. Ist der Beschluß durch betrügerische Maßnahmen herbeigeführt worden, gilt diese Bestimmung nicht.

Schließlich enthält Artikel 319 eine Regelung von Beschlüssen, die wegen mangelnder Zustimmung eines Gesellschafters oder wegen dessen mangelnder Geschäftsfähigkeit nichtig sind. Klagen wegen derartiger Mängel sind innerhalb einer Ausschlußfrist von sechs Monaten zu erheben. Der Gesellschaft ist die Möglichkeit gegeben, insbesondere durch Rückkauf der Gesellschafterrechte den Kläger klaglos zu stellen (Absatz 2), so daß abgesehen von der Tatsache, daß die beschriebenen Mängel, wie für das geltende Recht dargelegt, im Zuge einer Verschmelzung ohnehin wenig praktisch werden, der Gesellschaft durch Artikel 319 Absatz 2 ein Weg eröffnet ist, die Verschmelzung aufrechtzuerhalten.

[834] Vgl. oben Seite 209.

10. Die Schlußbilanz und die Wertansätze in der Bilanz der übernehmenden Gesellschaft haben im französischen Reformentwurf keine Parallele.

11. Die Publizitätsvorschriften sind unverändert geblieben, soweit es sich um die Anmeldung und Eintragung im Handelsregister handelt.

12. Der Auswirkung der Fusion auf die Rechtsstellung der Organe der übertragenden Gesellschaft, die nach dem Entwurf abgeändert wird[835], steht im deutschen Recht keine ähnliche Regelung gegenüber. Eine Angleichung erscheint insoweit überflüssig[836].

13. Die Verschmelzung durch Neubildung wird nach beiden Gesetzentwürfen nicht verändert. Auf die Ausführungen zum geltenden Recht wird verwiesen.

14. Ebenso ergeben sich hinsichtlich des Kreises der Gesellschaften, deren Verschmelzung miteinander möglich ist, keine Abweichungen.

15. Die im Entwurf von 1961 nicht geregelte, im Entwurf von 1964 lediglich erwähnte, zulässige Spaltung ist im deutschen Regierungsentwurf ebenfalls nicht vorgesehen. Sie ist nach § 349 REAktG als Vermögensübertragung in anderer Weise durchführbar.

C.

ZUSAMMENFASSENDE STELLUNGNAHME

Zwischen dem deutschen und dem französischen Recht der Verschmelzung von Kapitalgesellschaften bestehen erhebliche Unterschiede, die auf die Auffassung vom Begriff und Wesen der Verschmelzung selbst zurückgehen. Nach der hier vertretenen Auffassung besteht insoweit eine rechtsähnliche Regelung, als nach beiden Rechtsordnungen die Übertragung des Vermögens bestehender Gesellschaften als Ganzes gegen Gewährung von Mitgliedschaftsrechten erfolgen muß. Divergenzen bestehen hinsichtlich des Ausschlusses der Abwicklung, der Art der zu gewährenden Aktien, des Zeitpunktes des Wirksamwerdens der Verschmelzung, der Art des Erwerbes der Mitgliedschaftsrechte, der Trennung der Vermögensmassen, hinsichtlich der Nichtigkeitsregeln, der Übernahme von Organen, des Unterganges der übertragenden Gesellschaft, des Gläubigerschutzes und schließlich auch der Publizitätsvorschriften. Der Kreis der Gesellschaften, die sich nach französischem Recht

[835] Vgl. oben Seite 190.

[836] Vgl. oben Seite 210/211.

verschmelzen können, ist weiter als nach deutschem Recht. Ferner macht sich die abweichende Regelung der Gründungsvorschriften bei der Verschmelzung durch Neubildung bemerkbar.

Der französische Verschmelzungsbegriff findet gleichwohl im deutschen Recht eine gewisse Parallele: die Vermögensübertragung in anderer Weise, die zwar der Verschmelzung vielfach ähneln kann, aber von ihr in mehrfacher Beziehung abweicht. Hier findet sich die Vermögensübertragung durch Einzelakte, die Abwicklung, der rein bürgerlich-rechtliche Charakter des Übertragungsvertrages, die gesamtschuldnerische Haftung der erwerbenden und der übertragenden Gesellschaft gemäß § 419 BGB, der abgeleitete Erwerb der Gegenleistung seitens der Aktionäre – wenn die Gegenleistung in Aktien bestehen sollte, was immerhin rechtlich nicht ausgeschlossen ist – durch Aushändigung der Aktien, wobei der Liquidator diese Aushändigung vornimmt.

Auch kommt eine Beschränkung der Haftung auf den Bestand des übernommenen Vermögens, also praktisch eine Trennung der Vermögensmassen, in Betracht.

Andererseits deckt sich die Vermögensübertragung in anderer Weise nicht mit den Regeln, denen eine Verschmelzung nach französischem Recht folgt. Hier fehlt der besonders ausgestaltete Schutz der Inhaber von Gewinn- und Gründeranteilen und Obligationen. Diese Gläubigergruppen werden zwar aus dem Liquidationserlös befriedigt, sie können auch gemäß § 419 BGB die erwerbende Gesellschaft in Anspruch nehmen. Schuldverhältnisse, auch Dauerschuldverhältnisse, werden beendet.

Hinsichtlich des Kreises der Gesellschaften, die sich miteinander verschmelzen können, besteht eine Annäherung des französischen Rechtes an die deutschen Umwandlungsvorschriften: so kann eine Aktiengesellschaft im Wege der Umwandlung ihr Vermögen auf eine bestehende offene Handelsgesellschaft (§ 9 UmwG), auf eine Kommanditgesellschaft (§ 20 UmwG), ja sogar auf eine Gesellschaft bürgerlichen Rechts (§ 21 UmwG) übertragen. Auch die Vermögensübertragung auf eine Gesellschaft mit beschränkter Haftung ist gemäß §§ 263 ff. AktG zulässig. Hieraus ergibt sich, daß nach deutscher Auffassung die Fusion französischer Kapitalgesellschaften als ein Rechtsvorgang anzusehen ist, der gewisse Elemente einer Verschmelzung, einer Umwandlung und einer Vermögensübertragung in anderer Weise aufweisen kann. Vom französischen Standpunkt her gesehen fallen die deutschen Verschmelzungsvorschriften ebenfalls unter den dort vertretenen Begriff der Verschmelzung, wobei eine Divergenz im Grunde genommen nur hinsichtlich des Ausschlusses der Abwicklung besteht.

4. TEIL

DER VERTRAG ÜBER DIE GRÜNDUNG DER EUROPÄISCHEN WIRTSCHAFTSGEMEINSCHAFT UND SEINE AUSWIRKUNGEN AUF DIE MÖGLICHKEIT EINER VERSCHMELZUNG EINER DEUTSCHEN MIT EINER FRANZÖSISCHEN KAPITALGESELLSCHAFT

Artikel 220 EWGV bestimmt, daß die Mitgliedstaaten der Europäischen Wirtschaftsgemeinschaft erforderlichenfalls durch Verhandlungen die gegenseitige Anerkennung der Gesellschaften im Sinne des Artikels 58 Absatz 2 EWGV, die Beibehaltung der Rechtspersönlichkeit bei einer Sitzverlegung von einem Staat in einm anderen und die Möglichkeit der Verschmelzung von Gesellschaften, die den Rechtsvorschriften verschiedener Mitgliedstaaten unterstehen, sicherstellen.

Im Verhältnis zwischen der Bundesrepublik Deutschland und der französischen Republik stellt die gegenseitige Anerkennung von Gesellschaften kein Problem mehr dar. Dies ist bereits im deutsch-französischen Niederlassungs- und Schiffahrtsvertrag[837] erfolgt.

Die Möglichkeiten, daß eine Sitzverlegung nicht zur Auflösung führt und damit die Gegebenheiten einer echten „internationalen“ Verschmelzung

[837] Vertrag vom 27. Oktober 1956, BGBl 1957 II 1661 ff., BGBl 1959 II, 929, in Kraft ab 24. Juli 1959. Artikel IV Absatz 1 gewährt den Staatsangehörigen und den Gesellschaften alle bürgerlichen Rechte sowohl personenrechtlicher als auch vermögensrechtlicher Natur. Ordnungsmäßig errichtete Gesellschaften mit Sitz in einem Vertragsstaat werden gemäß Artikel VI von der anderen Vertragspartei als zu Recht bestehend anerkannt, sofern nicht ihre Errichtung oder ihr Zweck gegen die öffentliche Ordnung dieser Vertragspartei verstößt. Sie können sich im Gebiet jeder Partei nach Maßgabe der geltenden Gesetze und Verordnungen betätigen und insbesondere Zweigniederlassungen, Agenturen und Geschäftsstellen errichten und unterhalten. Staatsangehörige sind berechtigt, im Gebiet der anderen Vertragspartei Gesellschaften zu errichten, sich an der Errichtung zu beteiligen und Beteiligungen an Gesellschaften zu erwerben. Staatsangehörigen und Gesellschaften haben ungehinderten Zugang zu den Gerichten aller Instanzen (Artikel VIII). Aus dem Protokoll vom 27. 10. 1956 (BGBl 1957 II 1670) geht hervor, daß von Artikel VI des Vertrages in Deutschland unter anderem betroffen sind: Aktiengesellschaft, Kommanditgesellschaft auf Aktien, Gesellschaft mit beschränkter Haftung, bergrechtliche Gewerkschaft, in Frankreich

fehlen nach dem geltenden deutschen Gesetz[838]. Frankreich läßt hingegen eine Sitzverlegung ohne Verlust der Rechtspersönlichkeit gemäß Artikel 31 des Gesetzes vom 24. Juli 1867 in der Fassung der Ordonnance Nr. 59—123 vom 7. Januar 1959 unter den dort genannten Voraussetzungen ausdrücklich zu[839]. Hiermit ist für die Verschmelzung einer deutschen mit einer französischen Kapitalgesellschaft aber noch nichts gewonnen, weil einmal das nach Artikel 31 vorgesehene Abkommen fehlt, zum anderen auch wesentliche Unterschiede bestehen[840], die nur im Zuge einer Rechtsangleichung (Artikel 100 EWGV, Artikel 54 Absatz 3 g in Verbindung mit Artikel 58 Absatz 2 EWGV) oder durch ein bilaterales Abkommen zu beseitigen sind.

Bisher ist dies nicht erfolgt. Gegenwärtig ist daher eine Verschmelzung von Kapitalgesellschaften der genannten Länder miteinander rechtlich unmöglich, weil die Sitzverlegung den Verlust der Rechtsfähigkeit und damit der Beendigung ihrer Existenz herbeiführt. Eine Neugründung im Aufnahmeland hat den für das betreffende Land geltenden Regeln zu folgen. Eine so „wiedererrichtete" Gesellschaft kann nicht als Rechtsnachfolgerin der erloschenen Gesellschaft angesehen werden[841].

Um diese Schwierigkeiten zu umgehen, sind Bestrebungen im Gange, eine „europäische" Gesellschaft mit einheitlichen Rechtsregeln zu bilden, die entweder neben nach nationalem Recht weiterbestehenden Gesellschaften treten oder sie auch ersetzen soll. Bisher ist es nicht gelungen, eine brauchbare

unter anderem société en commandite par actions, société anonyme und société à responsabilité limitée, die aber vor Aufnahme ihrer Tätigkeit einer gegebenenfalls von den Vorschriften eines Vertragsstaates vorgeschriebenen Genehmigung bedürfen (Schreiben von Pineau und Außenminister von Brentano vom 27. 10. 1956, BGBl 1957 II 1672). Unabwendbar ist der Vertrag auf Montangesellschaften (Schreiben vom 27. 10. 1956, a.a.O., 1674).

[838] Vgl. oben Seite 12, 13.

[839] Vgl. oben Seite 98; *Weiser*, WuW 1963, 285 ff. (287, 288) spricht in diesem Zusammenhang bereits von einer Anpassung der nationalen Rechte im Hinblick auf Fusionen. Hiermit greift er den Ereignissen jedoch voraus, weil diese Regelung noch nichts über eine Verschmelzung besagt, sondern nur den Boden für den Weiterbestand einer französischen Gesellschaft nach Sitzverlegung *und* Nationalitätswechsel vorbereitet.

[840] Vgl. oben Seite 198 ff.

[841] *Ehring* in *von der Groeben-von Boeckh*, Artikel 58 EWGV Anm. 5, *von der Groeben-Boeckh*, Artikel 220 EWGV Anm. 7; im Ergebnis ebenso *Arnold*, AWD BB 1963, 8, 221 ff. (221, 222). Vgl. auch oben für das deutsche Gesellschaftsrecht Seite 9 ff., für das französische Gesellschaftsrecht Seite 96 ff.

Lösung zu finden. Auch besteht keine einheitliche Auffassung, ob der Rechtsvereinheitlichung oder der Rechtsangleichung im Zuge der Ausgestaltung des Gemeinsamen Marktes der Vorzug gegeben werden soll.

Streit herrscht schon darüber, ob eine „europäische" Gesellschaft überhaupt durch eine Annäherung der Rechtssysteme[842] oder durch die Bildung eines völlig neuen Gesellschaftstypes[843] als Ersatz für die nationalen Rechtssysteme oder neben diesen[844] verwirklicht werden kann und nach welchen Vorbildern[845] sie unter Umständen gestaltet[846] werden könnte.

Es wird in diesem Zusammenhang auch die Auffassung vertreten, daß sich Verschmelzungsprobleme überhaupt aus der internationalen in die nationale Sphäre verlagern und keine Probleme mehr aufwerfen können, weil es sich

842 *Cerexhe*, Revue du Marché Commun 1960, 35 ff. (37) vertritt grundsätzlich den Standpunkt, eher als eine Annäherung sei ein neuer Gesellschaftstyp denkbar; *Rault*, Revue Trim. Dr. Com. 1960, 741 ff. Suppl. Revue du Marché Commun 1960, 11 ff. glaubt, eher als eine Angleichung würde die Bildung einer europäischen Gesellschaft Verschmelzungen erleichtern.

843 *Willemetz*, Revue du Marché Commun 1960, 35 ff. = Revue des Sociétés 1960, 364 ff., Suppl. Revue du Marché Commun 1960, 29 ff. hält eine Vereinheitlichung für ausgeschlossen, einen neuen Gesellschaftstyp für realisierbar. Zweifelnd für die Erleichterung von Verschmelzungen *Charpentier*, Suppl. Revue du Marché Commun 1960, 76 ff. (77) = Droit Européen 1961, 86 ff. (92); *Thorp*, Droit Européen 1961, 41 ff. (42, 43) begrüßt die europäische Gesellschaftsform allgemein; ebenso *Cantenot*, Suppl. Revue du Marché Commun 1960, 56 ff. (60).

844 *Willemetz*, Revue du Marché Commun 1860, 35 ff. (38); *Sanders*, Droit Européen 1960, 9 ff. (14).

845 *Rault*, Revue Trim. Dr. Comm. 1960, 741 ff.: Satzung und Mindestkapital nach deutschem Vorbild (756, 759) Inhaberaktien, Verschmelzungsvorschriften in Anlehnung an das deutsche Recht (774, 775); *Cantenot*, Suppl. Revue du Marché Commun 1960, 56 ff.: Gesamtrechtsnachfolge bei der Verschmelzung, aber Zulässigkeit der Zurückbehaltung von Vermögensbestandteilen seitens der übertragenden Gesellschaft zum Zwecke der Gläubigerbefriedigung (60), Verwertung deutscher Vorschriften über Schlußbilanz, Gläubigerschutz und gerichtliche Kontrolle (61); Ausschaltung des besonderen Vertreters nach § 243 AktG, statt dessen Verbindung der Einzelprozesse; *Thorp*, Droit Européen 1961, 41 ff. (42, 43): Unzulässigkeit der Einmanngesellschaft, Frist zur Wiederherstellung eines ordnungsmäßigen Zustandes.

846 *Rault*, Revue Trim. Dr. Comm. 1960, 741 ff. (751, 752): durch Konvention, mit Erweiterung der Kompetenzen des Europäischen Gerichtshofes; hinsichtlich der Konvention ebenso *Willemetz*, Suppl. Marché Commun 1960, 29 ff. (29); diese soll die Satzung bereits enthalten und eine „loi uniforme" sein: Revue du Marché Commun 1960, 35 ff. (40); gegen letzteres wiederum *Rault*, Suppl. Revue du Marché Commun 1960, 11 ff. (13).

nur noch um eine innerstaatliche Verschmelzung handele[847]. Staaten, die hierzu bereit wären, könnten schon jetzt eine „loi uniforme" mit einer die Satzung der europäischen Gesellschaft enthaltenden Regelung annehmen[848].

Die Meinung, es würden mit Hilfe einer europäischen Gesellschaft alle Fragen, die mit einer Sitzverlegung zusammenhängen, gegenstandslos werden, greift der gegenwärtigen Lage weit voraus. Bisher ist das Prinzip, daß der Sitz einer Gesellschaft in einem bestimmten Staatsgebiet auch deren Nationalität bestimmt, in der Gesetzgebung und Rechtsprechung sowohl Deutschlands wie auch Frankreichs fest verankert. Auch eine nach „europäischen" Regeln errichtete Gesellschaft müßte in diesem Sinne eine Staatsangehörigkeit haben, die sich wiederum nach ihrem Sitz richten würde. Erst wenn Europa eine politische Einheit mit einer europäischen Staatsangehörigkeit würde, ist das Problem der Sitzverlegung gelöst. Artikel 31 des Gesetzes vom 24. Juli 1867 in der Fassung der Ordonnance Nr. 59—123 vom 7. Januar 1959 weist übrigens in eine andere Richtung, indem zwar die Beibehaltung der Rechtspersönlichkeit, aber ein Wechsel der Staatsangehörigkeit vorgesehen ist. Mit Hilfe einer dem Artikel 31 entsprechenden Konvention läßt sich das Problem der Sitzverlegung beseitigen. Die Verschmelzung bleibt sodann eine nationale Rechtsfrage, weil die verlegte Gesellschaft dem Recht des Staates unterliegt, in den sie ihren Sitz verlegt hat. Hierzu bedarf es eines europäischen Gesellschaftstypes nicht.

Die von *Willemetz*[849] vorgeschlagene Teillösung ist noch aus einem anderen Grunde abzulehnen. Es ist gefährlich, durch eine nur von einigen Mitgliedstaaten ratifizierte „loi uniforme" innerhalb des Gemeinsamen Marktes wirtschaftliche Ballungszentren und damit eine Verschiebung des Wirtschaftsgefüges zum Nachteil der übrigen Mitgliedstaaten zu ermöglichen. Verschmelzungen, die auf Grund einer derartigen Regelung erfolgen würden, könnten gegen Artikel 86 EWGV verstoßen. Hiervon abgesehen sind auf nur einige Mitgliedstaaten der Europäischen Wirtschaftsgemeinschaft beschränkte Teillösungen, selbst wenn den übrigen Mitgliedstaten ein gleiches Vorgehen offensteht, auch politisch nicht opportun. Im übrigen beschränkt Artikel 54 Absatz 3 g EWGV eine Angleichung auf die Koordinierung und

[847] *Cantenot*, Suppl. Revue du Marché Commun 1960, 56 ff (60); *Sanders*, Droit Européen 1960, 9 ff. (16) nach Abschluß einer entsprechenden Konvention; a.A. *Charpentier*, Suppl. Revue du Marché Commun 1960, 76 ff. (77) = Droit Européen 1961, 86 ff. (92).

[848] *Willemetz*, Revue du Marché Commun 1960, 35 ff. (40).

[849] Revue du Marché Commun 1960, 35 ff. (40).

Gleichwertigkeit der Schutzbestimmungen. Die Angleichung soll demnach – jedenfalls vorerst nicht – zur absoluten Rechtsvereinheitlichung führen. Es reicht vollkommen aus, daß der Schutz, den die nationalen Rechtssysteme verbriefen, in allen Mitgliedstaaten der Europäischen Wirtschaftsgemeinschaft gleichwertig ist, mögen auch die Bestimmungen, auf denen dieser Schutz beruht, im Wortlaut ungleich sein und auf verschiedenartigen Rechtskonstruktionen beruhen[850].

Ferner steht einer Vereinheitlichung eine Reihe von Gründen entgegen. Man denke etwa im Verhältnis zwischen Deutschland und Frankreich an die rechtliche Zulässigkeit beziehungsweise Unzulässigkeit der Einmanngesellschaft. Entweder müßte die deutsche Gesetzgebung, Lehre und Rechtsprechung in Zukunft die Einmanngesellschaft als unzulässig ablehnen, oder der französische Gesetzgeber, der sich auch in der geplanten Gesellschaftsrechtsreform gegen die unbeschränkte Zulassung der Vereinigung aller Anteile oder Aktien in einer Hand ausgesprochen hat[851], müßte hiervon im Gegensatz zu der einhelligen französischen Rechtsauffassung Abstand nehmen.

Im übrigen hat sich auf Anfrage der Kommission der Europäischen Wirtschaftsgemeinschaft[852] die Praxis gegen ein Bedürfnis für eine einheitliche Gesellschaftsform ausgesprochen, und zwar sowohl aus praktischen wie aus rechtlichen Erwägungen: Bisher hat die Gründung eines Gemeinschaftsunternehmens[853] noch keine tatsächlichen Schwierigkeiten bereitet. Auch Tochtergesellschaften haben frei, das heißt nach den jeweiligen nationalen Rechtsvorschriften, gegründet werden können[854]. Hingegen bietet die europäische Gesellschaftsform die Gefahr, daß sämtliche Vorschriften, die die einzelnen Staaten als zwingend ansehen, in die einheitliche Regelung einbezogen werden. Somit bietet sie keinen Anreiz mehr für die Wirtschaft. Würde sie dagegen mit einer Reihe von Erleichterungen zu großzügig ausgestaltet, würden

850 Im Ergebnis ebenso *Arnold*, AWD BB 1963, 8, 221 ff. (221).

851 Siehe oben Seite 176.

852 Anfrage vom 12. April 1962 — IV/2139/60.

853 Sogenannte „Gemeinschaftsunternehmen" gibt es zumeist unter staatlicher Beteiligung auf Grund internationaler Abkommen: Internationale Moselgesellschaft mbH vom 27. 10. 1956 (BGBl 1956 II 1837), Eurofina-AG (BGBl 1956 II 908) Eurochemic (BGBl 1959 II 621). Innerhalb der Untersuchungen über die Verschmelzung auf sie einzugehen, erübrigt sich.

854 Resultat abgedruckt bei *Arnold*, AWD BB 1963, 8, 221 ff., 223; ähnlich Ergebnis der Umfrage März-Juni 1960 bei *Willemetz*, Suppl. Revue du Marché Commun 1960, 29 ff. (30).

die nach nationalem Recht bestehenden Gesellschaften diskriminiert (was wiederum dem Sinn und Zweck des EWG-Vertrages zuwiderlaufen würde).

Trotz dieser Widerstände befürwortet *Arnold*[855] die weitere Arbeit an einer Gesellschaft internationalen Types, die neben die nationalen Rechte treten soll. Von echtem Interesse wäre eine derartige Regelung für Großunternehmen gleicher Wirtschaftsrichtung. Aber gerade hier besteht die Gefahr, daß sich Zusammenschlüsse in der Rechtsform der europäischen Gesellschaft wiederum an den Wettbewerbsregeln des EWG-Vertrages stoßen. In gewissen Grenzen werden sie in Zukunft zuzulassen sein. Bisher sind nur wechselseitige Beteiligungen ein Mittel zu einer Unternehmenskonzentration.

Im übrigen darf das Problem einer deutsch-französischen Verschmelzung, das bisher noch keine Lösung gefunden hat, nicht von den Interessen der übrigen Mitgliedstaaten isoliert werden. Denn es widerspricht dem Zweck des EWG-Vertrages, Ballungszentrum zum möglichen Nachteil der übrigen Unternehmen der Europäischen Wirtschaftsgemeinschaft zu schaffen. Diese wäre vielmehr, sobald eine mißbräuchliche Ausnutzung der Machtposition in Betracht käme, gemäß Artikel 86 EWGV verboten[856].

[855] *Arnold*, AWD BB 1963, 8, 221 ff. (223).

[856] *von der Groeben - von Boeckh*, Artikel 220 EWGV Anm. 8a.E.

FSC
www.fsc.org
MIX
Papier | Fördert gute Waldnutzung
FSC® C083411

Kolibri 360 GmbH
Ferdinand-Jühlke-Straße 7
99095 Erfurt, Deutschland
produktsicherheit@kolibri360.de